WiSo-KURZLEHRBÜCHER
Reihe Volkswirtschaft

Frenkel/John
Volkswirtschaftliche Gesamtrechnung

Volkswirtschaftliche Gesamtrechnung

von

Prof. Dr. rer. pol. Michael Frenkel

Wissenschaftliche Hochschule für Unternehmensführung –
Otto-Beisheim-Hochschule, Koblenz

und

Prof. Dr. rer. pol. Klaus Dieter John

Technische Universität Chemnitz-Zwickau

3., völlig überarbeitete Auflage

Verlag Franz Vahlen München

Die Deutsche Bibliothek – CIP-Einheitsaufnahme

Frenkel, Michael:
Volkswirtschaftliche Gesamtrechnung / von Michael Frenkel und Klaus Dieter John. – 3., völlig überarb. Aufl. – München : Vahlen, 1996
(WiSo-Kurzlehrbücher : Reihe Volkswirtschaft)
ISBN 3-8006-2056-1
NE: John, Klaus Dieter:

ISBN 3 8006 2056 1

Satz und Druck: Appl, Wemding
Bindung: Wagner GmbH, Nördlingen

Gedruckt auf säurefreiem, alterungsbeständigen Papier
(hergestellt aus chlorfrei gebleichtem Zellstoff)

Vorwort zur 3. Auflage

Die vorliegende Neuauflage ist durch drei wesentliche Änderungen gekennzeichnet. Erstens haben wir – dem Vorgehen des Statistischen Bundesamtes folgend – nicht mehr das Sozialprodukt, sondern das Inlandsprodukt als zentrales Konzept der Volkswirtschaftlichen Gesamtrechnung in den Vordergrund gestellt. Daraus ergeben sich eine Vielzahl von Änderungen, die sich durch das gesamte Buch ziehen. Zweitens behandeln wir nun die einzelwirtschaftlichen Produktionskonten und ihre Zusammenfassung zum gesamtwirtschaftlichen Produktionskonto zuerst und in einem eigenen Kapitel. Dieses Vorgehen erlaubt es, das Konzept des Bruttoinlandsprodukts und die anderen Inlands- und Sozialproduktsbegriffe ohne Umwege einzuführen. Die Einkommens-, Vermögensänderungs- und Kreditänderungskonten werden erst im darauffolgenden Kapitel besprochen. Dieses kann übersprungen werden, wenn es nur um die Vermittlung der makroökonomischen Grundzusammenhänge geht. Drittens wurde das Kapitel über die Zahlungsbilanz grundlegend überarbeitet. Dabei wurde vor allem der durch die Bundesbank vorgenommenen Neuabgrenzung der Teilbilanzen Rechnung getragen, die den neuen Empfehlungen des Internationalen Währungsfonds folgen.

Über diese grundlegende Revision hinaus ergab sich in fast allen Kapiteln die Notwendigkeit, Anpassungen vorzunehmen, die zum größten Teil Reflex auf Veränderungen der ökonomischen Realität sind: Mehr als fünf Jahre nach der Einigung sind die neuen Bundesländer voll in das Gesamtrechnungssystem integriert, die Preisstatistiken wurden auf das Basisjahr 1991 umgestellt usw. Natürlich wurden auch die zahlreichen Tabellen und Abbildungen aktualisiert. Kurzum, wir hoffen, dem Leser ein Buch zu präsentieren, das wieder auf dem neuesten Stand ist.

Auch bei der Fertigstellung dieser Auflage haben wir wieder tatkräftige Unterstützung erhalten. Wir bedanken uns bei den Mitarbeitern des Statistischen Bundesamtes, die uns bei der Zusammenstellung des Zahlenmaterials geholfen haben und uns bei methodischen Problemen zur Seite standen. Ganz herzlichen Dank gilt auch unseren Mitarbeitern *Angelika Hofmann, Grit Reimann, Gabriele Viehweg, Karin Radeck* und *Günter Schmidt.*

Koblenz, Chemnitz, im Frühjahr 1996

Michael Frenkel
Klaus Dieter John

Vorwort zur 2. Auflage

Wenn nach weniger als zwei Jahren die Neuauflage eines Buches erforderlich wird, ist das für die Autoren ein erfreuliches Zeichen. Es zeigt, daß ihr Buch „angekommen“ ist, die Mühen und die Arbeit am Manuskript also nicht vergebens waren. Gleichzeitig schafft es die Möglichkeit, das Geschriebene zu aktualisieren, zu ergänzen und zu verbessern.

Wir haben von dieser Möglichkeit in allen Kapiteln Gebrauch gemacht. Insbesondere wurden die Tabellen und Abbildungen aktualisiert, so daß die dargestellten Zahlen auf dem jeweils neuesten Stand sind. Größere Änderungen haben wir im 5. und 8. Kapitel vorgenommen. Im 8. Kapitel stellen wir den „Human Development Index“ vor, mit dem die Vereinten Nationen seit 1990 versuchen, die Lebensqualität in verschiedenen Ländern miteinander zu vergleichen. Das 5. Kapitel enthält jetzt in wesentlich erweitertem Umfang Daten zur Sozialproduktsberechnung in den neuen Bundesländern. Auch in die anderen Kapitel haben wir, wo immer es uns sinnvoll erschien, Informationen über die neuen Bundesländer eingearbeitet. Darüberhinaus haben wir eine Vielzahl kleinerer Ergänzungen und Verbesserungen vorgenommen.

Diese Arbeit wurde uns durch all jene erleichtert, die uns mit Rat, Kritik und tatkräftiger Mithilfe zur Seite gestanden haben. Wir bedanken uns bei den Mitarbeitern des Statistischen Bundesamtes und der Bundesbank, die uns bei der Zusammenstellung des Zahlenmaterials behilflich waren und uns auch bei methodischen Problemen unterstützt haben. Wir bedanken uns ferner bei all denen, die uns nach der Veröffentlichung der 1. Auflage Kommentare und Anregungen zugesandt haben. Namentlich seien genannt: Prof. Dr. *G. Blümle,* Prof. Dr. *H. Grossekettler,* Prof. Dr. *H. Kuhn* sowie Dr. *K.-H. Moritz.* Schließlich möchten wir uns auch bei Dipl.-Volksw. *B. Meyer*, Dipl.-Volksw. *C. Meyer* und Dipl.-Volksw. *C. Nawratil* für ihre Hilfe bedanken.

Mainz, im Frühjahr 1993

Michael Frenkel
Klaus Dieter John

Vorwort zur 1. Auflage

Der Inhalt dieses Buches geht auf Vorlesungen über „Volkswirtschaftliche Gesamtrechnung“ zurück, die die Verfasser an der Johannes Gutenberg-Universität in Mainz gehalten haben. Auf dem langen Weg von den Vorlesungsunterlagen zu einem fertigen Manuskript haben uns viele geholfen: Dr. *Norbert Räth* und Dr. *Hans-Dieter Hippmann* vom Statistischen Bundesamt haben uns mit Rat und Tat zur Seite gestanden. Wertvolle Anregungen und Hinweise verdanken wir Prof. Dr. *Rolf Caspers, Beatrice Krämer* und *Susanne Weiß*. Zahlreiche Verbesserungsvorschläge kamen auch aus den Reihen unserer Studenten, die eine vorläufige Version des Buches als Vorlesungsskript verwendet haben. *Christine Koch, Brigitte Kühn* und *Gertrud Traud* haben mit viel Geduld und ohne an unseren häufigen Änderungswünschen zu verzweifeln das Manuskript in seine endgültige Form gebracht. Ihnen allen gilt unser herzlicher Dank. Besondere Dankbarkeit empfinden wir schließlich gegenüber unseren Familien, die einen wesentlichen Teil der Opportunitätskosten dieses Buches tragen.

Mainz, im Frühjahr 1991

Michael Frenkel
Klaus Dieter John

Inhaltsverzeichnis

Dritter Teil: Inlandsproduktsberechnung in der Bundesrepublik: Konzepte, Anwendungen und Probleme

Vierter Teil: Nebenrechnungen der Volkswirtschaftlichen Gesamtrechnung

Erster Teil: Grundlagen

Einleitung

Die Volkswirtschaftliche Gesamtrechnung liefert ein quantitatives Bild des makroökonomischen Geschehens eines Landes. Sie steht in enger Beziehung mit der Kreislaufanalyse, in der die wesentlichen Zusammenhänge zwischen gesamtwirtschaftlichen Größen aufgezeigt werden. Die Volkswirtschaftliche Gesamtrechnung greift die gesamtwirtschaftlichen Konzepte der Kreislaufanalyse auf, erweitert sie und füllt sie mit Zahlen inhaltlich aus. Kreislaufanalyse und Volkswirtschaftliche Gesamtrechnung zusammen stellen die Basis jeglicher makroökonomischer Theorie und Politik dar. Solide Kenntnisse der Kreislaufanalyse und der Volkswirtschaftlichen Gesamtrechnung sind daher das unverzichtbare Fundament für eine erfolgreiche Beschäftigung mit makroökonomischer Theorie und Politik. Ist das Fundament schwach, kann – trotz aller Anstrengungen – auch das darauf errichtete makroökonomische Gebäude nur schwach sein. Ein tragfähiges Fundament für makroökonomische Theorie und Politik zu legen und dabei gleichzeitig einen quantitativen Eindruck vom Wirtschaftsgeschehen in der Bundesrepublik Deutschland zu vermitteln, das sind die Ziele des vorliegenden Buches.

Aus der Zielsetzung ergibt sich, daß wir dieses Buch in erster Linie für Studenten der Wirtschaftswissenschaften im Grundstudium konzipiert haben. Das Buch kann Grundlage einer zweistündigen Vorlesung über Kreislaufanalyse und Volkswirtschaftliche Gesamtrechnung sein. Es eignet sich aber auch zum Selbststudium und sollte zweckmäßigerweise vor der einführenden Veranstaltung zur Makroökonomik durchgearbeitet werden. Über den genannten Adressatenkreis hinaus eignet sich das Buch auch für Studenten der Volkswirtschaftslehre im Nebenfach, für Studenten an Fachhochschulen und Wirtschaftsakademien sowie für Schüler in der Abschlußklasse von Wirtschaftsgymnasien.

Eine Vorlesung über Volkswirtschaftliche Gesamtrechnung kann ebenso wie ein Buch zu diesem Thema als sehr trocken empfunden werden. Daß diese Gefahr größer ist als bei anderen Themen liegt wohl in erster Linie an den beiden Komponenten, aus denen sich die Volkswirtschaftliche Gesamtrechnung hauptsächlich zusammensetzt: Definitionen und Zahlen. Beides übt auf den durchschnittlichen Studenten bekanntermaßen keinen großen Reiz aus und beides hat den unangenehmen Nachteil, daß hier mehr als in anderen Bereichen Lernanstrengung im Sinne von „Auswendiglernen“ erforderlich ist. Das Lernen der einschlägigen Definitionen und das Gewinnen eines quantitativen Eindrucks vom Wirtschaftsgeschehen sind aber Voraussetzung für das souveräne Umgehen mit makroökonomischen Problemen.

Die Mühen des Lernens kann kein Buch dem Leser abnehmen. Wir haben jedoch versucht, das Lernen dadurch zu erleichtern, daß wir den Text so anschaulich und so anwendungsbezogen wie möglich geschrieben haben. Aus diesem Grund sind wir dem – methodisch strengeren – Vorgehen nicht gefolgt, zunächst nur das Konzept der Volkswirtschaftlichen Gesamtrechnung darzustellen und Anwendungsbereiche erst danach in einem abschließenden Kapitel zu erörtern. Stattdessen beziehen wir Anwendungen der Volkswirtschaftlichen Gesamtrechnung schon früh in die Darstellung ein. Die Gefahr, daß damit Fragen geweckt werden, die erst zu einem späteren Zeitpunkt beantwortet werden, haben wir dabei bewußt in Kauf genommen. Ein Teil der Anwendungsdiskussion befindet sich vom Haupttext getrennt und optisch hervorgehoben in Boxen. Sie enthalten in erster Linie kleine „Fallstudien“, welche die im Haupttext besprochenen Konzepte aufgreifen und anwendungsbezogen umsetzen bzw. ergänzen. Darüber hinaus finden sich in den Boxen weiterführende theoretische Überlegungen und biographische Hinweise. Am Ende jedes Kapitels weisen wir durch Schlüsselbegriffe auf die wichtigsten der jeweils neu eingeführten Begriffe und Konzepte hin. Wir schlagen vor, nach dem Durcharbeiten eines Kapitels innezuhalten und anhand der Schlüsselbegriffe Verständnis und Lernfortschritt zu überprüfen.

Um die Lesbarkeit des Buches zu erhöhen, wurden die meisten Tabellen nicht im Faksimile-Druck übernommen, sondern typographisch einheitlich neu gesetzt. Für einen Faksimile-Druck wird manchmal vorgebracht, daß er einen „Wiedererkennungseffekt“ aufweist, daß man sich also in den Originalquellen besser zurechtfindet, weil einem das Schriftbild vertraut ist. Sicherlich ein bedenkenswertes Argument. Bei der Vielzahl verschiedener Quellen und der Vielzahl der verwendeten Typen hat dies jedoch ein sehr uneinheitliches und damit unruhiges Schriftbild zur Folge, das den Lesefluß hemmt. Einen echten „Wiedererkennungseffekt“ erzielt man dagegen, wenn man sich bei der Diskussion der Kreislaufkonzepte und der Volkswirtschaftlichen Gesamtrechnung eng an die „amtliche“ Terminologie des Statistischen Bundesamtes anlehnt. Das haben wir – bis auf wenige Ausnahmen – auch getan.

Bei einem Buch, dessen zentrales Thema die konzeptionelle und quantitative Erfassung des Wirtschaftsgeschehens in der Bundesrepublik Deutschland ist, liegt die Frage nahe, welche Auswirkungen die deutsche Vereinigung auf das System der Volkswirtschaftlichen Gesamtrechnung hat. Soweit es um Konzepte geht, sind die Auswirkungen eher gering. Die neuen Bundesländer wurden in den vergangenen Jahren voll in das Gesamtrechnungssystem des Statistischen Bundesamtes einbezogen. Auf einige damit verbundene Übergangsprobleme wird in einem besonderen Abschnitt des 5. Kapitels eingegangen. Quantitativ sind die Auswirkungen der Vereinigung dagegen enorm. Aus Sicht des empirischen Wirtschaftswissenschaftlers ist die Vereinigung mit einem fundamentalen Strukturbruch in den makroökonomischen Zeitreihen verbunden, der erhebliche Schwierigkeiten aufwirft. Aus diesem Grund werden zunächst auch weiterhin wichtige makroökonomische Aggregate für das alte Bundesgebiet und die neuen Bundesländer parallel ausgewiesen. Insbesondere wegen der fehlenden Verfügbarkeit und der mangelnden Verläßlichkeit des Datenmaterials sowie wegen der fundamentalen konzeptionellen Unterschiede haben wir – bis auf wenige Stellen – auf die Aufnahme von Zahlenmaterial über die frühere DDR verzichtet.

Das Buch besteht aus vier Teilen. Der erste Teil (1. und 2. Kapitel) dient der Schaffung eines Überblicks über die wichtigsten Grundlagen für die weiteren Überlegungen. Der zweite Teil (3. bis 5. Kapitel) beschäftigt sich mit dem Wirtschaftskreislauf. Die hier erarbeiteten Konzepte bilden den begrifflichen Rahmen für die beiden folgenden Teile. Der Aufbau dieser folgenden Teile ist ein Spiegelbild des Aufbaus der Volkswirtschaftlichen Gesamtrechnung in der Bundesrepublik. Der dritte Teil (6. bis 9. Kapitel) befaßt sich mit dem Kern des gesamtwirtschaftlichen Rechnungswesens, der Inlands- und Sozialproduktsberechnung. In diesem Zusammenhang erfolgt auch eine Darstellung der wichtigsten Anwendungsgebiete der Inlandsproduktsberechnung und der hierbei auftretenden Probleme (zeitliche und internationale Vergleichbarkeit; Aussagefähigkeit des Inlandsprodukts). Auch Verbesserungsvorschläge und Weiterentwicklungen (z. B. Umweltökonomische Gesamtrechnung) werden in diesem Teil diskutiert. Der vierte Teil (10. bis 13. Kapitel) hat die wichtigsten Nebenrechnungen der Volkswirtschaftlichen Gesamtrechnung zum Gegenstand. Hier wird deutlich, daß inzwischen verschiedene Rechnungssysteme die Sozialproduktsberechnung zu einem gesamtwirtschaftlichen Informationssystem ergänzen.

1. Kapitel: Die Volkswirtschaftliche Gesamtrechnung im Überblick

1. Ziele und Systematik der Volkswirtschaftlichen Gesamtrechnung

In einer Volkswirtschaft werden für sehr unterschiedliche Zwecke Daten über die wirtschaftlichen Vorgänge in einem Land und über dessen wirtschaftliche Beziehungen zum Ausland benötigt. Sofern es sich um gesamtwirtschaftliche Größen handelt, bildet die Hauptquelle solcher Daten ein Gesamtsystem verschiedener statistischer Teilrechnungen. Dieses Gesamtsystem bezeichnet man als **„Volkswirtschaftliche Gesamtrechnung"**, **„Volkswirtschaftliche Gesamtrechnungen"** (im Plural) oder als **„Gesamtwirtschaftliches Rechnungswesen"**. Die Volkswirtschaftliche Gesamtrechnung verfolgt das Ziel, das Wirtschaftsgeschehen einer Volkswirtschaft für einen zurückliegenden und daher abgeschlossenen Zeitraum quantitativ möglichst umfassend zu beschreiben. Voraussetzung für eine solche Beschreibung ist die Verwendung eines geeigneten theoretischen und begrifflichen Rahmens zur statistischen Erhebung und Gliederung der Daten. Die Grundlage dieses Rahmens zu entwikkeln ist Aufgabe der **Kreislaufanalyse.** Die Volkswirtschaftliche Gesamtrechnung füllt den durch die Kreislaufanalyse geschaffenen Rahmen mit statistischen Zahlen auf und ergänzt und erweitert ihn dort, wo die Erfordernisse der Praxis es notwendig machen. Die Zahlen der Volkswirtschaftlichen Gesamtrechnung beziehen sich auf Zeiträume von einem Jahr sowie teilweise auf kürzere Zeitabschnitte (Halbjahre, Vierteljahre oder Monate). Die Daten werden auf mikroökonomischer Ebene für einzelne Wirtschaftseinheiten, wie private Haushalte, Unternehmen und öffentliche Haushalte nach genauen statistischen Abgrenzungen erhoben und in geeigneter Weise strukturiert. Durch Zusammenfassung zu volkswirtschaftlichen Aggregaten entsteht so eine umfassende statistische Beschreibung des gesamtwirtschaftlichen Geschehens für einen abgeschlossenen Zeitraum.

Wie im vorigen Absatz erläutert, besteht die Volkswirtschaftliche Gesamtrechnung aus mehreren Teilsystemen. Das Statistische Bundesamt, das in der Bundesrepublik im wesentlichen die Volkswirtschaftliche Gesamtrechnung durchführt, unterscheidet sechs Teilsysteme. Wie Abbildung 1-1 zeigt, werden sie durch ein siebtes Teilsystem ergänzt, nämlich der Außenwirtschaftsrechnung, die weitgehend von der Deutschen Bundesbank durchgeführt wird.

Das bedeutendste Teilsystem der Volkswirtschaftlichen Gesamtrechnung ist die **Inlands- und Sozialproduktsberechnung** (englisch: „national

Volkswirtschaftliche Gesamtrechnung

Inlands- und Sozialprodukts-berechnung	Nebenrechnungen der VGR:
	Input-Output-Rechnung
	Vermögensrechnung
	Finanzierungsrechnung
	Außenwirtschaftsrechnung
	Arbeitsvolumenrechnung
	Einkommensrechnung für private Haushalte nach sozioökonomischer Gliederung

Abb. 1-1: Die Teilbereiche der Volkswirtschaftlichen Gesamtrechnung

income accounting"). Im Mittelpunkt der Inlandsproduktsberechnung steht die Ermittlung der gesamtwirtschaftlichen Güterproduktion und der im Zuge der Güterproduktion entstandenen Einkommen. Darüberhinaus kommt in diesem Teilsystem des gesamtwirtschaftlichen Rechnungswesens bestimmten Strukturkomponenten eine besondere Bedeutung zu. So wird z.B. der Frage nachgegangen, in welchem Umfang die verschiedenen Wirtschaftsbereiche einer Volkswirtschaft an der Güterproduktion beteiligt sind, in welchem Umfang die erstellten Produkte dem Konsum der privaten Haushalte und den Unternehmensinvestitionen zufließen und wie sich die Einkommen auf Löhne, Zinsen und Gewinne verteilen.

Historisch betrachtet bestand die Volkswirtschaftliche Gesamtrechnung urspünglich nur aus der Inlandsproduktsberechnung. Mit Zunahme des Informationsbedarfs wurde das gesamtwirtschaftliche Rechnungswesen später um zusätzliche, spezialisierte Teilgebiete erweitert, die zusammenfassend als **Nebenrechnungen der Volkswirtschaftlichen Gesamtrechnung** bezeichnet werden. Im Zuge dieser Erweiterung ging das Statistische Bundesamt dazu über, statt von Volkswirtschaftlicher Gesamtrechnung von Volkswirtschaftlichen Gesamtrechnungen zu sprechen, um so deutlich zu machen, daß das gesamtwirtschaftliche Rechnungswesen aus mehreren Teilgebieten besteht. In diesem Buch soll jedoch, wie in der volkswirtschaftlichen Literatur weitgehend üblich, der Begriff „Volkswirtschaftliche Gesamtrechnung" verwendet werden, um das Gesamtsystem, also Inlandsproduktsberechnung und Nebenrechnungen, zu kennzeichnen.

Zu den Nebenrechnungen der Volkswirtschaftlichen Gesamtrechnung gehört zunächst die **Input-Output-Rechnung** (vgl. Abbildung 1-1). Sie steht in enger Verbindung mit der Inlandsproduktsberechnung. Wie diese befaßt sie sich mit der Güterproduktion, doch steht in ihrem Mittelpunkt die Beschreibung der güter- und produktionsmäßigen Verflechtungen zwischen den Produktionsbereichen der Volkswirtschaft und deren Anteil an den Gesamtwerten von Produktion, Einkommensentstehung und -verwendung. Damit die Verflechtungen sichtbar werden, wird die Input-Output-Rechnung vom Statistischen Bundesamt in tieferer Gliederung nach 58 Produktionsbereichen dargestellt. Aus der Input-Output-Rechnung lassen sich z.B. Informationen über die Bedeutung einzelner Produktionsbereiche der Wirtschaft als Vorleistungslieferanten für andere Produktionsbereiche entnehmen.

Aufgabe der **Vermögensrechnung** ist die Erfassung der Bestände an Sachgütern sowie an Forderungen und Verbindlichkeiten zu einem bestimmten Zeitpunkt. Das Statistische Bundesamt berechnet den Bestand des reproduzierbaren Sachvermögens; die Ermittlung der Bestände an Geldvermögen erfolgt dagegen durch die Deutsche Bundesbank. Die Vermögensrechnung erlaubt Einblicke in die Zusammensetzung der Vermögensbestände einer Volkswirtschaft und bildet z.B. die Grundlage für Untersuchungen zur Vermögensverteilung und für internationale Vergleiche von Vermögenspositionen.

In der **Finanzierungsrechnung** wird die Frage beantwortet, wie sich die Forderungen und Verbindlichkeiten einer Volkswirtschaft, gegliedert nach Sektoren, in einer abgelaufenen Periode verändert haben. Die Bestände an Forderungen und Verbindlichkeiten werden dabei zum einen durch die Wahl anderer Anlageformen für bereits bestehende Vermögen, zum anderen aber auch durch Anlageentscheidungen bezüglich des in dem jeweils betrachteten Zeitraum neu gebildeten Vermögens verändert. Die Finanzierungsrechnung wird von der Deutschen Bundesbank durchgeführt und steht in engem Zusammenhang mit der Geldvermögensrechnung.

In der **Außenwirtschaftsrechnung** werden die ökonomischen Transaktionen zwischen Inländern und Ausländern, die Vermögensposition gegenüber dem Ausland und Daten zu den internationalen Tauschverhältnissen von Währungen und Gütern erfaßt. Den Hauptbestandteil der Außenwirtschaftsrechnung, die von der Deutschen Bundesbank durchgeführt wird, bildet die Zahlungsbilanzstatistik, in der neben den Güterströmen, die in der Inlandsproduktsberechnung berücksichtigt werden, auch die Veränderung der Kreditbeziehungen zum Ausland aufgezeichnet werden.

Gegenstand der **Arbeitsvolumenrechnung** des Statistischen Bundesamtes ist die Ermittlung der beschäftigten Arbeitnehmer und der Selbständigen nach 58 Wirtschaftsbereichen. Die **Einkommensrechnung für private Haushalte** zeigt die Einkommensverteilung der privaten Haushalte in sozio-ökonomischer Gliederung, d.h. nach Gruppen von Selbständigen-, Arbeitnehmer- und Nichterwerbstätigen-Haushalten. Sowohl bei der Arbeitsvolumenrechnung als auch bei der Einkommensrechnung für private Haushalte handelt es sich um rudimentäre Rechenwerke, deren gesamtwirtschaftliche Bedeutung in keiner Weise mit der der anderen Teilsysteme der Volkswirtschaftlichen Gesamtrechnung verglichen werden kann. Aus diesem Grund wird auf die Arbeitsvolumenrechnung und die Einkommensrechnung nicht weiter eingegangen.

2. Wofür werden die Daten der Volkswirtschaftlichen Gesamtrechnung verwendet?

Die Inlandsproduktsberechnung stellt zusammen mit den Nebenrechnungen der Volkswirtschaftlichen Gesamtrechnung ein zentrales Informationssystem für gesamtwirtschaftliche Untersuchungen dar. Die von ihr geleistete zahlenmäßige Erfassung des Wirtschaftsgeschehens dient unterschiedlichen Aufgaben. Erstens bilden die ermittelten Daten die wichtigste Basis für die Beschreibung der wirtschaftlichen Entwicklung eines Landes. Insofern ist sie ein unverzichtbares Instrument der Wirtschaftskunde, die den Teil der Wirtschaftswissenschaften darstellt, der sich mit der Beschreibung gesamtwirtschaftlicher Abläufe und Zustände beschäftigt. Auf die statistischen Ergebnisse der Volkswirtschaftlichen Gesamtrechnung greifen in der Bundesrepublik Deutschland insbesondere folgende Einrichtungen zurück:

- Regierungsstellen der Gebietskörperschaften (Bund, Länder und Gemeinden einschließlich der Gemeindeverbände);
- der Sachverständigenrat zur Begutachtung der gesamtwirtschaftlichen Entwicklung;
- die sechs großen wirtschaftswissenschaftlichen Forschungsinstitute, nämlich das Deutsche Institut für Wirtschaftsforschung (DIW) in Berlin, das Hamburgische Welt-Wirtschafts-Archiv, das Ifo-Institut für Wirtschaftsforschung in München, das Rheinisch-Westfälische Institut für Wirtschaftsforschung (RWI) in Essen, das Institut für Wirtschaftsforschung, Halle (IWH) und das Institut für Weltwirtschaft in Kiel;
- öffentliche und private Forschungseinrichtungen, wie z. B. Universitäten, sowie
- die volkswirtschaftlichen Abteilungen großer Unternehmen.

Darüber hinaus werden insbesondere die Daten der Inlandsproduktsberechnung und der Außenwirtschaftsrechnung von amtlichen Stellen an internationale und supranationale Organisationen, wie die Europäische Gemeinschaft (EG), die Vereinten Nationen (UN), der Internationale Währungsfonds (IWF), die Organisation für wirtschaftliche Zusammenarbeit und Entwicklung (OECD) und die Weltbank, für deren Arbeit weitergeleitet.

Zweitens liefert die Volkswirtschaftliche Gesamtrechnung die Datenbasis für das Studium von Ursache-Wirkungs-Zusammenhängen. Die Daten werden hierbei sowohl für die Ableitung wirtschaftstheoretischer Erkenntnisse als auch für deren empirische Überprüfung verwendet.

Dies ermöglicht es, die wirtschaftlichen Vorgänge besser zu verstehen und Veränderungen im Verhalten der am Wirtschaftsleben Beteiligten zu erkennen.

Drittens bilden die so gewonnenen wirtschaftstheoretischen Erkenntnisse zusammen mit den historischen Daten den Ausgangspunkt für Wirtschaftsprognosen. Diese haben die Aufgabe, die voraussichtliche Entwicklung zu projizieren und alternative Szenarien für den Fall des Einsatzes wirtschaftspolitischer Instrumente aufzuzeigen. In gleicher Weise wird auf die Rechnungssysteme der Volkswirtschaftlichen Gesamtrechnung und die Wirtschaftstheorie zurückgegriffen, wenn Empfehlungen für den wirtschaftspolitischen Instrumenteneinsatz erarbeitet werden. Für die Wirtschaftspolitik sind die Informationen des Gesamtwirtschaftlichen Rechnungswesens unverzichtbare Grundlage bei Aufstellung und Verfolgung wirtschaftspolitischer Ziele.

2. Kapitel: Einige zentrale Konzepte

Bevor eine Diskussion der theoretischen Grundlagen der Volkswirtschaftlichen Gesamtrechnung im Rahmen der Kreislaufanalyse erfolgt (3. Kapitel), ist es zweckmäßig, sich vorab mit einigen zentralen Konzepten von Kreislaufanalyse und Volkswirtschaftlicher Gesamtrechnung vertraut zu machen. Von elementarer Bedeutung sind die Unterscheidung von Strom- und Bestandsgrößen, die Klassifizierung der am Wirtschaftsleben Beteiligten und ihrer ökonomischen Aktivitäten sowie die Gliederung, Erfassung und Bewertung der zu beobachtenden ökonomischen Transaktionen.

1. Strom- und Bestandsgrößenrechnungen

Im Rahmen des gesamtwirtschaftlichen Rechnungswesens werden zwei unterschiedliche Rechnungsverfahren verwendet, die **Stromgrößenrechnung** und die Bestandsgrößenrechnung. In einer Stromgrößenrechnung, zu der beispielsweise die Inlandsproduktsberechnung zählt, werden Umfang und Struktur von ökonomischen Größen mit der Dimension „DM pro Zeiteinheit" erfaßt. Stromgrößen sind z. B. das Einkommen, die Ersparnis und der Gewinn, da sie sich auf einen bestimmten Zeitraum beziehen. Auch die Lieferverflechtungen in der Input-Output-Analyse stellen Stromgrößen dar, denn es handelt sich jeweils um Vorleistungen, die einzelne Wirtschaftsbereiche von anderen innerhalb eines bestimmten Zeitraumes beziehen. Stromgrößen sind es auch, die in der Zahlungsbilanz ermittelt werden, denn auch die jeweiligen Gütertransaktionen und Veränderungen der Kreditbeziehungen beziehen sich auf Zeiträume.

In **Bestandsgrößenrechnungen** werden Höhe, Struktur und Verteilung ökonomischer Größen registriert, die sich stets auf einen bestimmten Stichtag beziehen und daher die Dimension „DM zu einem Zeitpunkt" aufweisen. Bestandsgrößen sind z. B. das Vermögen, die Geldmenge oder der Kapitalstock. Daher stellt die Vermögensrechnung, in der sich die ermittelten Werte für das Sach- und das Geldvermögen jeweils auf einen festgelegten Zeitpunkt beziehen, eine Bestandsgrößenrechnung dar.

Bestands- und Stromgrößenrechnung stehen keineswegs unverbunden nebeneinander. Die Veränderung von Beständen zwischen zwei verschiedenen Zeitpunkten setzt sich aus Zu- und Abgängen zusammen und wird somit durch eine Stromgröße, dem Nettozugang oder -abfluß, beschrieben. So stellt die private Nettoersparnis eine Stromgröße dar, welche die Veränderung des Vermögens der Privaten (= Bestandsgröße) beschreibt. Ebenso bilden die Summe der Devisenzu- und -abflüsse bei der Deutschen Bundesbank eine Stromgröße, welche die Veränderung des Bestands an Währungsreserven widerspiegelt.

2. Wirtschaftsprozeß, Wirtschaftssubjekte und ökonomische Aktivitäten

Im Mittelpunkt des gesamtwirtschaftlichen Rechnungswesens steht die Beschreibung des Wirtschaftsprozesses einer Volkswirtschaft. Der **Wirtschaftsprozeß** umfaßt dabei die Gesamtheit der wirtschaftlichen Transaktionen, die sich auf den verschiedenen Märkten beobachten lassen. Diese Transaktionen sind ihrerseits das Ergebnis einer Fülle von Einzelentscheidungen der am Wirtschaftsleben Beteiligten. Da es sich bei den Beteiligten nicht nur um Einzelpersonen, sondern auch um Unternehmen und staatliche Einrichtungen handelt, bezeichnet man diejenigen, die eine ökonomische Aktivität ausüben, neutral als **Wirtschaftseinheiten** oder als **Wirtschaftssubjekte.**

Für eine systematische Betrachtung des Wirtschaftsprozesses ist es erforderlich, die Fülle der einzelnen wirtschaftlichen Aktivitäten und die Vielzahl der Wirtschaftssubjekte zu strukturieren, um so das komplexe Wirtschaftsgeschehen übersichtlicher zu machen. Die Übersichtlichkeit wird im gesamtwirtschaftlichen Rechnungswesen vor allem durch die Gliederung des Wirtschaftsgeschehens nach zwei Merkmalen erreicht: die Gliederung nach der Gruppenzugehörigkeit der Wirtschaftssubjekte und die Gliederung nach der Art der ökonomischen Aktivität. Hierdurch ergibt sich eine Grobstruktur des Wirtschaftslebens, auf die regelmäßig auch in der makroökonomischen Theorie zurückgegriffen wird.

In bezug auf die Gruppenzugehörigkeit werden alle Wirtschaftseinheiten einem der folgenden vier Sektoren zugeordnet:

- Unternehmenssektor,
- Sektor der privaten Haushalte,
- Sektor der öffentlichen Haushalte und
- Auslandssektor.

Der **Unternehmenssektor** umfaßt zum überwiegenden Teil private Unternehmen. Zu ihnen gehören die durch Private gegründeten und in ihrem Auftrag handelnden Wirtschaftseinheiten sowie die freiberuflich Tätigen, wie Ärzte, Rechtsanwälte und Künstler. Für Unternehmen ist charakteristisch, daß sie durch den Einsatz von Produktionsfaktoren und

Vorleistungen Güter mit der Absicht produzieren, Gewinne zu erzielen. Der Begriff „Güter" umfaßt hier Waren und Dienstleistungen. Eine Besonderheit von Dienstleistungsunternehmen ist, daß Produktion und Verwendung der Produkte zeitlich zusammenfallen. Dienstleistungen sind daher nicht aufbewahrungsfähig. Neben den privaten Unternehmen werden zum Unternehmenssektor aber auch die öffentlichen Unternehmen gezählt. Der Grund hierfür besteht darin, daß öffentliche Unternehmen, anders als die Gebietskörperschaften, Güter produzieren und verkaufen und sich deshalb ähnlich wie private Unternehmen verhalten.

Private Haushalte bieten in erster Linie ihre Arbeitskraft an, kaufen Ge- und Verbrauchsgüter und legen Ersparnisse an. Sie umfassen sowohl Ein- als auch Mehrpersonenhaushalte. Ihre Einnahmen bestehen nicht nur aus Erwerbseinkommen (Löhne und Gehälter), sondern auch aus Vermögenseinkommen (z.B. Zinsen und Mieten) und empfangenen Übertragungen (z.B. Renten, Pensionen, Arbeitslosengeld, Wohngeld und Sozialhilfe). Mit den Haushalten zu einem Sektor zusammengefaßt werden meistens die **privaten Organisationen ohne Erwerbszweck.** Sie umfassen Kirchen, Institute, Verbände, Vereine, Parteien und kulturelle Einrichtungen, die ihre Leistungen entweder unentgeltlich oder zu nicht kostendeckenden Preisen abgeben. Ihre Einnahmen stammen zum überwiegenden Teil aus Beiträgen, Spenden und öffentlichen Fördermitteln. Obwohl diese Organisationen Leistungen erstellen und an andere Sektoren (zumeist die privaten Haushalte) abgeben, werden sie nicht als Unternehmen klassifiziert, da bei ihnen die Gewinnorientierung fehlt.

Zum Sektor der **öffentlichen Haushalte** zählen die Haushalte der Gebietskörperschaften (Bund, Länder, Gemeinden und Gemeindeverbände) und die Sozialversicherungshaushalte (insbesondere die gesetzliche Kranken-, Renten- und Arbeitslosenversicherung). Diese Wirtschaftseinheiten üben hoheitliche Aufgaben aus und produzieren öffentliche Güter, wie Infrastrukturleistungen (z.B. Straßen und Schulen), das Rechtswesen sowie innere und äußere Sicherheit. Die Mehrzahl dieser öffentlichen Güter wird ohne unmittelbare Gegenleistung abgegeben. Neben der Bereitstellung öffentlicher Güter ist den öffentlichen Haushalten gemein, daß sie durch den bewußten Einsatz von Einnahmen- und Ausgabenpolitik Niveau und Form der wirtschaftlichen Entwicklung beeinflussen.

Zum **Auslandssektor** gehören alle Wirtschaftssubjekte, die ihren Sitz bzw. Wohnsitz im Ausland haben. Dies ist nicht gleichbedeutend mit der Nationalitätenzugehörigkeit. Ein in der Bundesrepublik lebender ausländischer Arbeitnehmer fällt ebensowenig in diese Kategorie wie die deutsche Tochtergesellschaft eines im Ausland angesiedelten Unternehmens.

In bezug auf die Art der ökonomischen Aktivitäten unterscheidet man die folgenden vier Kategorien:

(1) Einkommensschaffung durch Produktion von Waren und Dienstleistungen,

(2) Einkommensempfang und Einkommensverwendung, z.B. für den Kauf von Gütern,

(3) Bildung von Vermögen und

(4) Gewährung und Aufnahme von Krediten.

Die Erzeugung von Gütern (= Waren und Dienstleistungen) wird als Produktionsprozeß bezeichnet. Alle Produktionsprozesse eines Landes bilden zusammengenommen den volkswirtschaftlichen Produktionsprozeß. Er ist in modernen Volkswirtschaften durch eine weitgehende Arbeitsteilung gekennzeichnet. Diese findet nicht nur zwischen den Unternehmen statt, etwa durch die Herstellung von Vor-, Zwischen- und Endprodukten, sondern ist auch innerhalb der Unternehmen (verschiedene Produktionsstätten und Abteilungen) anzutreffen.

Der volkswirtschaftliche Produktionsprozeß ist in Abbildung 2-1 schematisiert. Zur Güterproduktion werden inländische und ausländische Faktoren (sog. Inputs) eingesetzt. Die inländischen Produktionsfaktoren umfassen die Nutzung von Grundstücken (Boden), die menschliche Arbeitsleistung (Arbeit) und die Nutzung von Produktionsanlagen (Kapital). Letztere bestehen beispielsweise aus Maschinen, Fahrzeugen und Gebäuden und werden auch als dauerhafte Produktionsmittel bezeichnet. Darüberhinaus fließen importierte Vorleistungen in den volkswirtschaftlichen Produktionsprozeß ein.

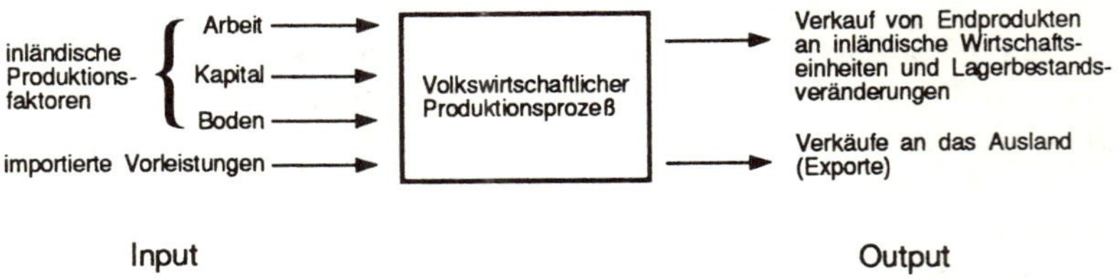

Abb. 2-1: Volkswirtschaftlicher Produktionsprozeß

Die Produktionsverflechtung innerhalb der Volkswirtschaft, also die Lieferung von Vorleistungen von inländischen Unternehmen an andere inländische Unternehmen, spielt sich innerhalb des volkswirtschaftlichen Produktionsprozesses ab und ist daher nicht gesondert in Abbildung 2-1 eingezeichnet. Die erstellten Güter, die nicht als Vorleistungen von anderen inländischen Unternehmen verwendet werden, bilden das volkswirtschaftliche Produktionsergebnis (Output). Es umfaßt die Endproduktverkäufe an inländische Wirtschaftseinheiten (private Haushalte, Unternehmen und Staat), die Lagerbestandsveränderungen und die Verkäufe an das Ausland.

Der Erhalt und die Verwendung von Einkommen (Kategorie 2) bezieht sich auf die Gesamtheit der empfangenen Einkommen eines Wirtschaftssubjekts. Diese können aus der Bereitstellung von Produktionsfaktoren oder aus unentgeltlichen Leistungen von anderen Wirtschaftssubjekten resultieren. Bei der Vermögensbildung (Kategorie 3) wird bei den Produktionseinheiten die Ersparnis der Zunahme oder Abnahme des Sachvermögens gegenübergestellt und hieraus der Finanzierungssaldo ermittelt. Eine Abnahme des Sachvermögens erfolgt durch Abnutzung (Abschreibung), eine Zunahme hingegen durch den Kauf von Investitionsgütern. Die Gewährung und Aufnahme von Krediten zeigt an, wie der Finanzierungssaldo der einzelnen Wirtschaftssubjekte durch Veränderung von Forderungen und Verbindlichkeiten zustandegekommen ist.

3. Gliederungsansätze ökonomischer Transaktionen

Unter einer **ökonomischen Transaktion** wird der Übergang eines Wirtschaftsobjektes, also eines Gutes oder einer Forderung, von einem Wirtschaftssubjekt auf ein anderes verstanden. Man unterscheidet einseitige und zweiseitige Transaktionen. Bei **einseitigen (unilateralen) Transaktionen** werden Güter oder Forderungen ohne Gegenleistung übertragen. Beispiele hierfür sind Schenkungen und die Transfers des Staates an private Haushalte, Unternehmen oder das Ausland. Bei **zweiseitigen (bilateralen) Transaktionen** steht jeder Übertragung eine Gegenübertragung von Gütern oder Forderungen gegenüber.

Berücksichtigt man auch die einseitigen Transaktionen, bei denen gewissermaßen „nichts" gegen ein Gut oder gegen eine Forderung getauscht wird, dann lassen sich die verschiedenen denkbaren Transaktionsformen übersichtlich in einer Matrix darstellen (vgl. Abbildung 2-2).

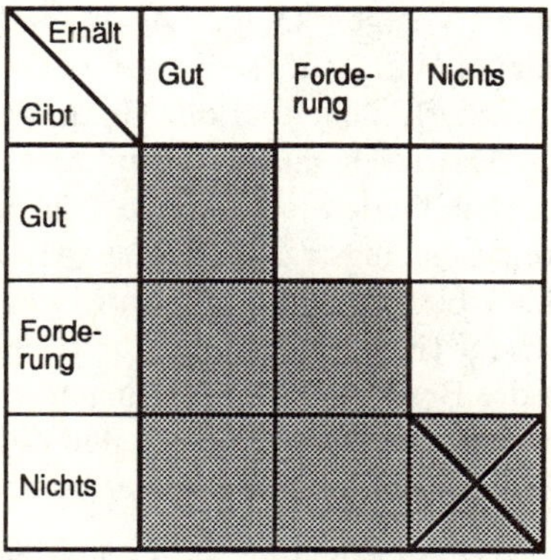

Abb. 2-2: Mögliche Transaktionsformen

In der in Abbildung 2-2 gezeigten Matrix sind alle denkbaren ökonomischen Transaktionsformen aus der Sicht einer der beiden an der Transaktion beteiligten Wirtschaftseinheiten dargestellt. Da es für die Klassifizierung der Transaktionen jedoch unerheblich ist, ob ein Wirtschaftssubjekt ein Gut gegen eine Forderung tauscht oder umgekehrt eine Forderung gegen ein Gut, gibt es nur sechs unterschiedliche Transaktionsformen, die in Abbildung 2-2 grau unterlegt sind. Von diesen sechs fällt noch eine weg, nämlich der ökonomisch unsinnige Tausch von nichts gegen nichts. Es können somit fünf Formen ökonomischer Transaktionen unterschieden werden:

(1) Tausch eines Gutes gegen ein anderes Gut. Diese Art von Transaktion bezeichnet man als **Real- oder Naturaltausch.** Der Naturaltausch spielt in entwickelten Volkswirtschaften nur eine untergeordnete Rolle.

(2) Tausch eines Gutes gegen eine Forderung. Der Tausch eines Gutes gegen eine Forderung stellt aus der Sicht desjenigen, der das Gut empfängt, einen (Güter-) Kauf, aus der Sicht des Tauschpartners einen (Güter-) Verkauf dar.

(3) Tausch einer Forderung gegen eine Forderung. Bei dieser Transaktionsform spricht man von einem Kauf bzw. Verkauf von Forderungsrechten.

(4) Übertragung eines Gutes ohne Gegenleistung.

(5) Übertragung einer Forderung ohne Gegenleistung.

Transaktion (4) stellt einen **Realtransfer,** Transaktion (5) einen **Forderungstransfer** dar. Beide Transaktionsformen werden auch als **Schenkung** bezeichnet.

Oft wird im Zusammenhang mit Transaktionen zwischen Finanz- und Leistungstransaktionen unterschieden. Als **Finanztransaktion** bezeichnet man den Tausch von Forderungen gegen Forderungen, etwa den Kauf von Wertpapieren gegen Geld. Durch eine Finanztransaktion wird bei den beteiligten Wirtschaftssubjekten lediglich die Struktur ihrer Forderungen verändert, nicht aber der Gesamtbestand. Die Finanztransaktion wird im Matrixschema der Abbildung 2-2 durch das Zentralfeld beschrieben. Die beiden jeweils links bzw. unten angrenzenden Felder symbolisieren Leistungstransaktionen. Als **Leistungstransaktion** bezeichnet man die Übertragung eines Gutes gegen eine Forderung ebenso wie den Transfer einer Forderung. Durch eine Leistungstransaktion verändert sich der Bestand der Forderungen (oder Verbindlichkeiten) bei den Beteiligten. Der Naturaltausch und die Übertragung eines Gutes ohne Gegenleistung fallen in keine der beiden Kategorien.

Eine andere wichtige Unterscheidung ist die in **Markttransaktionen** und **unterstellte Transaktionen.** Normalerweise finden Transaktionen über

Märkte statt, so daß es sich um tatsächliche Transaktionen handelt. Manchmal ist es aber aus systematischen Gesichtspunkten sinnvoll, Transaktionen zu unterstellen, die nicht oder nicht in der Weise, wie sie erfaßt werden, stattgefunden haben. Eine solche Berücksichtigung erfolgt, weil andernfalls prinzipiell gleiche wirtschaftliche Vorgänge unterschiedlich erfaßt würden. Die einbehaltene Lohnsteuer wird in der Sozialproduktsberechnung beispielsweise so erfaßt, als ob sie zunächst als Lohnbestandteil an die privaten Haushalte ausgezahlt und anschließend von den Haushalten an den staatlichen Sektor abgeführt würde. Als weiteres Beispiel für eine unterstellte Transaktion läßt sich die Behandlung von selbsterstellten Anlagen durch ein Unternehmen nennen. Da sowohl beim Kauf einer Maschine von einem anderen Unternehmen als auch bei der Selbsterstellung dieser Maschine der Kapitalstock um eine Maschine zunimmt, wird aus Gründen der Gleichbehandlung in der Sozialproduktsberechnung bei der Selbsterstellung eine fiktive Transaktion (Kauf einer Maschine) aufgenommen.

Ein Beispiel für Transaktionen, die in der Sozialproduktsberechnung anders behandelt werden als sie tatsächlich stattgefunden haben, liefert der Wohnungsbau der privaten Haushalte. Hinsichtlich der mit dem Wohnungsbau verbundenen Transaktionen (Aufnahme von Krediten, Erstellung von Eigenleistungen, Verwendung von Ersparnissen und Bezug staatlicher Zuschüsse) gelten die privaten Haushalte in der Sozialproduktsberechnung als Unternehmen. Damit werden diese Transaktionen dem Charakter nach der Produktionstätigkeit von Unternehmen gleichgestellt. Außerdem werden fiktive Mietzahlungen der privaten Haushalte einbezogen. Zahlt nämlich ein privater Haushalt Miete, so wird diese Transaktion als „Kauf von Wohnungsnutzung gegen Zahlung von Miete" erfaßt. Die Eigennutzung einer Wohnung oder eines Hauses beinhaltet zwar ebenfalls eine Wohnungsnutzung, verursacht aber keine solche Mietzahlung. Um den Umfang der Wohnungsnutzung nicht von den Eigentumsverhältnissen abhängig zu machen, wird deshalb bei Eigennutzung eine fiktive Mietzahlung der privaten Haushalte an den Unternehmenssektor in die Sozialproduktsberechnung aufgenommen.

4. Bewertung und Datierung von Transaktionen

Bei der Bewertung der Transaktionen in der Sozialproduktsberechnung sind prinzipiell Marktpreise anzusetzen. Allerdings ist dies nur für solche Transaktionen möglich, die über den Markt abgewickelt werden. Bei der Bewertung der von öffentlichen Haushalten ohne direktes Entgelt zur Verfügung gestellten Leistungen verwendet man hilfsweise die Herstellungskosten als Wertmaßstab. Besondere Rechnungsverfahren werden für die Bewertung von Transaktionen benutzt, die zur Erfassung des wirtschaftlichen Geschehens fiktiv anzunehmen sind. Dies trifft vor allem für den Werteverzehr von Sachkapitalgütern zu, bei denen die Abschreibungen durch hypothetische Annahmen über die Abnutzung erfaßt werden.

Für die konsistente Erfassung des Wirtschaftsgeschehens im volkswirtschaftlichen Rechnungswesen ist es erforderlich, daß sich jede Transaktion eindeutig einem bestimmten Rechnungszeitraum (Monat, Quartal, Jahr) zuordnen läßt. Maßgeblich für die Erfassung im volkswirtschaftlichen Rechnungswesen ist der Zeitpunkt der Entstehung einer neuen Forderung oder Verbindlichkeit.

In der Bundesrepublik Deutschland wird die Inlandsproduktsberechnung vom Statistischen Bundesamt vorgenommen. Grundlage der Erfassung der ökonomischen Transaktionen sind eine Vielzahl von Datenreihen der Wirtschafts-, Finanz- und Bevölkerungsstatistik. Basis für diese Statistiken sind wiederum im wesentlichen Steuerstatistiken, regelmäßig von öffentlichen Stellen und Verbänden durchgeführte Erhebungen sowie statistische Angaben anderer öffentlicher Stellen, wie etwa die der Deutschen Bundesbank, des Bundesamts für die gewerbliche Wirtschaft und des Bundesaufsichtsamts für das Versicherungswesen. Welche Statistiken für welche Datenreihen im einzelnen herangezogen werden, ist allerdings bisher vom Statistischen Bundesamt nicht vollständig offengelegt worden.

Bei der Vielzahl der ökonomischen Transaktionen verwundert es nicht, daß sie nicht alle durch die Statistik erfaßt werden können. Dies liegt zum einen daran, daß der mit der Datenerfassung verbundene Aufwand zu begrenzen ist, zum anderen aber auch daran, daß bestimmte Transaktionen durch die offiziellen Statistiken nicht beobachtet werden können. Hierzu zählen insbesondere die Aktivitäten der sogenannten Schattenwirtschaft. Allgemein sind hierbei solche Transaktionen gemeint, die zumeist aus Gründen der Vermeidung der Erfassung eines steuerlichen oder anderen Tatbestandes außerhalb des offiziellen Marktes ablaufen. Auch andere, zweifelsfrei legale Transaktionen sind durch die Statistik nicht erfaßbar. Hierbei handelt es sich um ökonomische Aktivitäten, die der Steuerpflicht nicht unterliegen, da sie entweder generell nicht besteuert werden oder im Einzelfall unterhalb der steuerlich relevanten Grenzen liegen. Man denke nur an Schenkungen, gelegentliche Nachbarschaftshilfe, Babysitting, private Unterstützungszahlungen oder auch den realen Gütertausch. Letzterer kann natürlich in seinem Umfang durchaus ein Reflex steuerlicher Bestimmungen sein.

Die Fülle der Daten, die den Einzelstatistiken der Sozialproduktsberechnung zugrundeliegen, bedingt, daß in der Regel zunächst vorläufige Zahlen veröffentlicht und die endgültigen Datenreihen erst mit erheblicher Verzögerung bekanntgegeben werden. Nicht selten werden auch noch nach Veröffentlichung der endgültigen Daten Revisionen vorgenommen, da entweder Änderungen bei den Basisdaten eingetreten sind oder aber Konzepte von Datenreihen geändert wurden. Die Erfassungs-, Bewertungs- und Abgrenzungsprobleme der einzelnen Daten haben zur Folge, daß die Sozialproduktsberechnung kein völlig genaues Bild des Wirtschaftsprozesses einer Volkswirtschaft geben kann. Ein solcher Anspruch wäre auch nicht realistisch. Anzustreben ist vielmehr, daß die Ungenauigkeiten so klein sind, daß sie das Bild des Wirtschaftsgeschehens nicht wesentlich verzerren, wobei dieser Maßstab zwangsläufig eine subjektive Komponente enthält.

Schlüsselbegriffe:

Stromgröße
Bestandsgröße
Wirtschaftsprozeß
Wirtschaftseinheit
Wirtschaftssubjekt
Unternehmenssektor
Auslandssektor
Güterkauf/-verkauf
Forderungskauf/-verkauf
Realtausch
Naturaltausch
Realtransfer
Forderungstransfer
Einseitige Transaktion
Zweiseitige Transaktion
Finanztransaktion
Leistungstransaktion
Markttransaktion
Unterstellte Transaktion

Zweiter Teil: Wirtschaftskreislauf

3. Kapitel: Elementare Kreislaufanalyse

1. Aufgabe der Kreislaufanalyse

Aufgabe der **Kreislaufdarstellung** ist die Veranschaulichung der mit dem Wirtschaftsprozeß verbundenen Transaktionen. Hierfür sind die Transaktionen der am Wirtschaftsleben Teilnehmenden zu systematisieren und die unterschiedlichen Wirtschaftssubjekte zu Gruppen zusammenzufassen. Kreislaufdarstellungen basieren heute auf der Einteilung der Wirtschaftssubjekte in die Sektoren Unternehmen, private Haushalte, Staat und Ausland. Die zwischen diesen Sektoren stattfindenden Transaktionen werden als Ströme bezeichnet und so zusammengefaßt, daß sie die verschiedenen, im zweiten Kapitel beschriebenen, ökonomischen Aktivitäten widerspiegeln. Von der Kreislaufdarstellung ausgehend werden dann im Rahmen der **Kreislaufanalyse** wichtige Beziehungen zwischen den einzelnen Strömen abgeleitet. In der Kreislaufanalyse geht es somit vor allem um eine Strukturierung des gesamtwirtschaftlichen Geschehens und die Analyse der zwischen ihnen bestehenden Beziehungen. Die Kreislaufanalyse bildet die Grundlage für die quantitative Erfassung der ökonomischen Transaktionen im Rahmen der Volkswirtschaftlichen Gesamtrechnung.

Die Notwendigkeit einer ersten Systematisierung des Wirtschaftsgeschehens durch Kreislaufdarstellung und -analyse ergibt sich aus der Vielfalt der ökonomischen Transaktionen. Hauptursache für die unzähligen einzelnen Transaktionen, die den Wirtschaftsprozeß charakterisieren, ist die untrennbar mit einer modernen Industriegesellschaft verbundene Arbeitsteilung.

2. Ursprünge des Kreislaufkonzepts

A. Das Kreislaufmodell von Quesnay

Die Ursprünge der Kreislaufanalyse gehen auf *François Quesnay* (1694–1774), den Leibarzt von *Ludwig XV,* zurück. Noch bevor die Betrachtung der wirtschaftlichen Zusammenhänge eine eigene Wissenschaftsrichtung darstellte, verglich *Quesnay* das wirtschaftliche Geschehen eines Landes mit dem Blutkreislauf, der erst wenige Jahrzehnte zuvor durch den englischen Physiologen *Harvey* (1578–1657) entdeckt worden war. In seinem **„Tableau Economique"** illustrierte *Quesnay* die Zahlungsströme zwischen verschiedenen Teilen der Volkswirtschaft und legte damit den Grundstein für die Kreislaufanalyse. Wirtschaftsgeschichtlich kann das Tableau Economique als Grundstein des Denkens der **Physiokraten** in Zahlen und Wirtschaftsbeziehungen zwischen verschiedenen Sektoren der Wirtschaft gedeutet werden. Im Gegensatz zu der bis dahin vorherrschenden merkantilistischen Lehrmeinung, die dem Außenhandel gegenüber inländischen Sektoren (insbesondere der Landwirtschaft) eine bevorzugte Rolle einräumte, betonten die Physiokraten mit dem Bild des Wirtschaftskreislaufs die Bedeutung auch der inländischen Sektoren für die Entwicklung einer Volkswirtschaft. Die Unterscheidung von drei Sektoren im Tableau Economique spiegelte die drei sozialen Gruppen im Frankreich des 18. Jahrhunderts wider:

- Die **produktive Klasse** (classe productive), zu der die Bauern bzw. Bodenpächter gehörten,
- die **Klasse der Bodeneigentümer** (classe possessive) sowie
- die **sterile Klasse** (classe sterile), zu der die restlichen Berufe, insbesondere Händler und Gewerbetreibende, gehörten.

Quesnay illustrierte in seinem Tableau Economique die **Ströme der Einnahmen und der Ausgaben** zwischen diesen Sektoren. Der Wirtschaftskreislauf wurde dahingehend interpretiert, daß allein von der Landwirtschaft (d.h. von der classe productive) als dem Sektor der Urproduktion neue Güter erzeugt werden können und die intersektoralen Transaktionen letztlich auf der Wertschöpfung der Landwirtschaft aufbauen. Die von der produktiven Klasse erzeugten Güter werden nach dem Kreislaufschema von *Quesnay* (siehe Abbildung 3-1) teilweise von den Bauern selbst verbraucht, und zwar in Form von Saatgut, Futtermittel und Eigenverbrauch an Nahrungsmitteln. Der Rest der Produktion geht an die sterile Klasse für den Kauf von Handelserzeugnissen und an die Grundbesitzer für Pachtzahlungen. Die sterile Klasse kauft Erzeugnisse von der produktiven Klasse, veredelt sie und verkauft sie an die beiden anderen Klassen. Von der Differenz zwischen Verkaufserlös und Vorproduktkosten erwirbt sie Produkte für den eigenen Verbrauch vom landwirtschaftlichen Sektor. Die Klasse der Bodeneigentümer kauft mit den Pachteinnahmen Produkte sowohl vom landwirtschaftlichen Sektor als auch von der sterilen Klasse.

Das zahlen- und wertmäßige Ausfüllen des Tableau Economique bildete die gesamtwirtschaftliche Einnahmen-Ausgaben-Rechnung der Physiokraten. Auch wenn das System von *Quesnay* auf die feudalen Gesellschafts- und Wirtschaftsstrukturen der damaligen Zeit zugeschnitten

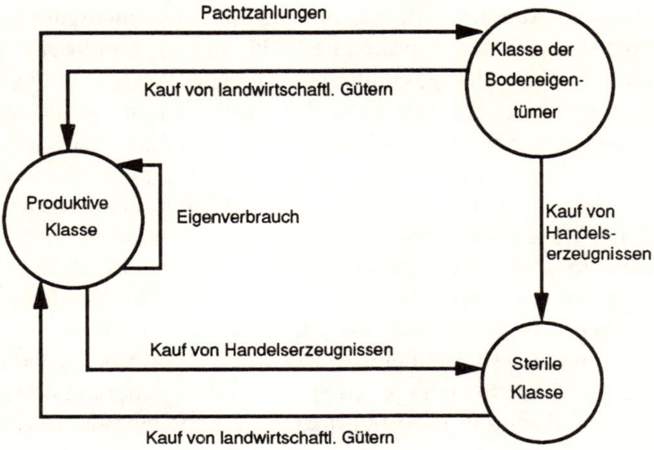

Abb. 3-1: Zahlungsströme im Kreislaufmodell von Quesnay

war, enthielt es doch erstmals den Kreislaufgedanken, der auch auf spätere Wirtschaftssysteme übertragen wurde. Die Grundprinzipien dieser Darstellung finden sich noch in der heute gängigen Kreislaufanalyse. Daher kann das Tableau Economique als Grundstein der Darstellung des Wirtschaftskreislaufs in einem gesamtwirtschaftlichen Rechnungssystem angesehen werden.

Box 3-1: Kurzbiographie François Quesnay

François Quesnay wurde 1694 in Mère, Seine-et-Oise, geboren. Er war das achte von dreizehn Kindern. *Quesnay* wurde zunächst keine systematische Ausbildung zuteil. Mit zehn Jahren konnte er noch nicht lesen; er entwickelte aber früh ein Interesse für die Medizin. Dieses Interesse führte ihn 1711 nach Paris, wo er Chirurg wurde. Erst sehr viel später, nämlich 1750, begann *Quesnay* sich mehr und mehr mit ökonomischen Fragestellungen zu beschäftigen. Quesnay begründete die Schule der Physiokraten, deren Ursprung auf das Jahr 1757 datiert werden kann. Ungefähr seit 1763 beteiligten sich die Physiokraten aktiv an der wirtschaftspolitischen Diskussion. Aber schon im Jahr 1768 begann ihr kultureller und politischer Einfluß zu schwinden. *Quesnays* Arbeiten wurden immer heftiger kritisiert. Er zog sich aus der wirtschaftspolitischen Debatte zurück und beschäftigte sich in seinen letzten Lebensjahren mit der Geometrie. *Quesnay* starb Ende 1774 in Grand Communs, unweit von Versailles.

B. Der Beitrag von Marx zur Kreislaufanalyse

Eine Neuinterpretation des Wirtschaftskreislaufs erfolgte im 19. Jahrhundert durch *Karl Marx* (1818–1883). Diese Neuinterpretation spiegelte die Veränderungen der Wirtschaftsstrukturen im 19. Jahrhundert durch die beginnende Industrialisierung wider. *Marx* unterschied zwei

Sektoren, die **Konsumgüterindustrie** und die **Investitionsgüterindustrie.** Im Gegensatz zu den Physiokraten, die in der Landwirtschaft die eigentliche Quelle der gesamtwirtschaftlichen Wertschöpfung sahen, geht in der Darstellung von *Marx* die Wertschöpfung in den von ihm unterschiedenen Sektoren letztlich auf den Produktionsfaktor Arbeit zurück. Die Kapitaleigner beziehen Einkommen ausschließlich durch Einbehaltung eines Teils der bei der Produktion entstehenden Wertschöpfung. Dieser Unternehmensgewinn wird von *Marx* als **Mehrwert** bezeichnet. Sieht man einmal von den verteilungspolitisch motivierten Aspekten des von *Marx* entwickelten Modells des Wirtschaftskreislaufs ab, so finden sich in seiner Darstellung wesentliche Elemente der heutigen Kreislaufanalyse. So lieferte *Marx* eine erste und grundlegende Analyse des Zusammenhangs von Sparen und Investieren und legte damit den Grundstein für die Erklärung von Vermögensänderungen.

C. Die Weiterentwicklung der Kreislaufanalyse durch Keynes

Eine Weiterentwicklung erfuhr die Kreislaufanalyse durch die Arbeiten von *John Maynard Keynes* (1883–1946). Den Anstoß für seine Überlegungen bildete die massive Arbeitslosigkeit während der Weltwirtschaftskrise, insbesondere in den Jahren von 1929 bis 1931. Die Ereignisse in dieser Zeit standen im krassen Gegensatz zu den Lehren der Klassiker, wonach es aufgrund der Selbstheilungskräfte der Wirtschaft zu keiner dauerhaften Arbeitslosigkeit kommen könne. *Keynes'* Arbeiten erweitern die Kreislaufanalyse um mehrere Aspekte. Zum einen führte *Keynes* **neben dem güterwirtschaftlichen einen geldwirtschaftlichen Kreislauf** ein. Eine solche Trennung war im Rahmen der bis dahin vorherrschenden klassischen Lehre nicht erforderlich, da Geld keine eigene Rolle bei der Bestimmung der gesamtwirtschaftlichen Produktion spielte („Geldschleier"). Die Grundlage für die eigenständige Bedeutung des Geldkreislaufs bildet *Keynes'* Analyse der Geldnachfrage. Danach wird Geld nicht nur zur Abwicklung von Transaktionen, sondern auch aus Gründen der Wertaufbewahrung gehalten. Wie er zeigt, führt dies dazu, daß Veränderungen im Geldkreislauf auf den Güterkreislauf Einfluß haben und somit geldwirtschaftliche Faktoren bei der Erklärung güterwirtschaftlicher Entwicklungen in die Betrachtung einzubeziehen sind.

Zum zweiten ist zwar auch bei *Keynes* das güterwirtschaftliche Gleichgewicht durch die Gleichheit von Ersparnis und Investitionen bestimmt, aber im Gegensatz zur Lehrmeinung der klassischen Nationalökonomie sind nicht beide Größen, sondern nur die Investitionen vom Zinssatz abhängig. Die Ersparnis sieht er demgegenüber als im wesentlichen durch das Einkommen determiniert. Da – wie noch gezeigt wird – ein Ergebnis der Kreislaufanalyse lautet, daß die gesamtwirtschaftliche Ersparnis und die Investitionen im Fall der geschlossenen Volkswirtschaft für eine abgelaufene Zeitperiode immer übereinstimmen, aber diese beiden Größen nach *Keynes* von unterschiedlichen Variablen abhängen, betont *Keynes* die **Bedeutung der Analyse der Plangrößen** (= ex ante-Größen) für die Erklärung der ex post zu beobachtenden Daten. Gleichzeitig wollte *Keynes* mit einer Neuorientierung des Kreislaufdenkens zeigen, wie ein Gleichgewicht in einer Wirtschaft zustandekommt, das nicht notwendigerweise mit Vollbeschäftigung verbunden ist.

3. Darstellungsweisen des Wirtschaftskreislaufs im Überblick

Grundsätzlich läßt sich der Wirtschaftskreislauf auf unterschiedliche Weise darstellen. Im wesentlichen lassen sich vier Darstellungsformen unterscheiden:

- Graphische Darstellung,
- Darstellung in Gleichungen,
- Matrixdarstellung und
- Kontendarstellung.

Graphische Darstellungen erfolgen jeweils in Flußdiagrammen und dienen insbesondere der Veranschaulichung der einzelnen Ströme. Die **Darstellung in Gleichungen** eignet sich vor allem für die Illustration der zwischen den einzelnen Strömen bestehenden Identitäten. Die Vernetzung der ökonomischen Transaktionen zwischen den einzelnen Sektoren der Wirtschaft wird besonders durch die **Matrixdarstellung** veranschaulicht. Die **Darstellung in Kontenform** eignet sich dagegen vor allem für eine tiefer gegliederte Betrachtung. Da sich die verschiedenen Darstellungsformen in ihrem Erkenntniswert nicht unterscheiden, können sie als prinzipiell gleichwertig angesehen werden. Im folgenden wird zunächst auf die graphische Darstellung sowie die Darstellung in Gleichungen zurückgegriffen. Eine ergänzende Betrachtung durch die Darstellung in Matrixform erfolgt am Ende des Kapitels. Die Kontendarstellung wird bei einer detaillierteren Betrachtung der Einnahme- und Ausgabeströme im 4. und 5. Kapitel ausführlicher verwendet.

4. Einfache Kreislaufdarstellung mit privaten Haushalten und Unternehmen

Ein erstes Grundschema des Wirtschaftskreislaufs erhält man, wenn man zunächst von den öffentlichen Haushalten und dem Ausland abstrahiert und somit nur die privaten Haushalte und die Unternehmen in die Darstellung einbezieht. Ein solches Grundschema enthält Abbildung

3-2. Es gibt die zwischen den Sektoren fließenden ökonomischen Ströme (intersektorale Ströme) wieder, wodurch sich auch der Begriff **Stromdiagramm** für die Darstellungsform erklärt. Ausgangs- und Endpunkte von Strömen werden üblicherweise als **„Pole"** bezeichnet. Nicht eingetragen sind die Ströme, die sich zwischen den Wirtschaftseinheiten des gleichen Sektors, also zwischen den Haushalten untereinander und den Unternehmen, ergeben (intrasektorale Ströme). Die Darstellung zeigt in den äußeren, gestrichelten Pfeillinien die realen Ströme zwischen den beiden Polen Haushalte (H) und Unternehmen (U). Sie umfassen die Lieferung von Konsumgütern durch die Unternehmen an die privaten Haushalte und die Lieferung von Faktorleistungen (z.B. Arbeitskraft) durch die Haushalte an die Unternehmen. Die inneren, durchgezogenen Pfeillinien zeigen die Geldströme, die den Güterströmen gegenüberstehen. Dies sind die Ausgaben der privaten Haushalte für Konsumgüter sowie die Entgelte für die Faktorleistungen (Faktoreinkommen).

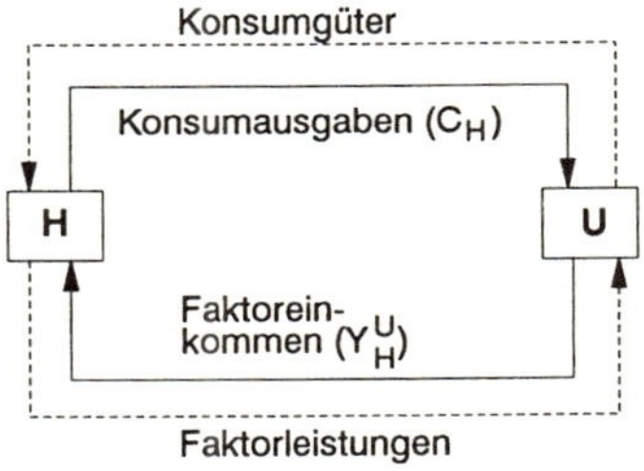

Abb. 3-2: Ein einfacher Wirtschaftskreislauf ohne Staat, Ausland und ohne Vermögensänderung

Da der Tauschverkehr in modernen Volkswirtschaften mit Hilfe des Tauschmediums Geld erfolgt, stehen den **realen Strömen** stets wertmäßig gleiche **monetäre Ströme** gegenüber. Die monetären Ströme bilden sogenannte geschlossene Kreisläufe. Sie sind dadurch gekennzeichnet, daß für jeden Pol die Wertsumme aller Zuströme genau gleich der Wertsumme aller Abströme ist. Deshalb läßt sich für jeden Pol eine entsprechende, stets erfüllte Gleichung – man spricht von einer Identität – aufstellen:

Pol	Zuflüsse	= Abflüsse
H	Y^U_H	$= C_H$
U	C_H	$= Y^U_H$

Y^U_H = Einkommen der privaten Haushalte bezogen von Unternehmen
C_H = Konsumausgaben der privaten Haushalte

Den Gleichungen sowie der Kreislaufgraphik ist zu entnehmen, daß unter den hier getroffenen Annahmen die Konsumausgaben der privaten

Haushalte und die von den Unternehmen gezahlten Faktoreinkommen gleich groß sind. Der Darstellung in Abbildung 3–2 liegt dabei die Annahme zugrunde, daß die privaten Haushalte ihr gesamtes Einkommen für Konsumgüter verausgaben und Unternehmen weder Gewinne einbehalten, noch Investitionen tätigen. Realistischer ist es allerdings zu unterstellen, daß ein Teil des Einkommens der privaten Haushalte gespart wird und Unternehmen sowohl investieren als auch teilweise Gewinne einbehalten. Diese Transaktionen sind in Abbildung 3-3 berücksichtigt. Um sie darstellen zu können, ist im Vergleich zur Abbildung 3-2 zusätzlich ein fiktiver Pol, der Vermögensänderungspol (VÄ), aufzunehmen.

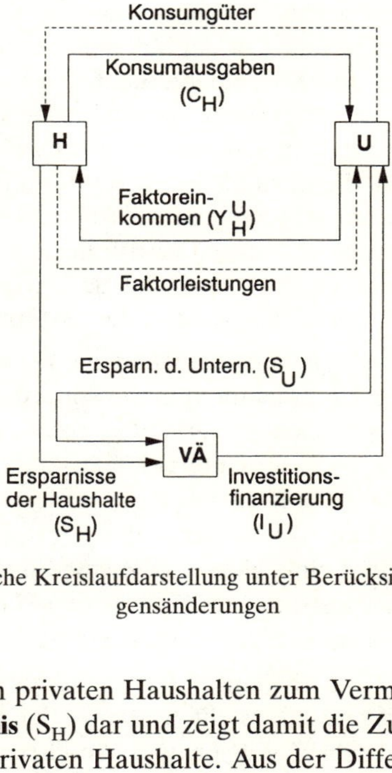

Abb. 3-3: Eine einfache Kreislaufdarstellung unter Berücksichtigung von Vermögensänderungen

Der Strom von den privaten Haushalten zum Vermögensänderungspol stellt deren **Ersparnis** (S_H) dar und zeigt damit die Zunahme des Vermögensbestands der privaten Haushalte. Aus der Differenz der laufenden Einnahmen (insbesondere aus dem Verkauf der hergestellten Erzeugnisse) und der laufenden Ausgaben (insbesondere für die Entlohnung der Produktionsfaktoren) einschließlich der ausgeschütteten Gewinne erhält man den Betrag der einbehaltenen Gewinne der Unternehmen. In der Terminologie der Kreislaufanalyse stellt dieser Betrag die Ersparnis der Unternehmen (S_U) dar. Sie wird durch den eingezeichneten Zahlungsstrom vom Unternehmenspol zum Vermögensänderungspol wiedergegeben. Diesem Betrag steht der Wert der Investitionen gegenüber, der in der Darstellung als Investitionsfinanzierung (I_U) vom Vermögensänderungspol zum Unternehmenspol und damit in umgekehrter Richtung wie die der Unternehmensersparnis verläuft. Aus dem Kreislaufdiagramm in Abbildung 3-3 läßt sich schließen, daß für jeden abgeschlossenen, zurückliegenden Zeitraum, also ex post, die Ersparnis der privaten Haushalte die **Finanzierungsquelle** für den Teil der Investitionen der Unternehmen darstellt, der nicht durch einbehaltene Gewinne gedeckt ist.

Der **Finanzierungsbedarf** der Unternehmen (I_U–S_U) entspricht ex post genau der Höhe der Ersparnis der privaten Haushalte. Dies kann man sich am besten verdeutlichen, wenn man zunächst annimmt, daß keine Unternehmensersparnis entsteht und sich somit der Finanzierungsbedarf der Unternehmen nur aus den Investitionen ergibt. In diesem Fall bleiben die Erlöse des Unternehmenssektors aus dem Verkauf von Konsumgütern hinter den gezahlten Faktorentgelten für die gesamte Produktion zurück. Die Differenz ist der Teil der Einkommen der privaten Haushalte, der nicht für Konsumgüterkäufe verausgabt wird. Dieser Teil stellt die Ersparnis der privaten Haushalte dar und entspricht somit dem Finanzierungsbedarf im Unternehmenssektor. Er entspricht dem Wert der Produktion, die nicht als Konsumgüter an die privaten Haushalte fließt, sondern im Unternehmenssektor verbleibt. Bei fehlender Ersparnis der Unternehmen entsteht hierfür in gleicher Höhe ein Finanzierungsbedarf. Somit stimmt die Höhe der Ersparnis der privaten Haushalte mit dem Finanzierungsbedarf der Unternehmen überein.

Bezieht man nun die Möglichkeit einbehaltener Gewinne der Unternehmen (= Ersparnis der Unternehmen) in die voranstehende Betrachtung ein, verringern sich bei gleichem Verkauf von Konsumgütermengen die Finanzierungserfordernisse der Unternehmen. Auch hier besteht jedoch eine Identität zwischen den Finanzierungserfordernissen des Unternehmenssektors ($I_U - S_U$) und der Ersparnis der privaten Haushalte. Letztere ist nämlich aufgrund einbehaltener Gewinne und der infolgedessen geringeren Einkommensströme zu den privaten Haushalten genau um die einbehaltenen Gewinne der Unternehmen geringer.

Die in Abbildung 3-3 enthaltenen Transaktionen können wiederum auch in Gleichungsform dargestellt werden. Hierzu sind die entsprechenden Identitäten von Zuflüssen und Abflüssen für die einzelnen Pole aufzustellen:

Pol	Zuflüsse	= Abflüsse
H	Y_H^U	$= C_H + S_H$
U	$C_H + I_U$	$= Y_H^U + S_U$
VÄ	$S_H + S_U$	$= I_U$

Y_H^U = Einkommen der privaten Haushalte bezogen von Unternehmen
C_H = Konsumausgaben der privaten Haushalte
S_H = Ersparnis der privaten Haushalte
S_U = Ersparnis der Unternehmen
I_U = Investitionen der Unternehmen

Die Gleichung für den Vermögensänderungspol läßt sich aus den Identitäten für den Haushalts- und den Unternehmenssektor ableiten. Hierzu addiert man die Gleichungen für Haushalts- und Unternehmenssektor und eliminiert die auf beiden Seiten auftretenden identischen Ströme. Die verbleibenden Zuflüsse stellen die Abflüsse vom Vermögensänderungspol und die verbleibenden Abflüsse die Zuflüsse zu diesem Pol dar. Aus der Identität für die Vermögensänderung läßt sich **eine erste wichtige Kreislaufbeziehung** ableiten. In einer geschlossenen Volkswirtschaft ohne Staat stimmt die Ersparnis der privaten Haushalte mit dem Finanzierungsbedarf der Unternehmen überein:

$$S_H = I_U - S_U.$$

Durch Umformung der Gleichung ergibt sich, daß die Summe der Ersparnis der beiden Sektoren gleich der Investitionen ist:

$$S_H + S_U = I_U.$$

Faßt man S_H und S_U zur (Gesamt-)Ersparnis zusammen und schreibt man anstelle von I_U einfach I, so erhält man die Beziehung

$$S = I,$$

die besagt, daß in einer geschlossenen Volkswirtschaft ohne staatliche Aktivität Ersparnis und Investitionen ex post immer übereinstimmen.

Schütten die Unternehmen alle Gewinne aus, d. h. ist die Ersparnis der Unternehmen gleich null, entspricht der Umfang der Ersparnis der privaten Haushalte den Investitionen der Unternehmen.

5. Die Kreislaufdarstellung für die geschlossene Volkswirtschaft unter Einbezug des Staates

Die einfache Kreislaufdarstellung der Abbildung 3-3 wird nun durch Einbeziehung des Staates (St) erweitert. Die zwischen dem Staat und den anderen Sektoren auftretenden Ströme resultieren aus den **Aufgaben des Staates** in modernen Volkswirtschaften. Der Staat stellt zum einen bestimmte Güter wie Infrastruktur, Schulwesen und Verteidigung unentgeltlich zur Verfügung (sogenannte öffentliche Güter) und verteilt andererseits Einkommen zwischen den Unternehmen und Haushalten oder auch innerhalb der beiden Gruppen durch Steuererhebung und Transferzahlungen um. Gleichzeitig werden zur Finanzierung der Ausgaben Steuern erhoben und Kredite aufgenommen.

Neben den bereits in Abbildung 3-3 enthaltenen Strömen treten in Abbildung 3-4 die Ströme zwischen dem Staat und den einzelnen Polen hinzu. Der Güterstrom vom Unternehmens- zum Staatspol umfaßt sowohl Vorleistungen als auch Endprodukte in Form von Konsum- und Investitionsgütern. Hierfür fließt ein wertmäßig gleicher Geldstrom vom Staat zum Unternehmenssektor. Im Gegensatz zu diesen zweiseitigen Transaktionen entstehen ausschließlich monetäre Ströme zwischen beiden Polen durch Zuschüsse des Staates für bestimmte Produktionen (Subventionen) und durch die Erhebung von Steuern. Zwischen dem Staat und dem Haushaltssektor treten ebenfalls sowohl zweiseitige als auch einseitige Transaktionen auf. Zweiseitige Transaktionen ergeben sich aus den Faktorleistungen, die der Staat von den privaten Haushalten bezieht und für welche den privaten Haushalten Faktoreinkommen vom Staat zufließen. Hierzu gehören vor allem die Löhne und Gehälter für die im öffentlichen Dienst Beschäftigten. Einseitige Transaktionen, bei denen ausschließlich monetäre Ströme zwischen den beiden Polen fließen, entstehen durch Transfers des Staates an die privaten Haushalte und durch die Erhebung von Steuern.

Die Differenz aus den Einnahmen und den nichtinvestiven Ausgaben des Staates bildet die **staatliche Ersparnis.** Sie ist in Abbildung 3-4 als Strom vom Staat zur Vermögensänderung eingetragen. In umgekehrter Richtung sind, ähnlich wie bei den Unternehmen, die Investitionen eingezeichnet. Überschreiten die staatlichen Investitionen die staatliche Ersparnis, entsteht ein **Finanzierungsdefizit,** das einen Nettostrom vom Vermögensänderungspol zum Staat zur Folge hat.

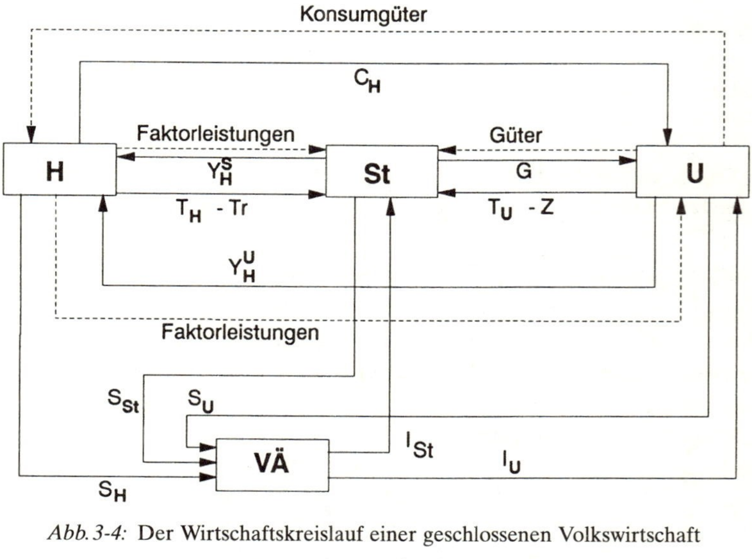

Abb. 3-4: Der Wirtschaftskreislauf einer geschlossenen Volkswirtschaft

Die Gleichungsform für dieses Modell des Wirtschaftskreislaufs ergibt sich aus folgender Übersicht.

Pol	Zuflüsse	= Abflüsse
H	$Y_H^U + Y_H^S + Tr$	$= C_H + T_H + S_H$
U	$C_H + G + Z + I_U$	$= Y_H^U + T_U + S_U$
St	$T_H + T_U + I_{St}$	$= Y_H^S + G + Tr + Z + S_{St}$
VÄ	$S_H + S_U + S_{St}$	$= I_U + I_{St}$

Y_H^U = Einkommen der privaten Haushalte bezogen von Unternehmen
Y_H^S = Einkommen der privaten Haushalte bezogen vom Staat
Tr = Transfers vom Staat zu den privaten Haushalten
Z = Subventionen
C_H = Konsumausgaben der privaten Haushalte
T_H = Steuerzahlungen der privaten Haushalte
T_U = Steuerzahlungen der Unternehmen
S_H = Ersparnis der privaten Haushalte
S_U = Ersparnis der Unternehmen
S_{St} = Ersparnis des Staates
I_U = Investitionen der Unternehmen
I_{St} = Investitionen des Staates
G = Staatsausgaben für Güterkäufe

Aus der Gleichung für den Vermögensänderungspol ist erkennbar, daß die **gesamtwirtschaftliche Ersparnis,** die sich nun aus der Summe der Ersparnis der drei Sektoren zusammensetzt, den gesamtwirtschaftlichen Investitionen entspricht:

$$S_H + S_U + S_{St} = I_U + I_{St}.$$

Durch Umformung lassen sich die Finanzierungssalden der einzelnen Sektoren darstellen:

$$S_H = (I_U - S_U) + (I_{St} - S_{St}).$$

Hier wird deutlich, daß die Ersparnis der privaten Haushalte in der geschlossenen Volkswirtschaft ex post der Summe der Finanzierungsdefizite der Unternehmen und des Staates entsprechen muß. Man kann die **Finanzierungssalden** der Haushalte und der Unternehmen zusammenfassen und dem Budgetsaldo des Staates F_{St} (= $S_{St} - I_{St}$) gegenüberstellen. In diesem Fall ergibt sich:

$$(S_H + S_U - I_U) = -F_{St}.$$

Dies veranschaulicht, daß in der geschlossenen Volkswirtschaft dem Finanzierungsdefizit des Staates ein gleich großer Überschuß des privaten Sektors (private Haushalte und Unternehmen) gegenüberstehen muß.

6. Der Wirtschaftskreislauf einer offenen Volkswirtschaft

Die Einbeziehung des Auslandssektors vervollständigt die Darstellung des Wirtschaftskreislaufs, kompliziert sie jedoch gleichzeitig nicht unerheblich. Aus Vereinfachungsgründen sind deshalb in Abbildung 3-5 nur noch die Geldströme eingezeichnet. Zu den bisherigen Geldströmen treten nun die Transaktionen zwischen den inländischen Polen und dem Auslandspol hinzu. Hierzu zählen die zwischen dem Unternehmenssektor und dem Ausland (A) dargestellten Güterexporte (X) und Güterimporte (M). Vereinfachend wird angenommen, daß Güterimporte der Inländer stets über die inländischen Unternehmen abgewickelt werden, so daß Güterexporte und -importe vom Auslandspol nur zum Unternehmenspol dargestellt sind.

Einseitige Transaktionen zwischen inländischen Sektoren und dem Ausland entstehen durch **unentgeltliche Übertragungen.** In Abbildung 3-5 sind solche Übertragungen vereinfachend nur vom Sektor der privaten Haushalte ausgehend eingezeichnet, wobei Ü die Nettoübertragungen an das Ausland bezeichnet. Grundsätzlich können Übertragungen an das und vom Ausland jedoch bei allen inländischen Sektoren auftreten. Weil beim Haushaltssektor auch die Übertragungen an das Ausland zu berücksichtigen sind, kann der Teil des Einkommens des Sektors der privaten Haushalte, der nicht für Konsumgüter verausgabt wird, sowohl in die Ersparnis als auch in Übertragungen an das Ausland fließen. Konsumverzicht und Ersparnis sind daher für den Sektor der privaten Haushalte nicht mehr identisch. Vielmehr stellt nur noch der vermögenswirksame Teil des nicht für den Kauf von Konsumgütern verwendeten Einkommens die Ersparnis dieses Sektors dar. Abbildung 3-5 zeigt daher, daß ein Teil des verfügbaren Einkommens der privaten Haushalte in Form von Konsumausgaben an den Unternehmenspol, ein Teil in Form der Nettoübertragungen an Ausländer und ein Teil als vermögenswirksame Ersparnis an den Vermögensänderungspol fließt.

Zählt man den Saldo aus Güterexporten und -importen mit den empfangenen Nettoübertragungen zusammen, so erhält man den **Leistungsbilanzsaldo** des Inlands (Lb), der mit umgekehrtem Vorzeichen dem Leistungsbilanzsaldo des Auslands gegenüber dem Inland entspricht. In Höhe dieses Saldos ergibt sich eine Veränderung der Vermögensposition des Inlands gegenüber dem Ausland. Dies ist durch den Strom zwischen Auslandssektor und Vermögensänderungspol angedeutet. Er verläuft vom Vermögensänderungspol zum Ausland, wenn die Summe der Deviseneinnahmen aus den genannten Transaktionen größer ist als die Summe der Devisenausgaben. In diesem Fall spricht man von einem Leistungsbilanzüberschuß des Inlands, der einen Finanzierungsbedarf des Auslands zur Folge hat.

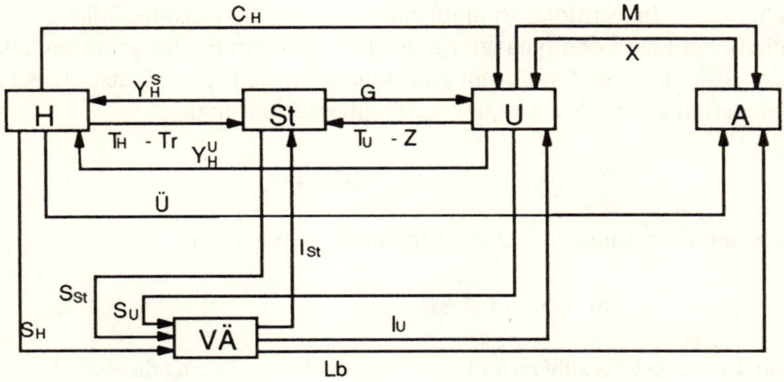

Abb. 3-5: Der Wirtschaftskreislauf der offenen Volkswirtschaft

Für die Zuflüsse und Abflüsse der einzelnen Pole ergibt sich das in der folgenden Übersicht dargestellte Gleichungssystem. Aus der Betrachtung des Vermögensänderungspols läßt sich die folgende **Budgetgleichung für die offene Volkswirtschaft** ableiten:

$$S_H + S_U + S_{St} = I_U + I_{St} + Lb.$$

In einer offenen Volkswirtschaft liegt damit eine Gleichheit von Ersparnis und Investition nur dann vor, wenn die Leistungsbilanz ausgeglichen ist. Übersteigt die gesamtwirtschaftliche Ersparnis die gesamtwirt-

Pol	Zuflüsse	= Abflüsse
H	$Y_H^U + Y_H^S + Tr$	$= C_H + T_H + S_H + Ü$
U	$C_H + G + X + Z + I_U$	$= Y_H^U + T_U + M + S_U$
St	$T_H + T_U + I_{St}$	$= Y_H^S + G + Tr + Z + S_{St}$
A	$M + Lb + Ü$	$= X$
VÄ	$S_H + S_U + S_{St}$	$= I_U + I_{St} + Lb$

Y_H^U = Einkommen der privaten Haushalte bezogen von Unternehmen
Y_H^S = Einkommen der privaten Haushalte bezogen vom Staat
Tr = Transfers vom Staat zu den privaten Haushalten
Z = Subventionen
Ü = Nettoübertragungen an das Ausland
C_H = Konsumausgaben der privaten Haushalte
T_H = Steuerzahlungen der privaten Haushalte
T_U = Steuerzahlungen der Unternehmen
S_H = Ersparnis der privaten Haushalte
S_U = Ersparnis der Unternehmen
S_{St} = Ersparnis des Staates
I_U = Investitionen der Unternehmen
I_{St} = Investitionen des Staates
G = Staatsausgaben für Güterkäufe
M = Ausgaben für Güterimporte
X = Erlöse aus Güterexporten
Lb = Leistungsbilanzsaldo des Inlands

schaftliche Investition, so impliziert dies einen Leistungsbilanzüberschuß. Faßt man den Finanzierungssaldo des inländischen privaten Sektors zusammen und stellt ihn zusammen mit dem des Staates dem Finanzierungssaldo des Auslands gegenüber, erhält man

$$(S_H + S_U - I_U) + (S_{St} - I_{St}) = Lb$$

bzw. mit dem Budgetsaldo des Staates F_{St} (= $S_{St} - I_{St}$)

$$(S_H + S_U - I_U) + F_{St} = Lb.$$

Ein **Leistungsbilanzüberschuß** (Lb > 0) impliziert hiernach, daß der Finanzierungsüberschuß der Privaten größer ist als ein evtl. bestehendes staatliches Finanzierungsdefizit.

7. Die Matrixdarstellung

Für das zuletzt aufgeführte Kreislaufmodell sei noch eine alternative Darstellung, die Matrixdarstellung, erläutert. Eine Matrix ist eine Tabelle mit doppeltem Eingang und dient der komprimierten Darstellung der Kreislaufzusammenhänge. Wie die Matrix in Abbildung 3-6 zeigt, werden die einzelnen Pole sowohl in der Randspalte als auch in der Kopfzeile aufgeführt. Dies spiegelt die doppelte Rolle der Pole in der Kreislaufanalyse wider: Zum einen empfangen sie Ströme, zum anderen geben sie Ströme ab. Die einzelnen Elemente der Matrix zeigen die Ströme, die vom jeweiligen Zeilenpol zu dem entsprechenden Spaltenpol fließen.

Zuflüsse / Abflüsse	H	U	St	A	VÄ
H	–	C_H	T_H	Ü	S_H
U	Y_H^U	–	T_U	M	S_U
St	$Y_H^S + Tr$	G + Z	–	–	S_{St}
A	–	X	–	–	–
VÄ	–	I_U	I_{St}	Lb	–

Abb. 3-6: Matrixdarstellung

Für jeden Pol bildet die Spaltensumme den Wert der gesamten Zuflüsse und die Zeilensumme den Wert der gesamten Abflüsse. Da gemäß dem Kreislaufaxiom die Summe der Zuflüsse mit der Summe der Abflüsse übereinstimmen muß, lassen sich aus der Matrix die jeweiligen Identitäten ableiten. Für den Vermögensänderungspol ergibt sich z. B. die oben diskutierte gesamtwirtschaftliche Kreislaufgleichung.

Damit sind die ökonomischen Ströme zwischen den einzelnen Sektoren einer Volkswirtschaft skizziert. Der **Vorteil** der verschiedenen Kreislaufdarstellungen liegt in der vergleichsweise **übersichtlichen Darstellung** der verschiedenen Ströme, die bei der Güterherstellung und Einkommensverwendung auftreten. Der **Nachteil** einer derart **hochaggregierten Darstellung** liegt darin, daß Details des Wirtschaftsgeschehens nicht dargestellt werden können. Dennoch lassen sich aber aus dieser einfachen Analyse bereits wichtige gesamtwirtschaftliche Relationen ableiten.

8. Identitäten und Gleichgewichtsbedingungen

Die in den vorangegangenen Abschnitten abgeleiteten Kreislaufgleichungen beziehen sich auf tatsächlich realisierte Werte, die man auch als **ex-post-Größen** bezeichnet. Die auf ex-post-Größen basierenden Beziehungen sind für abgeschlossene Betrachtungszeiträume immer gültig und werden deshalb auch **Identitäten** genannt. Aus der Gleichheit von tatsächlichen Größen läßt sich allerdings nicht erkennen, ob diese Größen mit den von den Wirtschaftssubjekten geplanten Werten, den sogenannten **ex-ante-Größen,** übereinstimmen. In der Realität wird es fast immer so sein, daß die ex-ante-Größen von den tatsächlich realisierten Werten abweichen. Es ist daher notwendig, sorgfältig zwischen ex-ante- und ex-post-Größen zu unterscheiden. Um die Unterschiede beider Konzepte deutlich zu machen, soll ein Beispiel für eine geschlossene Volkswirtschaft ohne staatliche Aktivität betrachtet werden.

Es wird angenommen, daß der Unternehmenssektor in einem bestimmten Zeitraum eine Gütermenge Y herstellt. Der Unternehmenssektor selbst plant eine Investition in Höhe von I^{gepl}. Ferner soll angenommen werden, daß diese **geplanten Investitionen** geringer sind als die unabhängig davon geplante Ersparnis der privaten Haushalte (S^{gepl}):

$$I^{gepl} < S^{gepl}.$$

Da der Teil der Produktion Y, der von den Unternehmen nicht für Investitionszwecke nachgefragt wird ($Y - I^{gepl}$), größer ist als die von den privaten Haushalten geplante Konsumgüternachfrage ($C^{gepl} = Y - S^{gepl}$), liegt am Gütermarkt ein Angebotsüberhang vor. Die Unternehmen können somit nicht die gesamte Produktion absetzen, und es läßt sich schreiben:

$$Y - I^{gepl} > C^{gepl},$$
$$Y - I^{gepl} > Y - S^{gepl}.$$

Am Ende der betrachteten Periode kommt es daher zu einem ungeplanten Anstieg des Lagerbestandes der Unternehmen. Der Anstieg des Lagerbestandes wird nun in der Kreislaufanalyse und der Volkswirtschaftlichen Gesamtrechnung als **ungeplante Investitionen** (I^{ungepl}) interpretiert. Sie betragen

$$I^{ungepl} = S^{gepl} - I^{gepl}.$$

Die ungeplanten Investitionen sind folglich so groß wie der Überschuß der geplanten Ersparnis der privaten Haushalte über die geplanten Investitionen. Hieraus läßt sich ableiten, daß selbst bei einer Ungleichheit der ex-ante-Größen von Investitionen und Ersparnis die ex-post-Größen, d. h. die **tatsächlichen Größen** von Investitionen (I^{tats}) und Ersparnis (S^{tats}), stets übereinstimmen. Im geschilderten Fall gilt daher

$$I^{tats} = I^{gepl} + I^{ungepl} = S^{tats} = S^{gepl}.$$

Eine Übereinstimmung der ex-post-Größen kann deshalb durchaus mit einer Ungleichheit der ex-ante-Größen einhergehen.

Nur wenn die ex-ante-Größen übereinstimmen, liegt eine Konstellation vor, in der keine ungeplanten Größen auftreten. Eine solche Situation wird in den Wirtschaftswissenschaften als **Gleichgewicht** bezeichnet. Verwendet man in der Kreislaufgleichung, in der die Gleichheit von Sparen und Investieren zum Ausdruck kommt, anstelle der ex-post-Größen die Plan- bzw. ex-ante-Größen, erhält man eine **Gleichgewichtsbedingung.** Gleichgewichtsbedingungen besitzen prinzipiell das gleiche Aussehen wie Identitäten. Es ist daher erforderlich, jeweils deutlich zu machen, welche Art von Beziehung vorliegt und ob es sich bei den betrachteten ökonomischen Größen um Plangrößen oder um tatsächliche Werte handelt.

Diese Gedanken seien nun auf die offene Volkswirtschaft mit staatlicher Aktivität übertragen, für die weiter oben die Kreislaufgleichung $S_H + S_U - I_U + F_{St} = Lb$ hergeleitet wurde. Faßt man die Ersparnis der privaten Haushalte und der Unternehmen unter dem Symbol S zusammen und schreibt für die Unternehmensinvestitionen kurz I, so ergibt sich

$$S - I + F_{St} = Lb.$$

Es läßt sich nunmehr feststellen, daß ein Gleichgewicht nur dann vorliegt, wenn die Summe aus geplantem Budgetsaldo des Staates und geplanter Differenz zwischen privater Ersparnis und privaten Investitionen dem geplanten Leistungsbilanzsaldo entspricht, die ungeplanten Größen folglich gleich Null sind. Können nicht alle Plangrößen realisiert werden, ist die Gleichgewichtsbedingung verletzt. Es kommt dann zwangsläufig zu ungewollten Ausgleichsprozessen, durch die ex post die Gleichheit der tatsächlichen Größen hergestellt wird.

Ein Beispiel soll **mögliche Ausgleichsmechanismen** in einer offenen Volkswirtschaft bei Nichterfüllung der Gleichgewichtsbedingung verdeutlichen. Aus Vereinfachungsgründen sei angenommen, daß die geplanten Größen von Leistungsbilanzsaldo und staatlichem Finanzierungsdefizit null betragen. Ferner sei unterstellt, daß die geplante Ersparnis des privaten Sektors 15 Einheiten betrage, die geplanten Investitionen dagegen nur 10 Einheiten (s. erste Zeile in Tabelle 3-1). Damit planen die Haushalte bei gegebenem Einkommen weniger Käufe von Konsumgütern als die Unternehmen produzieren. Die Ausgangslage ist demnach durch eine Ungleichgewichtssituation charakterisiert, in der das geplante Güterangebot größer ist als die geplante Güternachfrage.

Ausgangslage und Szenarien	S–I	$+ F_{St}$	=	Lb
Ausgangslage	15–10	+0	≠	0
Szenarien				
Fall 1: $I^{ungepl} = 5$	15–15	+0	=	0
Fall 2: $S^{ungepl} = -5$	10–10	+0	=	0
Fall 3: $F_{St}{}^{ungepl} = -5$	15–10	− 5	=	0
Fall 4: $Lb^{ungepl} = 5$	15–10	+0	=	5

Tab. 3-1: Ex-ante-Ungleichgewicht und Anpassungen

Ein mögliches Ausgleichsszenario besteht darin, daß die Unternehmen einen Teil der Produktion nicht absetzen und kurzfristig auf Lager nehmen. Dann kommt es neben den geplanten Investitionen von 10 Einheiten zu ungeplanten Investitionen von 5 Einheiten **(Fall 1).** Wenn die Unternehmen feststellen, daß sie die Produktion beim geltenden Preis nicht vollständig absetzen können, die Produktionsentscheidung jedoch nicht mehr revidierbar ist und ein Lageraufbau verhindert werden soll, dann werden sie möglicherweise versuchen, durch Preissenkungen eine Erhöhung des Absatzes zu erreichen. Falls die privaten Haushalte auf Preissenkungen mit einer Erhöhung ihrer Gesamtnachfrage reagieren, kann ein ungeplanter Lageraufbau verhindert werden. In diesem Fall revidieren die privaten Haushalte ihre Sparentscheidung, die Unternehmen dagegen sind gezwungen, eine Verschlechterung der Gewinnsituation hinzunehmen, was sich in einer Verminderung der Ersparnisse der Unternehmen niederschlagen kann. Insgesamt kommt es zu negativen ungeplanten Ersparnissen **(Fall 2).** Die Fälle 1 und 2 stellen sehr kurzfristige Ausgleichsmechanismen bei auftretenden Ungleichgewichtssituationen dar. Wird die Betrachtung über diese sehr kurze Frist ausgedehnt, können über die beiden aufgezeigten Reaktionsmöglichkeiten hinaus weitere Ausgleichsmechanismen auftreten. So wäre es denkbar, daß die Unternehmen ihre Produktion einschränken und damit ein kontraktiver Effekt auf die inländische Beschäftigung entsteht. In Antizipation der Unternehmensreaktion könnte der Staat versuchen, den Angebotsüberhang durch wirtschaftspolitische Maßnahmen abzubauen, um den Beschäftigungsrückgang zu verhindern. Eine Möglichkeit besteht z.B. darin, daß der Staat seine Güternachfrage in Höhe des anfänglichen Angebotsüberhangs ausdehnt. In diesem Fall entsteht ein staatliches Finanzierungsdefizit von 5 Einheiten und die privaten Haushalte und Unternehmen können ihre ursprünglichen Pläne verwirklichen **(Fall 3).** Will der Staat die mit dem Finanzierungsdefizit verbundene Verschuldung vermeiden, könnte durch eine Abwertung der heimischen Währung versucht werden, die heimischen Exporte zu erhöhen und die Importe zu vermindern. Gelingt dies, wird der ex-post-Ausgleich durch eine Verbesserung der Leistungsbilanz erreicht **(Fall 4).**

Während in den ersten beiden Szenarien eine Anpassung ohne Einwirkung der Wirtschaftspolitik und durch Auftreten ungeplanter Größen im privaten Sektor erfolgt, wird das ex-ante-Ungleichgewicht in den letzten beiden Fällen durch wirtschaftspolitische Maßnahmen in eine ex-post-Gleichheit überführt. Gleichzeitig gehen in diesen zuletzt aufgeführten Fällen die Plangrößen der Privaten in Erfüllung, so daß im privaten Sektor keine ungeplanten Größen auftreten.

Box 3-2: Kurzbiographie Karl Heinrich Marx

Karl Heinrich Marx wurde am 5. Mai 1818 in Trier geboren. Sein Vater, Heinrich Marx, stammte aus einer alten jüdischen Rabbiner-Familie, konvertierte aber wenige Jahre vor der Geburt seines Sohnes Karl zum Protestantismus. Nach dem Abitur studierte *Marx* in Bonn und Berlin. Er promovierte 1841 an der Universität Jena. Ursprünglich konzentrierten sich *Marx'* Interessen auf Religionswissenschaft und Philosophie. 1842 wurde er Herausgeber der liberal-oppositionellen „Rheinischen Zeitung" in Köln. Wenig später emigrierte er nach Paris, um den Pressionen der preußischen Zensur zu entgehen. In Paris lernte er Friedrich Engels kennen, der zu seinem wichtigsten Freund und Gönner wurde. Schon 1845 mußte *Marx* Frankreich wieder verlassen; er übersiedelte nach Brüssel. Als 1848 in Deutschland die Revolution ausbrach, mußte *Marx* auch Brüssel verlassen. Er ging zunächst nach Frankreich, dann nach Köln. Nach der Niederschlagung der Revolution wurde *Marx* aus Preußen ausgewiesen. Er emigrierte nach London. In London widmete er sich intensiv seinen ökonomischen Studien, ohne jedoch seine journalistische und politische Tätigkeit aufzugeben. Es war wohl weniger das Interesse am Journalismus als vielmehr die materielle Not, die *Marx* zu dieser Betätigung trieb. 1867 schrieb er den ersten Band des „Kapitals". Der materielle Ertrag seiner wissenschaftlichen Veröffentlichungen reichte in keiner Weise aus, um seine Familie auch nur mit dem Allernötigsten zu versorgen. Trotz seiner anderen Tätigkeiten verbrachten *Marx* und seine Familie einen großen Teil ihres Lebens in bitterer Armut, Hunger und Krankheit. Nur durch die moralische und finanzielle Unterstützung von Engels überstand *Marx* diese Zeit der Not. Die Lebensbedingungen verbesserten sich erst ein wenig, als *Marx* das Erbe seiner Mutter antrat. Zu dieser Zeit war er jedoch schon chronisch krank. Sein Gesundheitszustand verschlechterte sich in den letzten Lebensjahren immer weiter. *Marx* starb am 14. März 1883 in London.

Schlüsselbegriffe:

Kreislaufdarstellung
Kreislaufanalyse
Kreislaufmodell von Quesnay
Stromdiagramm
Matrixdarstellung
Identität
Gleichgewichtsbedingung
Ex-ante-Größe/Ex-post-Größe

4. Kapitel: Produktion und Inlandsprodukt

1. Darstellung des Wirtschaftskreislaufs in Kontenform

Ein wichtiges Kennzeichen der im vorangehenden Kapitel behandelten Kreislaufdarstellungen besteht darin, daß für jeden Pol die Summe der Zuflüsse mit der Summe der Abflüsse übereinstimmt. Der Wirtschaftskreislauf läßt sich daher quantitativ auch in Kontenform erfassen. Die Darstellung des Wirtschaftskreislaufs in Kontenform stellt zwar grundsätzlich nur eine alternative Abbildungsform dar, besitzt jedoch gegenüber Flußdiagrammen, Matrix- und Gleichungsdarstellungen den **Vorteil,** daß sie sich auch für tiefer gegliederte und damit sehr viel **mehr Transaktionen** umfassende Wirtschaftskreisläufe eignet. Sowohl Flußdiagramme als auch Matrizen und Gleichungssysteme können die Kreislaufzusammenhänge nur solange anschaulich beschreiben, wie Ströme zwischen nicht weiter disaggregierten Sektoren betrachtet und die einzelnen Transaktionen nicht tiefer untergliedert werden. Ihre Verwendung zur Ableitung eines theoretischen Rahmens der Kreislaufanalyse ist daher auf eine vergleichsweise hohe Aggregationsstufe beschränkt. Die Darstellung des Wirtschaftskreislaufs in Kontenform erlaubt dagegen eine weitgehende Disaggregation der Gruppe der Wirtschaftssubjekte und eine stärkere Tiefengliederung der ökonomischen Transaktionen, ohne daß die Übersichtlichkeit verloren geht. Diese Vorteile sind ausschlaggebend dafür, daß die quantitative Beschreibung des Wirtschaftskreislaufs durch die amtliche Statistik im Rahmen der Volkswirtschaftlichen Gesamtrechnung auf der Kontendarstellung aufbaut.

Im folgenden wird das **Grundschema** der Darstellung des Wirtschaftskreislaufs in Kontenform erläutert. Wie später gezeigt wird, verwendet das Statistische Bundesamt für die Bundesrepublik Deutschland ein im Vergleich hierzu etwas komplexeres Kontensystem, doch sind die Grundüberlegungen in beiden Schemata identisch. Ausgangspunkt des Kontenrahmens bildet die im 2. Kapitel erörterte Unterscheidung zwischen vier ökonomischen Aktivitäten (Produktion, Einkommensverwendung, Vermögensbildung und Gewährung sowie Aufnahme von Krediten). Für jede dieser Aktivitäten wird in der Kontendarstellung ein Aktivitätskonto gebildet. Für die drei inländischen Sektoren (Unternehmen, Staat und private Haushalte) ergeben sich somit jeweils vier Konten (siehe Abbildung 4-1). Indem anschließend jeweils für die unterschiedlichen ökonomischen Aktivitäten die Konten der verschiedenen Wirtschaftssubjekte zusammengefaßt werden, erhält man für jede ökonomische Aktivität ein konsolidiertes Konto für die Gesamtwirtschaft. Für das Ausland werden keine Detailkonten aufgestellt. Die ökonomischen Transaktionen werden für diesen Sektor in einem Auslandskonto zusammengefaßt.

Die in Abbildung 4-1 gezeigten Konten und die in ihnen erfaßten Positionen werden in den Abschnitten dieses sowie des anschließenden Kapitels näher betrachtet. Da der Schwerpunkt der Betrachtung zunächst auf den Produktionsaktivitäten einer Volkswirtschaft und den damit verbundenen Begriffen des Inlandsprodukts und des Sozialprodukts liegt, kann die Betrachtung des 4. Kapitels auf die Produktionskonten einzelner Wirtschaftseinheiten sowie der Gesamtwirtschaft beschränkt werden. Das darauffolgende 5. Kapitel behandelt die restlichen Konten und stellt eine Vertiefung der Kontendiskussion dar.

Da im Kontenrahmen der VGR das **Prinzip der doppelten Buchführung** angewandt wird, gibt es zu jeder Buchung eine Gegenbuchung. Bei Berücksichtigung aller Transaktionen des betrachteten Zeitraums müssen deshalb alle Konten ausgeglichen sein. Um die Systematik der Verbuchung innerhalb des Kontenrahmens leichter nachvollziehbar zu machen, sind in den einzelwirtschaftlichen Konten jeweils die Positionsnummern der Gegenbuchungen in Klammern hinter den jeweiligen Einzelpositionen angegeben. Sie sind für den Leser, der an den Details der Verbuchung interessiert ist, gedacht und können von dem vornehmlich auf einen Überblick bedachten Leser unbeachtet bleiben.

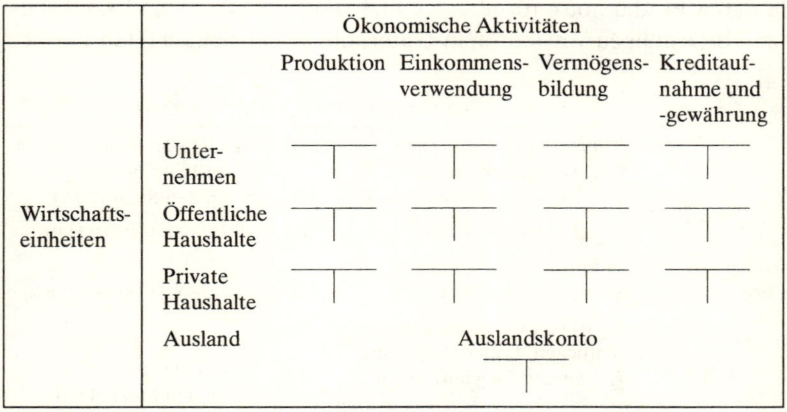

Abb. 4-1: Das Grundschema der Konten der Volkswirtschaftlichen Gesamtrechnung

2. Einzelwirtschaftliche Produktionskonten

A. Das Produktionskonto eines Unternehmens

Ein Unternehmen produziert innerhalb eines bestimmten Zeitraums (ein Quartal, ein Jahr) unter Einsatz von gekauften Gütern und Faktorleistungen eine bestimmte Menge an Gütern, die zum Teil am Markt verkauft werden und zum Teil im Unternehmen verbleiben. In einem **Produktionskonto** für ein einzelnes Unternehmen werden die mit der Herstellung von Gütern zusammenhängenden Transaktionen dargestellt. Auf der linken Seite werden die in die Produktion einfließenden Güter und Faktorleistungen, auf der rechten Seite die hergestellten Güter erfaßt (vgl. Konto 1; die Gegenbuchung ist jeweils in Klammern angegeben; die erste Zahl weist auf die Kontennummer hin). Da die meisten in Klammern angegebenen Gegenbuchungen zu den einzelnen Positionen in anderen Konten erfolgen, wird auf sie später bei der Erörterung der anderen Konten näher eingegangen.

Zunächst sei die rechte Seite des Produktionskontos für ein Unternehmen betrachtet. Bei den das Unternehmen verlassenden Produkten handelt es sich weitgehend um die **Verkäufe** des Unternehmens, die zu Marktpreisen bewertet werden. Hinsichtlich der Systematik bietet es sich an, eine Unterteilung nach Empfängern und nach Verwendungszwecken vorzunehmen. Ein Teil der am Markt verkauften Güter wird von anderen inländischen Unternehmen oder vom Staat als Vorleistung in deren Produktionsprozeß eingesetzt (Positionen 1.51 und 1.52). Unter Vorleistungen versteht man Güter, die in der betrachteten Periode

Konto 1: Produktionskonto eines Unternehmens

	1.10 Käufe von Vorleistungen 1.11 von Unternehmen (1.51) 1.12 aus dem Ausland (16.40)	1.50 Verkäufe von Vorleistungen 1.51 an Unternehmen (1.11) 1.52 an den Staat (2.11)
Bruttowertschöpfung	1.20 Abschreibungen (10.40) 1.30 Indirekte Steuern minus Subventionen (8.60) 1.40 Nettowertschöpfung (im wesentlichen: Löhne, Gehälter, Zinsen und Gewinn) (7.50)	1.60 Verkäufe an private Haushalte (6.20) 1.70 Verkäufe von Investitionsgütern 1.71 an Unternehmen (10.11) 1.72 an den Staat (11.10) 1.73 Mehrbestand an eigenen Erzeugnissen (Lagerinvestition) (10.20) 1.74 Selbsterstellte Anlagen (10.12) 1.80 Verkäufe an das Ausland (16.10)

bei der Verwendung im Produktionsprozeß untergehen. Der Einfachheit halber wird nachfolgend unterstellt, daß keine gekauften nichtdauerhaften Güter gelagert, sondern bei allen Unternehmen sofort verbraucht werden.[1]

Ein anderer Teil der verkauften Produkte geht in Form von Konsumgütern an die privaten Haushalte (Position 1.60). Darüber hinaus werden Güter auch an andere Unternehmen oder den Staat veräußert, die dort dauerhaft als Investitionsgüter Verwendung finden (Positionen 1.71 und 1.72). Investitionsgüter werden von den Käufern zur Produktion anderer Güter eingesetzt, gehen aber im Gegensatz zu den Vorleistungen in der betrachteten Periode nicht vollständig unter.

Die Erzeugnisse, die das Unternehmen im Betrachtungszeitraum nicht am Markt veräußert und die daher im Unternehmen verbleiben, werden ebenfalls im Produktionskonto erfaßt, sind jedoch zu Herstellungskosten zu bewerten. Dabei sind zwei Gütergruppen zu unterscheiden. Zunächst einmal führen die in der betrachteten Periode hergestellten Produkte, die zum Verkauf vorgesehen sind, aber noch nicht veräußert wurden, zu einem **Mehrbestand an eigenen Erzeugnissen,** der auch Lagerinvestition an eigenen Erzeugnissen genannt wird (Position 1.73). Die zweite Gruppe von Gütern, die im Unternehmen verbleiben, stellen die **selbsterstellten Anlagen** (Position 1.74) dar. Hierbei handelt es sich um Güter, die ein Unternehmen später zur Herstellung von Gütern verwendet und daher Investitionen darstellen. Den letzten Posten auf der rechten Seite des Produktionskontos bilden **die Verkäufe an das Ausland**, d. h. die Ausfuhr (Position 1.80).

Auf der linken Seite des Produktionskontos werden die Kosten der Produktion erfaßt. Hierzu zählen zunächst die **Vorleistungen** (Position 1.10), bei denen es sich um Käufe von anderen Unternehmen des Inlands oder aus dem Ausland (Einfuhr) handeln kann. Die Unterposition 1.11 stellt die Gegenbuchung zu den Vorleistungsverkäufen anderer inländischer Unternehmen an die betrachtete Unternehmung dar. Die Unterposition 1.12 weist analog den Umfang des Vorleistungsbezuges des betrachteten Unternehmens aus dem Ausland nach. Einen weiteren Posten auf der linken Seite bilden die **Abschreibungen** (Position 1.20). Sie messen die Abnutzung der dauerhaften Produktionsmittel (Gebäude, Maschinen, Werkzeuge), auch Kapitalstock genannt, sowie dessen vorzeitiges Ausscheiden durch Schadensfälle.

---

[1] Sofern nichtdauerhafte Güter von Unternehmen gekauft, aber nicht in der Betrachtungsperiode verbraucht, sondern dem Lager zugeführt werden, spricht man nicht von Vorleistungen, sondern in der Regel von Vor- und Zwischenprodukten. Wollte man diese in dem hier vorgestellten Kontenrahmen berücksichtigen, müßten die auf Lager genommenen nichtdauerhaften Güter beim Vermögensänderungskonto gebucht werden. Für die weitere Betrachtung ergeben sich keine qualitativen Unterschiede hinsichtlich der später abgeleiteten Ergebnisse.

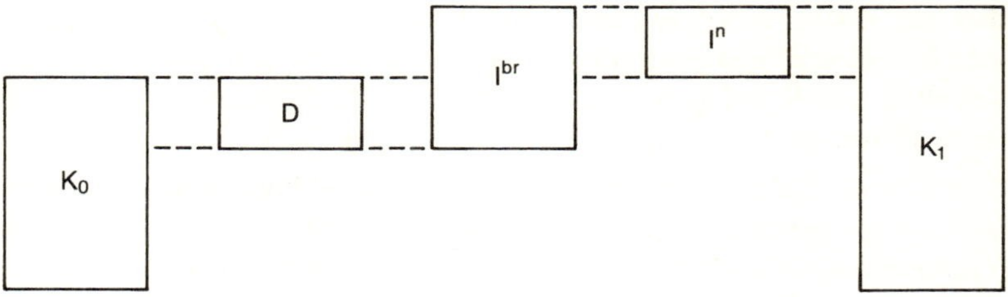

Abb. 4-2: Der Zusammenhang zwischen Kapitalstock, Abschreibungen und Investitionen

Abbildung 4-2 verdeutlicht den Zusammenhang zwischen Kapitalstock, Abschreibungen und Investitionen.

K_0 bezeichnet den Kapitalstock zu Beginn einer Periode. Während die Abschreibungen (D) den Kapitalstock vermindern, nimmt er durch die **Bruttoinvestitionen** (I^{br}) zu. Die Bruttoinvestitionen, die einen im betrachteten Zeitraum entstandenen Verschleiß des Kapitalstocks kompensieren, nennt man auch **Ersatz- oder Reinvestitionen.** Per saldo steigt der Kapitalstock innerhalb eines abgeschlossenen Zeitraums, wenn die Bruttoinvestitionen größer als die Abschreibungen, mithin die **Nettoinvestitionen** (I^n) positiv sind. Die Nettoinvestitionen können jedoch auch negative Werte aufweisen; man spricht dann von **Desinvestitionen.**

Der Kapitalstock am Ende der Periode, K_1, läßt sich wie folgt ermitteln:

$$\begin{aligned} K_1 &= K_0 + (I^{br} - D) \\ &= K_0 + I^n. \end{aligned}$$

Zu den Kosten der Produktion eines Unternehmens gehören auch die **indirekten Steuern.** Dabei handelt es sich um alle Abgaben, die bei der Gewinnermittlung abzugsfähig sind. Sie werden deshalb auch Kostensteuern genannt. Zu ihnen gehören vor allem die sogenannten Produktionssteuern, die Mehrwertsteuer einschließlich Einfuhrumsatzsteuer sowie Einfuhrabgaben wie z.B. Zölle und Verbrauchsteuern auf Einfuhren (siehe Box 4-1 zu weiteren Details).[2] Diesen Steuern stehen die **Subventionen** gegenüber, die den Unternehmen vom Staat für laufende Produktionszwecke gezahlt werden. Der Staat verfolgt hiermit be-

[2] Genaugenommen handelt es sich bei der Kostenkomponente der Mehrwertsteuer um die nichtabzugsfähige Umsatzsteuer. Unternehmen müssen in ihren Verkaufspreisen den Käufern Mehrwertsteuer in Rechnung stellen. Sie selbst zahlen jedoch auf die von ihnen bezogenen Güter ebenfalls Umsatzsteuer (= Mehrwertsteuer + Einfuhrumsatzsteuer). Diese kann von den Unternehmen als sogenannte Vorsteuer von der ihren Käufern in Rechnung gestellten Mehrwertsteuer abgezogen werden. Der verbleibende Teil der in Rechnung gestellten Mehrwertsteuer bildet (von einer hier vernachlässigbaren Ausnahme abgesehen) die sogenannte nichtabzugsfähige Umsatzsteuer.

stimmte wirtschafts- oder sozialpolitische Ziele und versucht, durch Subventionen Marktpreise zu beeinflussen oder Produktion und Einkommen in bestimmten Bereichen der Wirtschaft zu stützen. Da man Subventionen häufig als negative indirekte Steuern interpretiert, faßt man sie mit den indirekten Steuern zusammen (Position 1.30).

Schließlich enthält die linke Seite des Produktionskontos noch die sogenannte **Nettowertschöpfung.** Sie ist im Produktionskonto als eine Gesamtgröße ausgewiesen. Die Nettowertschöpfung teilt sich im wesentlichen auf Löhne, Gehälter, Zinsen und den Unternehmensgewinn auf.

Box 4-1: Indirekte Steuern

Indirekte Steuern sind alle Steuern und steuerähnlichen Abgaben, die der Staat oder die Europäische Gemeinschaft bei Produzenten erheben und die bei der Gewinnermittlung als Aufwand abzugsfähig sind. Der Betrag der indirekten Steuern stellt für die Produzenten eine Belastung der Güterproduktion, des Einsatzes von Produktionsfaktoren und der Einfuhr von Gütern dar. Die indirekten Steuern umfassen eine Reihe unterschiedlicher Steuern. Sie werden gewöhnlich in drei Untergruppen gegliedert und beinhalten im wesentlichen die folgenden Steuern:

- **Produktionssteuern**
  - Gewerbeertrag- und Gewerbekapitalsteuer,
  - Verbrauchsteuern (z. B. Tabak-, Branntwein- und Mineralölsteuer),
  - Grundsteuer,
  - Grunderwerbsteuer,
  - Kraftfahrzeugsteuer (soweit von Produzenten gezahlt),
  - Versicherungsteuer,
  - Rennwett- und Lotteriesteuer,
  - Getränkesteuer,
  - Vergnügungssteuer,
  - Umlage an die EG für Kohle und Stahl,
  - Verwaltungsgebühren (soweit von Produzenten gezahlt);
- **Nichtabzugsfähige Umsatzsteuer**
  - die von den Produzenten abzuführende Mehrwertsteuer und
  - Einfuhrumsatzsteuer;
- **Einfuhrabgaben**
  - Zölle,
  - Verbrauchsteuern auf Einfuhren,
  - Abschöpfungen und Währungsausgleichsbeträge bei der Einfuhr von landwirtschaftlichen Erzeugnissen im Rahmen der EG-Agrarmarktordnung (von der EG erhoben).

Das Kassenaufkommen des Staates aus indirekten Steuern betrug 1991 rund 342 Mrd. DM, wovon 132 Mrd. DM auf Produktionssteuern, 176 Mrd. DM auf nichtabzugsfähige Umsatzsteuer und 30 Mrd. DM auf Einfuhrabgaben entfielen. Der Anteil der indirekten Steuern am gesamten Steueraufkommen betrug ca. 52 Prozent.

Letzterer Bestandteil der Nettowertschöpfung ergibt sich dabei als Restgröße. Die genaue Aufteilung der Nettowertschöpfung erfolgt im Einkommenskonto und soll deshalb hier nicht näher betrachtet werden.

Die Summe der Positionen auf der linken oder der rechten Seite des Produktionskontos nennt man den **Produktionswert.** Er stellt das gesamte bewertete Produktionsergebnis eines Unternehmens in der betrachteten Periode dar. Zieht man hiervon die Vorleistungen ab, erhält man die **Bruttowertschöpfung** eines Unternehmens. Während der Produktionswert einen Hinweis auf den Wert des Outputs eines Unternehmens gibt, stellt die Bruttowertschöpfung auf den Betrag ab, den das Unternehmen den Vorleistungen hinzugefügt hat. Zieht man hiervon die Ab-

Box 4-2: Subventionen des Staates für welche Aufgabenbereiche?

Die Summe der Subventionen stieg von 1970 bis 1992 kontinuierlich an. Ihre Zunahme fiel gleichzeitig stärker aus als die der sonstigen Staatsausgaben. Etwa ein Drittel der gesamten Subventionen floß in den letzten Jahren in den landwirtschaftlichen Bereich. Der größte Teil hiervon erfolgte als Subvention im Rahmen der Europäischen Agrarmarktordnung. Wie Tabelle 4-1 zeigt, nahmen die Subventionen für die Energiegewinnung und -versorgung insbesondere in den achtziger Jahren stark zu. Ebenfalls umfangreich waren die Zahlungen an die Bundesbahn, die den überwiegenden Teil der Subventionen im Verkehrsbereich bilden.

Aufgabenbereiche / Jahr	1970	1980	1990	1992
Land- und Forstwirtschaft, Fischerei	5,80	9,21	14,83	16,23
darunter: Zahlungen im Rahmen der EG	2,51	6,83	9,48	9,84
Energiegewinnung und -versorgung	0,48	4,29	10,04	9,78
darunter: Kohlepfennig	0,00	2,03	5,34	5,46
Warenproduzierendes Gewerbe	0,02	0,34	1,05	1,08
Verkehr und Nachrichtenübertragung	2,38	7,34	7,93	11,35
darunter: Zahlungen an die Bundesbahn	1,63	5,16	5,38	6,79
Wohnungswesen, Stadt- und Landesplanung	0,90	2,09	2,91	4,62
Sonstige	2,20	7,38	8,07	11,43
Insgesamt	11,78	30,65	48,74	59,26

Quelle: Sachverständigenrat (1992)

Tab. 4-1: Subventionen des Staates nach Aufgabenbereichen (in Mrd. DM)

schreibungen sowie die Differenz aus indirekten Steuern und Subventionen ab, erhält man die **Nettowertschöpfung.** Sie umfaßt den in einem Unternehmen geschaffenen Wert, der – aus volkswirtschaftlicher Sicht – auf andere Wirtschaftssubjekte verteilt werden kann.

B. Das Produktionskonto eines öffentlichen Haushalts

Die Produktionstätigkeit des Staates besteht darin, Vorleistungen von Unternehmen zu kaufen und hieraus unter Einsatz von dauerhaften Produktionsmitteln und Faktorleistungen bestimmte Güter herzustellen. Von wenigen hier vernachlässigbaren Ausnahmen abgesehen, handelt es sich bei diesen Gütern um unentgeltlich abgegebene Dienstleistungen.[3] Beispiele hierfür sind etwa das Schulwesen, die Polizei, die Verteidigung und der Straßenbau.

Da die Produktion im Prinzip in gleicher Weise erfolgt wie in einem Unternehmen, entspricht die linke Seite des Produktionskontos des Staates fast völlig derjenigen eines Unternehmens (vgl. Konto 2). Lediglich Subventionen und indirekte Steuern sind im Produktionskonto des Staates nicht zu berücksichtigen. Bei den Abschreibungen ist zu beachten, daß Straßen, Brücken, Wasserwege und ähnliche öffentliche Objekte nicht berücksichtigt werden. Internationalem Brauch folgend werden diese Güter aus verschiedenen Gründen nicht abgeschrieben, sondern mit ihren Herstellungs- und Reparaturkosten unter den Vorleistungen erfaßt. Zum einen ist die Nutzungsdauer dieser Güter nur schwer bestimmbar, zum anderen wird unterstellt, daß der Nutzungswert dieser Güter durch entsprechende Reparaturen erhalten bleibt. Als Vorleistung wird auch der Erwerb von militärischen Bauten und dauerhaften militärischen Gütern registriert. Wie die Angaben zu den Gegenbuchungen in Klammern hinter den Einzelpositionen zeigen, bilden die Käufe von Vorleistungen von inländischen Unternehmen die Gegenposition zu 1.52 im Produktionskonto der Unternehmen, die diese Leistungen erbringen.

Da es für **öffentlich bereitgestellte Güter** keine Märkte gibt, können für sie auch keine Marktpreise gefunden werden. Zu beachten ist, daß auch Steuereinnahmen nicht als Entgelte für die vom Staat produzierten Dienstleistungen angesehen werden können, da bei den verschiedenen Steuern im allgemeinen keine Zweckbindung für einzelne staatliche Aufgaben vorgenommen werden darf (sogenanntes Nonaffektationsprinzip).

Die vom Staat produzierten Dienstleistungen werden genaugenommen von den Unternehmen als Vorleistungen oder von den Privaten als Konsumgüter verwendet und wären deshalb im Kontensystem entspre-

---

[3] Vereinfachend wird hier der Fall ausgeklammert, in dem der Staat Investitionsgüter in Form selbsterstellter Anlagen produziert.

Konto 2: Produktionskonto eines öffentlichen Haushalts

	2.10 Käufe von Vorleistungen 2.11 von inländischen Unternehmen (1.52) 2.12 vom Ausland (16.40)	2.40 Eigenverbrauch des Staates (= unentgeltlicher Verbrauch öffentlicher Leistungen) (8.30)
Bruttowertschöpfung	2.20 Abschreibungen (11.30) 2.30 Nettowertschöpfung (8.50) 2.31 Löhne und Gehälter 2.32 Mieten und Pachten 2.33 Zinsen	

chend zu registrieren. Weil jedoch nicht festgestellt werden kann, welche Faktorkosten bei welchen Arten der öffentlichen Dienstleistungen entstehen und welche Teile den privaten Haushalten und den Unternehmen zufließen, werden die von den öffentlichen Haushalten bereitgestellten Dienstleistungen in der Kreislaufanalyse als **Eigenverbrauch des öffentlichen Haushalts** registriert (Position 2.40) und auch nicht weiter aufgespalten. Die produzierten Dienstleistungen werden zu Produktionskosten bewertet, wodurch sich die rechte Seite des Produktionskontos eines öffentlichen Haushalts aus der Summe der Positionen der linken Seite des Kontos ergibt. Dies hat zur Folge, daß in der Nettowertschöpfung keine Gewinnkomponente enthalten ist.

C. Das Produktionskonto eines privaten Haushalts

Nur für relativ wenige private Haushalte wird ein Produktionskonto aufgestellt, da die meisten Haushalte ausschließlich Faktorleistungen an Unternehmen und den Staat für deren Produktion zur Verfügung stellen und damit keine eigenständige Produktionstätigkeit, die über den Markt erfolgt, betreiben. Bei den Haushalten, für die ein Produktionskonto geführt wird, handelt es sich um solche, die ihre Faktorleistungen an andere private Haushalte verkaufen, ohne daß sie dabei in der Kreislaufanalyse als Unternehmen gelten. Die hier erfaßten Produktionsleistungen sind vor allem **die häuslichen Dienste,** wie etwa die der Haushälterin, des Privatsekretärs, der Kinderbetreuerin im Haus und der Reinemachefrau.

Auf der linken Seite des Produktionskontos dieser Haushalte steht ausschließlich die Nettowertschöpfung in Form von Löhnen (vgl. Konto 3; Gegenbuchung in Klammern). Mit gleichem Wertansatz werden die Dienstleistungen dieser Haushalte („Häusliche Dienste") auf der rechten Seite des Produktionskontos erfaßt.

Konto 3: Produktionskonto eines privaten Haushalts

3.10 Nettowertschöpfung (Löhne und Gehälter) (4.40)	3.20 Verkäufe von Dienstleistungen an andere private Haushalte (4.20)

3. Gesamtwirtschaftliches Produktionskonto

A. Aggregation und Konsolidierung von Konten

In Abschnitt 2 wurden die Produktionskonten einzelner Wirtschaftseinheiten verschiedener Sektoren erläutert. Für ökonomische Analysen wird jedoch in aller Regel verdichtetes Datenmaterial benötigt, das Detailinformationen zugunsten einer klaren Aussage über die Hauptströme vernachlässigt. Es liegt daher nahe, einzelwirtschaftliche Konten zu Konten für größere Aggregate zusammenzufassen. Dies bezeichnet man als **Aggregation von Konten.**

Es bietet sich an, die Aggregation in einem ersten Schritt so vorzunehmen, daß zunächst die Konten für gleichartige Wirtschaftssubjekte zusammengefaßt werden. Dies erfolgt für die Produktionskonten in der Weise, daß man die einzelnen Wirtschaftssubjekte zu Sektoren zusammenfaßt und für ein sektorales Produktionskonto auf beiden Seiten die Transaktionen der Wirtschaftssubjekte eines Sektors addiert. Anschließend kann man dann die Eintragungen, bei denen die Gegenbuchungen im gleichen Sektorkonto auftreten, zusammen mit diesen Gegenbuchungen weglassen, so daß diese Transaktionen in den Sektorkonten nicht gezeigt werden. Diesen Vorgang nennt man **Konsolidierung.** Als Ergebnis erhält man dann die konsolidierten Produktionskonten der Unternehmen, der privaten Haushalte und des Staates (= Gesamtheit der öffentlichen Haushalte). Durch Aggregation und Konsolidierung werden die Transaktionen innerhalb der einzelnen Sektoren, d. h. die **intrasektoralen Ströme,** unsichtbar, die Transaktionen zwischen den Sektoren, d. h. die **intersektoralen Ströme,** bleiben dagegen weiterhin ersichtlich. Darüber hinaus sind die Beiträge der einzelnen Wirtschaftssubjekte zu ihrem Sektor nicht mehr identifizierbar.

In einem zweiten Schritt kann dann die Aggregation über alle inländischen Sektoren (Unternehmen, Staat, private Haushalte) vorgenommen werden, so daß nur noch ein gesamtwirtschaftliches Produktionskonto entsteht.

B. Gesamtwirtschaftliche Güterproduktion und Bruttoinlandsprodukt

Um die gesamtwirtschaftliche Güterproduktion in einem einzigen Konto darzustellen, sind die einzelwirtschaftlichen Produktionskonten aller produzierenden Wirtschaftseinheiten zusammenzufassen. Bei Addition gleicher Positionen der Produktionskonten der verschiedenen Wirtschaftssubjekte ergeben sich auf der rechten Seite des gesamtwirtschaftlichen Produktionskontos zunächst die Verkäufe von Vorleistungen an Wirtschaftseinheiten des Inlands und auf der linken Seite die Käufe von Vorleistungen durch die produzierenden Wirtschaftseinheiten des Inlands. Bei Konsolidierung können die Vorleistungen auf beiden Seiten gegeneinander aufgerechnet werden, da jedem Verkauf von Vorleistungen im Inland ein Kauf von Vorleistungen bei einer anderen Wirtschaftseinheit im Inland gegenübersteht. Alle anderen Positionen bleiben bei der Konsolidierung erhalten, weil ihre Gegenbuchungen nicht in Produktionskonten, sondern in anderen Kontenarten erfolgen. Es ist zu beachten, daß für die Berechnung des Wertes der gesamtwirtschaftlichen Produktion eine Konsolidierung der Vorleistungen zwingend erforderlich ist, da sie in der betrachteten Periode physisch und kostenmäßig als Bestandteile in neue Produkte eingehen, ihr Wert folglich in den hergestellten Produkten enthalten ist. Würde man keine Konsolidierung vornehmen und stattdessen lediglich die Produktionswerte der einzelnen produzierenden Wirtschaftseinheiten aufaddieren, würden die Vorleistungen mehrfach erfaßt werden: Zum einen würden sie als Verkauf von Vorleistungen registriert werden und zum anderen nochmals in den Endprodukten, in denen sie wertmäßig enthalten sind.

Konto 4 zeigt das gesamtwirtschaftliche Produktionskonto als Ergebnis der Aggregation und Konsolidierung aller einzelwirtschaftlichen Produktionskonten. Es trägt den Zusatz „Inlandskonzept", um anzudeuten, daß hiermit die Produktionsaktivitäten innerhalb der Grenzen einer Volkswirtschaft erfaßt sind. Der Begriff sei an dieser Stelle lediglich genannt. Er wird im nächsten Abschnitt näher erläutert. Da für die nach Aggregation und Konsolidierung verbleibenden Positionen der gesamtwirtschaftlichen Konten prinzipiell die gleichen Buchungszusammenhänge wie bei den einzelwirtschaftlichen Konten gelten, sind die Gegenbuchungen für die gesamtwirtschaftlichen Konten nicht mehr aufgeführt.

Auf der rechten Seite des gesamtwirtschaftlichen Produktionskontos ist der insgesamt geschaffene Güterwert bzw. das **gesamtwirtschaftliche Produktionsergebnis** aufgeführt. Hierbei ist der Wert der Importe, der eigentlich auf der linken Seite des Kontos stehen würde, bereits vom Wert der Exporte auf der rechten Seite abgezogen. Als Einzelpositio-

Konto 4: Gesamtwirtschaftliches Produktionskonto (nach Inlandskonzept; Daten für Gesamtdeutschland in Mrd. DM für 1994)

• Abschreibungen D (440) • Indirekte Steuern minus Subventionen $T^{ind} - Z$ (373) • Inlandseinkommen (Nettoinlandsprodukt zu Faktorkosten) Y (2507)	• Verkäufe von Konsumgütern an die privaten Haushalte C_{pr} (1902) • Eigenverbrauch des Staates C_{St} (650) • Bruttoinvestitionen – des Staates I^{br}_{St} (86) – der Unternehmen I^{br}_{U} (664) • Ausfuhr minus Einfuhr (ohne Erwerbs- und Vermögenseinkünfte) X – M (18)

nen auf der rechten Seite des gesamtwirtschaftlichen Produktionskontos ergeben sich die Verkäufe an die privaten Haushalte (= privater Verbrauch oder privater Konsum) und der Eigenverbrauch der öffentlichen Haushalte (auch Staatsverbrauch oder staatlicher Konsum genannt). Privater und staatlicher Konsum zusammen bilden den gesamtwirtschaftlichen Konsum. Weiterhin enthält die rechte Seite von Konto 4 die Bruttoinvestitionen, die aus den Investitionen des Staates und denen der Unternehmen bestehen. Die letzte Position bildet der Saldo aus Güterverkäufen an das Ausland und den Güterkäufen aus dem Ausland.[4] Für die Bundesrepublik Deutschland ist wie für die meisten Volkswirtschaften charakteristisch, daß der private Konsum den größten Posten auf der rechten Seite des gesamtwirtschaftlichen Produktionskontos bildet. Die Summe dieser Positionen nennt man Bruttoinlandsprodukt zu Marktpreisen (abgekürzt BIP^M oder noch kürzer BIP genannt). Dieser Wert stellt die zentrale Größe zur Beschreibung der Produktionsaktivitäten einer Volkswirtschaft dar.

Die linke Seite von Konto 4 zeigt die **Summe aus gesamtwirtschaftlichen Produktionskosten und dem erzielten Gewinn**, der mit dem auf der rechten Seite ausgewiesenen Produktionsergebnis verbunden ist. Im einzelnen umfaßt die linke Seite von Konto 4 die Abschreibungen, die Differenz aus indirekten Steuern und Subventionen sowie die Summe aller Nettowertschöpfungen. Die gesamtwirtschaftliche Nettowertschöpfung stellt die Summe der **Inlandseinkommen** dar und umfaßt die im Inland erzielten Arbeitseinkommen, Zinserträge und Gewinne. Die Konstruktion des gesamtwirtschaftlichen Produktionskontos bedingt, daß die Summe der Positionen der linken Seite der der rechten Seite entsprechen muß. Insofern kann das Bruttoinlandsprodukt auch über die linke Seite berechnet werden.

Neben dem BIP gibt es noch andere, wenngleich hiermit verwandte Definitionen der gesamtwirtschaftlichen Produktionsaktivitäten. Diese werden im nächsten Abschnitt unter Verwendung der in Konto 4 eingeführten Abkürzungen im Detail definiert.

---

[4] Wird im hier vorgestellten Kontensystem berücksichtigt, daß importierte Konsum- und Investitionsgüter auch direkt aus dem Ausland bezogen und importierte nichtdauerhafte Produktionsmittel zum Teil auf Lager genommen werden (dies wurde in der bisherigen Darstellung vereinfachend ausgeschlossen), ergibt sich bei Aggregation und Konsolidierung im gesamtwirtschaftlichen Produktionskonto als Einfuhr nicht der Gesamtwert der importierten Güter. Ursache hierfür ist, daß diese Beträge nicht in den einzelwirtschaftlichen Produktionskonten auftreten, sondern unmittelbar in Vermögensänderungskonten oder Einkommenskonten verbucht werden. Um in Konto 4 die gesamte Einfuhr zu erfassen, müssen die entsprechenden Summen in diesem Fall zu den registrierten Importen hinzugerechnet und bei Konsum- bzw. Investitionsgütern auf der rechten Seite ebenfalls addiert werden. Diese Anpassung hat keine Auswirkung auf die Summe der rechten Seite, verändert aber ihre Struktur.

4. Inlands- und Sozialprodukt

A. Konzepte des Inlandsprodukts

Wie im vorangehenden Abschnitt bereits erwähnt wurde, bildet das **Bruttoinlandsprodukt zu Marktpreisen** (BIP^M; englisch: GDP für „gross domestic product"; französisch: PIB für „produit intérieur brut") die wichtigste Größe zur Beschreibung der gesamtwirtschaftlichen Produktion. Es stellt die Summe aus den privaten und staatlichen Konsumausgaben, den Bruttoinvestitionen und der Differenz aus Exporten und Importen dar und beschreibt den Gesamtwert der im Inland erstellten Güter. Unter Verwendung der Abkürzungen in Konto 4 läßt sich schreiben:

$$BIP^M = C_{pr} + C_{St} + I_U^{br} + I_{St}^{br} + X - M.$$

Da sich die Summen auf beiden Seiten des Kontos entsprechen müssen, kann das Bruttoinlandsprodukt zu Marktpreisen auch als Summe der Positionen auf der linken Seite definiert werden:

$$BIP^M = D + (T^{ind} - Z) + Y.$$

Der Zusatz „zu Marktpreisen" soll andeuten, daß die produzierten Güter im Prinzip zu Marktpreisen bewertet sind. Dies gilt allerdings nur für jene Güter auf der rechten Seite des gesamtwirtschaftlichen Produktionskontos, die tatsächlich verkauft wurden, und trifft nicht für den staatlichen Verbrauch, die selbsterstellten Anlagen sowie die Lagerbestandsveränderungen an eigenen Produkten zu, die jeweils mit ihren Herstellungskosten angesetzt werden.

Zieht man vom Bruttoinlandsprodukt zu Marktpreisen den Wert der Abschreibungen ab, erhält man das **Nettoinlandsprodukt zu Marktpreisen** (NIP^M; englisch: NDP für „net domestic product"; französisch: PIN für „produit intérieur net"). Der Ausdruck **„netto"** deutet bei den gesamtwirtschaftlichen Produktionsgrößen jeweils an, daß die Abschreibungen in dieser Abgrenzung nicht enthalten sind:

$$\begin{aligned} NIP^M &= BIP^M - D \\ &= C_{pr} + C_{St} + I_U^{br} + I_{St}^{br} - D + X - M. \end{aligned}$$

Mit der Definition der Nettoinvestitionen $I^n = I^{br} - D$ ergibt sich:

$$NIP^M = C_{pr} + C_{St} + I_U^n + I_{St}^n + X - M.$$

Berücksichtigt man, daß die Marktpreise über den Umfang von indirekten Steuern und Subventionen durch den staatlichen Sektor beeinflußt werden, und subtrahiert deshalb den Saldo aus indirekten Steuern und

Subventionen vom Nettoinlandsprodukt zu Marktpreisen, gelangt man zum **Nettoinlandsprodukt zu Faktorkosten** (NIP^F) oder auch **Inlandseinkommen** (Y; englisch: domestic income). In der Bezeichnung „zu Faktorkosten" kommt zum Ausdruck, daß diese Einkommensgröße die Entgelte für Faktorleistungen und damit die Faktoreinkommen darstellt:

$$
\begin{aligned}
NIP^F &= NIP^M - (T^{ind} - Z) = Y \\
&= C_{pr} + C_{St} + I_U^n + I_{St}^n + X - M - (T^{ind} - Z).
\end{aligned}
$$

Rechnet man hier die Abschreibungen wieder hinein, erhält man das **Bruttoinlandsprodukt zu Faktorkosten** (BIP^F):

$$BIP^F = NIP^F + D.$$

Die verschiedenen Inlandsproduktsabgrenzungen verdeutlichen die enge Verbindung zwischen dem Wert der Güterproduktion und dem Gesamteinkommen in einer Volkswirtschaft. Der Wert der gesamtwirtschaftlichen Produktion läßt sich auf zwei Arten berechnen: Zu den bei ihrem Verkauf erzielten Marktpreisen (Brutto- bzw. Nettoinlandsprodukt zu Marktpreisen) oder mit dem Gesamtbetrag an Faktoreinkommen, der bei der Produktion entstanden ist (Nettoinlandsprodukt zu Faktorkosten).

B. Vom Inlands- zum Sozialprodukt

Die im vorangegangenen Abschnitt erläuterten Inlandsproduktsbegriffe stellen nur *eine* von zwei Möglichkeiten der Abgrenzung der Güterproduktion einer Volkswirtschaft gegenüber dem Ausland dar. Sie basiert auf dem **Inlandskonzept,** nach dem das Gesamteinkommen angegeben wird, das innerhalb der Grenzen einer Volkswirtschaft entsteht, und zwar unabhängig davon, ob die Einkommen inländischen oder ausländischen Wirtschaftseinheiten zugeflossen sind.

Die zweite Möglichkeit für die Abgrenzung der in einer Volkswirtschaft produzierten Gütermenge stellt das **Inländerkonzept** dar. Der hiernach berechnete Einkommenswert bezieht sich auf den Gesamtbetrag, der letztlich den Inländern zugeflossen ist, und zwar unabhängig davon, ob aus Produktionsaktivitäten im Inland oder im Ausland. Den nach dem Inländerkonzept berechneten Produktions- bzw. Einkommenswert nennt man **Sozialprodukt.**

Um ausgehend vom Inlandsprodukt das Sozialprodukt zu berechnen, sind folgende Zusammenhänge zu berücksichtigen. Die von Inländern bezogenen Einkommen aus Produktionsaktivitäten im Inland sind bereits im Inlandsprodukt, das nach dem Inlandskonzept berechnet wird, enthalten. Nicht enthalten sind dagegen jene Einkommensbestandteile, die Inländer aus dem Ausland beziehen, etwa in Form von Zinserträgen auf ausländische Kapitalanlagen oder Erwerbseinkommen aus dem Ausland, da diese Einkommen nicht in den Produktionskonten der inländischen Wirtschaftseinheiten verbucht werden. Ein aus dem Ausland bezogenes Erwerbseinkommen bildet beispielsweise das Entgelt, das ein Hochschuldozent für eine im Ausland gehaltene Vortragsreihe erhält. Um vom Inlandsprodukt zum Sozialprodukt zu gelangen, müssen daher zunächst die aus dem Ausland bezogenen Erwerbs- und Vermögenseinkommen der Inländer hinzugezählt werden. Weiterhin ist zu berücksichtigen, daß das Inlandsprodukt auch jene Faktoreinkommen (= Erwerbs- und Vermögenseinkommen) einschließt, die zwar im Inland entstehen, aber Ausländern zufließen. Zur Berechnung des Sozialprodukts sind diese daher vom Inlandsprodukt abzuziehen. Die Beziehung zwischen Inlandsprodukt und Sozialprodukt läßt sich zusammengefaßt wie folgt ausdrücken:

Inlandsprodukt (= Gesamteinkommen, das im Inland entstand)	
+ Summe der Einkommen, die Inländer im Ausland erzielten	} = Saldo der Erwerbs- und Vermögenseinkommen
– Summe der Einkommen, die Ausländer im Inland erzielten	
= Sozialprodukt (= Gesamteinkommen, das die Inländer erzielten)	

Die Differenz aus den Einkommen, die Inländer im Ausland erzielt haben, und den Einkommen, die Ausländer im Inland erzielt haben, bezeichnet man als **Saldo der Erwerbs- und Vermögenseinkommen zwischen Inländern und der übrigen Welt.** Ist dieser positiv, übersteigt das Sozialprodukt das Inlandsprodukt.

Als **inländische Wirtschaftseinheiten** gelten alle Institutionen oder Personen, die ihren ständigen Sitz bzw. Wohnsitz im Inland haben. Dabei spielen weder Staatsangehörigkeit noch Eigentumsverhältnisse eine Rolle. Aus diesem Grund gehören z.B. ausländische Arbeitnehmer im Inland ebenso zu den inländischen Wirtschaftseinheiten wie die inländischen Produktionsstätten von Unternehmen in ausländischem Eigentum. Von dieser Regel gibt es nur wenige Ausnahmen wie z.B. diplomatische Vertretungen und Streitkräfte, die grundsätzlich zu ihrem Herkunftsland gerechnet werden.

Ähnlich wie die Inlandsproduktsbegriffe können auch verschiedene nach dem Inländerkonzept abgegrenzte Sozialproduktsbegriffe unterschieden werden. Sie lassen sich am einfachsten anhand eines gegenüber Konto 4 nur geringfügig modifizierten gesamtwirtschaftlichen Produktionskontos (vgl. Konto 5) verdeutlichen. Hierfür sind die aus dem Ausland bezogenen Faktoreinkommen der Inländer bei der Ausfuhr

Konto 5: Modifiziertes gesamtwirtschaftliches Produktionskonto (nach Inländerkonzept; Daten für Gesamtdeutschland in Mrd. DM für 1994)

• Abschreibungen D (440) • Indirekte Steuern minus Subventionen $T^{ind} - Z$ (373) • Volkseinkommen (Nettosozialprodukt zu Faktorkosten) $\tilde{Y}$ (2500)	• Verkäufe von Konsumgütern an die privaten Haushalte C_{pr} (1902) • Eigenverbrauch des Staates C_{St} (650) • Bruttoinvestitionen – des Staates I_{St}^{br} (86) – der Unternehmen I_U^{br} (664) • Außenbeitrag: Ausfuhr minus Einfuhr (einschl. Erwerbs- und Vermögenseinkommen) $\tilde{X} - \tilde{M}$ (11)	BSP^M (3313)

hinzuzurechnen. Diesen steht für sich betrachtet eine höhere Wertschöpfung gegenüber, wodurch sich ein für die Inländer höheres Einkommen auf der linken Seite des Kontos ergibt. Es ist nunmehr aber auch zu berücksichtigen, daß die von Ausländern im Inland erzielten Faktoreinkommen bei der Einfuhr hinzuzufügen und von den Einkommen auf der linken Seite abzuziehen sind. Man erhält hierdurch die Differenz aus der gesamten Ausfuhr und der gesamten Einfuhr, jeweils einschließlich des Erwerbs- und Vermögenseinkommen. Diese Differenz bildet den **Außenbeitrag** für die betrachtete Volkswirtschaft.

Mit Hilfe von Konto 5 lassen sich nunmehr die verschiedenen Sozialproduktsbegriffe definieren. Die Gesamtheit aller Positionen auf der rechten sowie auf der linken Seite des nach dem Inländerkonzept aufgestellten gesamtwirtschaftlichen Produktionskontos wird als Bruttosozialprodukt zu Marktpreisen (BSP^M) bezeichnet (englisch: GNP für „gross national product“; französisch PNB für „produit national brut“):

$$\begin{aligned} BSP^M &= C_{pr} + C_{St} + I_U^{br} + I_{St}^{br} + \tilde{X} - \tilde{M}. \\ &= D + (T^{ind} - Z) + \tilde{Y}. \end{aligned}$$

Das Schlangenzeichen über den Größen X, M und Y weist darauf hin, daß diese Größen des Kontos 5 gegenüber Konto 4 leicht abweichend definiert sind.

Subtrahiert man vom Bruttosozialprodukt zu Marktpreisen die Abschreibungen, gelangt man zum Nettosozialprodukt zu Marktpreisen (NSP^M; englisch: NNP für „net national product“; französisch PNN für „produit national net“), das den produktionsbedingten Verschleiß der dauerhaften Produktionsmittel berücksichtigt und den um diese Größe korrigierten Wert der während der betrachteten Periode hergestellten Güter angibt:

$$\begin{aligned} NSP^M &= BSP^M - D \\ &= C_{pr} + C_{St} + I_U^n + I_{St}^n + \tilde{X} - \tilde{M}. \end{aligned}$$

Das Nettosozialprodukt zu Marktpreisen umfaßt demnach die Summe aus Konsumgütern, Nettoinvestitionen und Außenbeitrag. Subtrahiert man hiervon den Saldo aus indirekten Steuern und Subventionen, gelangt man zum Nettosozialprodukt zu Faktorkosten (NSP^F). Dieses wird auch Volkseinkommen (englisch: „national income“) genannt:

$$\begin{aligned} NSP^F &= NSP^M - (T^{ind} - Z) \\ &= C_{pr} + C_{St} + I^n_U + I^n_{St} + \tilde{X} - \tilde{M} - (T^{ind} - Z) = \tilde{Y}. \end{aligned}$$

Rechnet man sie zum NSP^F hinzu, erhält man das Bruttosozialprodukt zu Faktorkosten (BSP^F):

$$BSP^F = NSP^F + D.$$

Analog zu den Inlandsproduktsbegriffen weist auch hier der Zusatz „zu Faktorkosten“ darauf hin, daß das so abgegrenzte Einkommen den Gegenwert für die Lieferungen von Faktorleistungen bildet.

In Abbildung 4-3 sind die einzelnen Sozialproduktsbegriffe und Inlandsproduktsbegriffe gegenübergestellt. Die Differenz unterschiedlicher Sozialproduktsbegriffe nach Inländer- und Inlandskonzept bildet jeweils der Saldo der Erwerbs- und Vermögenseinkommen zwischen Inländern und der übrigen Welt. Das Inländerkonzept ist z.B. bei Fragen der Einkommensverteilung vorzuziehen, da es hierbei um die Verteilung zwischen den inländischen Sektoren geht. Bei der Beschreibung des Beitrags einzelner Regionen einer Volkswirtschaft zur

Inlandskonzept		Inländerkonzept
Bruttoinlandsprodukt zu Marktpreisen	+ Saldo der Erwerbs- und Vermögenseinkommen zwischen Inländern und der übrigen Welt	= **Bruttosozialprodukt zu Marktpreisen**
– Abschreibungen		– Abschreibungen
= **Nettoinlandsprodukt zu Marktpreisen**	+ Saldo der Erwerbs- und Vermögenseinkommen zwischen Inländern und der übrigen Welt	= **Nettosozialprodukt zu Marktpreisen**
– Indirekte Steuern		– Indirekte Steuern
+ Subventionen		+ Subventionen
= **Nettoinlandsprodukt zu Faktorkosten** (= Nettowertschöpfung)	+ Saldo der Erwerbs- und Vermögenseinkommen zwischen Inländern und der übrigen Welt	= **Nettosozialprodukt zu Faktorkosten** (= Volkseinkommen)
= Summe der im Inland entstandenen Erwerbs- und Vermögenseinkommen		= Summe der den Inländern zugeflossenen Erwerbs- und Vermögenseinkommen

Quelle: Statistisches Bundesamt (1992 a)

Abb. 4-3: Verschiedene Sozialprodukts- und Inlandsproduktsbegriffe im Überblick

gesamtwirtschaftlichen Produktion ist es dagegen sinnvoll, das Inlandskonzept zugrundezulegen. Da es keine Statistiken über die Ströme von Erwerbs- und Vermögenseinkünften zwischen einzelnen Regionen gibt, kann das auf dem Inländerkonzept basierende Sozialprodukt ohnehin nicht für einzelne Regionen zuverlässig berechnet werden.

Für die Bundesrepublik Deutschland war in der Vergangenheit meist das Bruttosozialprodukt höher als das Bruttoinlandsprodukt. Ursache hierfür war unter anderem der hohe Bestand an ausländischen Wertpapieren bei Inländern, der umfangreiche Faktoreinkommen aus dem Ausland und einen positiven Saldo der Faktoreinkommen gegenüber dem Ausland zur Folge hatte. Der Unterschiedsbetrag zwischen Bruttosozialprodukt zu Marktpreisen und Bruttoinlandsprodukt zu Marktpreisen nahm Anfang der 90er Jahre deutlich ab. 1994 übertraf das Bruttoinlandsprodukt denn sogar das Bruttosozialprodukt. Abbildung 4-4 verdeutlicht den Zusammenhang zwischen Bruttoinlands- und Bruttosozialprodukt anhand der Daten für 1994.

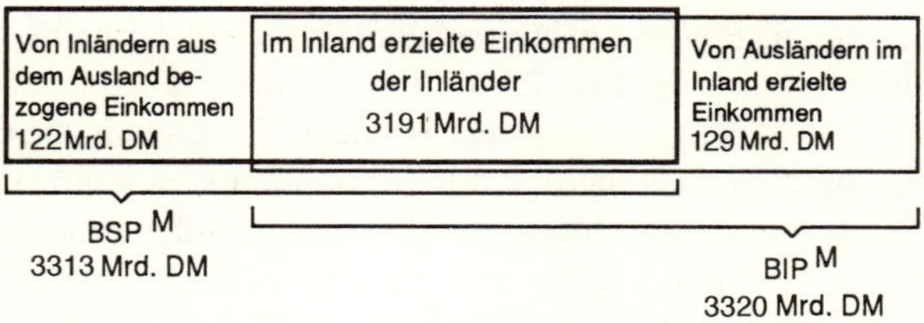

Abb. 4-4: Bruttosozialprodukt und Bruttoinlandsprodukt in der Bundesrepublik Deutschland 1994

C. Endnachfrage und verfügbares Einkommen

In diesem Abschnitt werden die bereits besprochenen Inlands- und Sozialproduktsabgrenzungen um einige Begriffe ergänzt, die eng mit ihnen zusammenhängen und auch in der Makroökonomik häufig verwendet werden. Zunächst sei die Definition des Bruttoinlandsprodukts zu Marktpreisen wiederholt:

$$BIP^M = C_{pr} + C_{St} + I_U^{br} + I_{St}^{br} + X - M.$$

Die Außenhandelstransaktionen gehen hierbei als Saldo ein. In makroökonomischen Analysen ist es vielfach erforderlich, auf die Gesamtnachfrage nach **Gütern der letzten Verwendung** abzustellen. Damit sind alle Güter gemeint, die im betrachteten Zeitraum nicht im inländischen Produktionsprozeß untergehen, also keinen Vorleistungscharakter besitzen. Diese gesamtwirtschaftliche Nachfrage wird auch Endnachfrage

(AD von „aggregate demand“) genannt und umfaßt die Summe aus Investitionsgüter-, Konsumgüter- und Exportnachfrage:

$$AD = C_{pr} + C_{St} + I_U^{br} + I_{St}^{br} + X.$$

Die Summe der beiden Konsumgrößen (C_{pr} und C_{St}) wird auch als **letzter Verbrauch** und die Summe aus den ersten vier Summanden auf der rechten Seite der Gleichung als **letzte inländische Verwendung** bezeichnet. Von der Endnachfrage bzw. der letzten Verwendung von Gütern gelangt man zum Bruttoinlandsprodukt zu Marktpreisen, indem man die Ausfuhr (nach Inlandskonzept) subtrahiert:

$$BIP^M = AD - M.$$

Wie bereits bei der Darstellung der Inlandsproduktsbegriffe erläutert wurde, gelangt man zum Nettoinlandsprodukt zu Marktpreisen, indem man das BIP^M um die Abschreibungen vermindert. Zieht man außerdem hiervon die Differenz aus indirekten Steuern und Subventionen ab, erhält man das Nettoinlandsprodukt zu Faktorkosten bzw. das Inlandseinkommen. Fügt man diesem den Saldo der Erwerbs- und Vermögenseinkommen zwischen In- und Ausländern hinzu, gelangt man zum Volkseinkommen (NSP^F), das je nach Vorzeichen dieses Saldos höher oder niedriger als das Inlandseinkommen sein kann. Es besteht aus den Einkommen aus Unternehmertätigkeit und Vermögen (G; vor allem Mieten, Pachten, Zinsen und Gewinnen) und den Lohneinkommen (L). Aus dem Volkseinkommen läßt sich **das verfügbare Einkommen der privaten Haushalte** ableiten, das in der makroökonomischen Theorie als wichtige Determinante der privaten Konsumausgaben angesehen wird. Um vom Volkseinkommen zum verfügbaren Einkommen der privaten Haushalte zu gelangen, sind zunächst die einzelnen Elemente des Volkseinkommens zu betrachten. Es umfaßt neben den Einkommensströmen, die den Haushalten zufließen, auch Elemente, die nicht direkt dem Sektor der privaten Haushalte zukommen, sondern etwa als nichtentnommene Gewinne in den Unternehmen verbleiben oder aufgrund von staatlichen Unternehmensbeteiligungen dem Staat zufließen. Es ist daher zwischen den Gesamteinkommen G aus Unternehmertätigkeit und Vermögen und jenem Teil dieser Einkommen zu unterscheiden, der den privaten Haushalten zufließt. Letzterer wird im folgenden mit G_H bezeichnet. Darüber hinaus steht den Haushalten ein Teil ihres (Brutto-) Einkommens nicht zur Disposition, weil dieser in Form direkter Steuern an den Staat abzuführen ist. Gleichzeitig erhalten die privaten Haushalte Transfers (z.B. vom Staat in Form von Kindergeld oder Wohngeld), die deren verfügbares Einkommen erhöhen. Bezeichnet man den Saldo aus den von den Haushalten geleisteten Transfers (einschließlich der direkten Steuern) und den von ihnen empfangenen Transfers als Tr_H, ergibt sich für das verfügbare Einkommen der privaten Haushalte (Y_H^v):

$$Y_H^v = NSP^F - (G - G_H) - Tr_H.$$

Abbildung 4-5 zeigt die verschiedenen Begriffe mit den Daten für die Bundesrepublik für das Jahr 1994 im Überblick.

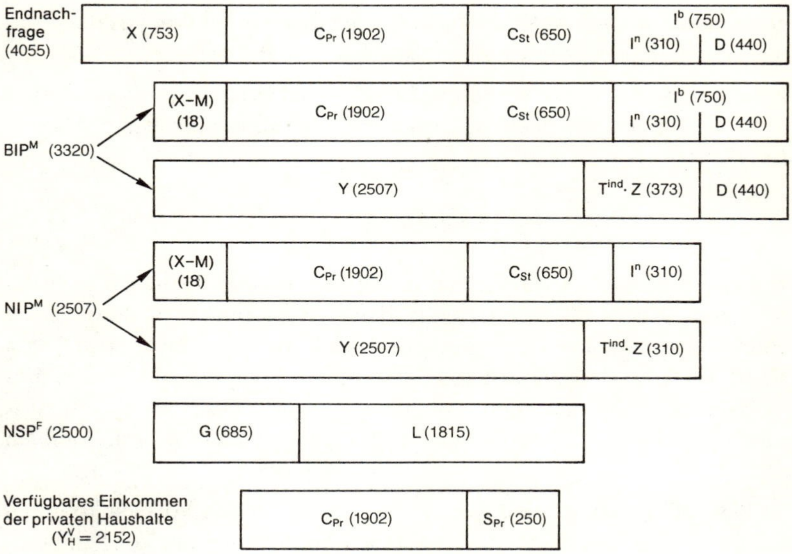

Differenz zwischen Gesamtposten und Summe der Einzelposten durch Rundungen.

Quelle: Statistisches Bundesamt (1995)

Abb. 4-5: Endnachfrage, Sozialproduktsabgrenzungen und verfügbares Einkommen der privaten Haushalte 1994 (früheres Bundesgebiet)

Box 4-3: John Maynard Keynes

John Maynard Keynes wurde 1883 in Cambridge geboren. Nach seiner Schulausbildung in Eton studierte er am King's College in Cambridge, wo er 1905 einen Abschluß in Mathematik machte. Im folgenden Jahr hörte er wirtschaftswissenschaftliche Vorlesungen bei *Alfred Marshall* und *Arthur Pigou.* Anschließend verbrachte *Keynes* zwei Jahre im Staatsdienst. 1908 kehrte er nach Cambridge zurück, um Wirtschaftswissenschaften zu lehren. *Keynes* war in den Folgejahren nicht nur Wirtschaftswissenschaftler, sondern auch Publizist, Politiker und – erfolgreicher – Börsenspekulant. *Keynes* starb am 21. April 1946 in Tilton (Sussex). *Keynes* ist zweifellos der bedeutendste englische Ökonom dieses Jahrhunderts. Er schrieb eine Vielzahl von Veröffentlichungen; sein bekanntestes Werk ist die „General Theory of Employment, Interest and Money" (1936), mit der er die Grundlagen der modernen Makroökonomik legte. Die „General Theory" und andere Arbeiten von *Keynes* gaben der Kreislaufanalyse und der Entwicklung der Volkswirtschaftlichen Gesamtrechnung entscheidende Impulse.

D. Investitionen, Ersparnis und Leistungsbilanz

Im 3. Kapitel wurden bereits im Zusammenhang mit der Kreislaufanalyse wichtige **Kreislaufbeziehungen** abgeleitet. Sie beziehen sich auf das Verhältnis von Sparen und Investieren in einer Volkswirtschaft und ergeben sich in den Kreislaufdarstellungen aus der Gegenüberstellung von Zu- und Abflüssen des Vermögensänderungspols. Diese Beziehungen können in diesem Kapitel **nun in noch genauerer Form** aus der Kontendarstellung des Wirtschaftskreislaufs abgeleitet werden.

Aus dem modifizierten gesamtwirtschaftlichen Produktionskonto (Konto 5) erhält man folgende Definition für das Volkseinkommen $\tilde{Y}$ (= NSP^F):

$$\tilde{Y} = C + I^{br} + \tilde{X} - \tilde{M} - D - (T^{ind} - Z),$$

wobei die Konsumausgaben den privaten und den staatlichen Konsum umfassen. Ebenso setzen sich die Bruttoinvestitionen in dieser Gleichung aus den Investitionsausgaben der Unternehmen sowie den staatlichen Investitionsausgaben zusammen. Da die Definition des Volkseinkommens auf dem Inländerkonzept beruht, schließen Ausfuhr und Einfuhr die empfangenen und geleisteten Faktoreinkommen ein.

Es läßt sich nun noch eine weitere Beziehung für das Volkseinkommen herleiten. Wie sich zeigen läßt, teilt sich die Summe aus Volkseinkommen und der Differenz zwischen indirekten Steuern und Subventionen auf Konsumausgaben, Ersparnis und Übertragungen auf. Dies wird im nächsten Kapitel noch genauer hergeleitet. Es gilt somit:

$$\tilde{Y} + (T^{ind} - Z) = C + S + Ü.$$

Hierin bezeichnet Ü die Nettoübertragungen der Inländer an Ausländer. Aus der Verbindung beider Gleichungen folgt:

$$S = I^n + \tilde{X} - \tilde{M} - Ü.$$

Da die Differenz aus Exporten und der Summe von Importen und Nettoübertragungen der Inländer an Ausländer dem Leistungsbilanzsaldo Lb entspricht, läßt sich diese Gleichung auch als

$$S = I^n + Lb$$

schreiben. Ex post entspricht folglich die gesamtwirtschaftliche Ersparnis in einer offenen Volkswirtschaft nur dann den Nettoinvestitionen, wenn die Leistungsbilanz ausgeglichen ist. Eine ähnliche Beziehung wurde bereits im 3. Kapitel im Rahmen der elementaren Kreislaufanalyse abgeleitet. Aus der Kontendarstellung läßt sich nun aber deutlicher ersehen, daß es sich bei den gesamtwirtschaftlichen Investitionen in dieser Gleichung um die Nettoinvestitionen handelt. Zu beachten ist, daß die abgeleiteten Gleichungen auf der wertmäßigen Gleichheit der beiden Seiten der entsprechenden Konten basieren. Diese Gleichheit ergibt sich aus der Verwendung von tatsächlichen, d. h. ex-post-Größen. Da die entsprechenden Beziehungen zwischen den ex-post-Größen immer gelten, handelt es sich bei den hergeleiteten Gleichungen um Identitäten.

In der Makroökonomik wird vielfach auf die Gleichheit von Sparen und Investieren als Identität (bei Verwendung von ex-post-Größen) oder als Gleichgewichtsbedingung (bei ex-ante-Größen) hingewiesen. Die Kreislaufanalyse zeigt, daß die Beziehung

$$I^n = S$$

nur dann gilt, wenn von einer ausgeglichenen Leistungsbilanz (Lb = 0) ausgegangen wird. Vereinfachend wird dies in makroökonomischen Analysen immer dann unterstellt, wenn die Betrachtungen von außenwirtschaftlichen Faktoren abstrahieren (Situation einer geschlossenen Volkswirtschaft).

Spaltet man die gesamtwirtschaftliche Ersparnis in die der Sektoren Unternehmen, Staat und private Haushalte auf und berücksichtigt, daß die Nettoinvestitionen sich aus denen des Staates und der Unternehmen zusammensetzen, läßt sich die Kreislaufgleichung für die offene Volkswirtschaft wie folgt umformen:

$$(S_H + S_U - I^n_U) + (S_{St} - I^n_{St}) = Lb.$$

Auch diese Gleichung konnte bereits in ähnlicher Form im Rahmen der elementaren Kreislaufanalyse abgeleitet werden. Der erste Klammerausdruck stellt den Finanzierungssaldo der Privaten (Unternehmen und private Haushalte) und der zweite Klammerausdruck den Finanzierungssaldo des Staates dar.

In Tabelle 4-2 sind die Daten für die in der Kreislaufgleichung enthaltenen Größen von verschiedenen Ländern für das Jahr 1991 eingetragen. In der Bundesrepublik war der private Finanzierungssaldo fast viermal so groß wie das Staatsdefizit, und es ist ein entsprechender Außenhandelsüberschuß zu verzeichnen. In den USA belief sich dagegen das Budgetdefizit auf etwa das Fünffache des privaten Finanzierungssaldos, was sich in einem entsprechend hohen Außenhandelsdefizit niederschlug.

Land	BIP	$S_H + S_U - I_U$	$+ S_{St} - I_{St}$	=	Lb
Bundesrep.	2978	55	–76	=	–21
USA	10935	177	–422	=	–245
Japan[1]	5553	–12	133	=	121
Großbritannien[2]	1647	36	–83	=	–44
Frankreich	1985	18	–28	=	–10
Italien[1]	1909	168	–204	=	–36
Niederlande[3]	475	14	–5	=	9
Kanada[1]	977	0	–42	=	–42

[1] Daten beziehen sich auf 1991
[2] Daten beziehen sich auf 1992
[3] Daten beziehen sich auf 1993

Quelle: IMF International Financial Statistics sowie Sachverständigenrat (1995)

Tab. 4-2: Privater Finanzierungssaldo, Budgetdefizit und Außenbeitrag ausgewählter Länder 1991 (in Mrd. DM)

Bei Überlegungen dieser Art ist zu beachten, daß sich aus der kreislaufanalytischen Betrachtung keine Kausalitäten ableiten lassen. Es wären daher Hypothesen darüber zu entwickeln, wie sich ein Leistungsbilanzdefizit verringern läßt, welche Auswirkungen eine solche Verringerung auf den Finanzierungsaldo der Privaten haben könnte usw. Dies ist die Aufgabe der makroökonomischen Theorie. Bei wirtschaftspolitischen Auseinandersetzungen, so z. B. in der Debatte über das amerikanische Budgetdefizit bei gleichzeitig hohem Außenhandelsdefizit, findet man häufig eine theorielose Argumentation, die fälschlicherweise vorgibt, man könne aus den Kreislaufbeziehungen Kausalitäten ableiten.

Schlüsselbegriffe:

Produktionskonto
Sektorale Konten
Gesamtwirtschaftliche Konten
Kapitalstock
Abschreibungen
Indirekte und direkte Steuern
Subventionen
Produktionswert
Bruttowertschöpfung
Nettowertschöpfung
Bruttoinlandsprodukt
Bruttosozialprodukt
Nettosozialprodukt
Nettoinlandsprodukt
Volkseinkommen
Inländerprodukt
Inlandsprodukt
Endnachfrage
Verfügbares Einkommen

5. Kapitel: Einkommens-, Vermögensänderungs-, Kreditänderungs- und Auslandskonto

Dieses Kapitel vertieft die Betrachtung des Kontensystems der VGR. Nach der Erörterung der Produktionskonten im vorangehenden Kapitel, beschäftigen sich nun die folgenden Abschnitte mit den anderen Konten des in Abbildung 4-1 dargestellten Kontenrahmens.

1. Einkommenskonten

A. Das Einkommenskonto eines privaten Haushalts

Ein Einkommenskonto zeigt die Art der bezogenen Einkommen und die Verwendung des Gesamteinkommens an. Zunächst sei das Einkommenskonto eines privaten Haushalts betrachtet. Hinsichtlich der bezogenen Einkommen bietet sich eine Unterscheidung in vier **Einkommensarten** an:

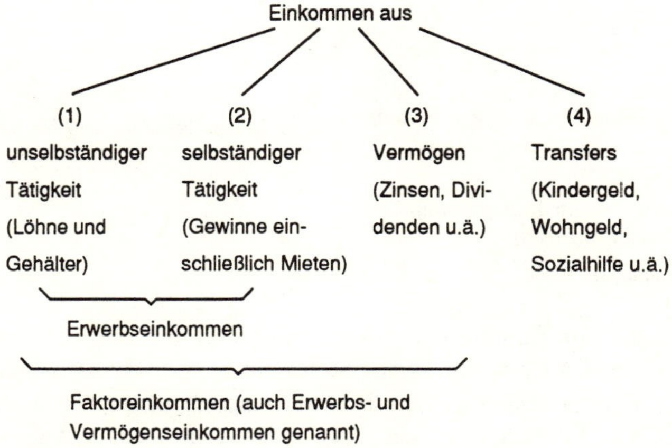

Bei den **Einkommen aus unselbständiger Tätigkeit** handelt es sich um Entgelte in Form von Löhnen und Gehältern für Arbeitsleistungen, die für andere Wirtschaftssubjekte erbracht wurden. Hierzu zählen auch die Einkommen, die aus der Produktionstätigkeit der privaten Haushalte, also den häuslichen Diensten, resultieren. In der Volkswirtschaftlichen Gesamtrechnung werden diese Einkommen der privaten Haushalte jedoch als Nettowertschöpfung getrennt ausgewiesen. Die

Einkommen aus selbständiger Tätigkeit (Unternehmertätigkeit) umfassen Gewinneinkommen, die aus dem Betreiben eines Unternehmens (ohne eigene Rechtspersönlichkeit) oder der Ausübung eines freien Berufs stammen. Zu dieser Einkommenskategorie zählt man außerdem das Einkommen aus der Vermietung von Wohnungen und Häusern. Ursache hierfür ist, daß die Wohnungsbautätigkeit der privaten Haushalte im Unternehmenssektor als Produktionstätigkeit erfaßt wird und die jeweiligen privaten Haushalte insoweit als Unternehmen gelten. Die den privaten Haushalten zufließenden Überschüsse bilden deshalb Einkommen aus Unternehmertätigkeit. Die **Einkommen aus Vermögen** resultieren aus dem Besitz von Forderungen wie z.B. Sparguthaben, Aktien und Obligationen. Vermögenseinkommen fallen in Form von Zinsen, Dividenden oder anderen Beteiligungserträgen an. Bei den **Einkommen aus Transfers** (Übertragungen) handelt es sich um Einkommen ohne unmittelbare ökonomische Gegenleistung wie z.B. Kindergeld, Wohngeld, Sozialhilfe und Arbeitslosenhilfe.

Die Einkommensarten (1) und (2) werden als **Erwerbseinkommen** bezeichnet. Zusammen mit der Einkommensart (3) bilden sie die **Faktoreinkommen.** Üblicherweise überwiegt bei einem einzelnen Haushalt eine Einkommensquelle, auch wenn Haushalte prinzipiell aus mehreren Quellen Einkommen beziehen können. Das als Konto 6 dargestellte **Einkommenskonto** geht von der Annahme aus, daß der betrachtete private Haushalt alle vier Einkommensarten bezieht.

Konto 6: Einkommenskonto eines privaten Haushalts

6.10 Geleistete Übertragungen einschließlich direkter Steuern und Sozialversicherungsbeiträge (8.60, 16.50, 7.60)	6.40 Nettowertschöpfung (3.10)
6.20 Ausgaben für Konsumgüter (1.60, 3.20, 16.40)	6.50 Faktoreinkommen (7.10, 8.10, 16.10)
6.30 Ersparnis (12.20)	6.60 Empfangene Übertragungen (7.30, 8.20, 16.20)

Die Summe der Einkommen auf der rechten Seite des Einkommenskontos stellt das Einkommen vor Steuerabzug bzw. das Bruttoeinkommen dar. Hierzu zählt zunächst die Nettowertschöpfung (Position 6.40), die als Gegenbuchung aus dem Produktionskonto des privaten Haushalts übernommen wird. Hierzu kommen die von Unternehmen und öffentlichen Haushalten sowie aus dem Ausland bezogenen Faktoreinkommen. Die letzte Position auf der rechten Seite bilden die empfangenen Übertragungen (Position der Gegenbuchungen jeweils in Klammern).

Die linke Seite zeigt die Aufteilung des Einkommens. Zieht man vom **Bruttoeinkommen** die geleisteten Übertragungen an andere Wirtschaftseinheiten ab, zu denen vor allem die direkten Steuern einschließlich der

Sozialversicherungsbeiträge zählen, erhält man das **verfügbare Einkommen.** Dieses wird entweder für Konsumgüter oder für Ersparnis verwendet. Zu den Konsumausgaben gehören, wie den Gegenbuchungen zu entnehmen ist, nicht nur die Käufe von Konsumgütern von inländischen Unternehmen, sondern auch die Ausgaben für die Dienste anderer Haushalte. Vereinfachend sei angenommen, daß ausländische Güter, die von privaten Haushalten konsumiert werden, über Handelsunternehmen des Inlands bezogen und somit von den Konsumenten nicht direkt im Ausland gekauft werden.[1] Nicht notwendigerweise ist die Ersparnis bei allen Haushalten positiv. Werden z.B. frühere Ersparnisse aufgelöst und dem Konsum zugeführt, so ist die Ersparnis negativ. Man spricht dann von Entsparen.

B. Das Einkommenskonto eines Unternehmens

Auf der rechten Seite des Einkommenskontos eines Unternehmens, das in Konto 7 dargestellt ist, sind wie beim Einkommenskonto eines Haushalts die Einkommensquellen aufgeführt. Dazu gehört zunächst die Nettowertschöpfung (Position 7.50), die ähnlich wie bei den privaten Haushalten die Gegenbuchung zur entsprechenden Position im Produktionskonto des Unternehmens bildet. Weiterhin zählen zum Einkommen eines Unternehmens auch die erhaltenen Übertragungen und empfangenen Faktoreinkommen, etwa aus Beteiligungen oder Wertpapierbesitz.

Konto 7: Einkommenskonto eines Unternehmens

7.10 Geleistete Faktoreinkommen (6.50, 7.70, 8.70, 16.40) 7.11 Löhne und Gehälter 7.12 Zinsen 7.12 Verteilter Gewinn	7.50 Nettowertschöpfung (1.40)
7.20 Direkte Steuern (8.60)	7.60 Empfangene Übertragungen (6.10, 7.30, 8.20, 16.20)
7.30 Geleistete Übertragungen (6.60, 7.60, 8.60, 16.50)	7.70 Empfangene Faktoreinkommen (7.10, 8.10, 16.10)
7.40 Unverteilter Gewinn (Ersparnis) (10.50)	

Auf der linken Seite des Einkommenskontos ist die Verwendung der erzielten Einkommen eingetragen. Die erste Position (7.10) stellt für viele Unternehmen den bedeutendsten Posten dar und umfaßt die gezahlten Einkommen, d.h. die Entgelte für die Produktionsfaktoren sowie den

[1] Diese Annahme vereinfacht die Buchungsstruktur ohne Auswirkungen auf die prinzipiellen Ergebnisse der Kreislaufanalyse. Im Rahmen der Betrachtung des gesamtwirtschaftlichen Produktionskontos werden die Implikationen einer Aufgabe dieser Vereinfachung erläutert.

verteilten Gewinn. Sie werden in den Einkommenskonten der empfangenden Wirtschaftseinheiten (bzw. im Auslandskonto) gegengebucht. Weiterhin stehen links im Einkommenskonto die gezahlten direkten Steuern und die sonstigen geleisteten Übertragungen. Als Restgröße bzw. Saldo ergibt sich der unverteilte Gewinn (Position 7.40), der das verfügbare Einkommen eines Unternehmens darstellt. Der unverteilte Gewinn bildet gleichzeitig die Ersparnis der Unternehmen, da Unternehmen definitionsgemäß nicht konsumieren.

C. Das Einkommenskonto eines öffentlichen Haushalts

Auf der rechten Seite des Einkommenskontos eines öffentlichen Haushalts (Konto 8) stehen wie bei den Unternehmen die Nettowertschöpfung, die empfangenen Übertragungen sowie die empfangenen Faktoreinkommen (etwa aus Beteiligungen, Besitz von Wertpapieren u. ä.). Die Nettowertschöpfung (Position 8.50) stellt die Gegenbuchung zum Produktionskonto des öffentlichen Haushalts dar. Die Übertragungen und empfangenen Faktoreinkommen werden bei den diese Zahlungen leistenden Wirtschaftseinheiten gegengebucht. Den größten Posten auf der rechten Seite des Einkommenskontos stellen bei den meisten öffentlichen Haushalten die Übertragungen dar, die vor allem aus den Steuereinnahmen (direkte und indirekte Steuern) sowie – bei den Sozialversicherungen – aus den Sozialversicherungsbeiträgen bestehen.

Konto 8: Einkommenskonto eines öffentlichen Haushalts

8.10 Geleistete Faktoreinkommen (6.50, 7.70, 16.40)	8.50 Nettowertschöpfung (2.30)
8.20 Geleistete Übertragungen (6.60, 7.60, 16.50)	8.60 Empfangene Übertragungen (einschließlich Steuereinnahmen) (1.30, 6.10, 7.20, 7.30, 16.20)
8.30 Eigenverbrauch des Staates (2.40)	8.70 Empfangene Faktoreinkommen (7.10, 16.10)
8.40 Ersparnis (11.40)	

Die linke Seite enthält zunächst die geleisteten Faktoreinkommen sowie die geleisteten Übertragungen an Unternehmen (= Subventionen) und private Haushalte. Durch Subtraktion dieser Zahlungen von dem auf der rechten Seite aufgeführten Bruttoeinkommen ergibt sich als Saldo das verfügbare Einkommen des öffentlichen Haushalts. Nach Abzug des Staatsverbrauchs erhält man als Restgröße die staatliche Ersparnis.

D. Das gesamtwirtschaftliche Einkommenskonto

Die Aggregation der einzelwirtschaftlichen Einkommenskonten kann wie bei den Produktionskonten in der Weise erfolgen, daß zunächst die einzelnen Konten der Sektoren zu sektoralen Einkommenskonten zusammengefaßt werden und anschließend durch Aggregation der Sektorenkonten ein gesamtwirtschaftliches Einkommenskonto gebildet wird. Hier soll unmittelbar das gesamtwirtschaftliche Einkommenskonto betrachtet werden. Bei der Konsolidierung fallen wiederum die Größen weg, die mit Buchung und Gegenbuchung auf beiden Seiten der einzelnen Einkommenskonten auftreten. Dies sind zum einen die direkten Steuern, die bei den privaten Haushalten und Unternehmen links und beim Staat rechts im Einkommenskonto erfaßt sind. Zum anderen sind dies alle Transfers zwischen den inländischen Sektoren, die ja lediglich eine Einkommensumverteilung zwischen den Sektoren bewirken. Transfers zwischen In- und Ausland fallen dagegen nicht weg und werden als Nettogröße im Einkommenskonto ausgewiesen. Ebenso fallen die indirekten Steuern nicht weg, da sie zwar im Einkommenskonto des Staates enthalten sind, ihre Gegenbuchung aber bei den Unternehmen in deren Produktionskonto erfolgt. Analoges gilt für die Subventionen, die unter den geleisteten Übertragungen im Einkommenskonto des Staates erfaßt werden. Im gesamtwirtschaftlichen Einkommenskonto wird eine Saldierung mit den indirekten Steuern vorgenommen, so daß sie mit negativem Vorzeichen auf der rechten Seite verbucht werden.

Konto 9: Gesamtwirtschaftliches Einkommenskonto

• Nettotransfer an das Ausland • Privater Konsum • Staatlicher Konsum • Ersparnis – der privaten Haushalte – der Unternehmen – des Staates	• Volkseinkommen • Indirekte Steuern minus Subventionen

Auf der rechten Seite des gesamtwirtschaftlichen Einkommenskontos (Konto 9) steht das Volkseinkommen sowie der Saldo aus indirekten Steuern und Subventionen und damit das Nettosozialprodukt zu Marktpreisen. Die linke Seite zeigt seine Aufteilung auf Konsum (der privaten Haushalte und des Staates), Nettoübertragungen an das Ausland und die Ersparnis der drei inländischen Sektoren. Unter Berücksichtigung der Gleichheit beider Seitensummen ergibt sich aus dem gesamtwirtschaftlichen Einkommenskonto, daß sich die Summe aus Volkseinkommen und der Differenz aus indirekten Steuern und Subventionen auf die Größen Konsumausgaben, Ersparnis und Übertragungen aufteilt. Diese Beziehung wurde bereits in Abschnitt 4.D. des 4. Kapitels verwendet.

2. Vermögensänderungskonten

A. Einzelwirtschaftliche Vermögensänderungskonten

Ein Vermögensänderungskonto zeigt die **Veränderung des Sachvermögens,** die von der betrachteten Wirtschaftseinheit erwirtschafteten finanziellen Ressourcen (Ersparnis) sowie den sich aus der Differenz der beiden Größen ergebenden Finanzierungssaldo. Zum Sachvermögen zählt vor allem das Produktivvermögen, das aus Anlagen (z. B. Maschinen und Gebäuden) sowie Vorräten besteht. Es nimmt durch den Verschleiß des Produktivvermögens ab (Abschreibungen) und durch Investitionen zu. Der Finanzierungssaldo, der sich aus dem Vermögensänderungskonto ergibt, stellt gleichzeitig die Veränderung des Nettogeldvermögens dar. Dieses besteht aus der Differenz aller auf Deutsche Mark lautenden Forderungen und Verbindlichkeiten (z. B. Kontoguthaben, Kredite, Wertpapiere).

Auf der linken Seite des **Vermögensänderungskontos eines Unternehmens** (vgl. Konto 10) sind die Bruttoinvestitionen aufgeführt. Sie umfassen, die Bruttoanlageinvestitionen sowie die Veränderung der Lagerbestände.[2] Bei den gekauften Investitionsgütern (Position 10.11) sei unterstellt, daß sie von Unternehmen im Inland bezogen werden. Dies impliziert, daß ausländische Investitionsgüter über Handelsunternehmen im Inland an die Unternehmen verkauft werden. Es sei nochmals darauf hingewiesen, daß diese Ausnahme den Umfang der zu berücksichtigenden Buchungen und die später diskutierten Zusammenhänge vereinfacht, ohne daß die qualitativen Ergebnisse der Kreislaufanalyse eingeschränkt werden. Die Gegenbuchung zu den im Vermögensänderungskonto registrierten Käufen von Investitionsgütern stellen die Verkäufe von Investitionsgütern im Produktionskonto der Unternehmen dar.

Konto 10: Vermögensänderungskonto eines Unternehmens

10.10 Bruttoanlageinvestitionen 10.11 Käufe von Investitionsgütern (1.71) 10.12 Selbsterstellte Anlagen (1.74)	10.40 Abschreibungen (1.20)
10.20 Vorratsveränderung (= Lagerinvestitionen) (1.73, 16.40)	10.50 Unverteilter Gewinn (= Ersparnis) (7.40)
10.30 Finanzierungssaldo (14.30)	

[2] Da angenommen wird, daß die gekauften nichtdauerhaften Produktionsmittel in der betrachteten Periode verbraucht werden, umfassen die Lagerinvestitionen nur die eigenen Erzeugnisse. Bei Berücksichtigung von gekauften, aber nicht verbrauchten Produktionsmitteln wären diese bei den Lagerinvestitionen zu berücksichtigen.

Auf der rechten Seite des Vermögensänderungskontos stehen die Abschreibungen, die den Verschleiß des Sachvermögens wiedergeben. Sie stellen die Gegenbuchung zu den Abschreibungen im Produktionskonto dar.

Neben den Abschreibungen stehen rechts im Vermögensänderungskonto **die nicht ausgeschütteten Gewinne,** die die Ersparnis des Unternehmens bilden und vom Einkommenskonto des Unternehmens übernommen sind. Die Differenz zwischen den Bruttoinvestitionen auf der linken Seite und der Summe aus Abschreibungen und Ersparnis auf der rechten Seite liefert als Restgröße den Finanzierungssaldo des Unternehmens. Ist dieser positiv, spricht man von Finanzierungsüberschuß. Übersteigen die Nettoinvestitionen die unverteilten Gewinne, liegt ein Finanzierungsdefizit vor, so daß der Finanzierungssaldo, wenn man ihn auf der linken Seite des Kontos nachweist, mit negativem Vorzeichen erscheint.

Das **Vermögensänderungskonto eines öffentlichen Haushalts** zeigt eine ähnliche Struktur wie das eines Unternehmens (vgl. Konto 11). Da die öffentlichen Haushalte Dienstleistungen und damit keine lagerfähigen Leistungen produzieren, treten hier jedoch keine Lagerveränderungen an eigenen Erzeugnissen auf. Außerdem besteht die Ersparnis im Gegensatz zu den Unternehmen nicht aus unverteiltem Gewinn, sondern ergibt sich aus der Differenz zwischen den Einnahmen und den laufenden Ausgaben. Diese umfassen alle außer den vermögensändernden Ausgaben (Bruttoinvestitionen sowie Kreditrückzahlungen).

Konto 11: Vermögensänderungskonto eines öffentlichen Haushalts

11.10 Bruttoanlageinvestitionen (1.72)	11.30 Abschreibung (2.20)
11.20 Finanzierungssaldo (14.30)	11.40 Ersparnis (8.40)

Die sich als Differenz zwischen Einnahmen und laufenden Ausgaben eines öffentlichen Haushalts ergebende Ersparnis darf nicht mit dem Finanzierungssaldo eines öffentlichen Haushalts verwechselt werden. Dieser ergibt sich, wenn man von den Einnahmen nicht nur die laufenden, d.h. die das Vermögen nicht verändernden Ausgaben, sondern auch die Nettoinvestitionen abzieht. Abgekürzt läßt sich schreiben:

Ersparnis (im Einkommenskonto ermittelt)	= Summe der Einnahmen minus nichtvermögenswirksame Ausgaben
Finanzierungssaldo des Staates (im Vermögensänderungskonto ermittelt)	= Summe der Einnahmen minus Summe der Ausgaben

Das **Vermögensänderungskonto eines privaten Haushalts** ist sehr viel einfacher strukturiert (vgl. Konto 12). Ursache hierfür ist, daß die privaten Haushalte nach den Konventionen der Kreislaufanalyse keine Investitionen tätigen. Zum einen wird die Wohnungsbautätigkeit der privaten Haushalte im Unternehmenssektor erfaßt und berührt daher nicht das Vermögensänderungskonto. Zum anderen werden die Käufe dauerhafter Konsumgüter nicht als Bildung von Sachvermögen interpretiert und erscheinen daher ebenfalls nicht im Vermögensänderungskonto der privaten Haushalte. Auf der rechten Seite des Vermögensänderungskontos eines privaten Haushalts steht somit nur die aus dem Einkommenskonto übernommene Ersparnis, die gleichzeitig die Veränderung der Geldvermögensposition des betrachteten Haushalts angibt. Der Ersparnis auf der rechten Seite des Vermögensänderungskontos steht in gleicher Höhe der Finanzierungssaldo auf der linken Seite gegenüber.

Konto 12: Vermögensänderungskonto eines privaten Haushalts

12.10 Finanzierungssaldo (14.30)	12.20 Ersparnis (6.30)

B. Gesamtwirtschaftliches Vermögensänderungskonto

Bei der Zusammenfassung der Vermögensänderungskonten zu einem gesamtwirtschaftlichen Vermögensänderungskonto fallen die Teile der Finanzierungsüberschüsse und -defizite weg, die zu entsprechenden Forderungen und Verbindlichkeiten gegenüber inländischen Sektoren führen. Neben den Bruttoinvestitionen erscheint daher auf der linken Seite nur die Nettozunahme der Forderungen von Ausländern. Diese resultiert aus dem Saldo des Außenbeitrags und der Nettoübertragungen von Ausländern und bildet den Saldo der Leistungsbilanz des Inlands. Auf der rechten Seite des gesamtwirtschaftlichen Vermögensänderungskontos stehen die Abschreibungen sowie die Ersparnis der drei Sektoren.

Konto 13: Gesamtwirtschaftliches Vermögensänderungskonto

• Bruttoinvestitionen – Bruttoanlageinvestitionen – Lagerinvestitionen • Nettozunahme der Forderungen an Ausländer (= Ausfuhr minus Einfuhr minus Nettoübertragungen an Ausländer)	• Abschreibungen • Ersparnis – der Haushalte – der Unternehmen – des Staates

3. Kreditänderungskonten

A. Einzelwirtschaftliche Kreditänderungskonten

Das **Kreditänderungskonto,** auch **Finanzierungskonto** genannt, enthält zwar gegenüber dem Vermögensänderungskonto keine grundsätzlich neuen Informationen, ist aber insoweit wichtig, als es zeigt, in welcher Form und gegen wen Forderungen im betrachteten Zeitraum hinzutraten und gegenüber wem und in welcher Form sich Verbindlichkeiten ergaben (vgl. Konto 14). Da es für alle Sektoren im Grundsatz gleich strukturiert ist, ist eine Differenzierung nach Sektoren nicht erforderlich. Auf der linken Seite zeigt ein Kreditänderungskonto die Veränderung der Forderungen, und auf der rechten Seite die Veränderung der Verbindlichkeiten. Das Kreditänderungskonto einer Wirtschaftseinheit hat keinen Saldo bzw. keine Restgröße, da die Differenz aus der Veränderung der Verbindlichkeiten und der Forderungsveränderung mit dem Finanzierungssaldo übereinstimmt, der aus dem Vermögensänderungskonto übernommen wird. Die Gegenbuchung zu den Forderungs- und Verbindlichkeitsänderungen erfolgt im Kreditänderungskonto eines anderen inländischen Wirtschaftssubjekts oder im Auslandskonto.

Konto 14: Kreditänderungskonto

14.10 Veränderung der Forderungen (14.20, 16.60)	14.20 Veränderung der Verbindlichkeiten (14.10, 16.30)
	14.30 Finanzierungssaldo (10.30, 11.20, 12.10)

B. Gesamtwirtschaftliches Kreditänderungskonto

Das gesamtwirtschaftliche Kreditänderungskonto (auch gesamtwirtschaftliches Finanzierungskonto genannt) zeigt die gleiche prinzipielle Struktur auf wie die einzelwirtschaftlichen Kreditänderungskonten. Auch auf gesamtwirtschaftlicher Ebene läßt sich feststellen, daß das Kreditänderungskonto im Rahmen der Volkswirtschaftlichen Gesamtrechnung keine zusätzlichen Informationen liefert. In anderem Zusammenhang – nämlich in der Finanzierungsrechnung der Deutschen Bundesbank – ist es allerdings bedeutsam. Die Konsolidierung der sektoralen Kreditänderungskonten zeigt auf der linken Seite alle neu entstandenen Forderungen und auf der rechten Seite die entsprechenden neuen Verbindlichkeiten, die sich für die inländischen Sektoren gegenseitig aufheben. Gäbe es keine Auslandsbeziehungen, wäre die Summe aller positiven und negativen **Geldvermögensänderungen** (d.h. aller Finanzierungsüberschüsse und -defizite) ex post gleich null. In einer offenen Volkswirtschaft stimmt der sich ergebende Finanzierungsüberschuß der inländischen Sektoren mit dem Saldo der Leistungsbilanz überein, der auch im Vermögensänderungskonto als Nettozunahme der Forderungen gegenüber dem Ausland auftritt.

Konto 15: Gesamtwirtschaftliches Kreditänderungskonto

• Zunahme der Forderungen an Ausländer	• Zunahme der Verbindlichkeiten gegenüber Ausländern • Nettozunahme der Forderungen der Inländer gegenüber Ausländern

4. Das Auslandskonto

Wie im Überblick zur Darstellung des Wirtschaftskreislaufs in Kontenform bereits erläutert wurde, werden für das Ausland keine nach ökonomischen Aktivitäten getrennten Konten geführt. Vielmehr werden alle Einnahmen- und Ausgabenströme zwischen Inländern und Ausländern auf nur einem Konto erfaßt (vgl. Abbildung 4-1). Als Inländer gelten dabei im Prinzip alle Wirtschaftseinheiten, die ihren Sitz oder Wohnsitz im Inland haben.

Im Rahmen des für das Ausland geführten Kontos, welches als **Auslandskonto** oder auch als **Konto der übrigen Welt** bezeichnet wird, erfolgt eine detaillierte Untergliederung der Transaktionen zwischen inländischen und ausländischen Wirtschaftseinheiten nur für die **Leistungstransaktionen** (= Übertragungen sowie Übergang von Gütern und Faktorleistungen gegen Forderungen). Die Finanztransaktionen werden im Rahmen der Zahlungsbilanz mit tieferer Untergliederung verbucht und daher im Rahmen der Zahlungsbilanzstatistik ausführlicher betrachtet.

Die Leistungstransaktionen lassen sich in drei Kategorien unterteilen:

(a) Verkäufe von Sachgütern und Dienstleistungen an das Ausland (Exporte) sowie Käufe aus dem Ausland (Importe).

(b) Verkäufe und Käufe von Faktorleistungen an das und vom Ausland. Zum geringeren Teil handelt es sich hierbei um Löhne und Gehälter von Grenzgängern. Zum weitaus größten Teil beinhalten diese Faktorleistungen die Vermögenseinkommen in Form von Zinsen und Dividenden, die In- und Ausländern aus ihren jeweiligen Auslands- und Inlandsvermögen zufließen. Die hier betrachteten Leistungen stellen die Erwerbs- und Vermögenseinkommen dar, die den früher beschriebenen Unterschied zwischen dem Bruttosozialprodukt und dem Bruttoinlandsprodukt verursachen.

(c) Übertragungen von Forderungen aller Art (einschließlich Geld) ohne Gegenleistung.

Da man Waren und Dienstleistungen auch oft als Güter zusammenfaßt, stellen die Transaktionen (a) und (b) die Güterströme zwischen In- und

Ausländern dar. Bei der Betrachtung des Auslandskontos muß nun beachtet werden, daß es sich um eine **Aufzeichnung der Leistungstransaktionen aus Sicht des Auslands** handelt, d. h. das Ausland wird insofern wie ein zusätzlicher Sektor des Inlands behandelt. Auf der linken Seite des Auslandskontos stehen die Güterkäufe des Auslands einschließlich der bezogenen Faktorleistungen. Hinzu treten die von Ausländern geleisteten Übertragungen an inländische Wirtschaftseinheiten. Sie stellen die Gegenbuchungen zu den Übertragungen im Einkommenskonto der inländischen Wirtschaftseinheiten dar. Beide Positionen führen zu einer Abnahme der Forderungen der Ausländer an Inländer bzw. zu einer Zunahme ihrer Verbindlichkeiten gegenüber Inländern. Auf der rechten Seite stehen die Verkäufe von Gütern durch Ausländer an Inländer sowie die von Inländern geleisteten Übertragungen an Ausländer. Auf beiden Seiten sind darüber hinaus die mit den Leistungstransaktionen verbundenen Veränderungen der Forderungen und Verbindlichkeiten als Gegenbuchung zu erfassen. Liegt ein Leistungsbilanzüberschuß des Inlands vor, übersteigen also die gesamten Güterexporte zuzüglich der empfangenen Übertragungen aus dem Ausland die Summe der Importe einschließlich der Übertragungen an das Ausland, so nehmen die Verbindlichkeiten der Ausländer gegenüber Inländern stärker zu als ihre Forderungen an Inländer.

Konto 16: Auslandskonto

16.10	Käufe von Gütern (einschließlich Faktorleistungen von Inländern) (1.80, 6.50, 7.70, 8.70)	16.40	Verkäufe von Gütern (einschließlich Faktorleistungen an Inländer) (1.12, 2.12, 6.20, 7.10, 8.10, 10.20)
16.20	Geleistete Übertragungen an Inländer (6.60, 7.60, 8.60)	16.50	Empfangene Übertragungen von Inländern (6.10, 7.30, 8.20)
16.30	Änderung der Forderungen an Inländer (14.20)	16.60	Änderung der Verbindlichkeiten gegenüber Inländern (14.10)

Schlüsselbegriffe:

Einkommenskonto
Vermögensänderungskonto
Kreditänderungskonto
Finanzierungskonto
Auslandskonto
Faktoreinkommen
Erwerbseinkommen
Vermögenseinkommen

Dritter Teil: Inlandsproduktsberechnung in der Bundesrepublik: Konzepte, Anwendungen und Probleme

6. Kapitel: Inlandsproduktsberechnung und Inlandsproduktsentwicklung in der Bundesrepublik Deutschland

1. Das Kontensystem des Statistischen Bundesamts

A. Überblick

Im 4. und 5. Kapitel wurde das Grundschema des Kontensystems für die Sozialproduktsberechnung vorgestellt und zwischen Produktions-, Einkommens-, Vermögensänderungs- und Kreditänderungskonten unterschieden. Diese Konten wurden jeweils für die drei inländischen Sektoren (Unternehmen, Staat und private Haushalte) aufgestellt. Das Statistische Bundesamt verwendet für die Inlandsproduktsberechnungen ein detaillierteres Kontensystem, zu dessen Grundlagen und Inhalt dieser Abschnitt einen Überblick gibt.

Die Volkswirtschaftliche Gesamtrechnung in der Bundesrepublik Deutschland basiert auf dem **System der Volkswirtschaftlichen Gesamtrechnungen der Vereinten Nationen** (System of National Accounts) von 1968 und dem **Europäischen System Volkswirtschaftlicher Gesamtrechnungen** von 1970 (Revision 1984), das die Staaten der Europäischen Gemeinschaft entwickelten. Das Europäische System Volkswirtschaftlicher Gesamtrechnungen baut auf dem System of National Accounts auf und ist auf die spezifischen Erfordernisse der Volkswirtschaftlichen Gesamtrechnung in den europäischen Ländern zugeschnitten. Beide Systeme verfolgen das Ziel, eine internationale Vereinheitlichung der Inlandsproduktsberechnungen herbeizuführen. Während es geringfügige Abweichungen des deutschen Systems zum System of National Accounts gibt, besteht eine weitgehende Übereinstimmung mit dem Europäischen System Volkswirtschaftlicher Gesamtrechnungen.

Das vom Statistischen Bundesamt verwendete Kontensystem stellt gegenüber dem zuvor betrachteten **Grundschema** des Kontensystems für die Sozialproduktsberechnung eine **Erweiterung** in zweifacher Hinsicht dar. Eine erste Erweiterung besteht in einer stärkeren Untergliederung der inländischen Sektoren. So werden innerhalb des Unternehmenssektors die Bereiche Produktionsunternehmen, Kreditinstitute und Versicherungsunternehmen unterschieden. Beim Staat erfolgt eine Unterteilung in Gebietskörperschaften und die Sozialversicherung. Bei den privaten Haushalten wird zwischen den eigentlichen privaten Haushalten und den privaten Organisationen ohne Erwerbscharakter differenziert. Aus erfassungstechnischen Gründen erfolgt allerdings nicht für alle Konten der Ausweis für beide Untergruppen.

Die zweite Erweiterung, die das Kontensystem des Statistischen Bundesamtes gegenüber dem im vorigen Kapitel entwickelten Grundschema enthält, bezieht sich auf die Anzahl der für einen Sektor geführten Konten. Anstelle der vier Konten, die bisher für jeden inländischen Sektor gemäß den vier unterschiedenen ökonomischen Aktivitäten betrachtet wurden, werden vom Statistischen Bundesamt jeweils sieben Konten ermittelt. Die erhöhte Kontenzahl ergibt sich daraus, daß anstelle des einfachen Einkommenskontos vier andere Kontentypen geführt werden, nämlich

- Einkommensentstehungskonten,
- Einkommensverteilungskonten,
- Einkommensumverteilungskonten und
- Einkommensverwendungskonten.

Ursache für diese tiefere Untergliederung ist der im Bereich von Einkommensentstehung und -verteilung größere Informationsbedarf zu Diagnose- und Analysezwecken. Gleiches gilt auch für die detaillierte Gliederung der Sektoren.

B. Die einzelnen Konten und ihr Zusammenhang

Das als Konto „0“ bezeichnete **„Zusammengefaßte Güterkonto der Volkswirtschaft“** (vgl. Abbildung 6-1) stellt gegenüber dem Grundschema des Kontensystems für die Sozialproduktsberechnung ein neues Konto dar. Es zeigt auf der linken Seite das **Güteraufkommen,** d.h. die Produktionswerte der inländischen Sektoren sowie die Einfuhr. Die Produktionswerte geben das Aufkommen der von inländischen Wirtschaftseinheiten im Betrachtungszeitraum produzierten Güter (Waren und Dienstleistungen) an. Bei den Unternehmen entsprechen die Produktionswerte dem Wert der Verkäufe von Gütern aus eigener Produktion und von Handelsware plus dem Wert der Bestandsveränderungen an halbfertigen und fertigen Erzeugnissen aus eigener Produktion sowie dem Wert der selbsterstellten Anlagen. Auf der rechten Seite ist die **Verwendung der Güter** aufgeführt. Sie umfaßt Vorleistungen, den letzten inländischen Verbrauch (privater Verbrauch und Staatsverbrauch), die Bruttoinvestitionen sowie die Ausfuhr. Ausfuhr und Einfuhr werden ohne die Erwerbs- und Vermögenseinkommen ausgewiesen, so daß das zusammengefaßte oder gesamtwirtschaftliche Güterkonto auf dem Inlandskonzept beruht.

Güterverwendung (rechte Seite des Güterkontos) einerseits und Produktionswerte sowie Einfuhren (linke Seite des Güterkontos) andererseits werden seit der Einführung der Mehrwertsteuer im Jahre 1968 mit unterschiedlichen Wertansätzen erfaßt. Die Verwendung von Gütern wird zu Marktpreisen einschließlich der in Rechnung gestellten Umsatzsteuer (= Mehrwertsteuer und Einfuhrumsatzsteuer) und Einfuhrabgaben (wie Zölle, Verbrauchsteuern auf Einfuhren sowie Abschöpfungs- und Währungsausgleichsbeträge) bewertet. Die Produktionswerte und Einfuhren werden dagegen ohne die sogenannte **nicht abzugsfähige Umsatzsteuer** und die übrigen Einfuhrabgaben ausgewiesen. Die nicht abzugsfähige Umsatzsteuer ist der Teil der Umsatzsteuer, der von den verbrauchenden Unternehmen nicht als Vorsteuer bei der Ermittlung ihrer Mehrwertsteuerschuld abgezogen werden kann. Er entspricht von der Steueraufkommensseite betrachtet im wesentlichen dem Kassenaufkommen des Staates an Mehrwertsteuer und Einfuhrumsatzsteuer. Um bei diesem unterschiedlichen Wertansatz von Güterverwendung und Güteraufkommen die wertmäßige Gleichheit beider Seiten des Kontos zu gewährleisten, sind auf der linken Seite als Korrekturposten die nichtabzugsfähige Umsatzsteuer und die Einfuhrabgaben aufgeführt.

Aus dem zusammengefaßten Güterkonto läßt sich das Bruttoinlandsprodukt ableiten. Hierzu geht man vom gesamten Aufkommen an Gütern aus (= Summe der linken Seite, die jedoch mit der Summe der rechten Seite übereinstimmt) und zieht hiervon die Vorleistungen ab. Zum Bruttosozialprodukt gelangt man, indem man zum Bruttoinlandsprodukt den Saldo der Erwerbs- und Vermögenseinkommen zwischen Inländern und der übrigen Welt hinzufügt.

Im **System des Statistischen Bundesamtes** besteht die Kontengruppe 1 aus den **Produktionskonten.** Sie entsprechen im wesentlichen den Produktionskonten des im 4. Kapitel behandelten Grundschemas (Abbildung 6-2 enthält die Grobstruktur der für jeden inländischen Sektor geführten Konten). Wie aus Abbildung 6-2 ersichtlich ist, werden im Produktionskonto eines Sektors dem Produktionswert (rechte Seite) die Vorleistungen (linke Seite) gegenübergestellt. Als Saldo ergibt sich die Bruttowertschöpfung des Sektors. Eine Aufteilung der Bruttowertschöpfung in die Komponenten Abschreibungen, Saldo aus indirekten Steuern und Subventionen sowie Nettowertschöpfung, wie sie im Produktionskonto des Grundschemas vorgenommen wurde, erfolgt hier noch nicht, sondern erst in der Kontengruppe 2. Anders als im vereinfachten Kontenschema, das in der Kreislaufanalyse betrachtet wurde, enthält der Produktionswert für den Sektor Staat nicht nur den Staatsverbrauch, sondern auch Investitionsgüter in Form selbsterstellter Anlagen.[1]

Die Kontengruppe 2 umfaßt die sogenannten **Einkommensentstehungskonten** der Sektoren. Hier erfolgt ausgehend von der Bruttowertschöpfung, wie sie in der Kontengruppe 1 berechnet wurde, die Ermittlung

---

[1] Zu einer Gesamtdarstellung der Erfassung der Transaktionen des Staates in der Volkswirtschaftlichen Gesamtrechnung vgl. *Kopsch* (1983).

Pos.-Nr.	Position	Gegenbuchungs-Nr.	Pos.-Nr.	Position	Gegenbuchungs-Nr.

0 Zusammengefaßtes Güterkonto der Volkswirtschaft

0.10	Prod.werte der Sektoren	1.60	0.60	Vorleist. der Sektoren	1.10
0.20	Einfuhr von Waren und Dienstleistungen	8.60	0.70	Letzter Verbrauch (Privater Verbrauch u. Staatsverbrauch)	5.10
0.30	Nichtabzugsfähige Umsatzsteuer	4.62		0.71 Privater Verbrauch	
0.40	Einfuhrabgaben	0.30		0.75 Staatsverbrauch	
			0.80	Bruttoinvestitionen	
				0.81 Anlageinvestitionen	6.21
				0.85 Vorratsveränderung	6.25
			0.90	Ausfuhr von Waren und Dienstleistungen	8.10
Gesamtes Aufkommen von Gütern aus der Produktion und Einfuhr			Gesamte Verwendung von Gütern		

1 Produktionskonto eines Sektors

1.10	Vorleistungen	0.60	1.60	Produktionswert	0.10
1.49	Bruttowertschöpfung	2.50			
Vorleistungen, Bruttowertschöpfung			Produktionswert		

2 Einkommensentstehungskonto eines Sektors

2.10	Abschreibungen	6.70	2.50	Bruttowertschöpfung	1.49
2.20	Geleistete Produktionssteuern	4.61	2.70	Empfangene Subventionen	4.10
2.49	Beitrag zum Nettoinlandsprodukt zu Faktork. (Nettowertschöpfung)				
Abschreibungen, gel. Prod.steuern, Nettowertschöpfung			Bruttowertschöpfung, empfangene Subventionen		

3 Einkommensverteilungskonto eines Sektors

3.10	Geleistete Eink. aus unselbst. Arbeit	3.60/8.71	3.50	Beitrag zum Nettoinl.produkt zu Faktork. (Nettowertschöpfung)	2.49
3.20	Geleistete Eink. aus Unternehmertätigkeit und Vermögen	3.70/8.75	3.60	Empfangene Eink. aus unselbst. Arbeit	3.10/8.21
3.49	Anteil am Volkseinkommen	4.50	3.70	Empfangene Eink. aus Unternehmertätigkeit und Vermögen	3.20/8.25
Geleistete Erwerbs- u. Vermögenseinkommen, Anteil am Volkseinkommen			Beitrag zum Nettoinlandsprodukt, empfangene Erwerbs- und Vermögenseinkommen		

4 Einkommensumverteilungskonto eines Sektors

4.10	Geleistete Subventionen	2.70	4.50	Anteil am Volkseink.	3.49
4.20	Geleistete direkte Steuern	4.70	4.60	Empf. indir. Steuern	
4.30	Geleistete Sozialbeiträge	4.80/8.82		4.61 Prod.steuern	2.20
4.35	Soziale Leistungen	4.85/8.83		4.62 Nichtabzugsfähige Umsatzsteuer	0.30
4.40	Sonstige geleistete laufende Übertragungen	0.00		4.63 Einfuhrabgaben	0.40
4.49	Verfügbares Einkommen	5.50	4.70	Empfangene dir. Steuern	4.20/8.31
			4.80	Empf. Sozialbeiträge	4.30/8.32
			4.85	Empf. soziale Leistungen	4.35/8.33
			4.90	Sonstige empfangene laufende Übertragungen	4.40/8.35
Geleistete laufende Übertragungen, verfügbares Einkommen			Anteil am Volkseinkommen, empfangene laufende Übertragungen		

Pos.-Nr.	Position	Gegenbuchungs-Nr.	Pos.-Nr.	Position	Gegenbuchungs-Nr.
	5 Einkommensverwendungskonto eines Sektors				
5.10	Letzter Verbrauch (Priv. Verbr. bzw. Staatsverbrauch)	0.70	5.50	Verfügbares Einkommen	4.49
5.49	Ersparnis	6.50			
Letzter Verbrauch, Ersparnis			Verfügbares Einkommen		
	6 Vermögensänderungskonto eines Sektors				
6.10	Nichtentnom. Gewinne Untern. ohne eigene Rechtspersönlichkeit (Buchung im Haushaltssektor)	6.60	6.50	Ersparnis	5.49
6.20	Bruttoinvestitionen		6.60	Nichtentnom. Gewinne Untern. ohne eigene Rechtspersönlichkeit (Buchung im Unternehmenssektor)	6.10
	6.21 Anlageinvestitionen	0.81	6.70	Abschreibungen	2.10
	6.25 Vorratsveränderung	0.85	6.80	Empfangene Vermögensübertragungen	6.30/8.37
6.30	Geleistete Vermögensübertragungen	6.80/8.87			
6.49	Finanzierungssaldo	7.50			
Investitionen, geleistete Vermögensübertragungen, Finanzierungssaldo			Ersparnis, Abschreibungen, empfangene Vermögensübertragungen		
	7 Finanzierungskonto eines Sektors				
7.10	Veränderung der Forderungen	7.60/8.90	7.50	Finanzierungssaldo	6.49
			7.60	Veränderung der Verbindlichkeiten	7.10/8.40
			7.99	Statistische Differenz	8.99
Veränderung der Forderungen			Finanzierungssaldo, Veränderung der Verbindlichkeiten		
	8 Zusammengefaßtes Konto der übrigen Welt				
8.10	Käufe von Waren und Dienstleistungen	0.90	8.60	Verkäufe von Waren und Dienstleistungen	0.20
8.20	Geleistete Erwerbs- und Vermögenseinkommen		8.70	Empf. Erwerbs- und Vermögenseinkommen	
	8.21 Eink. aus unselbständiger Arbeit	3.60		8.71 Eink. aus unselbständiger Arbeit	3.10
	8.25 Eink. aus Untern. tätigk. u. Vermögen	3.70		8.75 Eink. aus Untern.-tätigk. u. Vermögen	3.20
8.30	Gel. Übertragungen		8.80	Empf. Übertragungen	
	8.31 Dir. Steuern	4.70		8.82 Sozialbeiträge	4.30
	8.32 Sozialbeiträge	4.80		8.83 Soziale Leistungen	4.35
	8.33 Soziale Leistungen	4.85		8.85 Sonst. laufende Übertragungen	4.40
	8.35 Sonst. laufende Übertragungen	4.90		8.87 Vermög.übertr.	6.30
	8.37 Vermög.übertr.	6.80	8.90	Veränderung der Verbindlichkeiten	7.10
8.40	Veränderung der Forderungen	7.60	8.99	Statistische Differenz	7.99
Aufwendungen der übrigen Welt			Erträge der übrigen Welt		

Quelle: Statistisches Bundesamt (1995 a)

Abb. 6-1: Das Kontensystem des Statistischen Bundesamtes im Überblick

0 Zusammengefaßtes Güterkonto

Konten der Sektoren

Unternehmen				Staat			Private Haushalte und private Organisationen ohne Erwerbszweck		
1 insgesamt	11 Produktionsunternehmen	12 Kreditinstitute	13 Versicherungsunternehmen	2 insgesamt	21 Gebietskörperschaften	22 Sozialversicherung	3 insgesamt	31 Private Haushalte	32 Private Organisationen o. E.
Kontengruppe 1: Produktionskonten									
1–1	11–1	12–1	13–1	2–1	21–1	22–1	3–1	31–1	32–1
Kontengruppe 2: Einkommensentstehungskonten									
1–2	11–2	12–2	13–2	2–2	21–2	22–2	3–2	31–2	32–2
Kontengruppe 3: Einkommensverteilungskonten									
1–3	11–3	12–3	13–3	2–3	21–3	22–3	3–3		
Kontengruppe 4: Einkommensumverteilungskonten									
1-4	11–4	12–4	13–4	2–4	21–4	22–4	3–4		
Kontengruppe 5: Einkommensverwendungskonten									
1–5	11–5	12–5	13–5	2–5	21–5	22–5	3–5		
Kontengruppe 6: Vermögensänderungskonten									
1–6	11–6	12–6	13–6	2–6	21–6	22–6	3–6		
Kontengruppe 7: Finanzierungskonten									
1–7	11–7	12–7	13–7	2–7	21–7	22–7	3–7		

8 Zusammengefaßtes Konto der übrigen Welt

Quelle: Statistisches Bundesamt (1995a)

Abb. 6-2: Grundstruktur der für jeden inländischen Sektor vom Statistischen Bundesamt geführten Konten

der entstandenen Einkommen in den jeweiligen Sektoren, also die Summe der Erwerbs- und Vermögenseinkommen. Zu diesem Zweck werden von der Bruttowertschöpfung (rechte Seite) die Abschreibungen und die indirekten Steuern abgezogen (linke Seite) und die Subventionen hinzugerechnet (rechte Seite). Man gelangt so zur Nettowertschöpfung des jeweils betrachteten Sektors, die gleichzeitig den Beitrag des Sektors zum Nettoinlandsprodukt zu Faktorkosten darstellt. Dies ist auch aus der Übersicht in Tabelle 6-1 zu entnehmen, in der die Salden der Konten, die im System des Statistischen Bundesamtes für jeden Sektor geführt werden, beschrieben sind.

Die Kontengruppe 3 beinhaltet die **Einkommensverteilungskonten** der Sektoren. Sie zeigen, welche Erwerbs- und Vermögenseinkommen die einzelnen Sektoren zusätzlich zu den im Sektor entstandenen Einkommen von anderen Sektoren oder dem Rest der Welt empfangen oder welche Erwerbs- und Vermögenseinkommen sie an andere Sektoren und den Rest der Welt geleistet haben. Bei den empfangenen und den geleisteten Erwerbs-und Vermögenseinkommen wird jeweils nach Einkommen aus unselbständiger Tätigkeit und nach Einkommen aus Unternehmertätigkeit und Vermögen unterschieden. Ausgehend vom Beitrag der Sektoren zum Nettoinlandsprodukt zu Faktorkosten (= Nettowertschöpfung) erfolgt in dieser Kontengruppe durch den Einbezug der Erwerbs- und Vermögenseinkommen zwischen Inländern und Ausländern der Übergang vom Inlandsprodukt zum Inländerprodukt. Der Saldo, der sich aus den Einkommensverteilungskonten ergibt, stellt deshalb den Beitrag der einzelnen Sektoren zum Volkseinkommen dar, das auf dem Inländerkonzept basiert.

Die Kontengruppe 4 umfaßt die **Einkommensumverteilungskonten** der Sektoren. Sie stellen dar, welche laufenden Übertragungen aus den Anteilen am Volkseinkommen an andere Sektoren und die übrige Welt geleistet und welche laufenden Übertragungen von anderen Sektoren sowie von der übrigen Welt erhalten wurden. Als laufende Übertragungen werden alle Geldleistungen ohne spezielle Gegenleistung angesehen, die nicht als unmittelbare Vermögenszu- oder -abnahme interpretiert werden. Hierzu gehören z. B. Steuerzahlungen, Sozialhilfe und Beiträge zur EG. Ausgehend von den Anteilen am Volkseinkommen (rechte Seite) ergibt sich durch Hinzufügen der empfangenen Übertragungen (rechte Seite) und Absetzen der geleisteten Übertragungen (linke Seite) als Saldo dieser Kontengruppe der Anteil am verfügbaren Einkommen.

Die **Einkommensverwendungskonten** bilden die Kontengruppe 5 in dem vom Statistischen Bundesamt verwendeten System der Sozialproduktsberechnung. In diesen Konten wird die Verwendung des verfügbaren Einkommens (rechte Seite) für den letzten Verbrauch (privater Konsum und Staatsverbrauch) sowie für die Ersparnis gezeigt. Die Ersparnis stellt gleichzeitig den Saldo dieser Kontengruppe dar.

Konten	Saldo
Produktionskonto	Bruttowertschöpfung der Sektoren
Einkommensentstehungskonto	Beitrag zum Nettoinlandsprodukt zu Faktorkosten
Einkommensverteilungskonto	Anteil am Volkseinkommen
Einkommensumverteilungskonto	Beitrag zum verfügbaren Einkommen
Einkommensverwendungskonto	Beitrag zur Ersparnis
Vermögensänderungskonto	Beitrag zur Geldvermögensbildung
Finanzierungskonto	–

Tab. 6-1: Die Salden der vom Statistischen Bundesamt für die inländischen Sektoren geführten Konten

Die in der Kontengruppe 6 dargestellten **Vermögensänderungskonten** sowie die in der Kontengruppe 7 enthaltenen **Finanzierungskonten** entsprechen den im vorigen Kapitel erläuterten Konten. Sie sollen deshalb hier nicht im einzelnen besprochen werden.

Die Struktur der sieben Konten, die für jeden inländischen Sektor geführt werden, macht deutlich, daß sie aufeinander aufbauen. Jede Kontengruppe knüpft an den Saldo der vorangehenden Kontengruppe an und ermittelt eine enger definierte Größe des Wirtschaftskreislaufs. Tabelle 6-1 enthält eine Übersicht über die in den einzelnen Konten ermittelten Salden.

Neben dem zusammengefaßten Güterkonto (Konto 0) und den sieben Kontengruppen für die inländischen Sektoren enthält das Kontensystem des Statistischen Bundesamtes noch das **zusammengefaßte Konto der übrigen Welt.** Es entspricht dem Auslandskonto, das im Rahmen der Kreislaufanalyse bereits besprochen wurde. Aus ihm ergibt sich der Finanzierungssaldo der inländischen Volkswirtschaft gegenüber dem Ausland, der – von statistischen Abweichungen abgesehen – mit der Differenz aus den Veränderungen von Forderungen und Verbindlichkeiten gegenüber dem Ausland übereinstimmt.

Das Statistische Bundesamt weist die verschiedenen Inlands- und Sozialproduktsbegriffe ab 1991 für das gesamte Bundesgebiet aus. Längere Zeitreihen für zurückliegende Jahre sind jedoch nur für die alten Bundesländer verfügbar. Bei den nachfolgenden Erörterungen ist daher darauf zu achten, ob sich die Daten auf das gesamte Bundesgebiet oder auf die alten Bundesländer beziehen.

2. Zur Entwicklung des Inlandsprodukts in der Bundesrepublik Deutschland

Tabelle 6-2 gibt einen Überblick über die Entwicklung des Bruttoinlandsprodukts und der verschiedenen Sozialproduktsabgrenzungen für die Bundesrepublik. In jeweiligen Preisen stieg das Bruttoinlandsprodukt zu Marktpreisen zwischen 1960 und 1990 in den alten Bundesländern um das Achtfache auf 2.426 Mrd. DM. Sehr ähnlich entwickelte sich das nach dem Inländerkonzept berechnete Bruttosozialprodukt zu Marktpreisen, das aufgrund des positiven Saldos bei den Erwerbs- und Vermögenseinkommen von und an Ausländer höher ist als das auf dem Inlandskonzept beruhende Bruttoinlandsprodukt. Das Nettosozialprodukt zu Marktpreisen betrug jeweils knapp 90 Prozent des Bruttosozialprodukts und erreichte 1990 einen Wert von 2.146 Mrd. DM. Das Volkseinkommen nahm im gleichen Zeitraum wegen des stärkeren Anstiegs der Abschreibungen sowie des Saldos aus indirekten Steuern und Subventionen etwas weniger zu. Ab 1991 werden die Werte des Bruttoinlands- und Bruttosozialprodukts in Tabelle 6-2 für das gesamte Bundesgebiet ausgewiesen. Durch die Wiedervereinigung erhöhte sich das Bruttoinlandsprodukt um 9 Prozent. Dem stand allerdings ein Bevölkerungsanstieg von 25 Prozent gegenüber.

Das Bruttoinlandsprodukt und das Bruttosozialprodukt werden – wie auch andere Sozialproduktsgrößen und deren Teilaggregate – vom Statistischen Bundesamt nicht nur in jeweiligen Preisen, sondern auch in konstanten Preisen eines Basisjahres berechnet. Im ersten Fall spricht man von nominalen Größen, im letzten Fall dagegen

Jahr[1]	Bruttoinlandsprodukt zu Marktpreisen	Bruttosozialprodukt zu Marktpreisen	Bruttosozialprodukt zu Faktorkosten	Nettosozialprodukt zu Marktpreisen	Nettosozialprodukt zu Faktorkosten (Volkseinkommen)
1960	302,71	303,00	263,74	279,37	240,11
1965	459,17	458,20	401,76	414,89	358,45
1970	675,30	675,70	598,43	607,67	530,40
1975	1026,63	1027,70	917,81	910,46	800,57
1980	1472,04	1477,40	1314,58	1302,40	1139,58
1985	1823,18	1834,50	1642,13	1599,14	1406,77
1990	2426,00	2448,60	2195,21	2145,59	1892,20
1991	2853,60	2881,80	2588,72	2517,51	2224,43
1992	3075,60	3094,50	2763,92	2696,66	2366,08
1993	3154,90	3161,50	2815,99	2737,77	2392,26
1994	3320,30	3312,40	2939,37	2872,95	2499,92

[1] Ab 1991 Zahlen für Gesamtdeutschland

Quelle: Statistisches Bundesamt (1995)

Tab. 6-2: Sozialproduktsentwicklung in jeweiligen Preisen (in Mrd. DM)

von realen Größen. Dividiert man nominale durch reale Größen, erhält man den Preisindex (Inlands- bzw. Sozialproduktsdeflator) auf Grundlage des Basisjahres. Methoden und Probleme der Preisbereinigung werden im 7. Kapitel genauer erörtert.

Die jährliche Veränderung des realen Inlandsprodukts bildet **die Wachstumsrate des Inlandsprodukts,** die häufig auch nur Wachstumsrate (eines Landes) genannt wird. Die Wachstumsrate läßt sich auch auf Basis des Sozialprodukts ermitteln. Diese kann geringfügig von der des Inlandsprodukts abweichen. In jüngerer Vergangenheit bezieht sich die amtliche Statistik auf das reale Bruttoinlandsprodukt zu Marktpreisen, wenn von der Wachstumsrate ohne nähere Erläuterungen gesprochen wird. Die Wachstumsrate ist eine der von der Öffentlichkeit und der Politik am meisten beachteten wirtschaftlichen Größen. Abbildung 6-3 zeigt die Entwicklung der jährlichen Wachstumsraten für die Bundesrepublik Deutschland nach 1960. (Die – irreführende – Wachstumsrate für das Vereinigungsjahr 1990 wurde ausgeblendet.) Aus der Darstellung sind die einzigen vier Jahre seit Ende des zweiten Weltkrieges zu entnehmen, in denen das reale Sozialprodukt in der Bundesrepublik rückläufig war. Es waren dies die Jahre 1967, 1975, 1982 und 1993. Im Jahr 1967 erlebte die Bundesrepublik die erste ausgeprägte wirtschaftliche Krise (Rezession). Damals stieg die Arbeitslosenzahl auf einen Jahresdurchschnitt von rd. 460.000 nach 161.000 im Vorjahr. Dies bedeutete einen Anstieg der Arbeitslosenquote von 0,7 auf 2,1 Prozent, ein Niveau, das aus heutiger Sicht sehr niedrig erscheint. Der wirtschaftliche Abschwung in den Jah-

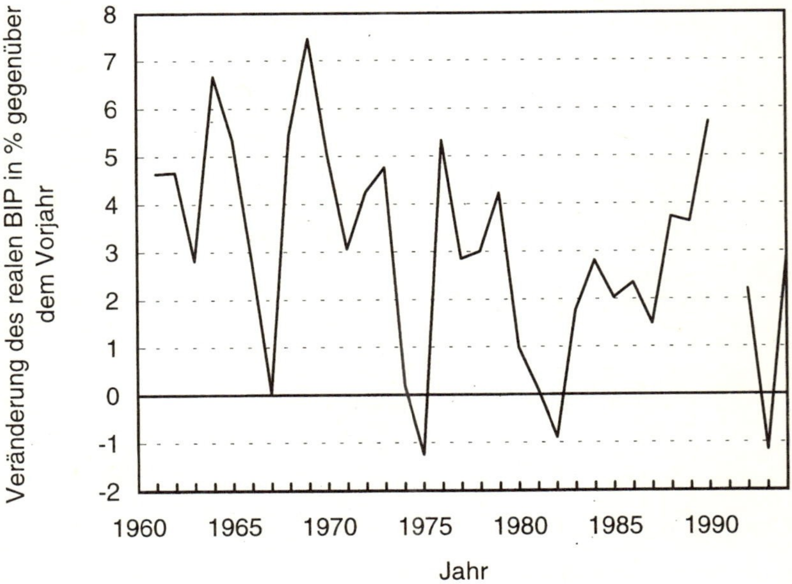

Quelle: Statistisches Bundesamt (1995 a)

Abb. 6-3: Wachstumsraten des realen Bruttoinlandsprodukts

ren 1975 und 1982 folgte jeweils starken Ölpreiserhöhungen, die von den erdölexportierenden Ländern im Rahmen des OPEC-Kartells am Weltmarkt durchgesetzt wurden. Sie führten nicht nur zu einem vergleichsweise ausgeprägten Rückgang der Produktion, sondern ließen auch die Arbeitslosigkeit auf bis dahin nicht gekannte Niveaus steigen. So überstieg die Zahl der Arbeitslosen im Jahre 1975 erstmals die Grenze von einer Million und am Jahresende 1982 die Grenze von zwei Millionen. Zu Beginn der neunziger Jahre verlangsamte sich das Wachstum weltweit. Zunächst schien es so, als könne sich die Bundesrepublik aufgrund der durch die Wiedervereinigung ausgelösten Nachfragestimulierung der weltweiten Wachstumsschwäche entziehen. Dies war jedoch nicht der Fall, und im Jahr 1993 kam es zum stärksten konjunkturellen Rückgang der gesamten Nachkriegszeit: Im früheren Bundesgebiet sank das reale BIP um 1,7 Prozent. Die Zahl der Arbeitslosen überstieg in Westdeutschland deutlich die Zwei-Millionen-Grenze. In Gesamtdeutschland waren 1993 über 3,4 Mio. Menschen ohne Arbeit.

Zwei für internationale Vergleiche vielfach berechnete Größen sind das reale Bruttosozialprodukt pro Kopf und das reale Bruttoinlandsprodukt pro Erwerbstätigen. Das **Bruttosozialprodukt pro Kopf** wird als Quotient aus Bruttosozialprodukt zu Marktpreisen und Wohnbevölkerung berechnet und betrug in der Bundesrepublik 1994 36.300 DM, gerechnet in Preisen von 1991. Es wird oft als grobes Maß für den materiellen Wohlstand der Bürger interpretiert. Hierbei wird die Sozialproduktsabgrenzung anstelle der Inlandsproduktsabgrenzung verwendet, weil es

Jahr[1]	Bruttosozialprodukt in jeweiligen Preisen (Mrd. DM)	Bruttosozialprodukt in Preisen von 1991 (Mrd. DM)	Bruttosozialprodukt-Deflator	Produktivität[2]		Pro-Kopf-Einkommen[3]	
				DM	1960 = 100	DM	1960 = 100
1960	303,00	1000,00	30,30	38400	100	18000	100
1965	458,20	1259,00	36,39	47300	123	21500	119
1970	675,70	1545,10	43,73	58100	151	25500	142
1975	1027,70	1721,10	59,71	66000	172	27800	154
1980	1477,40	2025,50	72,94	74800	195	32900	183
1985	1834,50	2149,30	85,35	80600	210	35200	196
1990	2448,60	2543,90	96,25	88500	230	40200	223
1991	2881,80	2881,80	100,00	78200	204	36000	200
1992	3094,50	2934,50	105,45	81400	212	36400	202
1993	3161,50	2888,90	109,44	81900	213	35600	198
1994	3312,40	2958,10	111,98	84800	221	36300	202

[1] Ab 1991 Zahlen für Gesamtdeutschland
[2] Bruttoinlandsprodukt in Preisen von 1991 je Erwerbstätigen (Inlandskonzept)
[3] Bruttosozialprodukt in Preisen von 1991 je Einwohner

Quelle: Statistisches Bundesamt (1995a)

Tab. 6-3: Sozialprodukt, Produktivität und Pro-Kopf-Einkommen

um Aussagen über die der Wohnbevölkerung zufließenden Güter bzw. Einkommen geht und das Sozialprodukt auf dem Inländerkonzept aufbaut. Die Relation aus Bruttoinlandsprodukt und Erwerbstätigen dient häufig als Indikator für die Produktivität einer Volkswirtschaft. Hierbei wird im Zähler der Relation die nach dem Inlandskonzept abgegrenzte Produktionsgröße verwendet, weil für die **Produktivität** nur die im Inland hergestellte Gütermenge relevant ist. Die so berechnete Produktivität betrug in der Bundesrepublik 1994 84.800 DM. Da der Arbeitseinsatz der Erwerbstätigen im Zeitablauf und zwischen verschiedenen Ländern unterschiedlich sein kann, ist die Produktion je Erwerbstätigen nur bedingt als Maß für die Arbeitsproduktivität (= Relation von Produktionsergebnis zu Arbeitseinsatz) geeignet. Daher sind auch Zeitreihen (Längsschnittdaten) und Ländervergleiche (Querschnittsdaten) für die Pro-Kopf-Produktion mit Vorsicht zu interpretieren.

3. Entstehung, Verwendung und Verteilung des Inlandsprodukts: Ein Überblick

In den bisherigen Ausführungen ging es vor allem um die Höhe der verschiedenen Inlands- und Sozialproduktsbegriffe. Diese Daten enthalten wichtige Informationen über den Umfang der volkswirtschaftlichen Produktion und der entstandenen Einkommen. Neben diesen Informationen, die sich auf eine sehr hohe Aggregationsstufe bei der Betrachtung der wirtschaftlichen Aktivität in einer Volkswirtschaft beziehen, dienen zusätzliche Angaben zur **Struktur der verschiedenen Inlandsproduktsabgrenzungen** einer detaillierteren Beschreibung des Wirtschaftsgeschehens. Hierbei geht es um die folgenden drei Fragen, die sich auf unterschiedliche Aspekte des Produktionsergebnisses beziehen:

- Welchen Anteil haben die einzelnen Wirtschaftsbereiche an der Erstellung des Inlandsprodukts (**Entstehung** des Inlandsprodukts)?
- In welche letzten Verwendungen (Konsumgüter der privaten Haushalte, Investitionsgüter, Staatsverbrauch, Außenhandel) fließen die in einer Volkswirtschaft hergestellten Güter (**Verwendung** des Inlandsprodukts)?
- Wie verteilt sich das bei der Erstellung der Güter erzielte Volkseinkommen auf die an der Produktion beteiligten Wirtschaftseinheiten (**Verteilung** des Inlandseinkommens)?

Das Statistische Bundesamt veröffentlicht regelmäßig neben dem Kontensystem, aus dem die Aggregate zur Inlandsproduktsrechnung zu entnehmen sind, auch Angaben zu den obigen drei Fragen. Dies erfolgt in einer Reihe von **Standardtabellen,** in denen die Daten des Kontensystems für die verschiedenen Fragestellungen weiter aufgeschlüsselt sind. Die damit gelieferten Informationen sind deshalb besonders interessant, weil sie einen Einblick in die Wirtschaftsstruktur und ihre Veränderung im Zeitablauf erlauben. Sie stellen außerdem eine unverzichtbare Datenbasis dar, wenn es z.B. in der Wirtschaftspolitik oder in der Wirtschaftstheorie um Diskussionen über den sich vollziehenden Strukturwandel einer Wirtschaft, die Investitionsschwäche oder -stärke sowie die Veränderung der Einkommensverteilung geht.

Entstehungs-, Verwendungs- und Verteilungsrechnung stellen nicht nur Informationsquellen für detailliertere Angaben über die wirtschaftliche Entwicklung und die Strukturen einer Volkswirtschaft dar, sondern bilden gleichzeitig die prinzipiellen Berechnungsarten für das Inlandsprodukt. Bereits bei der Herleitung der Inlandsproduktsbegriffe aus den Produktionskonten wurde darauf hingewiesen, daß die gleiche Inlandsproduktsabgrenzung auf unterschiedliche Weise definiert werden kann. So wurde auf die beiden Seiten des gesamtwirtschaftlichen Produktionskontos verwiesen. Die Berechnung nach den Elementen auf der rechten Seite des gesamtwirtschaftlichen Produktionskontos ist gleichzusetzen mit der **Verwendungsrechnung** des Inlandsprodukts. Hierbei ergibt sich das Bruttoinlandsprodukt als Summe aus Konsum (der privaten Haushalte sowie des Staates), Investitionen und Außenbeitrag. Alternativ könnte das Bruttoinlandsprodukt auch über die Summe der Erwerbs- und Vermögenseinkommen (= Inlandseinkommen) berechnet werden. Dies ist Gegenstand der **Verteilungsrechnung.** Schließlich läßt sich der Wert der gesamten Güterproduktion auch aus den Produktionswerten berechnen, die jeweils die rechte Seite der einzelwirtschaftlichen Produktionskonten darstellen. Um zum Wert der gesamtwirtschaftlichen Güterproduktion zu gelangen, sind die Vorleistungen von den Produktionswerten abzuziehen. Dies ist die prinzipielle Vorgehensweise bei der **Entstehungsrechnung** des Inlandsprodukts.

4. Die Entstehung des Inlandsprodukts

A. Grundkonzeption der Entstehungsrechnung

Gegenstand der Entstehungsrechnung ist der Anteil der verschiedenen Wirtschaftsbereiche an den Produktionsaktivitäten einer Volkswirtschaft und damit am Inlandsprodukt. Bei der Berechnung der Beiträge einzelner Teilbereiche der Wirtschaft an der Inlandsproduktserstellung liegt es nahe, von dem innerhalb der Grenzen einer Volkswirtschaft erstellten Produktionsvolumen als Bezugsgröße auszugehen. In der Statistik werden die Beiträge der einzelnen Wirtschaftsbereiche am Inlandsprodukt allerdings nicht als unmittelbare Anteile am Bruttoinlandsprodukt ausgewiesen, sondern als Beiträge zu einer der Berechnung des Bruttoinlandsprodukts vorgelagerten Größe, der sogenannten unbereinigten Bruttowertschöpfung.

Der Zusammenhang von Bruttowertschöpfung und Bruttoinlandsprodukt wird anhand der unten stehenden Übersicht erläutert. Den Ausgangspunkt bilden die Produktionswerte der Unternehmen. Wie im Zusammenhang mit den Produktionskonten erläutert, umfassen sie den Wert der Verkäufe von Waren und Dienstleistungen aus eigener Produktion sowie von Handelsware an andere Wirtschaftseinheiten (ohne die in Rechnung gestellte Mehrwertsteuer), die Bestandsveränderungen an Waren aus eigener Produktion sowie die selbsterstellten Anlagen. Durch Abzug der Vorleistungen (ebenfalls ohne Mehrwertsteuer) ergibt sich die Bruttowertschöpfung der Unternehmen (zu Marktpreisen). Die Summe der Bruttowertschöpfungen aller Unternehmen bildet die **unbereinigte Bruttowertschöpfung** des Unternehmenssektors.

  Produktionswerte der Unternehmen
– Vorleistungen der Unternehmen

= Bruttowertschöpfung der Unternehmen (unbereinigt)
– Unterstellte Entgelte für Bankdienstleistungen

= Bruttowertschöpfung der Unternehmen (bereinigt)
\+ Bruttowertschöpfung des Staates
\+ Bruttowertschöpfung der privaten Haushalte und privaten Organisationen ohne Erwerbscharakter

---

= Bruttowertschöpfung insgesamt (bereinigt)
\+ Nichtabzugsfähige Umsatzsteuer
\+ Einfuhrabgaben

= Bruttoinlandsprodukt (zu Marktpreisen)

Die Unterscheidung zwischen unbereinigter und **bereinigter Bruttowertschöpfung** ist auf die besondere Erfassung von **Zinszahlungen** in der Volkswirtschaftlichen Gesamtrechnung (gemäß den internationalen Empfehlungen) zurückzuführen. Prinzipiell werden gezahlte und empfangene Zinszahlungen in der Volkswirtschaftlichen Gesamtrechnung nicht als Produktion erfaßt. Bei einer durchgehenden Anwendung dieses Prinzips würde allerdings der Beitrag der Kreditinstitute zum Bruttoinlandsprodukt nur aus deren vereinnahmten Gebühren und Provisionen bestehen und ihre Wertschöpfung deshalb zu gering angegeben. Das Statistische Bundesamt zählt daher neben den tatsächlichen Einnahmen aus Gebühren u. ä. auch unterstellte Bankdienstleistungen im Umfang der Differenz zwischen Zinserträgen, Kreditprovisionen und anderen Vermögenseinkommen (ohne die von Auslandsfilialen) der Kreditinstitute einerseits und ihrem Zinsaufwand andererseits zu den Einnahmen der Kreditinstitute. Dieser Betrag wird im Produktionskonto dieser Institute als Verkäufe von Bankdienstleistungen verbucht und bildet somit einen Bestandteil der Produktionswerte der Kreditinstitute. Damit eine Doppelzählung (Erfassung als Einnahmen bei den Kreditinstituten, jedoch kein Abzug bei den Einnahmen anderer Wirtschaftseinheiten) vermieden wird, ist dieser fiktive Betrag als Vorleistung bei anderen Wirtschaftseinheiten anzusetzen, d. h. eine Bereinigung der ermittelten Bruttowertschöpfung der anderen Wirtschaftsbereiche vorzunehmen. Da praktisch alle anderen Wirtschaftsbereiche diese Bankdienstleistungen in Anspruch nehmen, aber keine Daten hierüber vorliegen, stellt sich das Problem für die Statistik, einen Aufteilungsmodus für diese Dienstleistungen zu finden. Das Statistische Bundesamt verfährt bisher so, daß es den Gesamtbetrag für die Bankdienstleistungen dem Unternehmenssektor als Aggregat zuordnet und deshalb als sogenannte **„unterstellte Entgelte für Bankdienstleistungen“** von der Summe der Bruttowertschöpfung des Unternehmenssektors abzieht. Damit wird zwar vermieden, eine Aufteilung auf die einzelnen Branchen vorzunehmen, aber die alleinige Zuordnung zum Unternehmenssektor ist ebenfalls nur ein behelfsmäßiges Vorgehen.

Durch Abzug der unterstellten Entgelte für Bankdienstleistungen von der unbereinigten Bruttowertschöpfung der Unternehmen erhält man die bereinigte Bruttowertschöpfung der Unternehmen, die in der jüngeren Vergangenheit in der Bundesrepublik ca. 5 Prozent niedriger war als die unbereinigte Bruttowertschöpfung. Im Kontensystem des Statistischen Bundesamtes erscheinen prinzipiell nur bereinigte Größen. Addiert man zur bereinigten Bruttowertschöpfung der Unternehmen die Bruttowertschöpfung der Haushalte und des Staates, ergibt sich die gesamte Bruttowertschöpfung der Volkswirtschaft.

Um von der bereinigten Bruttowertschöpfung zum Bruttoinlandsprodukt zu gelangen, ist zunächst zu berücksichtigen, daß die Produktionswerte ohne Umsatzsteuer und die Vorleistungen ohne die abzugsfähige Umsatzsteuer (= Umsatzsteuer, die von den Produktionseinheiten abgesetzt werden kann) und ohne Einfuhrabgaben ausgewiesen werden.[2] Die Bruttowertschöpfung (= Produktionswerte abzüglich Vorleistungen) enthält deshalb weder Umsatzsteuer noch Einfuhrabgaben. An indirekten Steuern enthält sie nur die Produktionssteuern (wie z. B. Gewerbesteuer, Verbrauchsteuern, Grundsteuer, Grunderwerbsteuer, Kraftfahrzeugsteuer von Produktionseinheiten, Kapitalverkehrsteuer, Versicherungsteuer und von Produktionseinheiten bezahlte Verwaltungsgebühren). Zur Berechnung des Bruttoinlandsprodukts zu Marktpreisen, das alle indirekten Steuern umfaßt, müssen die nicht abzugsfähige Umsatzsteuer (im wesentlichen ist dies das Kassenaufkommen des Staates an Umsatzsteuer) und die Einfuhrabgaben zur bereinigten Bruttowertschöpfung hinzugerechnet werden.

Im Rahmen der Entstehungsrechnung werden die Beiträge der einzelnen Wirtschaftsbereiche zur gesamtwirtschaftlichen Güterproduktion als Anteile an der unbereinigten Bruttowertschöpfung ausgewiesen. Dies erfolgt deshalb, weil es sich hierbei um diejenige Größe handelt, die zahlenmäßig aus den einzelnen Wirtschaftsbereichen erhoben wird und diesen daher direkt zugerechnet werden kann. Eine Aufteilung von Größen, die bei der Berechnung des Bruttoinlandsprodukts der Bruttowertschöpfung nachgelagert sind, müßte bei den einzelnen Bereichen jeweils behelfsmäßig aufgeteilte Sozialproduktskomponenten enthalten.

Die im Rahmen der Entstehungsrechnung des Sozialprodukts anfallenden Informationen dienen zum einen der **Beschreibung der Produktionsstruktur** eines Landes. So kann der Anteil des Staates, der Unternehmen und der privaten Haushalte an der Sozialproduktserstellung erkannt werden. Aus der Untergliederung des Unternehmenssektors kann man zusätzlich die Branchenstruktur eines Landes erkennen. Zum anderen dient die Aufgliederung des Sozialprodukts in die Beiträge der einzelnen Bereiche auch der Analyse der Strukturveränderungen in einer Volkswirtschaft. Auch Strukturveränderungen zwischen den verschiedenen Regionen können bei entsprechender Datenuntergliederung aus der Entstehungsrechnung abgelesen werden.

Aus den Strukturveränderungen, die die Entstehungsrechnung anzeigt, können **verschiedene Schlußfolgerungen** abgeleitet werden. Zum einen weisen sie auf Trends in der Veränderung der Branchenstruktur hin, zum anderen können sie als Anhaltspunkt dafür dienen, in welcher

---

[2] Einige Bereiche, wie z. B. öffentliche Haushalte, können keine beim Vorleistungskauf bezahlte Umsatzsteuer absetzen. Nur diese Umsatzsteueranteile sind daher in den ausgewiesenen Vorleistungen noch enthalten.

Weise sich die Nachfrage nach Arbeitskräften geändert hat und sich möglicherweise in Zukunft ändern wird. Darüber hinaus ist bei einer tieferen Gliederung der Branchen auch abzulesen, ob die Spezialisierung innerhalb der Volkswirtschaft zugenommen hat.

B. Die Struktur der Bruttowertschöpfung in der Bundesrepublik Deutschland nach Wirtschaftsbereichen

Tabelle 6-4 gibt einen Überblick über die Struktur und Entwicklung der Bruttowertschöpfung nach Wirtschaftsbereichen. Die Angaben von 1960 bis 1990 beziehen sich auf die alten Länder. Die Zahlen für 1992 und 1994 gelten für Gesamtdeutschland. Die hier gezeigte Untergliederung der Wirtschaftsbereiche ist relativ grob, um die wesentlichen Branchenstrukturen und ihre im Zeitablauf aufgetretene Veränderung zu verdeutlichen. Die Untergliederung stellt eine Zusammenfassung der sektoralen **Disaggregation der Bruttowertschöpfung** im Ausweis des Statistischen Bundesamtes dar, die 58 Wirtschaftsbereiche umfaßt. Die Daten zeigen, daß der überwiegende Teil der Wertschöpfung im Unternehmensbereich geschaffen wird. Etwas mehr als 14 Prozent der gesamten Bruttowertschöpfung ging 1994 auf die Produktionstätigkeit des Staates und der privaten Haushalte (einschließlich der privaten Organisationen ohne Erwerbszweck) zurück. Die einzelnen Wirtschaftszweige innerhalb des Unternehmenssektors lassen sich in einer ersten groben Einteilung in vier Gruppen unterteilen:

- Land- und Forstwirtschaft,
- warenproduzierendes Gewerbe,
- Handel und Verkehr,
- Dienstleistungsunternehmen.

Diese Gliederung ähnelt der in der Volkswirtschaftslehre oftmals vorgenommenen Unterteilung der Unternehmensbranchen in:

- primären Sektor,
- sekundären Sektor und
- tertiären Sektor.

In dieser Einteilung der Produktionsbereiche umfaßt der primäre Sektor die Land- und Forstwirtschaft, der sekundäre Sektor, der auch Industrie genannt wird, das warenproduzierende Gewerbe und der tertiäre Sektor die Bereiche Handel und Verkehr sowie Dienstleistungsunternehmen.

Die Bruttowertschöpfung der Wirtschaftsbereiche wird wie auch andere Sozialproduktsgrößen und deren Teilaggregate vom Statistischen Bundesamt nicht nur in jeweiligen Preisen (nominale Größen), sondern auch in konstanten Preisen eines Basisjahres (reale Größen) berechnet.

Jahr	Land- und Forstwirtschaft	Warenproduzierendes Gewerbe	Handel und Verkehr	Dienstleistungsunternehmen	Staat	Private Haushalte	Insgesamt[1]
	Mrd. DM in jeweiligen Preisen						
1960	17,66	160,80	55,96	41,13	21,61	5,04	302,20
1965	20,01	243,63	82,07	70,05	37,27	6,71	459,74
1970	21,78	333,72	103,47	114,39	62,56	9,99	645,91
1975	28,66	453,08	154,95	216,65	112,86	19,72	985,92
1980	30,52	624,78	218,68	338,25	172,39	31,31	1415,93
1985	31,92	740,19	261,46	490,83	207,26	42,68	1774,34
1990	36,74	939,40	346,75	707,94	253,20	58,30	2342,33
1992	40,61	1117,00	438,31	958,67	349,25	78,54	2982,38
1994	35,98	1126,99	450,18	1129,58	370,18	89,13	3202,04
	Anteil in v. H.						
1960	5,84	53,21	18,52	13,61	7,15	1,67	100,00
1965	4,35	52,99	17,85	15,24	8,11	1,46	100,00
1970	3,37	51,67	16,02	17,71	9,69	1,55	100,00
1975	2,91	45,96	15,72	21,97	11,45	2,00	100,00
1980	2,16	44,13	15,44	23,89	12,18	2,21	100,00
1985	1,80	41,72	14,74	27,66	11,68	2,41	100,00
1990	1,57	40,11	14,80	30,22	10,81	2,49	100,00
1992	1,36	37,45	14,70	32,14	11,71	2,63	100,00
1994	1,12	35,20	14,05	35,28	11,56	2,78	100,00
	Mrd. DM in Preisen von 1991						
1960	21,79	453,50	128,11	203,93	110,21	29,06	946,60
1965	20,58	586,71	163,38	256,66	140,83	27,58	1195,74
1970	25,23	722,27	202,96	314,97	171,44	29,74	1466,61
1975	28,70	747,28	222,62	390,96	212,34	36,76	1638,66
1980	29,25	860,04	273,03	489,51	237,36	45,10	1934,29
1985	31,85	868,14	289,50	573,68	252,02	51,94	2067,13
1990	36,43	968,44	355,75	749,18	266,91	61,57	2438,28
1992	48,09	1065,15	424,93	889,91	322,21	73,36	2823,65
1994	43,69	1037,14	425,02	965,53	...	...	2875,80
	Anteil in v. H.						
1960	2,30	47,91	13,53	21,54	11,64	3,07	100,00
1965	1,72	49,07	13,66	21,46	11,78	2,31	100,00
1970	1,72	49,25	13,84	21,48	11,69	2,03	100,00
1975	1,75	45,60	13,59	23,86	12,96	2,24	100,00
1980	1,51	44,46	14,12	25,31	12,27	2,33	100,00
1985	1,54	42,00	14,00	27,75	12,19	2,51	100,00
1990	1,49	39,72	14,59	30,73	10,95	2,53	100,00
1992	1,70	37,72	15,05	31,52	11,41	2,60	100,00
1994	1,52	36,06	14,78	33,57	...	...	100,00

[1] Differenz zur Summe der Teilbeträge durch Rundungen

Quelle: Statistisches Bundesamt (1995 a)

Tab. 6-4: Bruttowertschöpfung nach Wirtschaftsbereichen

Die Daten in Tabelle 6-4 zeigen für beide Größen eine rückläufige Bedeutung der **Land- und Forstwirtschaft.** Die relativen Beiträge dieses Sektors zur gesamtwirtschaftlichen Bruttowertschöpfung haben sowohl auf Basis jeweiliger Preise als auch auf Basis konstanter Preise deutlich abgenommen. Betrug der Anteil der Land- und Forstwirtschaft in jeweiligen Preisen gerechnet 1960 noch 5,8 Prozent, so ging er bis 1990 auf 1,6 Prozent zurück. Dieser Trend hat sich auch nach Einbeziehung der neuen Bundesländer fortgesetzt: Im Jahr 1994 lag der Anteil der Land- und Forstwirtschaft nur noch bei 1,1 Prozent.

Obwohl die Produktion im **warenproduzierenden Gewerbe** kontinuierlich zugenommen hat, ging der Anteil auch dieses Wirtschaftsbereichs im Zeitraum von 1960 bis 1990 deutlich zurück. Die Einbeziehung der neuen Länder ändert an dieser Entwicklung nichts. Auch wenn der Rückgang des Anteils des warenproduzierenden Gewerbes mit mehr als 14 Prozentpunkten größer war als der der Land- und Forstwirtschaft, darf die relative Veränderung der Anteile nicht übersehen werden. In der Land- und Forstwirtschaft schmolz der Anteil an der gesamten Bruttowertschöpfung in jeweiligen Preisen um mehr als vier Fünftel, während der Rückgang des Anteils im warenproduzierenden Gewerbe bei etwa einem Drittel lag.

Zur weitaus stärksten Expansion kam es seit 1960 bei den **Dienstleistungsunternehmen.** Während die Bruttowertschöpfung aller Wirtschaftsbereiche in jeweiligen Preisen zwischen 1960 und 1990 auf knapp das Achtfache anstieg, nahm sie bei den Dienstleistungsunternehmen auf das Siebzehnfache zu. Infolgedessen wuchs der Anteil dieser Unternehmen an der gesamten Bruttowertschöpfung von 14 auf 30 Prozent. Innerhalb der Dienstleistungsunternehmen war das Wachstum bei den Kreditinstituten und den Versicherungsunternehmen besonders ausgeprägt. Hierin schlägt sich die zunehmende Bedeutung der Finanzdienstleistungen in der Wirtschaftsentwicklung der Bundesrepublik nieder. Nach den Dienstleistungsunternehmen verzeichnet die Gruppe der Unternehmen der Branche Handel und Verkehr die höchste Zuwachsrate in der zu konstanten Preisen gemessenen Wertschöpfung.

Die Verschiebung der Branchenstruktur, die sich aus den Daten für die Bundesrepublik ergibt, ist kennzeichnend für die Entwicklung moderner Volkswirtschaften. Im Entwicklungsprozeß von Volkswirtschaften nimmt nach der Drei-Sektoren-Hypothese zunächst die Landwirtschaft die wichtigste Stellung ein. Im Zuge der wirtschaftlichen Entwicklung wächst dann gewöhnlich die Bedeutung des Industriesektors. Moderne Volkswirtschaften, die oftmals auch starke Außenhandelsverflechtungen aufweisen, zeigen dann eine Verlagerung zum Handel und zum Dienstleistungsbereich.

Der **Anteil des Staates** an der gesamtwirtschaftlichen Bruttowertschöpfung schwankte – bei Zugrundelegen von konstanten Preisen – im Betrachtungszeitraum zwischen 10 und 12 Prozent. Auch der Anteil der privaten Haushalte einschließlich privater Organisationen ohne Erwerbszweck hat sich kaum verändert. Mit etwa 2 v. H. ist er zwar relativ unbedeutend, übersteigt aber inzwischen den kontinuierlich sinkenden Anteil der Land- und Forstwirtschaft.

5. Die Verwendung des Inlandsprodukts

A. Gegenstand der Verwendungsrechnung

Von der Verwendungsseite her gesehen ist das Bruttoinlandsprodukt die Summe der Güter der letzten Verwendung abzüglich der Güterimporte:

Privater Verbrauch	= Güter der letzten Verwendung
+ Staatsverbrauch	
+ Bruttoinvestitionen	
+ Ausfuhr	
− Einfuhr	
= Bruttoinlandsprodukt zu Marktpreisen von der Verwendungsseite	

Der **private Verbrauch** umfaßt neben den Waren- und Dienstleistungskäufen der privaten Haushalte sowie dem Eigenverbrauch der zum Sektor der privaten Haushalte gerechneten privaten Organisationen ohne Erwerbszweck auch unterstellte Käufe, wie z. B. den **Eigenverbrauch der Unternehmer.** Dieser besteht aus den im eigenen Unternehmen hergestellten und im privaten Haushalt des Unternehmers verbrauchten Güter.

Der **Staatsverbrauch** umfaßt die der Allgemeinheit zur Verfügung gestellten Dienstleistungen einschließlich der Sozialversicherung. Sein Wert wird durch Abzug der Einnahmen aus Gebühren (z. B. für Müllabfuhr oder administrative Leistungen) sowie der selbsterstellten Anlagen vom Produktionswert des Staates ermittelt.

Die **Bruttoinvestitionen** bestehen aus den Anlageinvestitionen und der Vorratsänderung. Als **Anlageinvestitionen** gelten die Werte der Anschaffung und Erstellung von dauerhaften reproduzierbaren Produktionsmitteln, mit Ausnahme dauerhafter militärischer und von privaten Haushalten genutzter Güter. Nicht eingerechnet werden folglich Aufwendungen für Forschung und Entwicklung sowie langlebige Gebrauchsgüter (wie z. B. Fahrzeuge und Fernsehgeräte) der privaten Haushalte. Die Anlageinvestitionen setzen sich aus den **Ausrüstungsinvestitionen** (z. B. Maschinen, maschinelle Anlagen und Fahrzeuge) und den **Bauinvestitionen** (Wohn- und Verwaltungsgebäude, Straßen, Sportanlagen und Flugplätze) zusammen. Die **Vorratsänderung** wird anhand der Anfangs- und Endbestände von Vorräten, eigenen Erzeugnissen und Handelsware der Unternehmen sowie der Vorräte des Staates berechnet.

Ausfuhr und **Einfuhr** – und damit der **Außenbeitrag** – werden ohne die jeweiligen Faktoreinkommen (= Erwerbs- und Vermögenseinkommen) betrachtet. Die Verwendungsrechnung basiert daher auf dem Inlandskonzept.

Das Bruttoinlandsprodukt in der Berechnung nach der Verwendungsseite ergibt sich in der im 4. Kapitel besprochenen Kontendarstellung des Wirtschaftskreislaufs als Summe der Positionen auf der rechten Seite des Produktionskontos. Im Kontenschema des Statistischen Bundesamtes berechnet sich sein Wert aus der Summe der Werte auf der rechten Seite des zusammengefaßten Güterkontos (Konto 0 in Abbildung 6-1) abzüglich der Vorleistungen und der Importe.

Die Verwendungsrechnung gibt Aufschluß über die Bedeutung der einzelnen Endproduktgruppen am Inlandsprodukt und die über längere Zeiträume aufgetretenen Strukturveränderungen. Dies ist beispielsweise von Interesse, wenn das Gewicht des Außenhandels für eine Volkswirtschaft oder der Umfang ihrer Investitionstätigkeit im zeitlichen oder internationalen Vergleich analysiert werden soll. Auf die Daten der Verwendungsrechnung wird auch zurückgegriffen, wenn die Bedeutung der Produktion öffentlicher Güter untersucht wird. Aus den jährlichen Veränderungen der Komponenten der Inlandsproduktsverwendung können zusätzlich wertvolle Hinweise darüber gewonnen werden, ob ein stabiler Zusammenhang zwischen den Schwankungen einzelner Endproduktgruppen und denen des Inlandsprodukts besteht.

B. Die Entwicklung der Verwendung des Inlandsprodukts in der Bundesrepublik Deutschland

Tabelle 6-5 zeigt die einzelnen Komponenten der Verwendung des Sozialprodukts für den Zeitraum von 1960 bis 1994. Die mit Abstand bedeutendste Einzelgröße bildet der **private Verbrauch.** In Prozent des Bruttoinlandsprodukts zu jeweiligen Preisen blieb er im betrachteten Zeitraum relativ stabil und betrug ungefähr 55 Prozent. Box 6-1 enthält einige Daten zur Struktur des privaten Konsums und ihrer Entwicklung.

Der Anteil des **Staatsverbrauchs** am Bruttoinlandsprodukt hat sich in jeweiligen Preisen gemessen seit 1960 deutlich erhöht. Preisbereinigt hat er sich jedoch kaum verändert, was auf einen relativ starken Preis- bzw. Kostenanstieg bei den vom Staat bereitgestellten Dienstleistungen hinweist. Die Ursache hierfür bildet der im Vergleich zu anderen Sektoren geringere Anstieg der Produktivität bei gleichzeitig etwa paralleler Entwicklung der Faktorpreise. Einen internationalen Vergleich des Anteils des Staatsverbrauchs am Bruttoinlandsprodukt enthält Box 6-2.

Der Erhöhung des staatlichen Verbrauchs steht eine starke Verminderung des Anteils der **Bruttoinvestitionen** am Bruttoinlandsprodukt gegenüber. Ihr Anteil lag 1960 noch deutlich höher als der des Staatsverbrauchs (in jeweiligen Preisen gerechnet war er sogar mehr als doppelt so hoch), sank jedoch insbesondere im Anschluß an die beiden starken Ölpreiserhöhungen 1973/74 und 1980 deutlich ab. Box 6-3 enthält nähere Informationen über die Anteile der Unternehmen und des Staates an den Bruttoanlageinvestitionen.

Der Anteil des **Außenbeitrags** unterlag in den Jahren zwischen 1960 und 1994 starken Schwankungen. Dies liegt zum einen daran, daß es sich

Jahr	Brutto-inlands-produkt	Privater Ver-brauch	Staatl. Ver-brauch	Brutto-investi-tionen	Aus-fuhr	Ein-fuhr	Außen-beitrag
	Mrd. DM in jeweiligen Preisen						
1960	302,71	171,84	40,45	82,78	57,49	49,85	7,64
1965	459,17	257,62	69,65	130,60	82,88	81,58	1,30
1970	675,30	368,85	106,47	186,25	143,00	129,27	13,73
1975	1026,63	583,45	210,08	203,05	253,50	223,45	30,05
1980	1472,04	837,02	298,02	343,85	389,14	395,99	–6,85
1985	1823,18	1036,53	365,72	357,06	592,74	528,87	63,87
1990	2462,00	1320,71	444,07	519,27	778,90	639,95	141,95
1992	3075,60	1754,52	617,21	706,52	728,78	731,43	–2,65
1994	3320,30	1902,37	650,38	750,09	752,69	735,23	17,46
	in v. H. des Bruttosozialprodukts						
1960	100,0	56,8	13,4	27,4	19,0	16,5	2,5
1965	100,0	56,1	15,2	28,4	18,1	17,8	0,3
1970	100,0	54,6	15,8	27,6	21,2	19,1	2,0
1975	100,0	56,8	20,5	19,8	24,7	21,8	2,9
1980	100,0	56,9	20,3	23,4	26,4	26,9	–0,1
1985	100,0	56,9	20,1	19,6	32,5	29,0	3,5
1990	100,0	54,4	18,3	21,4	32,1	26,4	5,9
1992	100,0	57,1	20,1	23,0	23,7	23,8	–0,1
1994	100,0	57,3	19,6	22,6	22,7	22,1	0,5
	Mrd. DM in Preisen von 1991						
1960	1000,00	487,93	189,49	290,59	136,98	104,99	31,99
1965	1265,20	633,03	249,67	363,31	183,65	164,46	19,19
1970	1543,20	803,80	292,31	431,29	286,71	270,91	15,80
1975	1718,60	947,05	362,95	370,59	370,90	332,89	38,01
1980	2018,00	1115,90	411,07	467,98	476,84	453,79	23,05
1985	2136,00	1150,05	434,80	422,74	613,09	484,68	128,41
1990	2520,40	1370,01	465,03	547,37	789,05	651,06	137,99
1992	2916,40	1675,51	584,60	677,28	721,87	742,86	–20,99
1994	2965,10	1698,06	588,45	693,10	739,78	754,29	–14,51
	in v. H. des Bruttosozialprodukts						
1960	100,0	48,8	19,0	29,1	13,7	10,5	3,2
1965	100,0	50,0	19,8	28,7	14,5	13,0	1,5
1970	100,0	52,1	18,9	28,0	18,6	17,6	1,0
1975	100,0	55,1	21,1	21,6	21,6	19,4	2,2
1980	100,0	55,3	20,4	23,2	23,6	22,5	1,1
1985	100,0	53,8	20,4	19,8	28,7	22,7	6,0
1990	100,0	54,4	18,5	21,7	31,3	25,8	5,5
1992	100,0	57,5	20,1	23,2	24,8	25,5	–0,7
1994	100,0	57,3	19,9	23,4	25,0	25,4	–0,5

Quelle: Statistisches Bundesamt (1995 a)

Tab. 6-5: Verwendung des Inlandsprodukts

hierbei um den Saldo zweier Größen handelt, zum anderen daran, daß die Außenhandelsströme nicht nur inländischen, sondern auch ausländischen Einflüssen ausgesetzt sind. Wie aus Tabelle 6-5 ersichtlich ist, war der Außenbeitrag nicht immer positiv. So zeigte er beispielsweise 1980 als Folge der starken Ölpreiserhöhung geringfügig negative Werte. Seit Anfang der 80er Jahre stieg die Relation Außenbeitrag zu Bruttosozialprodukt kontinuierlich an und betrug in den Jahren 1985 bis 1990 für das alte Bundesgebiet in jeweiligen Preisen rund sechs Prozent. Der Außenhandelsüberschuß war in diesen Jahren sowohl absolut als auch relativ zum Bruttosozialprodukt im internationalen Vergleich sehr hoch. Dem hohen Außenhandelsüberschuß der alten Bundesländer stehen hohe Außenhandelsdefizite der neuen Bundesländer gegenüber, so daß der Außenhandelssaldo der gesamten Bundesrepublik nach 1990 deutlich geringer ausfiel, und in den Jahren 1991 und 1992 sogar negativ war. Die Bedeutung des Außenhandels für eine Volkswirtschaft ist nicht allein aus dem Außenbeitrag oder seinem Anteil

Box 6-1: Struktur des privaten Konsums

Die Struktur der privaten Konsumausgaben hat sich in den zurückliegenden 30 Jahren deutlich verändert. Einen Überblick hierzu gibt Tabelle 6-6, in der die Konsumausgaben der privaten Haushalte in fünf Kategorien unterteilt sind. Besonders ausgeprägt ist der Rückgang des Anteils der Ausgaben für Nahrungsmittel. Hier kam es zwischen 1960 und 1991 zu einem Rückgang um 15 Prozentpunkte, was einem Rückgang der Quote um 42 Prozent entspricht. Fast unverändert blieb der Anteil der Ausgaben für Bekleidung und sonstige Haushaltsführung. Dagegen hat die Bedeutung der Ausgaben für Verkehr und Kommunikation, die auch die Reiseausgaben einschließen, besonders stark zugenommen. Auch der Anteil der Mietausgaben am privaten Verbrauch ist erheblich gestiegen.

Jahr	Nahrungsmittel	Mieten	Energie (ohne Kraftstoffe)	Verkehr u. Kommunikation	Bekleidung und sonst. Haushaltsführung
	in v. H. des privaten Verbrauchs				
1960	37,2	9,9	3,0	9,0	40,9
1970	30,0	12,4	3,8	14,0	39,8
1980	24,9	13,9	5,6	14,8	40,8
1990	22,1	16,5	4,0	17,2	40,2
1991	22,3	14,6	4,2	17,8	41,1
1992	21,8	15,4	4,0	17,4	41,4
1993	21,4	16,7	4,0	16,2	41,7
1994	21,1	17,6	3,9	16,2	41,2

Quelle: Sachverständigenrat (1995); eigene Umrechnungen

Tab. 6-6: Struktur des privaten Verbrauchs

am Bruttoinlandsprodukt ablesbar. Sie wird erst deutlich, wenn Exporte und Importe getrennt betrachtet und in Beziehung zum Inlandsprodukt gebracht werden. Üblicherweise wird die Relation aus Exporten oder Importen zum Inlandsprodukt, d.h. die **Exportquote** bzw. die **Importquote,** als Indikator für die Offenheit einer Volkswirtschaft verwendet. Die Daten in Tabelle 6-5 zeigen, daß der Außenhandel für die Bundesrepublik seit 1960 deutlich an Bedeutung zugenommen hat. So stieg die Exportquote seit 1960 fast kontinuierlich und ist auch im Vergleich zu anderen Industrieländern recht hoch. Die Exportquote betrug 1990 beispielsweise in den USA ca. 11 Prozent, in Frankreich ca. 23 Prozent, in Großbritannien ca. 26 Prozent und in Japan ca. 9 Prozent. Die Exportquote Deutschlands lag sogar bei 32 Prozent. Im Jahr 1994 betrug die Exportquote 23 Prozent. Der Rückgang ist vor allem darauf zurück-

Box 6-2: Staatsverbrauch in Industrieländern im Vergleich

Der Staatsverbrauch ist ein Maß für den Umfang des staatlichen Aufwands für öffentliche Güter. Sein Anteil am Bruttoinlandsprodukt hat sich in den westlichen Industrieländern seit 1970 teilweise sehr unterschiedlich entwickelt. Während sein Anteil am Bruttoinlandsprodukt in der Bundesrepublik Deutschland, in Japan und in den USA seit 1975 etwas rückläufig war, ist er in Frankreich und in der Schweiz leicht gestiegen (Tab. 6-7). In Japan ist der Staatsverbrauch im Verhältnis zum Bruttoinlandsprodukt mit 9 bis 10 Prozent in jüngerer Vergangenheit vergleichsweise gering.

Vergleicht man den Anteil des Staatsverbrauchs am Bruttoinlandsprodukt in verschiedenen Ländern miteinander, so ist zu bedenken, daß hierbei nur ein Teil der Staatsausgaben betrachtet wird. Neben dem staatlichen Konsum zählen zu den Staatsausgaben auch die Investitionsausgaben, Zinsausgaben und die Übertragungen an die privaten Haushalte (Sozialausgaben) und an die Unternehmen (Subventionen). Zur quantitativen Bedeutung des staatlichen Sektors vgl. auch Box 6-4.

Jahr	BRD	Frankreich	Großbritannien	Italien	Schweiz	Japan	USA
1970	15,8	14,7	17,5	13,0	10,6	7,4	21,6
1975	20,5	16,6	21,8	14,1	12,8	10,0	21,2
1980	20,2	18,1	21,1	14,7	12,9	9,8	19,8
1985	20,1	19,4	20,7	16,4	13,5	9,5	20,7
1990	18,4	17,9	19,9	17,7	13,6	9,1	18,9
1991	19,5	18,2	21,6	17,7	14,1	9,1	19,2
1992	20,1	18,8	22,1	17,8	14,6	9,3	18,7
1993	20,0	19,8	22,0	17,9	14,5	9,6	18,1
1994	19,6	19,6	21,6	17,3	14,3	9,8	17,4

Quelle: Sachverständigenrat (1995)

Tab. 6-7: Staatsverbrauch in ausgewählten Industrieländern im Vergleich (in v.H. des Bruttoinlandsprodukts)

Box 6-3: Struktur der Bruttoanlageinvestitionen

Die Anlageinvestitionen, die neben den Lagerinvestitionen den zweiten und weitaus bedeutendsten Teil der Gesamtinvestitionen darstellen, lassen sich in Ausrüstungs- und Bauinvestitionen unterteilen. Bei den Ausrüstungsinvestitionen (Maschinen, Fahrzeuge, Geschäftsausstattung u. ä.) spielen die staatlichen Investitionen keine bedeutende Rolle. Ihr Anteil an den gesamten Anlageinvestitionen lag zwischen 1960 und 1994 unter zwei Prozent (Tabelle 6-8). Insgesamt machten die Ausrüstungsinvestitionen 1994 ca. 35 Prozent der gesamten Anlageinvestitionen aus.

Anders als bei den Ausrüstungsinvestitionen spielen bei den Bauinvestitionen (Wohn- und Verwaltungsgebäude, gewerbliche Bauten u. ä.) die staatlichen Investitionen eine bedeutendere Rolle. Ihr Umfang lag 1994 bei etwa einem Fünftel der Bauinvestitionen des Unternehmenssektors. Der im Vergleich zu den Ausrüstungsinvestitionen höhere Anteil der staatlichen Investitionen bei den Bauinvestitionen liegt vor allem an der quantitativen Bedeutung der Ausgaben zur Erstellung öffentlicher Gebäude sowie an den unter den Bauinvestitionen ausgewiesenen Straßen, Brücken, Dämmen, Rohrleitungen und Wasserwegen.

Jahr	Insgesamt	Ausrüstungsinvestitionen			Bauinvestitionen		
		zusammen	Unternehmen	Staat	zusammen	Unternehmen	Staat
in Mrd. DM (in jeweiligen Preisen)							
1960	73,58	27,14	26,23	0,91	46,44	37,63	8,81
1970	172,05	65,88	63,69	2,19	106,17	77,27	28,90
1980	332,08	126,84	121,38	5,46	205,24	157,96	47,28
1990	507,78	234,57	225,80	8,77	273,21	226,45	46,76
1992	709,36	301,79	287,41	14,38	407,57	334,74	72,83
1994	729,60	257,83	247,13	10,70	471,83	396,32	75,51
in v. H. der Bruttoanlageinvestitionen							
1960	100,0	36,9	35,6	1,2	63,1	51,1	12,0
1970	100,0	38,3	37,0	1,3	61,7	44,9	16,8
1980	100,0	38,2	36,6	1,6	61,8	47,6	14,2
1990	100,0	46,2	44,4	1,7	53,8	44,6	9,2
1992	100,0	42,5	40,5	2,0	57,5	47,2	10,3
1994	100,0	35,3	33,9	1,5	64,7	54,3	10,3

Quelle: Statistisches Bundesamt (1995 a)

Tab. 6-8: Bruttoanlageinvestitionen von Unternehmen und Staat

zuführen, daß der Handel zwischen West- und Ostdeutschland nicht mehr berücksichtigt wird. Nur auf das alte Bundesgebiet bezogen ergibt sich für 1994 eine Exportquote von 33 Prozent. Auch in absoluten Größen gemessen gehört die Bundesrepublik zu den größten Exportnationen der Welt.

6. Die Verteilung des Volkseinkommens

A. Inhalt der Verteilungsrechnung

Im Mittelpunkt der Verteilungsrechnung steht die Verteilung des Volkseinkommens (Nettosozialprodukt zu Faktorkosten), das die Gesamtheit der Erwerbs- und Vermögenseinkommen darstellt, die den inländischen Sektoren zugeflossen sind. Diese Gesamtheit besteht aus den Erwerbs- und Vermögenseinkommen der privaten Haushalte, den Vermögenseinkommen des Staates und den unverteilten Gewinnen der Unternehmen.

Rein konzeptionell ließe sich das Bruttoinlandsprodukt auch über die im Zuge der Produktion entstandenen Einkommen berechnen. Dazu müßten zum Volkseinkommen die Abschreibungen und der Saldo aus indirekten Steuern und Subventionen addiert sowie der Saldo der Erwerbs- und Vermögenseinkommen zwischen Inländern und der übrigen Welt subtrahiert werden. Das Statistische Bundesamt geht diesen Weg in der Praxis jedoch nicht, weil sich nicht alle Einkommenskomponenten direkt ermitteln lassen. Dazu gleich mehr.

Zunächst sei noch darauf hingewiesen, daß in der Verteilungsrechnung auch die **Einkommensumverteilungstransaktionen** erfaßt werden, die vor allem durch den Staat bewirkt werden. Sie entstehen insbesondere durch Besteuerung der Einkommen und durch die unentgeltlichen Leistungen an die einzelnen Sektoren.

In der Verteilungsrechnung des Volkseinkommens wird zwischen zwei Haupteinkommensarten unterschieden: den Einkommen aus unselbständiger Arbeit und den Einkommen aus Unternehmertätigkeit und Vermögen. Die Gliederung der Gesamteinkommen in diese beiden Einkommensarten stellt die Einkommensverteilung nach funktionalen Gesichtspunkten dar.

Die **Bruttoeinkommen aus unselbständiger Arbeit** bestehen aus den Bruttolöhnen und -gehältern sowie den tatsächlichen und den unterstellten Sozialbeiträgen der Arbeitgeber. Zu den **tatsächlichen Sozialbeiträgen der Arbeitgeber** zählen die Beiträge zur Kranken-, Arbeitslosen-, Renten- und Unfallversicherung sowie übernommene Beiträge für die Zusatzversorgung der Arbeitnehmer. Die **unterstellten Sozialbeiträge der Arbeitgeber** umfassen die an die Begünstigten gezahlten sozialen Leistungen sowie die für sie netto zurückgestellten Beträge. Zu den unterstellten Sozialbeiträgen der Arbeitgeber gehören z. B. die Beiträge zur Beamtenversorgung und die Aufwendungen im Zusammenhang mit der betrieblichen Altersversorgung. Nach Abzug der **Lohnsteuer** und der (tatsächlichen) **Sozialbeiträge der Arbeitnehmer** (vor allem für die Renten-, Kranken- und Arbeitslosenversicherung) von der Bruttolohn- und -gehaltssumme erhält man die **Nettolohn- und -gehaltssumme.**

Die **Bruttoeinkommen aus Unternehmertätigkeit und Vermögen** umfassen die Einkommen der privaten Haushalte und des Staates aus Zinsen, Nettopachten und immateriellen Werten, aus Dividenden und sonstigen Ausschüttungen der Unternehmen mit eigener Rechtspersönlichkeit sowie die nicht ausgeschütteten Gewinne der Unternehmen mit eigener Rechtspersönlichkeit.[3] In der amtlichen Statistik können die Einkommen aus Unternehmertätigkeit und Vermögen nicht isoliert, sondern nur als Rest zwischen der Nettowertschöpfung zu Faktorkosten und den entstandenen Einkommen aus unselbständiger Arbeit ermittelt werden. Aus diesem Grund berechnet das Statistische Bundesamt – wie oben bereits ausgeführt – das Bruttoinlandsprodukt auch nicht getrennt von der Verteilungsseite her. Zieht man vom Bruttoeinkommen aus Unternehmertätigkeit und Vermögen die direkten Steuern und andere geleistete Übertragungen (z.B. die Pflichtbeiträge der Selbständigen zur Sozialversicherung) ab, gelangt man zum **Nettoeinkommen aus Unternehmertätigkeit und Vermögen.**

Tabelle 6-9 enthält die Daten zur Verteilung des Volkseinkommens nach funktionalen Gesichtspunkten für die alten Bundesländer. Daten zur Verteilungsrechnung sind für die neuen Bundesländer noch nicht

Jahr*	Volkseinkommen (Mrd. DM)	Einkommen aus unselbständiger Arbeit[1] (Mrd. DM)		Einkommen aus Unternehmertätigkeit und Vermögen (Mrd. DM)				
		brutto	netto	brutto	netto			
					insgesamt	Private Haushalte[2]	Staat[3]	Unternehmen[4]
1960	240,11	144,39	104,89	95,72	75,44	46,71	2,07	26,66
1965	358,45	234,13	168,32	124,32	96,73	70,90	2,59	23,24
1970	530,40	360,64	238,60	169,76	137,28	111,60	2,21	23,47
1975	800,57	593,59	362,10	206,98	161,98	165,59	–4,33	0,72
1980	1139,58	863,88	506,23	275,70	214,73	231,89	–11,80	–5,36
1985	1406,77	1026,41	570,97	380,36	309,12	332,03	–20,53	–2,38
1990	1892,20	1317,10	743,55	575,10	494,18	448,84	–29,08	74,42
1991	2224,43	1611,99	899,71	612,44	517,72	533,22	–38,44	22,94
1992	2366,08	1740,34	952,77	625,74	525,76	578,32	–50,46	–2,10
1993	2392,26	1775,64	975,44	616,62	512,86	594,30	–55,39	–26,05
1994	2499,92	1815,00	968,87	684,92	593,98	643,54	–59,85	10,29

* ab 1991 einschl. neue Länder und Berlin-Ost

1 Bruttoeinkommen entspricht der Bruttolohn- und -gehaltssumme zuzüglich tatsächlicher und unterstellter Sozialbeiträge der Arbeitgeber; Nettoeinkommen ist die Bruttolohn- und -gehaltssumme abzüglich Lohnsteuer (ohne Lohnsteuer auf Pensionen) und tatsächliche Sozialbeiträge der Arbeitgeber

2 Einschließlich privater Organisationen ohne Erwerbszweck; nach Abzug der Zinsen auf Konsumentenschulden

3 Nach Abzug der Zinsen auf öffentliche Schulden

4 Nach der Umverteilung

Quelle: Statistisches Bundesamt (1992a und 1993)

Tab. 6-9: Verteilung des Volkseinkommens

3 Die Bruttoeinkommen aus Unternehmertätigkeit und Vermögen werden bei den privaten Haushalten abzüglich der Zinsen auf Konsumentenschulden und beim Staat ohne die Zinsen auf öffentliche Schulden berechnet.

erhältlich. Aus der Tabelle ist auch die Aufteilung des Nettoeinkommens aus Unternehmertätigkeit und Vermögen auf die drei inländischen Sektoren zu entnehmen. Es ist zu beachten, daß sich die unverteilten Gewinne in der Inlandsproduktsermittlung als Restgröße ergeben und sich deshalb in dieser Größe Meßfehler bei anderen Größen niederschlagen können. Das Einkommen des Staatssektors aus Unternehmertätigkeit und Vermögen ist aufgrund der Zinsen auf die öffentlichen Schulden seit etwa Mitte der 70er Jahre negativ.

Aus den Daten der Verteilungsrechnung, wie sie in Tabelle 6-9 dargestellt sind, lassen sich verschiedene Verteilungsrelationen ermitteln.

in Mrd. DM	1970	1980	1990	1994*
Volkseinkommen	530,40	1139,60	1892,20	2499,92
Unternehmen	15,58	49,89	104,91	45,35
Staat	2,21	–11,80	–29,08	–59,85
Private Haushalte[1]	512,61	1101,49	1816,37	2514,42
+ Empfangene laufende Übertragungen von anderen Sektoren und der übrigen Welt[2]	385,01	1017,87	1610,22	2398,22
Unternehmen	25,56	68,20	120,12	151,76
Staat[3]	250,98	645,52	1009,73	1489,71
Private Haushalte[1]	108,47	304,15	480,37	756,75
– geleistete laufende Übertragungen an andere Sektoren und die übrige Welt[4]	318,09	878,33	1436,34	2077,03
Unternehmen	35,90	84,98	150,06	186,82
Staat[5]	107,31	309,65	521,73	770,66
Private Haushalte[1]	174,88	483,70	764,55	1119,55
= Verfügbares Einkommen	597,32	1279,12	2066,08	2821,11
Unternehmen	23,47	–5,36	74,42	10,29
Staat	145,88	324,07	458,92	659,20
Private Haushalte[1]	427,97	960,41	1523,74	2151,62
Letzter Verbrauch	475,32	1135,04	1764,78	2552,75
Staatsverbrauch	106,47	298,02	444,07	650,38
Privater Verbrauch	368,85	837,02	1320,71	1902,37
Ersparnis	122,00	144,08	301,30	268,36
Unternehmen	23,47	–5,36	74,42	10,29
Staat	39,41	26,05	14,85	8,82
Private Haushalte[1]	59,12	123,39	212,03	249,25

* Einschl. neue Länder und Ost-Berlin
[1] Einschließlich privater Organisationen ohne Erwerbszweck
[2] Ohne Subventionen
[3] Einschließlich der von Unternehmen und vom Staat gezahlten indirekten Steuern
[4] Ohne indirekte Steuern
[5] Einschließlich Subventionen

Quelle: Statistisches Bundesamt (1995a)

Tab. 6-10: Volkseinkommen und verfügbares Einkommen

Die bekannteste Verteilungsrelation stellt die Lohnquote dar, die den Anteil der Einkommen aus unselbständiger Arbeit am Volkseinkommen mißt. Da sich sowohl theoretische als auch wirtschaftspolitische Betrachtungen zur Einkommensverteilung häufig auf die Lohnquote beziehen, wird sie im nächsten Abschnitt näher betrachtet.

Aus dem Anteil am Volkseinkommen ist die Verteilungsposition der einzelnen Sektoren noch nicht ablesbar. Zum einen enthalten die Bruttoeinkommen noch die von den Sektoren zu zahlenden direkten Steuern und andere zu leistende (laufende) Übertragungen (bei den privaten Haushalten z.B. die Sozialbeiträge). Zum anderen sind die empfangenen Übertragungen (bei den privaten Haushalten z.B. Renten, Pensionen und Sozialhilfe) noch unberücksichtigt. Durch Abzug der direkten Steuern und anderer geleisteter Übertragungen vom Bruttoeinkommen und Hinzurechnung der empfangenen Übertragungen gelangt man zum verfügbaren Einkommen der Sektoren. Man spricht bei diesen „Korrekturposten“ von Umverteilungsvorgängen, ohne deren Berücksichtigung sich lediglich ein Bild der sogenannten **primären Einkommensverteilung** (auch Primärverteilung genannt) ergibt. Die Einkommensverteilung nach Berücksichtigung der Umverteilungsvorgänge stellt demgegenüber die Verteilung der verfügbaren Einkommen bzw. die **sekundäre Einkommensverteilung** oder Sekundärverteilung dar.

Tabelle 6-10 zeigt die Berechnung des verfügbaren Einkommens der inländischen Sektoren. Ausgangspunkt bilden die Erwerbs- und Vermögenseinkommen der privaten Haushalte, die die Anteile am Volkseinkommen darstellen. Nach Abzug der geleisteten Übertragungen, die den Betrag der direkten Steuern einschließen, und nach Hinzurechnung der empfangenen Übertragungen erhält man das verfügbare Einkommen der Sektoren. Dieses teilt sich in Konsumausgaben und die Ersparnis auf. Hieraus läßt sich auch die Sparquote ermitteln, die das Verhältnis von Ersparnis und Einkommen darstellt.

B. Die funktionelle Einkommensverteilung

a. Die Lohnquote

Untersuchungen zur funktionellen Einkommensverteilung befassen sich mit der Aufteilung der bei der Güterproduktion erzielten Einkommen auf die im Produktionsprozeß eingesetzten Produktionsfaktoren. Einfachstes und zugleich bekanntestes Maß für die Entwicklung der funktionellen Einkommensverteilung ist die **(Brutto-)Lohnquote**. Sie soll anzeigen, welcher Teil des Volkseinkommens dem Produktionsfaktor Arbeit zugeflossen ist. Bezeichnet man mit L die Bruttoeinkommen aus unselbständiger Arbeit und mit G die Bruttoeinkommen aus Unternehmertätigkeit und Vermögen, gilt aufgrund der in der Verteilungsrechnung vorgenommenen Aufteilung des Volkseinkommens Y in diese beiden Einkommensarten

$$L + G = Y,$$

und daher: $$\frac{L}{Y} + \frac{G}{Y} = 1.$$

Die Relation L/Y stellt die **tatsächliche Lohnquote** dar und mißt den Anteil der Bruttoeinkommen aus unselbständiger Arbeit am Volkseinkommen. Da sich die Lohnquote und die Quote der Einkommen aus Unternehmertätigkeit und Vermögen (G/Y), die oft vereinfachend als Gewinnquote bezeichnet wird, zu eins ergänzen, kann von der Entwicklung der Lohnquote unmittelbar auf die Entwicklung des Anteils der Einkommen aus Unternehmertätigkeit und Vermögen geschlossen werden.

Tabelle 6-11 enthält die Daten für die Lohnquote ab 1960. Sie zeigen, daß die Lohnquote 1990 ca. 10 Prozentpunkte höher lag als 1960. Dabei ist jedoch zu berücksichtigen, daß sich in diesem Zeitraum die Struktur der Erwerbstätigen, d.h. der Anteil der Arbeitnehmer und der Selbständigen, stark verändert hat. Der Anteil der Arbeitnehmer an den Erwerbstätigen ist von 77,2 auf 89,4 Prozent gestiegen. Dies bedeutet, daß 1960 noch fast jeder vierte Erwerbstätige selbständig war, 1990 jedoch nur noch jeder zehnte. Die Ursache liegt unter anderem im Ausscheiden vieler kleinerer Unternehmen, darunter vieler landwirtschaftlicher Betriebe, und der zunehmenden Bedeutung von Kapitalgesellschaften. Während bei kleinen Unternehmen der Geschäftsführer zumeist der Inhaber ist und er damit nicht zur Gruppe der unselbständig Beschäftigten zählt, sind bei großen Aktiengesellschaften selbst die Vorstandsmitglieder statistisch gesehen Arbeitnehmer. Die Veränderung der Struktur der Erwerbstätigen von den Selbständigen hin zu den Arbeitnehmern ließe für sich genommen die Lohnquote selbst bei gleichem Durchschnittseinkommen der Erwerbstätigen ansteigen und würde somit leicht zu einer Fehldeutung der Entwicklung der relativen Position des durchschnittlichen Arbeitnehmers führen. Die aus den statistischen Daten für die Einkommen aus unselbständiger Arbeit und dem Volkseinkommen berechnete Lohnquote ist daher um den Effekt einer Veränderung der Erwerbstätigenstruktur auf die Lohnquote zu korrigieren. Dies erfolgt bei der Berechnung der **bereinigten Lohnquote.** Für die Ermittlung einer entsprechenden Zeitreihe wird die Erwerbstätigenstruktur auf der Höhe eines Basisjahres (hier: 1960) konstant gehalten. Bezeichnen A und E die Zahl der Arbeitnehmer bzw. die Zahl der Erwerbstätigen und die Subskripte die entsprechenden Jahresdaten der einzelnen Größen, so be-

Jahr	Lohnquote		Anteil der Arbeitnehmer an den Erwerbstätigen
	tatsächlich	bereinigt	
1960	60,1	60,1	77,2
1961	62,4	61,8	78,0
1962	63,9	62,5	78,8
1963	64,9	63,0	79,5
1964	64,5	62,0	80,3
1965	65,3	62,3	80,9
1966	66,4	63,1	81,2
1967	66,1	62,9	81,1
1968	64,7	61,2	81,6
1969	65,7	61,4	82,5
1970	68,0	62,9	83,4
1971	69,7	63,7	84,4
1972	70,3	63,9	85,0
1973	71,4	64,5	85,5
1974	73,9	66,4	85,9
1975	74,1	66,5	86,0
1976	72,9	64,9	86,7
1977	73,7	65,2	87,2
1978	72,9	64,3	87,6
1979	73,3	64,2	88,1
1980	75,8	66,2	88,3
1981	76,8	67,0	88,4
1982	76,9	67,1	88,5
1983	74,6	65,1	88,4
1984	73,4	64,0	88,5
1985	73,0	63,6	88,6
1986	72,1	62,7	88,7
1987	72,6	63,0	88,9
1988	71,5	62,0	89,0
1989	70,3	60,9	89,2
1990	69,6	60,1	89,4
1991	69,6	59,3	90,6
1992	70,8	60,5	90,3
1993	71,8	61,6	90,0
1994	70,1	60,3	89,7

Quelle: Sachverständigenrat (1995)

Tab. 6-11: Tatsächliche Lohnquote, bereinigte Lohnquote und Erwerbstätigenstruktur

rechnet sich die bereinigte Lohnquote z. B. für 1990 aus folgender Formel:

$$\left(\frac{L}{Y}\right)_{1990}^{\text{bereinigt}} = \left(\frac{L}{Y}\right)_{1990} \frac{\left(\frac{A}{E}\right)_{1960}}{\left(\frac{A}{E}\right)_{1990}}.$$

Die tatsächliche Lohnquote ist demnach mit dem Anteil der Arbeitnehmer an der Zahl der Erwerbstätigen des Basisjahres zu multiplizie-

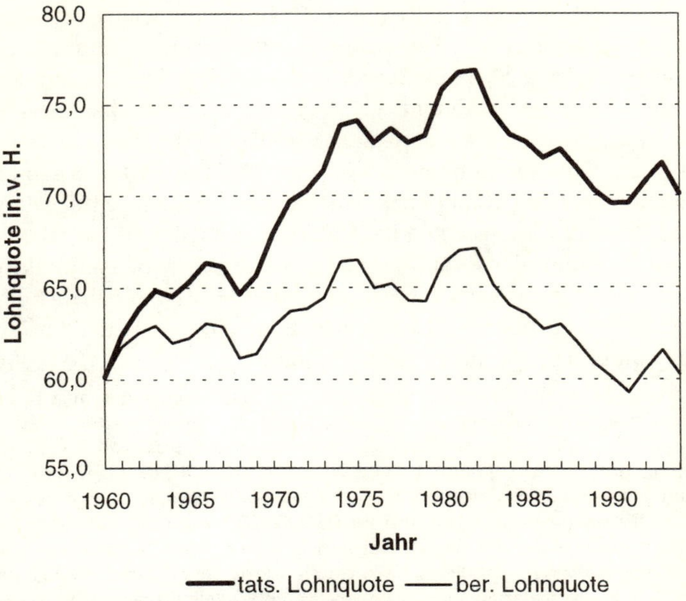

Quelle: Sachverständigenrat 1995 und eigene Berechnungen

Abb. 6-4: Entwicklung der Lohnqouten

ren und durch den entsprechenden Anteil des jeweiligen Jahres zu dividieren. Steigt der Anteil der Arbeitnehmer an der Gruppe der Erwerbstätigen im Laufe der Zeit an, wie aus Tabelle 6-11 für die Bundesrepublik Deutschland zu entnehmen ist, liegt die bereinigte Lohnquote unter der tatsächlichen Lohnquote. Während die tatsächliche Lohnquote 1990 den Wert von 1960 deutlich überschritt, lag die bereinigte Lohnquote genau auf dem Niveau von 1960. Allerdings war sie nach einem deutlichen Anstieg in der ersten Hälfte der 70er Jahre bis auf über 67 Prozent angestiegen. Zu einem deutlichen Rückgang kam es erst nach 1982 (vgl. auch Abbildung 6-4).

Die Auswirkungen der Wiedervereinigung auf unbereinigte und bereinigte Lohnquote waren eher gering. Zwar stiegen beide Quoten zu Beginn der neunziger Jahre an, doch schon 1994 war wieder ein Rückgang zu verzeichnen.

Um die Entwicklung der Lohnquote genauer erklären zu können, bietet es sich an, die Determinanten der Lohnquote zu untersuchen. Hierzu wird zunächst die Definition der Lohnquote wie folgt umgeformt:

$$\frac{L}{Y} = \frac{l \cdot A}{P \cdot Y} = \frac{\frac{l}{P}}{\frac{Y}{A}} = \frac{\text{Reallohn}}{\text{Arbeitsproduktivität}}.$$

Im Zähler steht mit l/P der Reallohn. Er bringt die Kaufkraft eines gegebenen Geldlohnsatzes l bei gegebenem Preisniveau P zum Ausdruck. Im Nenner steht mit Y/A die Arbeitsproduktivität. Die Lohnquote läßt sich somit auch als Quotient aus Reallohn und Arbeitsproduktivität ausdrücken. Steigen Reallohn und Arbeitsproduktivität mit der gleichen Rate, bleibt die Lohnquote konstant. Der kostensteigernde Effekt eines zunehmenden Reallohnes wird in diesem Falle gerade ausgeglichen durch den kostensenkenden Effekt der zunehmenden Arbeitsproduktivität. Nimmt der Reallohn stärker zu als die Arbeitsproduktivität, kommt es zu einem Anstieg der Lohnquote. In diesem Falle ist der kostensteigernde Effekt des Reallohnanstiegs größer als der kostensenkende Effekt der Produktivitätserhöhung.

Mit Hilfe der oben umgeformten Definition der Lohnquote lassen sich einige bedeutende **Entwicklungen der Lohnquote** in den letzten zwei Jahrzehnten erklären. In der ersten Hälfte der 70er Jahre kam es zu einem deutlichen Anstieg der Lohnquote, also zu einem stärkeren Anstieg der Reallöhne als der Arbeitsproduktivität. Nach 1973 forderten die Arbeitnehmer einen Ausgleich für den Anstieg der Inflationsrate, zu dem es zunächst aufgrund der ersten Ölpreiskrise (Herbst 1973) gekommen war. In der Folge eines ausgedehnten Arbeitskampfes kam es zu Tarifabschlüssen mit zweistelligen Nominallohnerhöhungen. In Anbetracht dieser Entwicklung wurde vom Sachverständigenrat das Konzept der **produktivitätsorientierten Lohnpolitik** entwickelt. Danach sollten die Löhne in der gleichen Rate wie die Arbeitsproduktivität steigen, damit die Unternehmen von der Kostenseite her keinen Anlaß zu Preiserhöhungen haben. Vorausgesetzt ist hierbei, daß keine kostenerhöhenden Effekte von den importierten Vorleistungen ausgehen.

Nach 1982 zeigt sich eine im Vergleich zu den siebziger Jahren praktisch umgekehrte Entwicklung der bereinigten Lohnquote. Ursache für den kontinuierlichen Rückgang der Lohnquote war eine zurückhaltende Lohnpolitik, die nach 1981 einsetzte, als die Arbeitslosenzahl im Jahresdurchschnitt auf über zwei Millionen anstieg und hierdurch die Verhandlungsmacht der Arbeitnehmer bei Tarifverhandlungen relativ gering war.

Bei der Interpretation der Lohnquotenentwicklung muß beachtet werden, daß sie nur ein sehr grobes Maß für die Entwicklung der Einkommensverteilung darstellt. Zum einen bilden die in der Statistik als Unselbständige erfaßten Einkommensbezieher keine homogene Gruppe. Sie enthält z. B. Hilfsarbeiter, Verkäufer, Vorstandsvorsitzende von großen Aktiengesellschaften, Bundestagsabgeordnete und Fußballspieler der Bundesliga. Zum anderen enthalten die Einkommen aus unselbständiger Tätigkeit nicht den kalkulatorischen Lohn für die Arbeitsleistungen des Unternehmers und der mithelfenden Familienangehörigen, da er als Bestandteil der Einkommen aus Unternehmertätigkeit und Vermögen erfaßt wird. Daher mißt die Lohnquote auch streng genommen nicht den Anteil aller Arbeitseinkommen am Volkseinkommen. Sie ist daher nur als ein grober Indikator für die Entwicklung der funktionellen Einkommensverteilung zu verwenden.

Die Relation der Einkommen aus Unternehmertätigkeit und Vermögen zu Volkseinkommen ist noch sehr viel schwieriger zu interpretieren als die Lohnquote. Die Ursache hierfür liegt in der noch stärkeren Inhomogenität der Einkommensbestandteile, die in sie einfließen. Die erfaßten Einkommen enthalten nicht nur die eigentlichen Gewinneinkommen im Sinne von Residualgewinnen, sondern z. B. auch die Vermögenseinkommen der privaten Haushalte, die unterstellten Mieteinkünfte für die private Nutzung von Eigenheimen und den kalkulatorischen Unternehmerlohn. Der für die Einkommen aus Unternehmertätigkeit und Vermögen oft abkürzend verwendete Begriff „Gewinneinkommen" kann daher leicht irreführend wirken.

b. Die Arbeitseinkommensquote

Der Nachteil der Lohnquote, nicht den Anteil aller dem Produktionsfaktor Arbeit zuzurechnenden Einkommen zu erfassen, hat den Sachverständigenrat veranlaßt, die Daten der Verteilungsrechnung genauer zu gliedern und das **Konzept einer Arbeitseinkommensquote** zu entwikkeln. Unter dieser Quote versteht der Rat das Verhältnis aus gesamtwirtschaftlichen Arbeitseinkommen und Volkseinkommen. Zu den Arbeitseinkommen zählt er die Bruttoeinkommen aus unselbständiger Arbeit (Inländerkonzept) und die kalkulatorischen Arbeitseinkommen der selbständig Erwerbstätigen einschließlich der mithelfenden Familienangehörigen. Das Arbeitseinkommen der letzten Gruppe läßt sich nicht unmittelbar aus der Statistik ablesen und wird daher als fiktive Größe berechnet. Hierzu setzt der Rat für die selbständig Erwerbstätigen und die mithelfenden Familienangehörigen ein Arbeitseinkommen in Höhe des durchschnittlichen Bruttoeinkommens der beschäftigten Arbeitnehmer an. Das gesamtwirtschaftliche Arbeitseinkommen (AE) wird daher ermittelt aus

$$AE = \frac{L}{A} E,$$

wobei L das Bruttoeinkommen aus unselbständiger Arbeit, A die Anzahl der beschäftigten Arbeitnehmer und E die Anzahl der Erwerbstätigen (= Arbeitnehmer + Selbständige + mithelfende Familienangehörige) bezeichnen. Die Arbeitseinkommensquote (AEQ) ist damit

$$AEQ = \frac{AE}{Y} 100 = \frac{L/A}{Y/E} 100.$$

Wie der letzte Teil der Gleichung zeigt, kann die Arbeitseinkommensquote auch als Quotient aus Lohneinkommen je beschäftigten Arbeitnehmer und Volkseinkommen je Erwerbstätigen definiert werden. Arbeitseinkommensquote und bereinigte Lohnquote stehen in einem festen Zusammenhang:[4]

$$AEQ = (L/Y)^{\text{bereinigt}} \cdot \frac{E_{1960}}{A_{1960}} = (L/Y)^{\text{bereinigt}} \cdot 1{,}2957.$$

[4] Vgl. Sachverständigenrat (1995), Anhang V.

Würde man die Arbeitseinkommensquote in Abhängigkeit von der Zeit graphisch darstellen, ergäbe sich daher der gleiche Verlauf wie bei der bereinigten Lohnquote, lediglich die Ordinatenwerte lägen um knapp 30 Prozent über denen der bereinigten Lohnquote.

C. Die personelle Einkommensverteilung

Die meisten Haushalte beziehen nicht nur Lohneinkommen, sondern z.B. auch Zins-, Dividenden- oder Mieteinkommen. Die funktionelle Verteilung gibt deshalb keinen Aufschluß über die Gesamteinkommen der Unselbständigen und die verteilungspolitische Situation einzelner Haushalte. Verteilungspolitische Aussagen erfordern die Einbeziehung der Gesamteinkommen der privaten Haushalte (Querverteilung). Dies ist Gegenstand der personellen Einkommensverteilung. Obwohl ihre Ermittlung nicht Bestandteil der Verteilungsrechnung im Rahmen der Sozialproduktsberechnungen ist, wird sie wegen des im Prinzip gleichen Bezugs zu verteilungspolitischen Fragen hier unmittelbar anschließend an die funktionelle Einkommensverteilung betrachtet.

Die gebräuchlichste Beschreibung der Verteilung der Gesamteinkommen der Haushalte basiert auf der sogenannten **Lorenzkurve** (vgl. Abbildung 6-5). Sie gibt an, wieviel Prozent des Gesamteinkommens auf x-Prozent der untersten Einkommensbezieher entfallen. Um eine Lorenzkurve zu konstruieren, ist wie folgt vorzugehen: Die Gesamteinkommen der betrachteten Haushalte werden zunächst in aufsteigenden Beträgen geordnet und in Einkommensgruppen zusammengefaßt. Man

Monatliches Haushaltsnettoeinkommen von ... bis ... bzw. unter ... DM	Haushalte			Haushaltsnettoeinkommen		
	in Tausend	in %	in % kumuliert	Mio. DM	in %	in % kumuliert
unter 600	516	1,8	1,8	232	0,2	0,2
600–1200	2603	9,2	11,0	2342	2,5	2,7
1200–1800	3608	12,8	23,8	5412	5,8	8,5
1800–2500	5323	18,9	42,7	11444	12,1	20,6
2500–3000	2810	10,0	52,7	7726	8,2	28,8
3000–3500	2474	8,8	61,5	8041	8,5	37,3
3500–4000	2066	7,3	68,8	7748	8,2	45,5
4000–4500	2793	9,9	78,7	11870	12,6	58,1
4500–5000	3369	12,0	90,7	16003	17,0	75,1
5000 und mehr	2614	9,3	100,0	23526	24,9	100,0
insgesamt	28175	100,0		94344	100,0	

Quelle: Statistisches Bundesamt (1992c) und eigene Berechnungen

Tab. 6-12: Schichtung der Bevölkerung in Privathaushalten nach Größenklassen des monatlichen Nettoeinkommens im April 1990

erhält dann eine Aufbereitung der Einkommensdaten, wie sie in den ersten beiden Spalten von Tabelle 6-12 enthalten ist. Anschließend fragt man nun, wieviel Prozent des Gesamteinkommens auf die zehn, zwanzig oder dreißig Prozent der Haushalte mit den niedrigsten Einkommen entfallen. Zweckmäßigerweise beginnt man hierbei mit dem Anteil der Haushalte, der durch die unterste Einkommensgruppe repräsentiert wird, und ermittelt den Anteil der Haushalte dieser Gruppe an der Gesamtzahl der Haushalte und den Anteil, der vom Gesamteinkommen auf diese Haushaltsgruppe entfällt. Danach nimmt man die zweitunterste Gruppe hinzu und fragt, wieviel des Gesamteinkommens auf diese beiden Gruppen entfällt. Dieses Verfahren wird fortgesetzt, bis man schließlich alle Einkommensgruppen erfaßt hat. Die entsprechenden Daten sind in den letzten beiden Spalten von Tabelle 6-12 eingetragen.

Die Daten zur Struktur der Haushalte nach Einkommensklassen wurden dem Mikrozensus 1990 entnommen. Da für den Mikrozensus keine Gesamteinkommenswerte der einzelnen Klassen veröffentlicht werden, wurde vereinfachend angenommen, daß das Durchschnittseinkommen

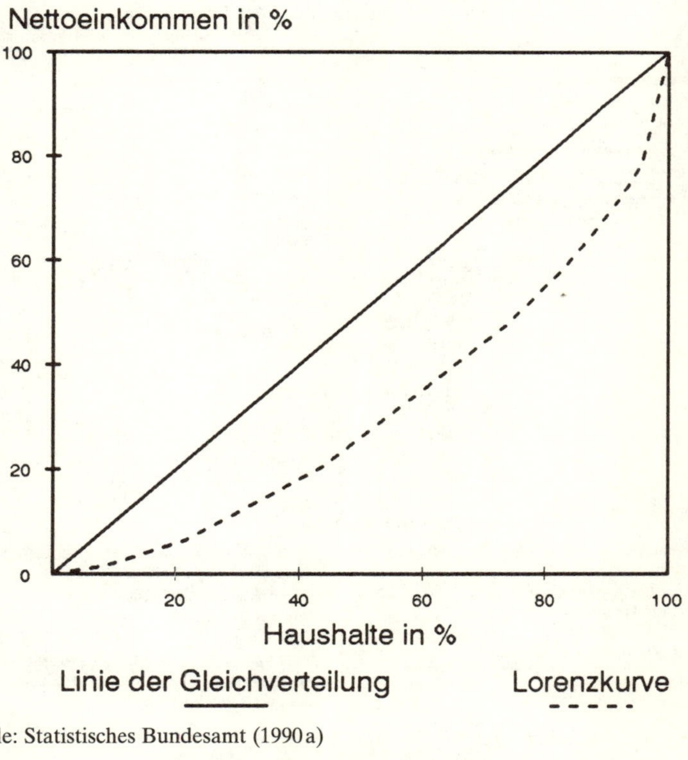

Quelle: Statistisches Bundesamt (1990a)

Abb. 6-5: Lorenzkurve für das Jahr 1990

einer Klasse in der Mitte der Klassenbreite liegt und 450 DM für die unterste sowie 9000 DM für die oberste Einkommensklasse beträgt.

Trägt man die kumulierten Daten für die Anzahl und das Nettoeinkommen der Haushalte von Tabelle 6-12 in einem Koordinatensystem ab, ergibt sich die Lorenzkurve, die für das obige Beispiel in Abbildung 6-5 gezeigt ist. Anfangs- und Endpunkt sind durch die Definition der Lorenzkurve gegeben, weil null (hundert) Prozent der Haushalte natürlich auch null (hundert) Prozent des Einkommens erhalten. Die Krümmung hängt vom Grad der Ungleichverteilung ab. Bei Gleichverteilung fällt die Lorenzkurve mit der Diagonalen zusammen, bei ungleicher Verteilung ergibt sich ein progressiver Verlauf.

Zu beachten ist, daß Gleich- bzw. Ungleichverteilung nicht dasselbe bedeuten wie gerechte bzw. ungerechte Verteilung. Während es sich beim ersten Begriffspaar um werturteilsfreie Bezeichnungen handelt, weist das zweite Begriffspaar einen normativen (mithin werturteilsgebundenen) Inhalt auf.

Ein quantitatives Maß für die Ungleichheit der Einkommensverteilung stellt der **Gini-Koeffizient** dar, der sich aus Abbildung 6-5 wie folgt berechnen läßt:

$$\text{Gini-Koeffizient} = \frac{\text{Fläche zwischen der Diagonalen und der Lorenzkurve}}{\text{Fläche unter der Diagonalen}}$$

I. Entstehungsrechnung	**II. Verwendungsrechnung**
Produktionswert	Privater Verbrauch
– Vorleistungen	+ Staatsverbrauch
= Bruttowertschöpfung (unbereinigt)	+ Ausrüstungsinvestitionen
– Unterstellte Entgelte für Bankdienstleistungen	+ Bauinvestitionen
= Bruttowertschöpfung (bereinigt)	± Vorratsveränderung
+ Nichtabzugsfähige Umsatzsteuer	+ Ausfuhr
+ Einfuhrabgaben	– Einfuhr

= Bruttoinlandsprodukt zu Marktpreisen
± Saldo der Erwerbs- und Vermögenseinkommen zwischen Inländern und der übrigen Welt

= Bruttosozialprodukt zu Marktpreisen
– Abschreibungen

= Nettosozialprodukt zu Marktpreisen
– Indirekte Steuern
+ Subventionen

= Nettosozialprodukt zu Faktorkosten = Volkseinkommen

III. Verteilungsrechnung

Volkseinkommen

Bruttoeinkommen aus Unternehmertätigkeit und Vermögen	Bruttoeinkommen aus unselbständiger Arbeit
– Öffentliche Abgaben auf Einkommen aus Unternehmertätigkeit und Vermögen (direkte Steuern, u. ä.)	– Tatsächliche Sozialbeiträge der Arbeitgeber
± Sonstige Zu- und Absetzungen	– Unterstellte Sozialbeiträge
= Nettoeinkommen aus Unternehmertätigkeit und Vermögen	= Bruttolohn- und -gehaltssumme
	– Lohnsteuer
	– Tatsächliche Sozialbeiträge der Arbeitnehmer
	= Nettolohn- und -gehaltssumme (Nettoeinkommen aus unselbständiger Arbeit)

Quelle: Sachverständigenrat (1995), Anhang VII

Abb. 6-6: Die drei Berechnungsmethoden des Inlandsprodukts

Aufgrund dieser Definition liegt der Gini-Koeffizient zwischen null und eins. Je kleiner der Gini-Koeffizient ist, desto näher liegt die Lorenzkurve an der Gleichverteilungslinie und desto gleichmäßiger ist die personelle Einkommensverteilung. Der Gini-Koeffizient ermöglicht es, für eine Volkswirtschaft Lorenzkurven verschiedener Jahre miteinander zu vergleichen. Dabei ist aber nur eine sehr pauschale Aussage über die Veränderung der Einkommensverteilung möglich. Details über die Veränderung der Anteile bestimmter Einkommensgruppen sind hieraus nicht abzulesen. Es kann durchaus der Fall eintreten, daß sich erhebliche Veränderungen in der Einkommensverteilung in bestimmten Bereichen der Lorenzkurve ergeben, ohne daß dies vom Gini-Koeffizienten angezeigt wird. Dies ist z. B. der Fall, wenn die Ungleichheit im unteren Einkommensbereich zugenommen und dafür im oberen Einkommensbereich abgenommen hat. Die neue Lorenzkurve würde dann im unteren Bereich weiter von der Gleichverteilungslinie entfernt und im oberen Bereich näher an der Gleichverteilungslinie verlaufen.

7. Verbindung von Entstehungs-, Verwendungs- und Verteilungsrechnung

Abbildung 6-6 stellt die verschiedenen Methoden der Inlandsproduktsberechnungen im Überblick dar. Das Statistische Bundesamt berechnet das Bruttoinlandsprodukt der Bundesrepublik Deutschland grundsätzlich gleichberechtigt sowohl von der Entstehungsseite als auch von der Verwendungsseite. Aufgrund statistischer Erfassungsprobleme bei den Einkommen aus Unternehmertätigkeit und Vermögen ist jedoch eine eigenständige Berechnung des Sozialprodukts über die Verteilungsseite nicht möglich.

Die Daten, die im Rahmen der Darstellung der Sozialproduktsverteilung verwendet werden, stammen daher zum Teil aus den anderen Rechnungssystemen. Auftretende Unterschiede bei den nach der Entstehungs- und nach der Verwendungsrechnung isoliert ermittelten Sozialproduktszahlen werden durch eine Abstimmung der Daten der unterschiedlichen Berechnungsmethoden korrigiert. Hierbei werden diejenigen Aggregate, die statistisch weniger gut abgesichert sind, stärker korrigiert als diejenigen, für die „harte" Daten vorliegen. So werden z. B. der Staatsverbrauch und die Außenhandelsdaten nicht in den Korrekturprozeß einbezogen, da ihre Angaben als sehr zuverlässig gelten.

Box 6-4: Quoten zur quantitativen Bedeutung des Staatssektors

Die quantitative Bedeutung des Staatssektors in einer Volkswirtschaft läßt sich mit unterschiedlichen Meßzahlen angeben. Sie betreffen sowohl die Entstehungs- als auch die Verwendungs- und die Verteilungsrechnung. Die wichtigsten Meßzahlen seien hier kurz betrachtet. Eine häufig zitierte Relation stellt die **Staatsquote** dar. Sie bezeichnet das Verhältnis von Ausgaben der Gebietskörperschaften und der Sozialversicherung während eines bestimmten Zeitraums zum Inlandsprodukt (üblicherweise zum Bruttoinlandsprodukt zu Marktpreisen). Berechnet man das Verhältnis nur eines Teils der Staatsausgaben (z. B. Verteidigungsausgaben oder Sozialausgaben) zum Inlandsprodukt, spricht man von speziellen Staatsquoten. Tabelle 6-13 enthält Daten für die Staatsquote in der Bundesrepublik für ausgewählte Jahre.

Bei der Interpretation der Staatsquote ist allerdings Vorsicht geboten. Sie kann nicht – wie es vielfach geschieht – als Maß für die Inanspruchnahme des Sozialprodukts durch den Staat gedeutet werden. Der Grund hierfür liegt darin, daß die Staatsausgaben neben den Sach- und Personalausgaben (sie werden auch Transformationsausgaben genannt) auch die Übertragungen (Sozialleistungen und Subventionen) einschließen und die Staatsquote hierdurch im Zähler Größen enthält, die nicht im Nenner – dem Inlandsprodukt – auftreten. Man spricht in diesem Zusammenhang auch von einer unechten Quote, da sie zusammen mit der Quote der anderen Verwendungsgrößen (privater Konsum, Unternehmensinvestitionen und Außenbeitrag) eine Größe von mehr als 100 Prozent ergibt.

Um das Problem einer unechten Quote zu vermeiden, kann man an der Verwendungsseite des Sozialprodukts ansetzen und den **Anteil der Transformationsausgaben** des Staates (= Staatsverbrauch + Bruttoinvestitionen des Staates) **am Bruttoinlandsprodukt** berechnen. Dieser Anteil beträgt z.B. für 1994 ca. 22 Prozent im Vergleich zur Staatsquote von 50 Prozent. Will man dagegen eine Aussage über den Anteil des Staates an der Entstehung des Inlandsprodukts treffen, so ist die Wertschöpfung des Staates zur Bruttowertschöpfung der Volkswirtschaft in Relation zu setzen. Diese Quote beträgt für 1994 ca. 12 Prozent.

Die **Steuerquote** (auch volkswirtschaftliche Steuerquote oder Steuerlastquote genannt) bezeichnet das Verhältnis der Steuereinnahmen des Staates zum Inlandsprodukt (ebenfalls üblicherweise zum Bruttoinlandsprodukt zu Marktpreisen). Spezielle Steuerquoten erhält man, wenn das Aufkommen bestimmter Steuern (z.B. Einkommensteuer oder Umsatzsteuer) ins Verhältnis zum Bruttoinlandsprodukt gesetzt wird. Teilweise werden zur Beschreibung der Struktur des Steuersystems auch die Anteile der indirekten Steuern und der direkten Steuern am Inlandsprodukt berechnet. Hier zeigt sich für die Bundesrepublik ein bisher stärkeres Gewicht der direkten Steuern, auch wenn dieses in der zweiten Hälfte der achtziger Jahre abgenommen hat.

Setzt man die Summe aus Steuereinnahmen und Beiträgen zur Sozialversicherung ins Verhältnis zum Bruttoinlandsprodukt, erhält man die volkswirtschaftliche **Abgabenquote**. Wie Tabelle 6-13 zeigt, hat sie zwischen 1960 und 1980 deutlich zugenommen und lag 1994 bei rd. 44 Prozent.

Jahr* / Quote[1]	1960	1970	1980	1990	1991	1992	1993	1994
Staatsquote	32,9	38,8	48,4	45,4	48,9	49,6	50,8	50,2
Anteil der Transformationsausgaben	16,6	20,4	23,9	20,6	22,1	22,9	22,7	22,2
Steuerquote	23,0	24,0	25,9	23,6	24,1	24,5	24,5	24,4
Abgabenquote	33,4	36,6	42,8	40,5	42,1	42,8	43,4	43,7

* Ab 1991 einschl. neue Länder und Ost-Berlin

[1] In Prozent des Bruttoinlandsprodukts zu Marktpreisen

Quelle: Sachverständigenrat (1995)

Tab. 6-13: Entwicklung von Staats-, Steuer- und Abgabenquote

8. Inlandsproduktsberechnung nach der deutschen Vereinigung

Mit der Wiederherstellung der deutschen Einheit ist auf die amtliche Statistik die Aufgabe zugekommen, die Rechnungssysteme der Volkswirtschaftlichen Gesamtrechnung auf das gesamte Gebiet der Bundesrepublik – also einschließlich des Gebiets der neuen Bundesländer – anzuwenden. Im Rahmen der Vereinheitlichung der verschiedenen statistischen Systeme wurde der Inlandsproduktsberechnung eine entscheidende Rolle zugewiesen, da es sich hierbei um das bedeutendste Rechnungssystem der Wirtschaftsstatistik handelt. Gleichzeitig gehen in dieses System eine Vielzahl von Einzelinformationen ein, die zunächst in unabhängigen Erhebungen registriert werden. Die Leitlinie der Vereinheitlichung der Rechnungssysteme bestand von Anfang an darin, das Erfassungs- und Berechnungssystem, das vom Statistischen Bundesamt bereits zuvor bei der Inlandsproduktsberechnung für das frühere Gebiet der Bundesrepublik verwendet wurde, in praktisch unveränderter Form auf das gesamte Bundesgebiet anzuwenden.

Seit 1990 wurde daher versucht, die **Inlandsproduktsermittlung** nach der Entstehungs-, Verwendungs- und Verteilungsrechnung auch **für die neuen Bundesländer** (Sachsen, Mecklenburg-Vorpommern, Sachsen-Anhalt, Brandenburg und Thüringen) vorzunehmen. Gleichzeitig war hierbei Berlin als Ganzes in die Berechnungen einzubeziehen. Die Umstellung bedingte, daß in der Anlaufphase Probleme hinsichtlich der Erhebung sowie der Gleichartigkeit der Abgrenzung von bestimmten ökonomischen Größen unvermeidbar waren. Der Schwerpunkt der Arbeiten liegt auf der Inlandsproduktsermittlung nach der Verwendungsrechnung und der Entstehungsrechnung. Dies entspricht der bereits zuvor für das frühere Gebiet der Bundesrepublik geübten Praxis. Wie im voranstehenden Abschnitt geschildert wurde, ist eine eigenständige Berechnung des Inlandsprodukts über die Verteilungsseite aufgrund von Erhebungslücken bei den Einkommen aus Unternehmertätigkeit und Vermögen nicht möglich.

Die Umstellung der Statistik in den neuen Bundesländern findet auch international große Aufmerksamkeit. Insbesondere die Länder Osteuropas, die sich auf dem Weg zur Annäherung an die Wirtschaftsstrukturen der westlichen Industrieländer befinden, sehen in diesem Prozeß ein mögliches Vorbild für die erforderlichen Anpassungen in ihren eigenen Ländern.

Für einige Jahre werden die Inlandsproduktsberechnungen für das frühere Gebiet der Bundesrepublik und für das gesamte Bundesgebiet parallel ausgewiesen. Die damit ermöglichte Trennung der Entwicklung in den alten und in den neuen Bundesländern hat verschiedene Vorteile. Zum einen ist es für die Öffentlichkeit, für die Wirtschaftspolitik und für die Wissenschaft interessant, die Entwicklung der neuen Bundesländer getrennt zu beschreiben und zu analysieren. Zum zweiten bietet es sich für bestimmte empirische Untersuchungen an, in den Datenreihen für die Inlandsproduktsaggregate weiterhin im Zeitverlauf vergleichbare Zahlen und somit vorerst keine „Bruchstellen" auszuweisen. Ein getrennter Ausweis ist ohne größere Probleme möglich, weil die Basisdaten ebenfalls getrennt erhoben werden.

Eine Hilfe bei der Einführung des neuen Systems der Inlandsproduktsberechnung in den neuen Bundesländern war die Tatsache, daß die amtliche Statistik in der ehemaligen DDR eine umfangreiche Erfassung der verschiedenen wirtschaftlichen Transaktionen vorgenommen hatte. Es kann davon ausgegangen werden, daß die von der „Staatlichen Zentralverwaltung für Statistik" veröffentlichten Zahlen von dieser nicht verfälscht wurden. Dies ermöglichte es, in vielen Bereichen auf bereits bestehende Erhebungssysteme für die Basisdaten zurückzugreifen. Gleichwohl mußten bestimmte Begriffe und Definitionen ökonomischer Größen geändert werden, um sie den Erfordernissen der Inlandsproduktsberechnung des Statistischen Bundesamtes anzupassen. Außerdem fehlten wichtige Datenreihen, z.B. Ergebnisse der Volks-, Berufs- und Wohnungszählung, eine Einkommensgesamtrechnung, eine aussagefähige Industriestatistik und eine Umweltstatistik. Zur gleichen Zeit wurde ein Berichtssystem nach dem Muster der Bundesrepublik aufgebaut.

Einige der für die ehemalige DDR verfügbaren Zahlenreihen waren mit erheblichen Problemen behaftet und konnten teilweise überhaupt nicht verwendet werden. Hierzu zählte z.B. die Statistik des Anlagevermögens. Sie war direkt aus den Aufzeichnungen der Betriebe übernommen worden, wobei es sich bei deren Zahlen um Bruttowerte der Anlagen gehandelt hatte. Die Bewertung unterlag vergleichsweise großer Willkür. Anlagen, die längst auszusondern waren, wurden immer noch zu Wiederbeschaffungspreisen von 1986 geführt. Ein weiteres Problem bildete die nach anderen Prinzipien als in Westdeutschland vorgenommene Preisbereinigung, wenn sich die Zusammensetzung der Produktion geändert hat. Besonders undurchsichtig war auch die Statistik über die Außenhandelsströme der früheren DDR. Sie wurden in statistischen Recheneinheiten, der sogenannten Valuta-Mark, veröffentlicht. Ihre Relation zur Mark der DDR war allerdings nie ausgewiesen worden. Darüber hinaus wurden die Handelsströme mit den sozialistischen Ländern, deren Anteil mit rund zwei Dritteln angegeben wurde, rein willkürlich bewertet.

9. Quellen und Genauigkeit der Inlandsproduktsdaten

Mittlerweile ist die Umstellung der Statistik in den neuen Ländern abgeschlossen, insbesondere zur Beurteilung der strukturellen Anpassung werden die meisten Inlandsproduktsdaten aber für alte und neue Bundesländer parallel ausgewiesen.

A. Datenquellen

Die in die Inlandsproduktsberechnungen eingehenden Daten werden zum überwiegenden Teil nicht aus gesondert für die Volkswirtschaftliche Gesamtrechnung erhobenen Statistiken entnommen, sondern stammen aus **Sekundärstatistiken**. Hierbei handelt es sich vor allem um Wirtschafts-, Finanz- und Bevölkerungsstatistiken, die z.B. für Steuer- und Verwaltungszwecke ermittelt werden und dort die **Primärstatistiken** bilden. Die verschiedenen Statistiken sind überwiegend auf die Unternehmen als Erhebungs- und Darstellungseinheiten ausgerichtet. Im Detail hat das Statistische Bundesamt die statistischen Quellen der einzelnen Zahlenreihen bisher noch nicht beschrieben. Dies wird jedoch im Rahmen eines „Inventarverzeichnisses" erfolgen. Anstoß hierfür war ein Beschluß des Rates der Europäischen Gemeinschaften zur Einführung einer Finanzierungsquelle, die sich am Bruttoinlandsprodukt der Mitgliedsländer orientiert. In diesem Zusammenhang verpflichteten sich die Mitgliedsländer, eine detaillierte Methoden- und Quellenbeschreibung ihrer Sozialproduktsberechnungen vorzulegen.[5]

Daten für die Entstehungsrechnung, in die insbesondere die Produktionswerte und der Wert der Vorleistungen eingehen, greifen hauptsächlich auf bereichsspezifische Basisstatistiken (z.B. Totalerhebung der Unternehmen verschiedener Wirtschaftsbereiche) und Umsatzsteuerstatistiken zurück. Für die Landwirtschaft werden die Angaben den Produktions- und Vorratsstatistiken entnommen, die für einzelne Produkte geführt werden. Für den Bereich des warenproduzierenden Gewerbes liegen verläßliche Daten aus den jährlich durchgeführten Kostenstrukturerhebungen vor, die sowohl die Produktionswerte als auch die Vorleistungen registrieren. Sie werden durch Statistiken über kleine Unternehmen (z.B. Handwerksberichterstattung und Erhebung für in-

[5] Bisher sind Erläuterungen der Datenquellen aus regelmäßigen Veröffentlichungen des Statistischen Bundesamtes (z.B. in der Monatszeitschrift „Wirtschaft und Statistik" des Statistischen Bundesamtes und in dem jährlich erscheinenden Band zu den Konten und Standardtabellen der Volkswirtschaftlichen Gesamtrechnung) zu entnehmen. Einen Überblick über die Inlandsproduktsberechnungen liefert eine Sonderveröffentlichung des Statistischen Bundesamtes; vgl. Statistisches Bundesamt 1989.

dustrielle Kleinbetriebe) ergänzt. Für den Handel stehen wichtige Eckdaten aus den alle fünf Jahre durchgeführten Totalerhebungen (Handels- und Gaststättenzählungen) zur Verfügung, die für die Jahres- und Monatsdaten durch Angaben der Handelsberichterstattung ergänzt werden. Für den Bereich der Kreditinstitute und Versicherungsunternehmen greift die Inlandsproduktsberechnung auf Erhebungen der Deutschen Bundesbank bzw. des Bundesaufsichtsamtes für das Kreditwesen zurück. Die Berechnung der Umsätze der sonstigen Dienstleistungsunternehmen stützen sich im wesentlichen auf die Umsatzsteuerstatistik. Für den Bereich der öffentlichen Haushalte stammen die Daten aus den Finanzstatistiken der Gebietskörperschaften. Die Berechnung der Wertschöpfung der privaten Haushalte geht von der Entwicklung der Zahl der Beschäftigten und den Durchschnittslöhnen und -gehältern aus.

Im Bereich der Verwendungsrechnung stützen sich die Daten zum privaten Konsum vornehmlich auf die Umsatzsteuerstatistik. Eine Überprüfung der hieraus abgeleiteten Ergebnisse erfolgt anhand der fünfjährlichen **Einkommens- und Verbrauchsstichprobe** bei ca. 50000 Haushalten im Rahmen der großen Revisionen. Der Staatsverbrauch wird durch Abzug der Vorleistungen und selbsterstellten Anlagen vom Produktionswert ermittelt. Die Bruttoinvestitionen (außer den Lagerinvestitionen) werden über zwei getrennte Rechnungen ermittelt. Zum einen bilden Daten über die Anlagenkäufe und selbsterstellten Anlagen der investierenden Bereiche die Grundlage für ihre Ermittlung. Zum anderen werden sie auf Basis einer Güterstromrechnung (commodity-flow-Methode) aus den Angaben der Investitionsgüter produzierenden inländischen Bereiche, des Außenhandels sowie über erbrachte Bauleistungen berechnet. Die Quelle für die Werte der Vorratsänderungen bilden Bilanzstatistiken und die Investitionserhebungen in einzelnen Wirtschaftsbereichen. Einfuhr und Ausfuhr werden aus der Außenhandelsstatistik und aus der Zahlungsbilanzstatistik entnommen.

In der Verteilungsrechnung ergeben sich die Bruttoeinkommen aus unselbständiger Arbeit aus zwei Quellen. Zum einen lassen sich aus einer Reihe von Einzelstatistiken für Wirtschaftsbereiche (Bereichsstatistiken) Daten über die gezahlten Verdienste entnehmen, und für die übrigen Wirtschaftsbereiche kann man auf Angaben über Beschäftigte (Erwerbstätigenstatistik) und Durchschnittsverdienstindikatoren (Tarifunterlagen und Verdienststatistik) zurückgreifen. Zum anderen bilden die **Statistiken der Sozialversicherungsträger** die Grundlage für die Berechnung der Löhne und Gehälter. Statistische Grundlage für die Bruttoeinkommen aus Unternehmertätigkeit und Vermögen stellen die Bilanzstatistik und die **Steuerstatistik** dar. Zinsen und Pachten sind im wesentlichen der Bankenstatistik der Deutschen Bundesbank, der Finanzstatistik der Gebietskörperschaften, der Zahlungsbilanz sowie der Gewinn- und Verlustrechnungen der Kreditinstitute und Versicherungsunternehmen entnommen. Allerdings können die nichtentnommenen Gewinne der Unternehmen ohne eigene Rechtspersönlichkeit nur als Saldo aus dem nach anderen Methoden berechneten Inlandsprodukt und den anderen Einkommensbestandteilen ermittelt werden. Zur Berechnung der verfügbaren Einkommen sind neben den Bruttoeinkommen die Umverteilungsvorgänge (Steuern, Subventionen, Sozialbeiträge, soziale Leistungen und andere laufende Übertragungen) zu erfassen. Sie werden im wesentlichen aus der Finanzstatistik und der Zahlungsbilanz abgeleitet.

B. Genauigkeit der Inlandsproduktsdaten

Die Genauigkeit der Inlandsproduktsberechnung wird durch eine Reihe von Fehlerquellen eingeschränkt. Nachfolgend sind einige wichtige Problembereiche aufgeführt:

Konzeptionelle Fehler: Die obigen Ausführungen zu den Datenquellen der Inlandsproduktsberechnung zeigen, daß auf eine Reihe von Sekundärstatistiken zurückgegriffen werden muß. Diese Daten können jedoch nicht unmittelbar übernommen werden, sondern müssen vielfach erst an die Konzepte und Abgrenzungen der Inlandsproduktsberechnungen angepaßt werden. Da für die Anpassungen stets Enscheidungsspielräume bestehen und daher bestimmte Annahmen zu treffen sind, können hierbei konzeptionelle Fehler auftreten.

Vorliegen unterschiedlicher Daten für die gleiche Größe: Soweit aus den Sekundärstatistiken für die gleiche Größe mehrere Quellen mit unterschiedlichen Ergebnissen zur Verfügung stehen, muß eine Entscheidung für eine Zahlenreihe oder eine Kombination von Zahlenreihen getroffen werden. Die hierbei bestehenden Ermessensspielräume bedingen, daß in die Inlandsproduktsberechnung subjektive Komponenten eingehen.

Erfassungsfehler und Beobachtungsprobleme: Ungenauigkeiten entstehen auch durch Erfassungsfehler, die bei einem so umfangreichen Rechenwerk, wie es die Inlandsproduktsberechnung darstellt, praktisch unvermeidbar sind. Die Qualität der Inlandsproduktsstatistiken hängt daher entscheidend von der Qualität der Sekundärstatistiken ab. Erfassungsfehler können bei den verschiedenen Erhebungen z.B. darin bestehen, daß Fehler bei der Aufzeichnung gemacht werden oder die Wirtschaftseinheiten, bei denen die Angaben erhoben werden, bewußt oder aus Unwissen falsche Angaben machen. Manche Größen lassen sich auch aufgrund von weniger häufigen Erhebungen nur im mehrjährigen Abstand beobachten und müssen für die Zeiträume zwischen den Erhebungen extrapoliert oder aufgrund anderer Anhaltspunkte hilfsweise berechnet werden. Die Genauigkeit wird zusätzlich dadurch beeinträchtigt, daß für einige Transaktionen, die bei den Inlandsproduktsberechnungen zu berücksichtigen sind, überhaupt keine Daten vorliegen und daher Schätzungen vorgenommen werden müssen.

Bewertungsprobleme: Sie treten vor allem bei der Berechnung der Abschreibungen und der Vorratsänderungen auf. Nach Handels- und Steuerrecht werden Abschreibungen von den Anschaffungswerten berechnet, da diesen Rechtsnormen das Prinzip der nominellen Kapitalerhaltung zugrunde liegt. In der Inlandsproduktsberechnung werden *Abschreibungen* dagegen zu den Wiederbeschaffungswerten der Berichtsperiode berechnet, da es hierbei um die reale Kapitalerhaltung geht. Daraus ergeben sich verschiedene Probleme. So muß beispielsweise die Nutzungsdauer geschätzt und ein Wertansatz für die Wiederbeschaffungspreise gefunden werden. Ähnliche Probleme entstehen bei der Bewertung der Vorratsänderung. Hierbei geht es um die Frage, welche Werte den Vorräten am Ende der Berichtsperiode zukommen. Auch bei diesem Bewertungsproblem wird ein anderes Verfahren als im Handels- oder im Steuerrecht angewandt. In der Inlandsproduktsberechnung werden die Anfangs- und Endbestände zunächst in konstante Preise umgerechnet. Die Vorratsänderung wird anschließend als Produkt aus der realen Vorratsänderung und dem Wert des Preisindex für die Berichtsperiode ermittelt.

Schattenwirtschaft: Grundsätzlich sollen die Produktionsaktivitäten einer Volkswirtschaft in das Inlandsprodukt eingehen. Dabei erfolgt eine Beschränkung auf die über den Markt erbrachten Leistungen. Ein Teil der Aktivitäten, die die Inlandsproduktsberechnung als Produktion ansieht, werden jedoch außerhalb der Marktaktivitäten erbracht. In Industriegesellschaften erfolgt dies zumeist aus Gründen der Vermeidung von Steuern oder anderer Abgaben. Man spricht in diesem Zusammenhang von Nebenwirtschaft, Schwarzarbeit oder Schattenwirtschaft.

Unterstellte und anders erfaßte Transaktionen: Weitere Einschränkungen der Genauigkeit resultieren aus den Transaktionen, die in der Inlandsproduktsberechnung unterstellt werden oder anders in die Berechnungen eingehen, als sie stattgefunden haben. Als Beispiel lassen sich die unterstellten Einkünfte bei der Nutzung von Eigenheimen nennen. In diesem Fall werden Einkünfte unterstellt, weil das Inlandsprodukt nicht geringer ausfallen soll als in dem Fall, in dem Wirtschaftseinheiten ihr Eigenheim vermieten und selbst eine andere Wohnung mieten. Die verwendete Konzeption impliziert, daß auch fiktive Größen in die Inlandsproduktsberechnung eingehen und oftmals Ermessensspielräume bei der Bewertung zulassen. Ungenauigkeiten entstehen auch bei den anders erfaßten Transaktionen. So wird in der Inlandsproduktsberechnung beispielsweise unterstellt, daß der Gesamtbetrag der Gewinne von Unternehmen ohne eigene Rechtspersönlichkeit den privaten Haushalten zufließt, obwohl dies nur für einen Teil dieser Gewinne zutrifft.

Vorläufige Ergebnisse und Revisionen: Zwar geht in die Inlandsproduktsberechnung umfangreiches Datenmaterial ein, so daß relativ genaue Berechnungen erst mit erheblicher zeitlicher Verzögerung zu erwarten sind, doch besteht sowohl in der Öffentlichkeit als auch in der Wirtschaftspolitik der Wunsch, möglichst früh einige Eckwerte über die Inlandsproduktsentwicklung der abgelaufenen Periode zu erhalten. Dies bedingt, daß zunächst vorläufige Zahlen ermittelt werden. So werden z.B. im Januar bereits erste Zahlen zum Inlandsprodukt des abgelaufenen Jahres veröffentlicht. Endgültige Berechnungen liegen allerdings erst $2^1/_2$ Jahre später vor. Außerdem werden alle fünf Jahre sogenannte große Revisionen vorgenommen, in denen außer der Einarbeitung mehrjähriger Erhebungen auch Umstellungen der Basisjahre für die Angaben in konstanten Preisen und Einführungen konzeptioneller Änderungen erfolgen. Nicht selten bestehen zwischen den vorläufigen und den endgültigen Daten erhebliche Differenzen, womit die Ungenauigkeit der vorläufigen Daten deutlich wird. So ergab z.B. die Arbeitsstättenzählung von 1987, daß die Zahl der Erwerbstätigen in der Bundesrepublik 1987 nicht wie ursprünglich angenommen 25,91 Mio., sondern 27,05 Mio. betrug. Die Revision betrug somit mehr als eine Million Erwerbstätige oder rd. 4 %. Ein weiteres Beispiel für eine besonders starke Revision ergab sich in jüngerer Vergangenheit in den USA. Dort wurden Anfang 1990 die realen Wachstumsraten des Bruttosozialprodukts der USA für das zweite, dritte und vierte Quartal 1989 als vorläufige Ergebnisse mit 5,5, 3,0 und 1,1 Prozent veröffentlicht. Rund sieben Monate später korrigierte das Handelsministerium die Wachstumsraten für die genannten Quartale auf 1,6, 1,7 und 0,3 Prozent.

Die genannten Einschränkungen der Genauigkeit sind zu berücksichtigen, wenn die Daten der Inlandsproduktsberechnung interpretiert werden. Letztlich entscheiden die benötigte Genauigkeit sowie die Einschätzung der Größenordnung der Fehler über die Qualität der Zahlen der Inlandsproduktsberechnung. Auch wenn die Ungenauigkeit der Inlandsproduktszahlen oftmals auf eine Größenordnung von etwa drei Prozent geschätzt wird, gibt es letztlich keine abgesicherten Informationen über die Fehlergröße. Die Beurteilung der Qualität der Inlandsproduktsdaten ist also notwendigerweise subjektiv. Es ist daher wichtig, bei Verwendung der Daten Kenntnisse über ihre Zusammensetzung, die Datenquellen sowie deren Zuverlässigkeit zu besitzen.

Schlüsselbegriffe:

System of National Accounts
Europäisches System Volkswirtschaftlicher Gesamtrechnungen
Zusammengefaßtes Güterkonto
Entstehungsrechnung
Verwendungsrechnung
Verteilungsrechnung
Produktivität
Pro-Kopf-Einkommen
Bruttowertschöpfung
Funktionelle Einkommensverteilung
Personelle Einkommensverteilung
Tatsächliche Lohnquote
Bereinigte Lohnquote
Arbeitseinkommensquote
Lorenzkurve
Gini-Koeffizient
Staatsquote
Steuerquote
Abgabenquote

7. Kapitel: Zur zeitlichen und internationalen Vergleichbarkeit der Inlandsproduktsdaten

Die für eine Periode im Rahmen der Inlandsproduktsberechnung ermittelten Daten besitzen nur eine eingeschränkte **Aussagefähigkeit.** Die Feststellung etwa, daß das Bruttoinlandsprodukt der Bundesrepublik Deutschland im Jahr 1970 eine Höhe von 675,3 Mrd. DM aufwies, besagt, für sich genommen, nicht viel. Ist ein Inlandsprodukt von 675,3 Mrd. DM viel oder wenig? Um eine Antwort auf diese Frage geben zu können, muß man das Bruttoinlandsprodukt entweder zu dem Bruttoinlandsprodukt eines anderen Landes oder zu dem Bruttoinlandsprodukt eines anderen Jahres in Beziehung setzen. Im ersten Fall stellt man einen internationalen, im zweiten Fall einen intertemporalen Vergleich an. Die Frage, wie man solche Vergleiche anstellen kann und welche Probleme dabei auftreten können, wird in diesem Kapitel genauer untersucht. Die Diskussion erfolgt zwar vor allem im Hinblick auf die Inlandsproduktsberechnung, die Überlegungen gelten jedoch in ganz ähnlicher Weise auch für die später noch zu behandelnden Nebenrechnungen der Volkswirtschaftlichen Gesamtrechnung. Im folgenden Abschnitt soll zunächst die zeitliche Vergleichbarkeit betrachtet werden. Die internationale Vergleichbarkeit wird anschließend behandelt.

1. Zeitliche Vergleichbarkeit

A. Zweck und Gegenstand zeitlicher Vergleiche

Das Inlandsprodukt repräsentiert den Güterberg (einschließlich Dienstleistungen), den eine Volkswirtschaft innerhalb einer Periode produziert hat. Um die Vielzahl der verschiedenartigen Waren und Dienstleistungen, die hergestellt werden, zu einer einzigen Größe zusammenfassen zu können, müssen die Güter bewertet werden. Dazu benutzt man in der Regel die Marktpreise der jeweiligen Periode. Vergleicht man nun das Bruttoinlandsprodukt, z.B. des Jahres 1980, in dem es 1472,0 Mrd. DM betrug, mit dem des Jahres 1970, in dem es eine Höhe von 675,3 Mrd. DM aufwies, läßt sich anhand dieser beiden Zahlen nicht sagen, ob der Güterberg tatsächlich gewachsen ist oder ob bei gegebenem Güterberg lediglich die Preise gestiegen sind. In beiden Fällen hätte sich eine Erhöhung des Wertes der produzierten Waren und Dienstleistungen ergeben. Nur wenn der physische Güterberg gewachsen ist, kann von einer Zunahme des ökonomischen Wohlstands die Rede sein. Daher ist die Frage von zentraler Bedeutung, ob und um wieviel der von einer Volkswirtschaft erzeugte Güterberg zugenommen hat. Dies ist die Frage nach der realen Entwicklung einer Volkswirtschaft.

Um sie beantworten zu können, muß das nominale Inlandsprodukt für jede betrachtete Periode in eine **Mengenkomponente** (reale Größe) und eine **Preiskomponente** zerlegt werden. Diese Zerlegung wäre nur dann einfach, wenn sich zwischen zwei Perioden alle Preise und alle Mengen um jeweils den gleichen Prozentsatz erhöhen und sich überdies weder die Anzahl der Güterarten noch ihre Qualität ändern würden. In der Praxis ist dies jedoch nie der Fall: Erstens steigen oder sinken die Preise und Mengen der Güter einer Volkswirtschaft in sehr unterschiedlichem Maße, zweitens bleibt die Qualität von Gütern nicht konstant und drittens treten neue Güter auf dem Markt auf und alte verschwinden. Im folgenden soll gezeigt werden, wie man versucht, das Zerlegungsproblem in den Griff zu bekommen. (Die Probleme, die Qualitätsveränderungen sowie das Auftreten und Verschwinden einzelner Güterarten hervorrufen, werden nur kurz gestreift.) Dabei muß man sich jedoch darüber im klaren sein, daß es unmöglich ist, durch „Herausrechnung" der Preisentwicklung wirklich die „mengen-" oder „gütermäßige" Entwicklung des Inlandsprodukts einer Volkswirtschaft zu isolieren: Um zu einer zusammengefaßten Größe, dem Inlandsprodukt, zu gelangen, ist ja gerade die Bewertung der einzelnen Güter unerläßliche Voraussetzung; bei einer echten „Herausrechnung" der Preisentwicklung blieben nur die Güterberge übrig, die sich wegen der Verschiedenartigkeit ihrer Zusammensetzung nicht untereinander vergleichen lassen.

B. Konzepte zur Erfassung der Preisentwicklung: Preisindizes

Die Preise der vielen verschiedenen Güter, die in einer Volkswirtschaft hergestellt werden, unterliegen ständigen Veränderungen. In einer gegebenen Periode steigen zahlreiche Preise, andere sinken und wieder andere bleiben konstant. Um eine Aussage über die generelle Tendenz der Preisentwicklung zu erhalten, muß die Vielzahl der Preise in eine **Maßzahl des Preisniveaus** verdichtet werden. Dies erreicht man durch die Konstruktion eines **Preisindex.**

Wie soll nun die Verdichtung der vielen Einzelpreise in einen Preisindex erfolgen? Man könnte auf die Idee kommen, einfach das arithmetische Mittel aller Preise zu berechnen. Dabei würden jedoch alle Güter gleich behandelt. Weil aber mehr Kartoffeln als Kaviar gegessen werden, sollte dem Kartoffelpreis im Index auch ein größeres Gewicht zukommen. Daher werden bei der Konstruktion und Berechnung von

Preisindizes den verschiedenen Gütern unterschiedliche Gewichte zugeordnet, die ihre relative Bedeutung widerspiegeln.

Eine Möglichkeit, einen Preisindex zu konstruieren, besteht darin, für ein bestimmtes Jahr, das als **Basisjahr** bezeichnet werden soll, einen **„Warenkorb"** zusammenzustellen und seinen Inhalt mit Gewichten entsprechend der Bedeutung der verschiedenen Güter zu versehen. Ein solcher Warenkorb könnte dann beispielsweise das Güterbündel repräsentieren, das ein durchschnittlicher Haushalt in einem bestimmten Jahr, dem Basisjahr, kauft. Bewertet man die Gütermengen des Warenkorbes mit den Preisen des Basisjahrs, erhält man den Wert des Warenkorbes im Basisjahr. Dem Wert des Warenkorbes im Basisjahr wird jetzt der Wert desselben Warenkorbes in einem anderen Jahr, das als **Berichtsjahr** bezeichnet werden soll, gegenübergestellt. Der Wert des Warenkorbes im Berichtsjahr wird sich im allgemeinen vom Wert des Warenkorbes im Basisjahr unterscheiden, er wird z.B. höher liegen, wenn die Preise im Durchschnitt gestiegen sind. Dividiert man den so berechneten Wert des Warenkorbes des Berichtsjahres durch den Wert des Basisjahres, erhält man den Preisindex für die Güterstruktur des Warenkorbes. Der Preisindex macht eine Aussage über die zeitliche Entwicklung des Wertes des Warenkorbes.

Nimmt man beispielsweise an, daß ein durchschnittlicher Haushalt, der sogenannte **Indexhaushalt,** im Basisjahr (z.B. 1985) zehn Kilogramm Kartoffeln, aber nur ein Glas Kaviar kaufte, besteht der dem Preisindex zugrundegelegte Warenkorb aus zehn Kilogramm Kartoffeln und aus einem Glas Kaviar. Für den Preisindex des Jahres 1990 ($PI_{L,1990}$) gilt dann:

$$PI_{L,\,1990} = \frac{10 \cdot \text{Kartoffelpreis}_{1990} + 1 \cdot \text{Kaviarpreis}_{1990}}{10 \cdot \text{Kartoffelpreis}_{1985} + 1 \cdot \text{Kaviarpreis}_{1985}}.$$

Der Index besagt, wieviel im Berichtsjahr der Kauf von zehn Kilogramm Kartoffeln und einem Glas Kaviar relativ zum Kauf des gleichen Warenkorbes im Basisjahr 1985 kostet. Nimmt man an, daß der Kartoffelpreis von 2 DM im Basisjahr auf 3 DM im Berichtsjahr steigt, während der Kaviarpreis von 10 DM auf 5 DM sinkt, dann läßt sich für dieses Beispiel der Preisindex folgendermaßen berechnen:

$$PI_{L,\,1990} = \frac{10 \cdot 3 + 1 \cdot 5}{10 \cdot 2 + 1 \cdot 10} = \frac{30 + 5}{20 + 10} = 1{,}17.$$

Da üblicherweise der Preisindex im Basisjahr gleich 100 gesetzt wird, ergibt sich für das Berichtsjahr ein Index von 117. Anders ausgedrückt ist der Warenkorb des Basisjahres im Berichtsjahr um 17 Prozent teurer. Einen Preisindex, der feste Gewichte verwendet, nämlich den Warenkorb des Basisjahrs, bezeichnet man als **Index vom Laspeyres-Typ.**

Alternativ zu einem Laspeyres-Index kann man auch einen sogenannten **Paasche-Index** betrachten. Ein Paasche-Index verwendet den jeweils aktuellen Warenkorb, also den Warenkorb des Berichtsjahres, für die Gewichtung. Werden im Jahr 1990 vom Indexhaushalt beispielsweise nur noch acht Kilogramm Kartoffeln, aber zwei Gläser Kaviar gekauft, dann gilt für einen Paasche-Preisindex (PI_P):

$$PI_P = \frac{8 \cdot \text{Kartoffelpreis}_{1990} + 2 \cdot \text{Kaviarpreis}_{1990}}{8 \cdot \text{Kartoffelpreis}_{1985} + 2 \cdot \text{Kaviarpreis}_{1985}}.$$

Das Basisjahr dieses Index ist ebenfalls 1985, der Warenkorb ändert sich aber, wie gesagt, jedes Jahr. Ein Paasche-Index macht daher eine Aussage darüber, was der Warenkorb des Berichtsjahres im Basisjahr gekostet hätte. Mit den für das obige Beispiel gewählten Preisen ergibt sich für den Paasche-Index:

$$PI_{P,\,1990} = \frac{8 \cdot 3 + 2 \cdot 5}{8 \cdot 2 + 2 \cdot 10} = \frac{24 + 10}{16 + 20} = 0{,}94.$$

Setzt man für das Basisjahr den Index wieder gleich 100, dann weist er im Berichtsjahr den Wert 94 auf. Das bedeutet, daß der aktuelle Warenkorb im Berichtsjahr um 6 Prozent billiger ist als im Basisjahr.

Im betrachteten Beispiel versuchen beide Arten von Preisindizes die Entwicklung der Kosten der Lebenshaltung des durchschnittlichen Haushalts wiederzugeben; beiden gelingt das jedoch nur unvollständig. Dies soll an einem Beispiel verdeutlicht werden. Dazu sei angenommen, daß der Bestand an Stören durch ein Fischsterben so stark zurückgegangen ist, daß kein neuer Kaviar mehr auf den Markt kommt. Der Preis für die geringen Restbestände an Kaviar steigt deswegen extrem stark an. Da nur noch die Restbestände umgesetzt werden, spielt der Kaviar im aktuellen Warenkorb praktisch keine Rolle. Weil die Gewichtung des Kaviars so klein ist, hat der Preisanstieg des Kaviars in einem Preisindex vom Paasche-Typ nur eine geringe Wirkung. Anders ist es bei einem Index vom Laspeyres-Typ. Weil hier der Warenkorb des Basisjahres zugrundegelegt wird, in dem dem Kaviar ein relativ großes Gewicht zukommt, führt der starke Anstieg des Kaviarpreises auch zu einem deutlichen Anstieg des Preisindex.

Welcher Preisindex gibt die Auswirkungen des Preisanstiegs auf den durchschnittlichen Konsumenten richtig wieder? Der Laspeyres-Index verwendet einen festen Warenkorb. Er übertreibt die Wirkung einer Preiserhöhung, weil die Möglichkeit einer Substitution von Kaviar durch andere Güter (z.B. Kartoffeln) ignoriert wird. Der Paasche-Index legt den aktuellen Warenkorb zugrunde. Er unterschätzt die Auswirkungen einer Preiserhöhung, weil er zwar die Substitution von Kaviar durch andere Güter vollständig berücksichtigt, aber außer acht läßt, daß diese Substitution mit Wohlfahrtsverlusten verbunden ist.

Wegen der festen Gewichtung läßt ein Laspeyres-Index einen direkten Vergleich zwischen den einzelnen Jahren der Index-Reihe zu. Die aus einem solchen Vergleich gezogenen Schlußfolgerungen werden jedoch um so fragwürdiger, je weiter man sich vom Basisjahr entfernt. Die Wahrscheinlichkeit, daß der verwendete Warenkorb die tatsächlichen Verbrauchsgewohnheiten widerspiegelt, wird nämlich immer geringer. In der Praxis trägt man dem dadurch Rechnung, daß die Warenkörbe von Zeit zu Zeit aktualisiert und an die veränderten Verbrauchsgewohnheiten angepaßt werden. Ein Paasche-Index läßt streng genommen nur eine Gegenüberstellung des jeweiligen Berichtsjahres mit dem Basisjahr zu. Ein direkter Vergleich der einzelnen Jahre einer Index-Reihe untereinander ist nur mit Einschränkungen möglich, weil im allgemeinen die Abstände der Index-Zahlen nicht nur durch die Preise, sondern auch durch Veränderungen im Warenkorb beeinflußt werden.

C. Preisindizes in der Bundesrepublik

Die beiden wichtigsten Indexgruppen, die in der Bundesrepublik durch das Statistische Bundesamt berechnet werden, sind die **Preisindizes der Inlandsproduktsberechnung** und die **Preisindizes für die Lebenshaltung.** Die Preisindizes der Inlandsproduktsberechnung – auch Preisindizes nach der Volkswirtschaftlichen Gesamtrechnung genannt – ergeben sich daraus, daß Größen der Inlandsproduktsberechnung einmal in jeweiligen Preisen und einmal in Preisen eines Basisjahres ermittelt werden. Der Quotient gibt dann die Preisentwicklung gegenüber dem Basisjahr wieder. Die so gewonnenen Preisindizes sind vom Paasche-Typ, da das Gewichtungsschema des jeweiligen Berichtsjahres verwendet wird. Weil sich die Preisindizes implizit im Rahmen der Inlandsproduktsberechnung in jeweiligen und in konstanten Preisen ergeben, spricht man auch von **„impliziten Preisindizes“.**

Wie das Inlandsprodukt selbst, können die impliziten Preisindizes von der Entstehungs-, der Verteilungs- und der Verwendungsseite her berechnet werden. Da in der Praxis eine isolierte Berechnung des Inlandsprodukts über die Verteilungsseite nicht erfolgt, spielt diese auch bei der Ermittlung der Preisindizes keine Rolle. Von der Entstehungsseite her veröffentlicht das Statistische Bundesamt die Bruttowertschöpfung in laufenden und in konstanten Preisen in der vollen Gliederung nach 58 Wirtschaftsbereichen, so daß hier jeweils implizite Preisindizes berechnet werden können. Auf gesamtwirtschaftlicher Ebene wird das Bruttoinlandsprodukt preisbereinigt, d.h. in konstanten Preisen ausgewiesen. Von der Verwendungsseite her betrachtet, läßt sich das reale Bruttoinlandsprodukt über eine Deflationierung seiner Komponenten ermitteln. Für jede der Komponenten – mit Ausnahme der Vorratsveränderungen – wird daher auch ein eigener impliziter Preisindex ermittelt. Der allgemeinste Preisindex der Verwendungsseite, der sogenannte **BIP-Deflator,** ergibt sich, wenn das nominale durch das reale Bruttoinlandsprodukt dividiert wird. Einen Überblick über die Entwicklung der Preise nach der Volkswirtschaftlichen Gesamtrechnung gibt Tab. 7-1.

Jahr*	Bruttoinlandsprodukt	Privater Verbrauch	Staatsverbrauch	Bruttoinvestitionen	Ausfuhr[1]	Einfuhr[1]
1960	30,3	35,2	21,3	27,5	42,0	47,5
1965	36,3	40,7	27,9	34,4	45,1	49,6
1970	43,8	45,9	36,4	42,6	49,9	47,7
1975	59,7	61,6	57,9	56,0	68,3	67,1
1980	72,9	75,0	72,5	73,0	81,6	87,3
1985	85,4	90,1	84,1	84,6	96,7	109,1
1986	88,1	89,6	85,8	86,0	95,3	96,6
1987	89,7	90,0	87,8	87,2	94,3	92,0
1988	91,1	91,2	89,2	88,8	96,1	93,6
1989	93,3	93,9	92,1	91,4	98,7	98,5
1990	96,3	96,4	95,5	95,4	98,7	97,8
1991	100,0	100,0	100,0	100,0	100,0	100,0
1992	105,5	104,7	105,6	104,4	101,0	98,5
1993	109,4	108,9	108,6	107,5	101,2	97,0
1994	112,0	112,0	110,5	109,2	101,7	97,5

* ab 1991 einschl. neue Länder und Berlin-Ost

[1] Waren und Dienstleistungen einschließlich Erwerbs- und Vermögenseinkommen

Quelle: Sachverständigenrat (1995)

Tab. 7-1: Preisentwicklung nach der Volkswirtschaftlichen Gesamtrechnung (Indizes: 1991 = 100)

Bei Betrachtung von Tabelle 7-1 fällt auf, daß der Preisindex des Bruttoinlandsprodukts für die Jahre seit 1986 stärker gestiegen ist als jeder der in dieser Tabelle aufgeführten Teilindizes. Im ersten Moment mag dies verwirrend erscheinen. Das Rätsel läßt sich jedoch leicht lösen. Ein Blick auf die Entwicklung des Einfuhrindex zeigt, daß sich die Einfuhrpreise zwischen 1985 und 1988 im Durchschnitt stark vermindert haben und seitdem auf relativ niedrigem Niveau liegen. In den Verwendungskomponenten sind die Importgüter enthalten und wirken daher dämpfend auf die Preisentwicklung. Das Bruttoinlandsprodukt erhält man jedoch durch Subtraktion der Importe von der letzten Verwendung von Gütern. Daher ist im Preisindex des Bruttoinlandsprodukts der dämpfende Effekt der Importpreise nicht enthalten.

Zumindest in der Öffentlichkeit bekannter noch als der Inlandsproduktsdeflator dürfte der Preisindex der Lebenshaltung sein. Genauer müßte man vom Preisindex für die Lebenshaltung aller privaten Haushalte sprechen, denn daneben berechnet das Statistische Bundesamt noch Preisindizes für die Lebenshaltung spezieller Haushaltstypen. Dabei handelt es sich um Indizes für die Lebenshaltung von 4-Personen-Haushalten von Beamten und Angestellten mit höherem Einkommen, von 4-Personen-Haushalten von Arbeitern und Angestellten mit mittlerem Einkommen sowie von 2-Personen-Haushalten von Renten- und Sozialhilfeempfängern mit geringem Einkommen. Einen Überblick über die Abgrenzung der speziellen Haushaltstypen vermittelt Tabelle 7-2.

Die Berechnung dieser typengebundenen Indizes erfolgt deswegen, weil die Verbrauchsgewohnheiten der einzelnen Haushalte vom Durchschnittshaushalt, der dem Preisindex der Lebenshaltung aller privaten Haushalte zugrundegelegt wird, recht weit abweichen können. Da sich auch die Verbrauchsgewohnheiten in Ost- und Westdeutschland derzeit noch deutlich unterscheiden, werden die genannten Indizes gesondert für die alten und für die neuen Bundesländer ermittelt. Mit der Umstellung der Preisindizes auf das neue Basisjahr 1991 im August 1995 wird erstmals auch ein Preisindex für die Lebenshaltung aller privaten Haushalte für Gesamtdeutschland ermittelt.[1] Zusammen mit dem Preisindex für den Einzelhandel und dem Gastgewerbepreisindex berechnet das Statistische Bundesamt nunmehr insgesamt elf Verbraucherpreisindizes, die in Tabelle 7-3 zusammengestellt sind.

Alle genannten Indizes sind vom Laspeyres-Typ, d. h. es wird ein fester Warenkorb zugrundegelegt. Der aktuelle Warenkorb von 1991 umfaßt knapp 750 Güterarten und hat sich gegenüber dem von 1985 nur geringfügig verändert. Die 750 ausgewählten Waren und Dienstleistungen repräsentieren stellvertretend die gesamten Güterkäufe der Verbraucher. Die turnusmäßige Anpassung des Warenkorbes erscheint – neben sonstigen Ursachen für veränderte Verbrauchsgewohnheiten – vor allem aus zwei Gründen geboten: Erstens kommt es bei vielen Gütern im Zeitverlauf zu einer Qualitätsveränderung. Beispielsweise werden Staubsauger in den letzten Jahren häufig mit Mikrofiltern ausgestattet, die einen höheren Reinheitsgrad der Abluft bewirken. In den Augen der meisten Verbraucher stellt dies eine Qualitätsverbesserung dar. Eine Zunahme des Staubsaugerpreises, die ausschließlich auf dieser Qualitätsverbesserung beruht, ist ökonomisch völlig anders zu interpretieren als eine Zunahme des Preises bei gegebener Qualität. In der Praxis ist es jedoch sehr schwierig, einen beobachteten Preisanstieg in eine Qualitätskomponente und eine reine Preiskomponente zu zerlegen.

Zweitens verschwinden einige Produkte vom Markt, während andere neu auftreten. Es kann daher sein, daß im Warenkorb eines Laspeyres-Index Güter enthalten sind, die in der Berichtsperiode nicht mehr verbraucht werden, und umgekehrt Güter nicht enthalten sind, obwohl

---

[1] Vgl. hierfür und für die folgenden Überlegungen Elbel (1995).

Auswahlmerkmale	Früheres Bundesgebiet			Neue Länder und Berlin-Ost		
	Haushaltstyp			Haushaltstyp		
Haushaltsgröße	2 Personen	4 Personen	4 Personen	2 Personen	4 Personen	4 Personen
Personelle Zusammensetzung	Alleinstehendes Ehepaar	Ehepaar mit 2 Kindern, darunter mindestens 1 Kind unter 15 Jahren	Ehepaar mit 2 Kindern, darunter mindestens 1 Kind unter 15 Jahren	Alleinstehendes Ehepaar	Ehepaar mit 2 Kindern, darunter mindestens 1 Kind unter 15 Jahren	Ehepaar mit 2 Kindern, darunter mindestens 1 Kind unter 15 Jahren
Soziale Stellung des Hauptverdieners	Renten- und Sozialhilfeempfänger	Arbeiter und Angestellte	Angestellte und Beamte	Renten- und Sozialhilfeempfänger	Arbeiter und Angestellte	Angestellte und Beamte
Einkommensniveau	geringes Einkommen	mittleres Einkommen	höheres Einkommen	geringes Einkommen	mittleres Einkommen	höheres Einkommen
Einkommensbezieher	eine oder beide Personen	1 Alleinverdiener, geringes, unregelmäßiges Einkommen des anderen Ehepartners ist zulässig	1 Hauptverdiener, Ehepartner darf mitverdienen	eine oder beide Personen	Bezugsperson bezieht Einkommen aus Berufstätigkeit. Der Ehepartner kann regelmäßiges Einkommen aus Berufstätigkeit oder laufenden Übertragungen erzielen.	
Einkommensgrenzen für	die laufenden Bruttoeinkommensübertragungen von Staat und Arbeitgeber 1991: 1550 bis 2200 DM	das Bruttoeinkommen aus hauptberuflicher nichtselbständiger Arbeit der Bezugsperson 1991: 3350 bis 4900 DM	das Bruttoeinkommen aus hauptberuflicher nichtselbständiger Arbeit der Bezugsperson 1991: 5750 bis 7800 DM	die laufenden Bruttoeinkommensübertragungen von Staat und Arbeitgeber 1991: 1350 bis 1800 DM	das Bruttoeinkommen aus hauptberuflicher nichtselbständiger Arbeit der Bezugsperson 1991: 2300 bis 3800 DM	das Bruttoeinkommen aus hauptberuflicher nichtselbständiger Arbeit der Bezugsperson 1991: 4200 bis 5600 DM
Haushaltsbruttoeinkommen	darf individuell höchstens um 40 % über dem vorgenannten Haupteinkommen liegen			darf individuell höchstens um 40 % über dem vorgenannten Haupteinkommen liegen		

Quelle: Elbel (1995), S. 807

Tab. 7-2: Abgrenzung der speziellen Haushaltstypen

1. Verbraucherpreisindizes für Deutschland (insgesamt)
- Preisindex für die Lebenshaltung aller privaten Haushalte
- Preisindex für den Einzelhandel
- Gastgewerbepreisindex

2. Verbraucherpreisindizes für das frühere Bundesgebiet
- Preisindex für die Lebenshaltung aller privaten Haushalte
- Preisindex für die Lebenshaltung von 4-Personen-Haushalten von Beamten und Angestellten mit höherem Einkommen
- Preisindex für die Lebenshaltung von 4-Personen-Haushalten von Arbeitern und Angestellten mit mittlerem Einkommen
- Preisindex für die Lebenshaltung von 2-Personen-Haushalten von Renten- und Sozialhilfeempfängern mit geringem Einkommen

3. Verbraucherpreisindizes für die neuen Länder und Berlin-Ost
- Preisindex für die Lebenshaltung aller privaten Haushalte
- Preisindex für die Lebenshaltung von 4-Personen-Arbeitnehmerhaushalten mit höherem Einkommen
- Preisindex für die Lebenshaltung von 4-Personen-Arbeitnehmerhaushalten mit mittlerem Einkommen
- Preisindex für die Lebenshaltung von 2-Personen-Rentnerhaushalten

Quelle: Elbel (1995), S. 807

Tab. 7-3: Die Verbraucherindizes des Statistischen Bundesamtes

ihr Verbrauch in der Berichtsperiode eine Rolle spielt. In beiden Fällen wird – wie auch beim Auftreten von Qualitätsänderungen – die Aussagekraft des Index gemindert.

Ein Blick auf Tabelle 7-4, die Auskunft über die Überarbeitung des Warenkorbs von 1991 gibt, veranschaulicht diese Feststellungen.

Obwohl das Statistische Bundesamt, wie oben besprochen, bei der Berechnung der Preisindizes für die Lebenshaltung nach Haushaltstypen differenziert und auch zwischen Ost- und Westdeutschland unterscheidet, ist der Warenkorb doch in allen Fällen identisch. Unterschiedlich sind allerdings die Gewichte, die den einzelnen Güterarten des Warenkorbs zugeordnet werden. Vergleicht man die Wägungsschemata des Preisindex für die Lebenshaltung aller privaten Haushalte zwischen Ost- und Westdeutschland, so springen vor allem zwei Unterschiede ins Auge: Die Ausgaben für Nahrungsmittel, Getränke und Tabakwaren spielen in Ostdeutschland eine wesentlich größere Rolle als in Westdeutschland. Umgekehrt sieht es bei den Wohnungsmieten aus, die für Ostdeutschland nur mit einem Wägungsanteil von 6,2 %, für Westdeutschland aber mit einem Wägungsanteil von 19,2 % berücksichtigt werden. Längerfristig rechnet das Statistische Bundesamt jedoch damit, daß sich die Unterschiede in den Verbrauchsgewohnheiten ausgleichen und dann nur noch einheitliche Preisindizes für Gesamtdeutschland ermittelt werden.

Ein Vergleich der Indexreihen für Westdeutschland untereinander zeigt, daß die Preisentwicklung für alle Haushaltstypen über einen lan-

1. Ausgetauschte Positionen		
– Fischfilet, Tiefkühlkost	wird ersetzt durch	– Seehecht/Seelachs, Tiefkühlkost
– Joghurt ohne Fruchtzusatz	wird ersetzt durch	– Joghurt mit Fruchtzusatz
– Helles Mischbrot	wird ersetzt durch	– Körnerbrot
– Damen-Pelzmantel	wird ersetzt durch	– Damen-Mantel, Wolle
– Schrankwand	wird ersetzt durch	– Vitrine mit Glastüren
– Radiator	wird ersetzt durch	– Heizlüfter
– Heizkissen	wird ersetzt durch	– Heizdecke
– Superbenzin, Markenware, mit Bedienung	wird ersetzt durch	– Superbenzin-Plus, bleifrei, Markenware, Selbstbedienung
– Stereo-Steuergerät	wird ersetzt durch	– Stereo-Kompaktanlage
– Heimcomputer	wird ersetzt durch	– PC
– Elektronische Orgel	wird ersetzt durch	– Keyboard
– Farbumkehrfilm	wird ersetzt durch	– Farbnegativfilm

2. Gestrichene Positionen aus dem Warenkorb 1985

- Spaghetti
- Schneiderarbeit
- Zechenbrechkoks
- UVA-Oberkörperbräuner
- Reifen 11.00 R 20
- Chrom-Pflegemittel
- Dia-Rahmen
- Telekassette
- Pflanzenschutzmittel
- Feuersteine
- Strickgarn, Babygarn
- Anthrazit-Nuß 5/6
- Porzellantasse
- Mofa
- Dieselkraftstoff Markenware, mit Bedienung
- Pocket-Kamera
- TV-Multispiel
- Blitzlichtwürfel
- Unkrautvernichter
- Gas für Feuerzeuge

3. Neue Positionen im Warenkorb 1991

- Kiwi
- Salatteller (in 3 Hotel-/Restaurantkategorien)
- Mikrowellenherd
- Grundgebühr Fahrunterricht
- Spielzeugauto
- Einwegfeuerzeug
- Flaschenbier, alkoholfei
- Integralhelm
- Menüteller, Kunststoff (Mikrowellengeschirr)
- Disketten
- Blumenerde

Quelle: Elbel (1995), S. 805

Tab. 7-4: Überarbeitung des Warenkorbes 1991

gen Zeitraum betrachtet relativ ähnlich verlief, auch wenn es kurzfristig zu kleineren Abweichungen kam (vgl. Tabelle 7-5).

Die statistische Grundlage für die diskutierten Wägungsschemata bilden die Ergebnisse der Einkommens- und Verbrauchsstichprobe 1988. Sie wurden mit Hilfe der Ergebnisse der laufenden Wirtschaftsrechnungen der Jahre 1987 bis 1992 auf das Jahr 1991 fortgeschrieben.

Mit der Umstellung vom August 1995 wird auch erstmals ein Preisindex für die Lebenshaltung aller privaten Haushalte für Gesamtdeutschland berechnet. Methodisch wird er als gewogenes arithmetisches Mittel aus den für Ost- und Westdeutschland getrennt ermittelten Preisindizes

Jahr*	Preisindex für die Lebenshaltung			
	aller privaten Haushalte	4-Personen-Haushalte v. Beamten u. Angestellten m. höherem Einkommen	4-Personen-Haushalte v. Arbeitern u. Angestellten m. mittlerem Einkommen	2-Personen-Haushalte v. Renten- u. Sozialhilfeempf. m. geringem Einkommen
1965	44,7	44,1	45,6	44,5
1970	50,4	50,1	51,1	50,7
1975	67,9	67,4	68,4	68,2
1980	82,8	82,4	82,8	82,6
1985	100,0	100,0	100,0	100,0
1986	99,9	100,1	99,8	100,3
1987	100,1	100,6	99,9	100,0
1988	101,4	102,1	101,0	101,0
1989	104,2	104,9	103,9	104,0
1990	107,0	107,6	106,7	107,0
1991	110,7	111,3	110,5	110,8
1992	115,1	...	...	...

* jeweils im Jahresdurchschnitt

Quelle: Statistisches Bundesamt (1992 d) und Deutsche Bundesbank, Monatsberichte.

Tab. 7-5: Preisindizes für die Lebenshaltung (Westdeutschland, 1985 = 100)

der Lebenshaltung aller privaten Haushalte gebildet, wobei die Gewichte der einzelnen Güterarten die unterschiedlichen Verbrauchsgewohnheiten widerspiegeln.

Damit auch nach Umstellung des Basisjahrs lange Indexreihen präsentiert werden können, ist es erforderlich, die Zahlen für die zurückliegenden Zeiträume umzubasieren. Das Statistische Bundesamt führt dabei lediglich eine einfache rechnerische Transformation durch, so daß die in Prozent ausgedrückten Veränderungsraten davon unberührt bleiben. Die Veränderungsraten der beiden allgemeinsten zur Inflationsmessung geeigneten Indizes, des gesamtdeutschen Preisindex der Lebenshaltung aller privaten Haushalte und des BIP-Deflators, sind in Abbildung 7-1 dargestellt.

Neben der Tatsache, daß es sich beim Preisindex für die Lebenshaltung aller privaten Haushalte um einen Laspeyres-Index handelt, beim impliziten Preisindex des Bruttoinlandsprodukts aber um einen Paasche-Index, gibt es noch zwei wichtige Unterschiede zwischen diesen beiden wohl bekanntesten Indizes. Erstens erfaßt der BIP-Deflator die Preise *aller* neu produzierten Waren und Dienstleistungen, während der Preisindex der Lebenshaltung nur die Preise der Güter berücksichtigt, die von den privaten Haushalten gekauft werden. Ein Anstieg der Preise von Gütern, die ausschließlich von Unternehmen oder öffentlichen Haushalten gekauft werden, erhöht demzufolge den BIP-Deflator,

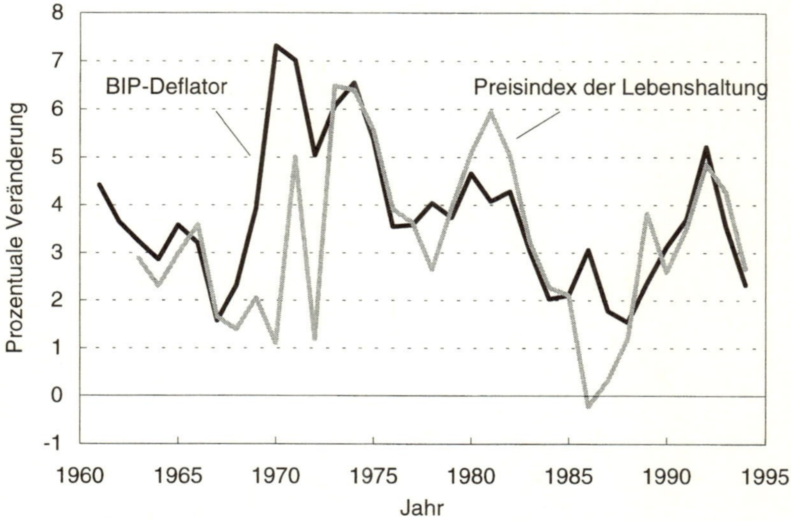

Abb. 7-1: Preisindex der Lebenshaltung und BIP-Deflator

nicht aber den Preisindex für die Lebenshaltung aller privaten Haushalte.

Zweitens sind, wie im Zusammenhang mit Tabelle 7-1 angesprochen, im impliziten Preisindex des Bruttoinlandsprodukts nur die Güter enthalten, die im Inland erzeugt worden sind. Importgüter sind kein Bestandteil des Bruttoinlandsprodukts und tauchen daher auch nicht im BIP-Deflator auf. So führt beispielsweise ein Preisanstieg von Importwaren zwar zu einer Erhöhung des Preisindex der Lebenshaltung aller privaten Haushalte, weil diese von den inländischen Konsumenten gekauft werden, der BIP-Deflator bleibt davon jedoch unberührt.

Wie man aus der Abbildung 7-1 erkennen kann, verläuft die Entwicklung beider Indizes fast gleich, so daß es wenig praktische Konsequenzen hat, ob man zur Inflationsmessung den Preisindex der Lebenshaltung aller privaten Haushalte oder den BIP-Deflator verwendet. Wenn es jedoch um Aussagen über die Entwicklung der inländischen Kaufkraft des Geldes geht, ist der Preisindex für die Lebenshaltung aller privaten Haushalte, wie oben diskutiert, unter methodischen Gesichtspunkten vorzuziehen.

2. Internationale Vergleichbarkeit

A. Zweck und Gegenstand internationaler Vergleiche

Internationale Vergleiche wirtschaftlicher Größen haben in den letzten zwei Jahrzehnten an Bedeutung gewonnen. Hierzu haben vor allem die zunehmende wirtschaftliche Verflechtung zwischen den Volkswirtschaften sowie der Wettbewerb unterschiedlicher wirtschaftspolitischer Strategien und Wirtschaftssysteme beigetragen. Gegenstand der meisten internationalen Vergleiche sind Daten der Volkswirtschaftlichen Gesamtrechnung. Dabei werden Inlandsproduktsdaten und Inflationsraten **zu** ganz **unterschiedlichen Zwecken** miteinander in Beziehung gesetzt. Von ihnen hängt ab, welche Länder und welche Daten miteinander verglichen werden. Häufig werden folgende Betrachtungen vorgenommen:

- **Vergleiche von Industrieländern mit Entwicklungsländern:** Hierbei werden beispielsweise Aussagen über Entwicklungs- und Strukturunterschiede abgeleitet.
- **Vergleiche von Industrieländern oder Entwicklungsländern untereinander:** Aus ihnen wird vielfach eine Rangskala für die jeweils untersuchten Inlandsproduktsaggregate abgeleitet. Diese dient z. B. in der Gruppe der Entwicklungsländer als Grundlage für die Beurteilung der Bedürftigkeit dieser Länder im Rahmen von Entwicklungshilfestrategien.
- **Vergleiche von Ländern mit unterschiedlichen Wirtschaftssystemen:** Das Ziel dieser Vergleiche besteht in der Beurteilung des Erfolgs von Wirtschaftssystemen. Sie wurden insbesondere bis zum Ende der 80er Jahre vielfach vorgenommen, als sich sehr unterschiedliche Wirtschaftssysteme in West- und Osteuropa gegenüberstanden.
- **Vergleiche von Ländern als potentielle Handelspartner:** Für Unternehmen sind Informationen über die Wirtschaftsstrukturen, die Einkommensniveaus, die Einkommensverteilung und die Nachfragestrukturen anderer Länder wichtige Grundlagen für ihre strategische Planung. Zur Entscheidung, welche Länder z. B. als mögliche Absatzmärkte für bestimmte Produkte in Betracht kommen, sind geeignete Inlandsproduktsdaten verschiedener Länder miteinander zu vergleichen.
- **Vergleiche von Ländern innerhalb einer Integrationsgemeinschaft:** Innerhalb der EU ist die Finanzierung des gemeinsamen Haushalts teilweise an das Inlandsprodukt der Mitgliedsländer gebunden. Zur Festsetzung der abzuführenden Beiträge sind daher bestimmte Inlandsproduktsaggregate der Mitgliedsländer miteinander zu vergleichen.

- **Vergleiche von Inlandsproduktswirkungen bestimmter Schocks in unterschiedlichen Ländern:** Beispiele hierfür sind Untersuchungen zu den Auswirkungen von Rohstoffpreisänderungen auf unterschiedliche Volkswirtschaften.

Bei internationalen Vergleichen von Inlandsproduktsdaten können Vergleiche absoluter und relativer Größen unterschieden werden. Während es sich bei **absoluten Größen** um das Niveau des Inlandsprodukts oder seiner Teilaggregate handelt, sind **relative Größen** Verhältniszahlen zwischen Inlandsproduktsdaten. Für internationale Vergleiche ist hierbei im Gegensatz zu absoluten Größen keine Umrechnung in andere Währungseinheiten erforderlich.

In den nächsten Abschnitten werden einige Probleme internationaler Inlandsproduktsvergleiche erörtert. Grundsätzlich bestehen sie darin, daß die Abgrenzung und Berechnung der Daten sowie die Wirtschaftsstrukturen oft von Land zu Land unterschiedlich sind. Dies hat zur Folge, daß unter Umständen Größen miteinander verglichen werden, die Unterschiedliches messen, oder daß bei großen Strukturunterschieden fraglich ist, was Inlandsproduktsvergleiche überhaupt aussagen. Darüber hinaus stellt sich die Frage, wie die jeweils in einer Währung gemessenen Inlandsproduktsniveaus mit den in einer anderen Währung gemessenen Niveaus verglichen werden können. Bewußt wird in diesem Abschnitt das Problem ausgeklammert, ob die Inlandsproduktskonzeption geeignet ist, den Wohlstand eines Landes zu messen, da diese Frage im 8. Kapitel gesondert behandelt wird. Vielmehr geht es in diesem Abschnitt ausschließlich um die Frage, ob und wie ein internationaler Vergleich der durch das Inlandsprodukt gemessenen Ströme möglich ist.

B. Probleme von Inlandsproduktsvergleichen zwischen Industrieländern

Grundlegende Probleme ergeben sich bei Inlandsproduktsvergleichen zwischen Industrieländern, wenn die Länder **unterschiedliche Systeme der Inlandsproduktsberechnung** verwenden. Dies ist in der Regel dann der Fall, wenn in den miteinander verglichenen Ländern unterschiedliche Wirtschaftssysteme gelten. Fundamentale Unterschiede in der Konzeption, Erfassung und Bewertung der produzierten Güter haben zur Folge, daß ein direkter Inlandsproduktsvergleich in diesem Fall wenig sinnvoll ist. Ein Beispiel stellen staatlich administrierte Preise dar, deren Anteil in marktwirtschaftlich organisierten Wirtschaftssystemen geringer ist als in Zentralverwaltungswirtschaften. Als Ausweg versucht man häufig, die Inlandsproduktsaggregate zunächst in das gleiche Rechnungssystem umzurechnen. Die Umrechnung in ein einheitliches System ist jedoch problematisch, da hierbei in der Regel zahlreiche

Größen zu schätzen und für die Abgrenzungsangleichung eine Reihe von Annahmen zu treffen sind. Die Aussagefähigkeit der Vergleiche bleibt deshalb oft sehr eingeschränkt.

Bezieht sich der internationale Inlandsproduktsvergleich ausschließlich auf westliche Industrieländer, ergeben sich keine größeren Schwierigkeiten aus den gesamtwirtschaftlichen Rechnungssystemen. Da diese Länder den Empfehlungen des System of National Accounts der Vereinten Nationen folgen, stellen die Datenabgrenzungen und Definitionen kaum ein Problem dar. Obwohl auch das statistische System der Vereinten Nationen den einzelnen Ländern bei manchen Größen Ermessensspielräume läßt und ihnen gestattet, länderspezifische Faktoren zu berücksichtigen, erscheint die Vergleichbarkeit der Daten hierdurch prinzipiell nicht eingeschränkt. Die Länder Osteuropas, die ihr Wirtschaftssystem auf eine Marktwirtschaft umstellen, sind ebenfalls im Begriff, ein System der Volkswirtschaftlichen Gesamtrechnung nach den Empfehlungen der Vereinten Nationen aufzubauen.

Bei einem Vergleich absoluter Größen der Inlandsproduktsrechnung ergibt sich das Hauptproblem für internationale Vergleiche aus der Notwendigkeit, die in nationaler Währung gemessenen Daten zunächst in die gleiche Währung umzurechnen. Dabei stellt sich die **Frage nach dem geeigneten Wechselkurs** zur Umrechnung der Inlandsproduktsaggregate. Das einfachste Verfahren bei einem Vergleich der Inlandsprodukte zweier Länder besteht darin, den durchschnittlichen Wechselkurs der Berichtsperiode anzuwenden, um die Daten eines Landes in der Währung des Vergleichslandes auszudrücken. Zwar ist dies die am häufigsten angewandte Methode, doch kann gegen sie vorgebracht werden, daß nicht alle Güter, die in das Inlandsprodukt eingehen, auch Einfluß auf den Wechselkurs haben. Auf den Wechselkurs wirken nur die Außenhandelstransaktionen und damit, sofern es sich um die Güterströme handelt, die international gehandelten Güter- und Dienstleistungen. Deshalb gibt weder ein am Devisenmarkt frei gebildeter Wechselkurs (bei flexiblen Kursen) noch ein offiziell fixierter Wechselkurs (bei festen Wechselkursen) die Kaufkraft der Gesamtheit der in einer Volkswirtschaft produzierten Güter wieder. Da aber gewöhnlich aus einem internationalen Inlandsproduktsvergleich Aussagen über die Kaufkraft der in einer Volkswirtschaft hergestellten Güter und der entstandenen Einkommen abgeleitet werden sollen, kann die Umrechnung zum durchschnittlichen Wechselkurs zu Verzerrungen führen. So können die Preise von international nicht handelsfähigen Gütern in den verschiedenen Ländern – umgerechnet zum Durchschnittskurs – sehr unterschiedlich sein. Mit einer Einheit einer bestimmten Währung kann man in diesem Fall in unterschiedlichen Ländern unterschiedlich viele Güter kaufen. Doch selbst wenn alle Güter handelsfähig sind, können Verzerrungen entstehen, wenn der Wechselkurs aufgrund besonderer

Einflüsse (z.B. schwankende internationale Kapitalbewegungen) nicht dem langfristigen Gleichgewichtsniveau entspricht. Letzteres ist jedoch ein vom Wechselkursmodell abhängiges Konzept. Da auch unter Wissenschaftlern keine Einigkeit über das richtige Wechselkursmodell besteht, ist jede Bestimmung eines langfristigen Gleichgewichtskurses mit Problemen verbunden.

Die aufgezeigten Schwierigkeiten, Inlandsproduktsniveaus über Wechselkurse in andere Währungseinheiten umzurechnen, haben zu Vorschlägen geführt, die Inlandsprodukte über die Berechnung von Volumenindizes und Kaufkraftparitäten zu vergleichen. Bei **Volumenindizes** werden für jedes Vergleichsland die Mengen der in das Inlandsprodukt eingehenden Güter mit den gleichen Preisen bewertet. Gewöhnlich handelt es sich dabei um die Preise, die in einem der Vergleichsländer gelten. Ein höherer Volumenindex wird dann als Ausdruck höherer Produktion bzw. wirtschaftlicher Leistung interpretiert. Aus dem Begriff „Volumenindex" darf nicht geschlossen werden, daß Preise für den Vergleich unbedeutend sind. Da bei einem Volumenindex die Preise die Mengengewichte bilden, schneiden jene Länder besonders gut ab, die relativ viel von solchen Gütern produzieren, die in dem Land, dessen Preisstruktur verwendet wird, vergleichsweise teuer sind. Hieraus wird ersichtlich, daß der Volumenindex von der Wahl der Preisstruktur abhängt. Bei Kaufkraftparitäten bzw. **Kaufkraftindizes** werden die Mengen eines Landes mit den Preisen von Vergleichsländern multipliziert um Aussagen darüber abzuleiten, wieviel ein gegebener Warenkorb in anderen Ländern kostet. Kaufkraftindizes dienen somit nicht dem Vergleich des Umfangs der wirtschaftlichen Aktivität, sondern dem Preisvergleich.

Mit Volumen- und mit Kaufkraftindizes werden die bei Niveauvergleichen auftretenden Wechselkursprobleme zwar ausgeschaltet, doch sind nunmehr all jene Probleme zu berücksichtigen, die sich bei der Bildung von Indizes ergeben. Hierzu zählen vor allem die Wahl der geeigneten Gewichte und Indexformeln. Probleme bereiten auch Güter, die nicht in allen Ländern, die in den Vergleich eingehen, gehandelt werden. Für sie liegen keine Vergleichspreise vor, so daß Hilfsgrößen in die Berechnung einfließen müssen. Ähnliche Probleme ergeben sich, wenn die Qualität der Güter, die in das Inlandsprodukt eingehen, in verschiedenen Ländern sehr unterschiedlich ist.

Aber auch ein internationaler **Vergleich relativer Größen,** bei denen das Wechselkursproblem nicht auftritt, ist nicht unproblematisch. Die Aussagekraft solcher Vergleiche kann selbst dann eingeschränkt sein, wenn die Rechnungssyteme der Vergleichsländer identisch sind. Ein Beispiel hierfür stellt die aus dem Quotienten von Bruttoinlandsprodukt und Zahl der Erwerbstätigen berechnete Produktivität dar. Wenn die quantitative Bedeutung der nicht über den Markt laufenden Leistungen (z. B. Schwarzarbeit), die in der Statistik unberücksichtigt bleiben, in den miteinander verglichenen Ländern ungleich ist, ist auch der Anteil der Produktionstätigkeit, der mit dem Inlandsprodukt der Vergleichsländer gemessen wird, unterschiedlich. Darüber hinaus ist zu bedenken, daß die Arbeitszeiten zwischen den einzelnen Ländern differieren können, so daß der Einsatz eines Erwerbstätigen in einem Land nicht mit dem in einem anderen Land vergleichbar ist. Die Aussagefähigkeit der berechneten Produktivitäten ist dann eingeschränkt.

C. Spezifische Probleme von Inlandsproduktsvergleichen zwischen Industrie- und Entwicklungsländern

Bei einem Vergleich von Inlandsproduktsdaten zwischen Industrie- und Entwicklungsländern ergeben sich grundsätzlich die gleichen Probleme, die bereits im vorigen Abschnitt geschildert wurden. Es treten jedoch noch eine Reihe zusätzlicher Schwierigkeiten auf, die die Aussagefähigkeit der Vergleiche weiter einschränkt. Sie umfassen insbesondere die Verfügbarkeit und Qualität der Daten sowie die Unterschiede in den kulturellen und wirtschaftlichen Bedingungen.

Der **Umfang des verfügbaren Datenmaterials sowie die Genauigkeit der Daten** sind in Entwicklungsländern sehr viel geringer als in Industrieländern. Dies liegt vor allem an der geringen Ausbildung der in den einzelnen Behörden Beschäftigten, den geringen finanziellen Ressourcen der Verwaltung und der Schwierigkeit, bei geringem Entwicklungsstand ein engmaschiges Berichtssystem bei den am Wirtschaftsprozeß Beteiligten zu errichten. Da auch das Steuersystem, das Sozialversicherungssystem, die Bankenaufsicht, die Erfassung der internationalen Transaktionen u. ä. sehr viel einfacher strukturiert sind, kann auch auf viel weniger Sekundärstatistiken zurückgegriffen werden als in den Industrieländern.

Die **grundlegenden Unterschiede in den wirtschaftlichen Bedingungen** stellen ein weiteres Problem der Aussagefähigkeit der Inlandsproduktsvergleiche zwischen Industrie- und Entwicklungsländern dar. In vielen Entwicklungsländern lassen sich z. B. zwei vergleichsweise gering miteinander verzahnte Wirtschaftsbereiche unterscheiden: ein industrieller Sektor, in dem der Wirtschaftsprozeß dem in Industrieländern ähnelt, und ein landwirtschaftlicher Sektor, in dem der Großteil der Bevölkerung tätig ist und in dem die Produktionsaktivitäten vornehmlich der Ernährung der Familienangehörigen dienen und durch den Tausch mit den unmittelbaren Nachbarn gekennzeichnet ist (Subsistenzwirtschaft). Da diese wirtschaftlichen Leistungen nur schwer meßbar sind, gehen sie teilweise als Schätzgrößen, teilweise auch überhaupt nicht in die Inlandsproduktsberechnung ein. Dies reduziert die Aussagefähigkeit der Inlandsproduktsvergleiche zwischen Industrie- und Entwicklungsländern erheblich.

Darüber hinaus wird häufig hervorgehoben, daß Inlandsproduktsvergleiche aufgrund der zwischen Industrie- und Entwicklungsländern bestehenden gravierenden **Unterschiede in den Lebensgewohnheiten und dem Wertesystem** wenig aussagekräftig sind. Es muß bedacht werden, daß selbst dann, wenn keine Datenprobleme bestehen, Inlandsproduktsvergleiche jeweils nur einen einzigen Aspekt des Lebens in einem Land beschreiben. In jedem Fall ist eine fundierte Kenntnis der Datenqualität und der Wirtschaftsstrukturen der jeweiligen Länder erforderlich, wenn die Inlandsproduktsaggregate bei internationalen Vergleichen auch nur als grobe Indikatoren des Umfangs der Güterproduktion in den einzelnen Ländern verwendet werden sollen.

Schlüsselbegriffe:

Preisindex
Laspeyres-Index
Paasche-Index
Basisjahr
Berichtsjahr
Warenkorb
Impliziter Preisindex
Preisindizes der Inlandsproduktsberechnung
BIP-Deflator
Preisindizes für die Lebenshaltung
Zweck internationaler Vergleiche
Wechselkursproblematik internationaler Vergleiche
Vergleich absoluter und Vergleich relativer Größen
Probleme bei Vergleich mit Entwicklungsländern
Volumenindizes
Kaufkraftindizes

8. Kapitel: Die Erfassung der wirtschaftlichen Entwicklung

Die im Rahmen der Volkswirtschaftlichen Gesamtrechnung ermittelten und zusammengestellten Wirtschaftsdaten bilden eine wichtige Grundlage für die Erfassung der wirtschaftlichen Lage und Entwicklung eines Landes. Dies soll im folgenden anhand einiger praktischer Beispiele gezeigt werden. Wegen der unterschiedlichen Fragestellungen soll dabei zwischen lang- und kurzfristiger Betrachtung der ökonomischen Entwicklung differenziert werden.

1. Langfristige Betrachtung: Wirtschaftswachstum

Die langfristige Entwicklung der meisten Volkswirtschaften ist durch ein mehr oder minder stark ausgeprägtes Wirtschaftswachstum gekennzeichnet. Das wirtschaftliche Wachstum – gemessen etwa durch die langfristige Entwicklung des realen Bruttoinlandsprodukts – wird im allgemeinen auf drei Ursachen zurückgeführt: Mehreinsatz des Produktionsfaktors Arbeit, Mehreinsatz des Produktionsfaktors Kapital und technologischer Fortschritt. Alle drei Ursachen führen jede für sich oder im Zusammenspiel dazu, daß die betreffende Volkswirtschaft in der Lage ist, einen immer größeren Güterberg zu produzieren: Das Produktionspotential dieser Wirtschaft wächst. Die Erfassung und quantitative Charakterisierung der beiden Produktionsfaktoren Arbeit und Kapital sowie des Produktionspotentials einer Wirtschaft sind Gegenstand der folgenden Abschnitte. Auf den technologischen Fortschritt soll hier nicht weiter eingegangen werden.

A. Der Produktionsfaktor Arbeit

Das Statistische Bundesamt veröffentlicht Angaben über Erwerbstätige und beschäftigte Arbeitnehmer im Inland für 58 Produktionsbereiche. Einen Überblick über die zeitliche Entwicklung seit 1960 – allerdings nicht nach Produktionsbereichen aufgeschlüsselt – gibt Tabelle 8-1.

Ausgangspunkt der im folgenden zu erstellenden und in Abbildung 8-1 dargestellten Systematik ist die **Bevölkerung** (Einwohnerzahl). Sie umfaßt alle Personen, die ihren ständigen Wohnsitz im Bundesgebiet haben. Die Staatsangehörigkeit spielt dabei keine Rolle. Insbesondere gehören zur Bevölkerung demnach auch ausländische Arbeitnehmer, die

Jahr*	Einwohner	Erwerbspersonen	Erwerbstätigkeit				
			Erwerbstätige Inländer			Pendlersaldo	Erwerbstätige im Inland
			Insgesamt	Beschäftigte Arbeitnehmer	Selbständige		
	Jahresdurchschnitt in 1000						
1960	55433	26518	26247	20257	5990	–184	26063
1965	58619	27034	26887	21757	5130	–132	26755
1970	60651	26817	26668	22246	4422	–108	26560
1975	61829	27184	26110	22467	3643	–90	26020
1980	61566	27984	27059	23897	3162	–79	26980
1985	61024	28897	26593	23559	3034	–104	26489
1990	63253	30369	28486	25460	3026	–7	28479
1991	79984	39165	36563	33139	3424	–53	36510
1992	80595	38836	35858	32373	3485	–16	35842
1993	81180	38632	35213	31680	3533	–	35213
1994	81418	38651	34953	31365	3588	4	34957

* Ab 1991 einschl. neue Länder und Berlin-Ost

Quelle: Statistisches Bundesamt (1993 a)

Tab. 8-1: Bevölkerung, Erwerbspersonen, Erwerbstätigkeit in Westdeutschland

zwar keine deutsche Staatsangehörigkeit haben, deren ständiger Wohnsitz sich aber im Bundesgebiet befindet. Die Bevölkerung läßt sich in Erwerbspersonen und Nichterwerbspersonen einteilen. Es wird davon ausgegangen, daß **Nichterwerbspersonen** nicht am Erwerbsleben teilnehmen und auch nicht teilnehmen wollen. Zu den Nichterwerbspersonen gehören beispielweise Rentner, Ehepartner ohne Erwerbstätigkeit sowie Kinder.

Die **Erwerbspersonen** umfassen Erwerbstätige und Arbeitslose. Als **Erwerbstätige** gelten alle Personen, die (mindestens) einer Erwerbstätigkeit nachgehen, wobei die Dauer der vertragsmäßigen oder der tatsächlich geleisteten Arbeitszeit keine Rolle spielt. Ebensowenig kommt es darauf an, ob aus der Erwerbstätigkeit der überwiegende Lebensunterhalt bestritten wird. Als erwerbstätig gilt also z.B. auch ein Rentner, der seine Rente durch Zeitungsaustragen aufbessert. Nicht als Erwerbstätigkeit angesehen wird dagegen das Erzielen von Einkommen aus Immobilien- oder Wertpapiervermögen. Wie Tabelle 8-1 zeigt, ist die Zahl der Erwerbspersonen langfristig gestiegen. Ein großer Teil dieses Anstiegs ist auf den Zuzug ausländischer Arbeitnehmer zurückzuführen. Ende der achtziger Jahre hat sich die Einwohnerzahl insbesondere wegen des Zuzugs von Aus- und Übersiedlern erhöht. Der zwischen 1990 und 1991 zu beobachtende Sprung um knapp neun Millionen Erwerbspersonen ist natürlich auf die Vereinigung zurückzuführen.

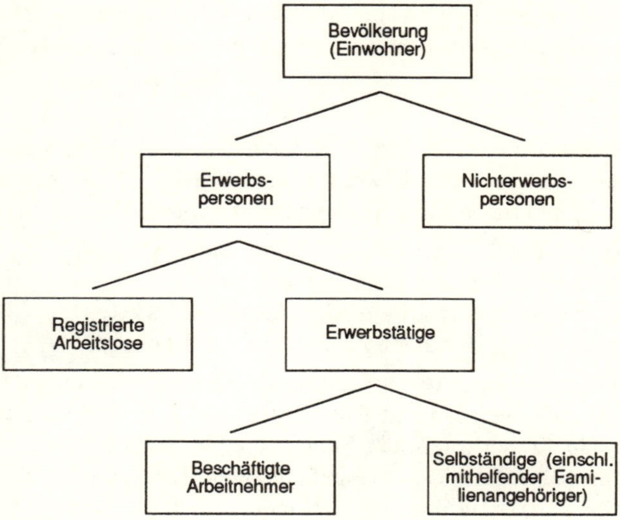

Abb. 8-1: Bevölkerung und Erwerbstätigkeit

Als **arbeitslos** gelten Personen, die ohne Arbeit sind (oder nur eine geringfügige Beschäftigung ausüben), sich als arbeitssuchend haben registrieren lassen und für eine Vermittlung zur Verfügung stehen. Die Zahl der Erwerbspersonen ergibt sich dann als Summe von Erwerbstätigen und Arbeitslosen; die Zahl der Nichterwerbspersonen folgt als Differenz von Einwohnerzahl und Erwerbspersonen.

Innerhalb der Gruppe der Erwerbstätigen wird weiter unterschieden zwischen Selbständigen (einschl. mithelfender Familienangehöriger) und nichtselbständig beschäftigten Arbeitnehmern. Zu den **Selbständigen** zählen beispielsweise selbständig freiberuflich Tätige, selbständige Landwirte und in ihren Unternehmen tätige Eigentümer von Einzelunternehmen oder Personengesellschaften. Zu den **beschäftigten Arbeitnehmern** zählen alle, die in einem abhängigen Arbeits- oder Dienstverhältnis stehen und diese Tätigkeit hauptsächlich ausüben. Aus Tabelle 8-1 geht hervor, daß die Zahl der beschäftigten Arbeitnehmer im Jahr 1990 um mehr als 5 Mio. Personen über der des Jahres 1960 liegt. Die Zahl der Selbständigen ist dagegen von knapp 6 Mio. auf ca. 3 Mio. gesunken. Der Rückgang bei den Selbständigen ist zu einem großen Teil auf strukturelle Veränderungen im Bereich der Landwirtschaft zurückzuführen. Durch das Wechseln von ehemals selbständigen Landwirten in eine abhängige Beschäftigung erhöht sich gleichzeitig die Anzahl der beschäftigten Arbeitnehmer. Eine noch größere Bedeutung für die Zunahme der Zahl von beschäftigten Arbeitnehmern hatte in der Vergangenheit der Zuzug von ausländischen Arbeitnehmern. In jüngerer Zeit wird die Entwicklung vor allem durch die ins Arbeitsleben tretenden geburtenstarken Jahrgänge sowie durch den Zuzug von Aus- und Übersiedlern bestimmt. Auch bei den Erwerbstätigen führt die Berücksichtigung Gesamtdeutschlands für das Jahr 1991 zu einem erheblichen Sprung.

Die Erwerbstätigkeit kann sowohl nach dem Inländer- als auch nach dem Inlandskonzept erfaßt werden (Wohnorts- bzw. Arbeitsortskonzept). Zwischen beiden Konzepten besteht folgende Beziehung:

  Anzahl der Erwerbstätigen nach dem Inländerkonzept
– Anzahl der im Ausland arbeitenden Inländer
+ Anzahl der im Inland arbeitenden Ausländer
= Anzahl der Erwerbstätigen nach dem Inlandskonzept.

Die Differenz zwischen der Anzahl der im Ausland arbeitenden Inländer und der Anzahl der im Inland arbeitenden Ausländer bezeichnet man als **Pendlersaldo.** Dieser war in der Bundesrepublik seit 1960 bis in die jüngste Zeit immer negativ, d.h. es pendelten mehr Deutsche aus als Ausländer ein. Ab 1990 ist für das frühere Bundesgebiet eine massive Trendumkehr zu verzeichnen. Diese Umkehr ist auf die Pendler aus Ostdeutschland zurückzuführen, die in der Statistik für das alte Bundesgebiet wie Ausländer eingestuft werden. Aber auch für Gesamtdeutschland ist der Pendlersaldo immer größer geworden. 1994 war er sogar positiv.

Der potentielle Einsatz des Faktors Arbeit läßt sich durch die Anzahl der Erwerbspersonen, der tatsächliche durch die Anzahl der Erwerbstätigen beschreiben. Für viele ökonomische Zwecke ist es jedoch sinnvoller, den Einsatz des Faktors Arbeit nicht durch die Anzahl der Erwerbstätigen, sondern durch die von ihnen effektiv geleisteten Arbeitsstunden zu erfassen. Die Anzahl der Erwerbstätigen ist nämlich eine Bestandsgröße; das mit Hilfe des Faktors Arbeit erzielte Produktionsergebnis ist dagegen eine Stromgröße. Dieses konzeptionelle Problem tritt bei einer Verwendung der effektiv geleisteten Arbeitsstunden nicht auf. Darüber hinaus ist zu berücksichtigen, daß sich insbesondere wegen der Verkürzung der Arbeitszeit die Anzahl der Erwerbstätigen und die Anzahl der geleisteten Arbeitsstunden nicht in genau gleicher Weise entwickeln.

Das Statistische Bundesamt ermittelt bei seiner gesamtwirtschaftlichen Arbeitsvolumenrechnung bislang nur Kopfzahlen, eine Ermittlung des **Arbeitsvolumens** auf Basis der geleisteten Arbeitsstunden ist allerdings in Vorbereitung.[2] Recht präzise Angaben über das gesamtwirtschaftliche Arbeitsvolumen werden schon heute z.B. vom Institut für Arbeitsmarkt- und Berufsforschung (IAB) der Bundesanstalt für Arbeit geliefert, das erstmals im Jahr 1988 umfassende Zeitreihen über das effektive Arbeitsvolumen auf Stundenbasis vorlegte.[3]

---

[2] Vgl. Statistisches Bundesamt (1989), S. 15.
[3] Vgl. Institut für Arbeitsmarkt- und Berufsforschung (1988), S. 27.

Eine häufig verwendete Kennzahl zur Charakterisierung des Faktors Arbeit ist die **Arbeitsproduktivität.** Die durchschnittliche Arbeitsproduktivität beschreibt das Verhältnis von realem Produktionsergebnis und insgesamt eingesetzter Menge des Faktors Arbeit. Die marginale Arbeitsproduktivität gibt dagegen die Mehrproduktion wieder, die durch Einsatz einer zusätzlichen Einheit Arbeit unter der Annahme erzielt werden kann, daß der Einsatz aller anderen Produktionsfaktoren unverändert bleibt.

Bei der Ermittlung der durchschnittlichen Arbeitsproduktivität kann man das Produktionsergebnis durch die reale Bruttowertschöpfung oder das reale Bruttoinlandsprodukt beschreiben. Die eingesetzte Menge des Faktors Arbeit wird im allgemeinen durch die Anzahl der Erwerbstätigen (nach dem Inlandskonzept) bzw. durch die geleisteten Arbeitsstunden angenähert. Abbildung 8-2 zeigt die Entwicklung der Arbeitsproduktivität gemessen als Bruttoinlandsprodukt in Preisen von 1991 je Erwerbstätigen.

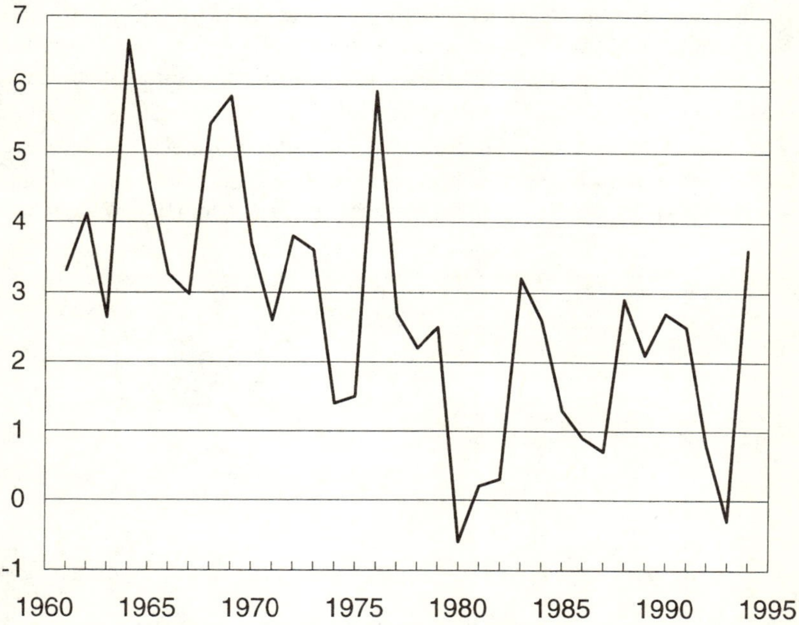

Abb. 8-2: Entwicklung der Arbeitsproduktivität (Veränderung in Prozent)

Es zeigt sich, daß die Produktivität seit 1960 fortlaufend angestiegen ist. Weiter fällt auf, daß die Wachstumsrate der Arbeitsproduktivität einem negativen Trend folgt. Die Frage, warum sich das Wachstum der Arbeitsproduktivität verlangsamt, ist aktueller Gegenstand makroökonomischer Forschung. Eine befriedigende Antwort steht bislang aber noch aus.

Bei der Interpretation der Kennzahl „Arbeitsproduktivität" ist ein Wort der Warnung angebracht. Die Arbeitsproduktivität setzt das gesamte Produktionsergebnis ausschließlich mit dem Produktionsfaktor Arbeit ins Verhältnis. Man darf jedoch nicht vergessen, daß das Produktionsergebnis auch auf den Leistungen anderer Faktoren beruht. Eine höhere Arbeitsproduktivität muß daher nicht auf einer vermehrten Leistungsabgabe des Produktionsfaktors Arbeit beruhen, sie kann auch das Ergebnis einer Verbesserung der Kapitalausstattung sein.

B. Der Produktionsfaktor Kapital

Der zweite wichtige Produktionsfaktor ist das Kapital. In gleicher Weise wie beim Faktor Arbeit tritt auch hier das Problem auf, daß für den Produktionszusammenhang eigentlich die vom Kapital abgegebenen Leistungen relevant sind. Weil der Strom der abgegebenen Kapitalleistungen jedoch nicht direkt meßbar ist, greift man hilfsweise auf den Bestand an Kapitalgütern, den Kapitalstock, zurück. Das Statistische Bundesamt definiert den **Kapitalstock** als das jahresdurchschnittliche Bruttoanlagevermögen zu konstanten Preisen. Es ergibt sich als arithmetisches Mittel aus Jahresanfangs- und Jahresendbestand. Die Entwicklung des Kapitalstocks seit 1960 ist in Tabelle 8-2 dargestellt.

Wie man sieht, hat sich der Kapitalstock seit 1960 mehr als verdreifacht. Neben dem Kapitalstock ist in Tabelle 8-2 auch die Entwicklung von zwei wichtigen Kennzahlen dargestellt. Der **Kapitalkoeffizient** ist

Jahr	Kapitalstock[1]	Kapitalkoeffizient[2]	Kapitalintensität[3]
	Mrd. DM		1000 DM je Erwerbstät.
1960	3692	3,7	142
1965	4998	4,0	187
1970	6457	4,2	243
1975	8114	4,7	312
1980	9602	4,8	356
1985	10989	5,1	415
1990	12420	4,9	436
1994	13765	5,1	480

Alle Wirtschaftsbereiche, d.h. einschl. Staat und private Organisationen ohne Erwerbszweck.

[1] Jahresdurchschnittliches Bruttoanlagevermögen.

[2] Verhältnis Kapitalstock zum Bruttoinlandsprodukt.

[3] Kapitalstock je Erwerbstätigen (Jahresdurchschnitt).

Quelle: Statistisches Bundesamt (1995a)

Tab. 8-2: Kapitalstock, Kapitalkoeffizient und Kapitalintensität in Preisen von 1991, früheres Bundesgebiet

definiert als das Verhältnis von Kapitalstock zu Produktionsergebnis einer Periode. Der Kapitalstock wird vom Statistischen Bundesamt wie eben beschrieben gemessen. Das Produktionsergebnis einer Periode wird durch das Bruttoinlandsprodukt in konstanten Preisen erfaßt. Der Kapitalkoeffizient beschreibt also, wieviel Kapitaleinheiten im Durchschnitt zur Produktion einer Einheit des Bruttoinlandsprodukts erforderlich sind. Während im Jahr 1960 durchschnittlich 3,7 Kapitaleinheiten zur Produktion einer Einheit des Bruttoinlandsprodukts benötigt wurden, waren es im Jahr 1994 ca. 5 Einheiten. Der trendmäßige Anstieg des Kapitalkoeffizienten ist darauf zurückzuführen, daß der Faktor Arbeit relativ knapp und teuer war und daher durch Kapital substituiert wurde.

Diese Beobachtung läßt sich auch mit Hilfe der **Kapitalproduktivität** beschreiben. Die durchschnittliche Kapitalproduktivität ist als Verhältnis von Produktionsergebnis zu Kapitalstock definiert. Die Kapitalproduktivität stellt also gerade den Kehrwert des Kapitalkoeffizienten dar. Im gleichen Maße wie der Kapitalkoeffizient in der Vergangenheit gestiegen ist, ist die Kapitalproduktivität notwendigerweise gesunken. Genau wie der Anstieg des Kapitalkoeffizienten läßt sich der Rückgang der Kapitalproduktivität auf die relative Knappheit des Faktors Arbeit und die damit verbundene Ausdehnung der Kapitalausstattung der Arbeitsplätze zurückführen.

Dieser Sachverhalt wird besonders deutlich, wenn man den zeitlichen Verlauf des Einsatzverhältnisses der beiden Produktionsfaktoren betrachtet. Je nach dem, ob man den Kapitalstock auf das Arbeitsvolumen oder umgekehrt das Arbeitsvolumen auf den Kapitalstock bezieht, spricht man von **Kapitalintensität** oder **Arbeitsintensität.** Das Statistische Bundesamt berechnet die Kapitalintensität aus dem Verhältnis von Kapitalstock zu jahresdurchschnittlicher Anzahl der Erwerbstätigen. Die Kapitalintensität hat sich von 1960 bis 1994 mehr als verdreifacht.

C. Das Produktionspotential

Als **Produktionspotential** bezeichnet man in allgemeiner Form das gesamtwirtschaftliche Produktionsvolumen (reales Bruttoinlandsprodukt), das unter normalen Bedingungen mit den vorhandenen Produktionsfaktoren und unter gegebenen technologischen Bedingungen erzeugt werden kann. Die Höhe des Produktionspotentials hängt demnach von der einer Wirtschaft zur Verfügung stehenden Ausstattung an Kapital und Arbeitskräften sowie dem Stand des technologischen Wissens ab. Bei gegebener Faktorausstattung wirkt sich eine Zunahme des technologischen Wissens als Erhöhung der Arbeits- bzw. Kapitalproduktivität aus. Das Konzept ist sowohl für langfristige Wachstums- als auch für kurzfristige konjunkturelle Analysen von Bedeutung. Es ermöglicht eine gedankliche Trennung von trendmäßigem Wachstum und konjunkturellen Schwankungen.

Im Gegensatz zum tatsächlich produzierten Bruttoinlandsprodukt läßt sich das Produktionspotential nicht direkt messen. Man ist daher auf Schätzungen angewiesen. Diese Schätzungen werden nicht vom Statistischen Bundesamt durchgeführt, das jedoch mit den im Rahmen der Volkswirtschaftlichen Gesamtrechnung erhobenen und zusammengestellten Daten Schätzungen des Produktionspotentials erst möglich macht. Die wohl wichtigsten Institutionen, die in der Bundesrepublik regelmäßig Potentialschätzungen vorlegen, sind der Sachverständigenrat, das Ifo-Institut und die Bundesbank. Da sich die von den genannten Institutionen verwendeten Verfahren deutlich voneinander unterscheiden, sollen sie kurz der Reihe nach vorgestellt werden.

Das Verfahren des Sachverständigenrates: Der Sachverständigenrat geht bei seinem – auf Überlegungen des Deutschen Instituts für Wirtschaftsforschung aufbauenden – Verfahren zur Schätzung des Produktionspotentials davon aus, daß das Produktionspotential durch den verfügbaren Kapitalstock, nicht aber durch das Arbeitsangebot begrenzt wird. Er berechnet das gesamtwirtschaftliche Produktionspotential additiv aus der potentiellen Bruttowertschöpfung des Unternehmenssektors (ohne Land- und Forstwirtschaft, Fischerei und Wohnungsvermietung) und den Beiträgen aller übrigen Sektoren zur realen Bruttowertschöpfung sowie der nichtabzugsfähigen Umsatzsteuer und den Einfuhrabgaben. Mit Ausnahme des wie oben abgegrenzten Unternehmenssektors wird davon ausgegangen, daß das jeweilige sektorale Produktionspotential immer voll ausgelastet ist. Bis auf den Unternehmenssektor stimmt also das Produktionspotential annahmegemäß mit den jeweiligen Beiträgen zur Bruttowertschöpfung überein.

Das Produktionspotential des Unternehmenssektors (ohne Land- und Forstwirtschaft, Fischerei und Wohnungsvermietung) wird indirekt über eine Schätzung der potentiellen Kapitalproduktivität ermittelt. Bezeichnet man die potentielle Kapitalproduktivität mit k^*, das Produktionspotential mit P^* und den Kapitalstock mit K, gilt nämlich

$$k^* = P^*/K \text{ bzw. } P^* = k^* K.$$

Die Berechnung der potentiellen Kapitalproduktivität erfolgt in mehreren Stufen. Zunächst wird der Trend der Kapitalproduktivität für abgeschlossene Konjunkturzyklen ermittelt. Dabei werden die drei Zeiträume 1963 bis 1975, 1975 bis 1983 und 1983 bis 1993 unterschieden. Für diese Zeitabschnitte wird jeweils die trendmäßige Kapitalproduktivität ($\hat{k}$) unter Verwendung der logarithmischen Trendfunktion

$$\log \hat{k} = \log a + t \log b$$

geschätzt. Seit 1995 wird die Regressionsschätzung unter der Nebenbedingung durchgeführt, daß sich die Trendgeraden an den Grenzen der Stützzeiträume schneiden. Das bis 1995 verwendete Verfahren, bei dem auf diese Nebenbedingung verzichtet wurde, hätte bei Berücksichtigung des dritten Stützzeitraums 1983–1993 (bis 1995 wurden nur die ersten beiden Stützzeiträume einbezogen) in zwei der Jahre zu Auslastungsgraden von über 100 Prozent geführt. Diese Inkonsistenz wird durch das neue Verfahren vermieden. Um die Entwicklung der potentiellen Kapitalproduktivität zu ermitteln, wird die berechnete aus drei Segmenten bestehende Trendkurve parallel so weit nach oben verschoben, bis sie durch den Punkt verläuft, der die Kapitalproduktivität repräsentiert, die am weitesten von ihrem Trendwert nach oben abweicht. Die so verschobene Kurve liefert die potentiellen Kapitalproduktivitäten für die Jahre 1962 bis 1993. Die potentiellen Kapitalproduktivitäten für die Jahre 1994 und 1995 werden dergestalt ermittelt, daß der Wert des Jahres 1993 mit Hilfe der für den dritten Stützzeitraum (1983–1993) ermittelten trendmäßigen Veränderungsrate fortgeschrieben wird. Unter Verwendung der so berechneten Zeitreihe der potentiellen Kapitalproduktivität ergibt sich aus der obigen Formel das Produktionspotential P^*. Als normal betrachtet der Sachverständigenrat nunmehr eine Auslastung des Produktionspotentials von 96,75 Prozent – dies ist der langfristige Durchschnitt der Auslastung der Sachanlagen in den Jahren von 1963 bis 1993. In den Jahren zuvor lag der als Durchschnitt der Stützperioden ermittelte Wert der Normalauslastung bei 96,5 Prozent. Das gerade beschriebene Verfahren zur Bestimmung der potentiellen Kapitalproduktivität wird nur auf das frühere Bundesgebiet angewandt. Zwar liegen nunmehr erste Daten über den Kapitalstock in Ostdeutschland vor, jedoch vertritt der Sachverständigenrat die Auffassung, daß die Zeitreihe zu kurz sei, um einigermaßen verläßlich einen Trend für die Kapitalproduktivität schätzen zu können, der nicht durch Auslastungsgradschwankungen verzerrt wird. Daher wird vorläufig weiterhin für Ostdeutschland das Bruttoinlandsprodukt als Proxigröße für das Produktionspotential verwendet. Das geschätzte Produktionspotential für Gesamtdeutschland berechnet der Sachverständigenrat als Summe aus geschätztem Produktionspotential von Westdeutschland und realem Bruttoinlandsprodukt von Ostdeutschland.

Das Verfahren des Ifo-Instituts: Das Ifo-Institut befragt viermal im Jahr ca. 6000 Unternehmen nach dem Grad der Auslastung ihrer Anlagen zur Herstellung bestimmter Güterarten. Aus den Angaben der einzelnen Unternehmen wird durch Gewichtung mit dem Umsatzanteil ein durchschnittlicher Auslastungsgrad berechnet. Um eine Schätzung des Produktionspotentials zu erhalten, braucht jetzt nur noch die tatsächliche Produktion durch den aus der Befragung ermittelten durchschnittlichen Auslastungsgrad dividiert zu werden. Problematisch bei dieser Art, das Produktionspotential zu ermitteln, ist vor allem die mikroökonomische Orientierung. Die Antworten der Unternehmen mögen nach bester Einschätzung erfolgen, sie können sich aber auf makroökonomischer Ebene als inkonsistent erweisen. Eine weitere Beschränkung der Aussagekraft ergibt sich daraus, daß die Befragung des Ifo-Instituts sich nur auf das verarbeitende Gewerbe bezieht.

Das Verfahren der Deutschen Bundesbank: Die Deutsche Bundesbank verwendet zur Schätzung des Produktionspotentials eine sog. CES-Produktionsfunktion. Diese läßt sich in logarithmischer Form prinzipiell mit Hilfe der Methode der kleinsten Quadrate schätzen. Es ist jedoch zu berücksichtigen, daß bei Auftreten von Konjunkturzyklen der Kapitalstock den tatsächlichen Strom der Kapitalleistungen nicht richtig wiedergibt. Vielmehr wird in der Hochkonjunktur bei Kapazitätsengpässen mit einer überdurchschnittlichen, in der Rezession dagegen mit einer unterdurchschnittlichen Leistungsabgabe zu rechnen sein. Die Bundesbank versucht dem Rechnung zu tragen, indem sie Auslastungsgradschwankungen des Kapitalstocks bei der Schätzung berücksichtigt. Als Maß für den Auslastungsgrad wird dabei der vom Ifo-Institut ermittelte Auslastungsgrad des verarbeitenden Gewerbes zugrundegelegt.

Die Bundesbank bezeichnet das bei Normalauslastung der Faktoren erzielbare Produktionsvolumen als Produktionspotential. Um das Produktionspotential bestimmen zu können, müssen jetzt noch in die geschätzte Produktionsfunktion die „normalen" Faktorleistungen eingesetzt werden. Für den Faktor Kapital wird dazu einfach ein Auslastungsgrad von eins angenommen. Bei der Ermittlung des „normalen" Arbeitsvolumens wird neben dem tatsächlichen Arbeitsvolumen noch ein Teil der registrierten Arbeitslosen berücksichtigt.

Auch gegen das Bundesbankverfahren lassen sich einige Kritikpunkte vortragen. Da bei der Ermittlung des um Auslastungsgradschwankungen bereinigten Kapitalstocks auf die Erhebungen des Ifo-Instituts zurückgegriffen wird, gelten die im vorhergehenden Abschnitt geäußerten Einwände hier in gleicher Weise. Problematisch ist auch das verwendete Konzept des „normalen" Arbeitseinsatzes, das – nicht ohne Willkür – einen Teil der Arbeitslosigkeit als unvermeidlich ansieht und bei der Ermittlung des Normalvolumens nicht berücksichtigt. Man könnte auch auf die Idee kommen, über die als arbeitslos registrierten Personen hinaus auch diejenigen einzubeziehen, die zwar arbeitswillig, aus den verschiedensten Gründen aber in der offiziellen Statistik nicht erfaßt sind.

2. Kurzfristige Betrachtung: Konjunktur

Im vorhergehenden Abschnitt stand die langfristige, trendmäßige Entwicklung im Vordergrund. Nunmehr geht es um die kurzfristigen, konjunkturellen Abweichungen vom Trend. Zur Erfassung der konjunkturellen Situation werden im allgemeinen zwei Konzepte verwendet: Schwankungen im Auslastungsgrad des Produktionspotentials und ökonomische Indikatoren.

Das erste Konzept soll anhand des vom Sachverständigenrat berechneten Produktionspotentials erläutert werden. Wie oben erwähnt wird ein **Auslastungsgrad des Produktionspotentials** von 96,75 Prozent als normal angesehen. Dem Produktionspotential wird das reale Bruttoinlandsprodukt gegenübergestellt. Beträgt das reale Bruttoinlandsprodukt in einem bestimmten Jahr mehr als 96,75 Prozent des Produktionspotentials, liegt eine Überauslastung, beträgt es weniger, liegt eine Unterauslastung der Kapazitäten vor. Abbildung 8-3 zeigt im oberen Teil die Entwicklung von Produktionspotential und realem Bruttoinlandsprodukt in halblogarithmischer Darstellung. Im unteren Teil ist die Entwicklung des Auslastungsgrades und seine Abweichung vom normalen Auslastungsgrad dargestellt.

In beiden Darstellungsweisen ist der nach der Rezession von 1982 einsetzende langanhaltende Konjunkturaufschwung gut erkennbar. In seiner Spätphase wurde er maßgeblich durch die ökonomischen Folgen der deutschen Einigung beeinflußt. Der durch die Währungs-, Wirtschafts- und Sozialunion ab 1990 ausgelöste Nachfrageschub konterkarierte die negativen weltwirtschaftlichen Einflüsse und verlängerte den Aufschwung. Erst 1992 fand die konjunkturelle Aufwärtsbewegung ihr Ende.

Der zweite Weg zur Erfassung der konjunkturellen Schwankungen besteht in der Verwendung von **Konjunkturindikatoren.** Konjunkturindikatoren basieren in den meisten Fällen auf ökonomischen Zeitreihen, aus deren Verlauf Rückschlüsse auf die konjunkturelle Entwicklung gezogen werden. Zeitreihen, die typischerweise in Konjunkturindikatoren enthalten sind, sind die Auftragseingänge, die Zahl der Arbeitslosen, das Geldvolumen, die Lohnsumme je geleisteter Arbeiterstunde usw.

Konjunkturindikatoren haben eine lange Tradition. In den zwanziger Jahren dieses Jahrhunderts genoß das sog. Harvard-Barometer große Popularität. Ursprünglich bestand es aus 20 verschiedenen Zeitreihen, die in fünf Gruppen zusammengefaßt waren. Zunächst schien es so, als ob das Harvard-Barometer nicht nur die vergangenen Konjunkturzyklen gut beschreiben könnte, sondern auch zur Prognose der konjunkturellen Entwicklung geeignet wäre. Daß dies ein Irrtum war, stellte sich

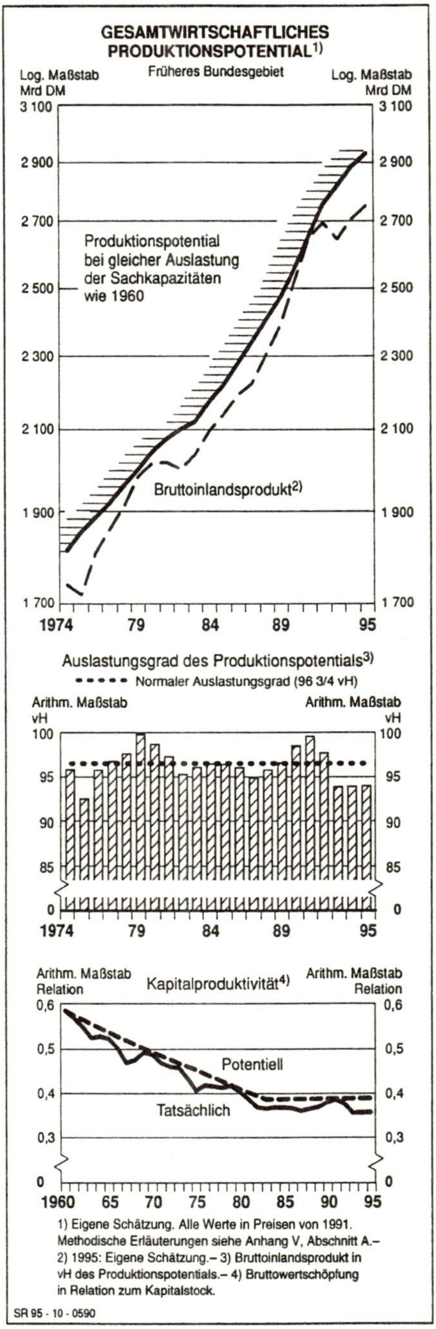

Quelle: Sachverständigenrat (1995)

Abb. 8-3: Produktionspotential und reales Bruttoinlandsprodukt

spätestens in der Weltwirtschaftskrise heraus, deren Beginn vom Harvard-Barometer in keiner Weise erfaßt wurde. Trotz dieser negativen Erfahrung wurde die Indikator-Idee immer wieder aufgegriffen. So wurde in den USA die Weiterentwicklung der Konjunkturindikatoren vor allem vom National Bureau of Economic Research (NBER) betrieben. In der Bundesrepublik Deutschland wurde ein Konjunkturindikator zuerst vom Deutschen Institut für Konjunkturforschung berechnet (heute: Deutsches Institut für Wirtschaftsforschung). In der Nachkriegszeit erstellte der Sachverständigenrat zur Begutachtung der gesamtwirtschaftlichen Entwicklung einen auf zwölf Zeitreihen basierenden Konjunkturindikator. Vermutlich wegen seiner geringen Zuverlässigkeit gab der Sachverständigenrat die Verwendung des Indikators aber schnell wieder auf. In neuerer Zeit veröffentlicht die Frankfurter Allgemeine Zeitung in regelmäßigen Abständen einen Konjunkturindikator.

Obgleich das Statistische Bundesamt selbst weder Potentialschätzungen vorlegt noch Konjunkturindikatoren berechnet, stellen die im Rahmen der Volkswirtschaftlichen Gesamtrechnung ermittelten und veröffentlichten Daten die unverzichtbare Basis dieser Methoden zur Konjunkturmessung dar. Ohne Volkswirtschaftliche Gesamtrechnung ist eine Konjunkturdiagnose und -prognose nicht vorstellbar.

Die beiden Teilindikatoren, die in der Öffentlichkeit wohl am meisten beachtet werden, sind die Zahl der Arbeitslosen bzw. die Arbeitslosenquote und das Preisniveau bzw. seine Veränderungsrate. Auf die Erfassung des Preisniveaus und seiner Entwicklung wurde bereits im vorigen Kapitel ausführlich eingegangen, so daß hier auf eine erneute Erörterung verzichtet werden kann. Die Zahl der Arbeitslosen wird im Rahmen der Arbeitsvolumenrechnung des Statistischen Bundesamtes veröffentlicht; die eigentliche Quelle für diese Daten ist jedoch die Bundesanstalt für Arbeit, da in den amtlichen Arbeitslosigkeitsstatistiken nur die Personen erfaßt sind, die sich beim Arbeitsamt haben registrieren lassen.

Als **Arbeitslosenquote** wird in der Bundesrepublik traditionell das Verhältnis von „registrierten Arbeitslosen" und „abhängigen Erwerbspersonen" bezeichnet. Die abhängigen Erwerbspersonen ergeben sich als Summe von beschäftigten Arbeitnehmern und Arbeitslosen. Abbildung 8-4 zeigt die zeitliche Entwicklung der Arbeitslosenquote seit 1960 für Westdeutschland.

Von hohem Niveau ausgehend sank die Arbeitslosenquote im Nachkriegsaufschwung bis Mitte der 60er Jahre kontinuierlich. Im Zusammenhang mit der Rezession stieg die Arbeitslosenquote 1967 auf einen Wert von 2,1 Prozent. Sie verminderte sich in den folgenden Jahren aber wieder und erreichte 1970 einen Wert von nur 0,7 Prozent. Zu Beginn der 70er Jahre zeichnete sich dann ein langsamer Anstieg ab, der

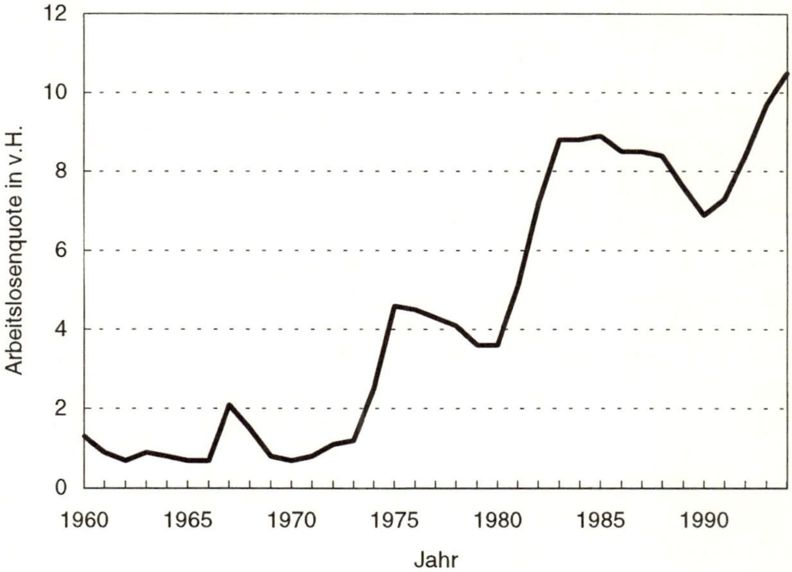

Quelle: Statistisches Bundesamt (1995 a)

Abb. 8-4: Entwicklung der Arbeitslosenquote

sich im Zusammenhang mit dem ersten Ölpreisschock schlagartig beschleunigte, so daß die Arbeitslosenquote 1975 einen Wert von 4,6 Prozent erreichte. In der darauffolgenden Zeit war die Arbeitslosenquote bis zum Jahr 1979 leicht rückläufig. Insbesondere wegen des zweiten Ölpreisschocks kam es zu Beginn der 80er Jahre zu einem rasanten Anstieg der Arbeitslosigkeit, die im Jahr 1985 mit einer Quote von 8,9 Prozent ihren Höhepunkt erreicht hatte. Seit dieser Zeit sank die Arbeitslosigkeit in Westdeutschland bis auf einen Tiefststand von 6,5 Prozent im Jahr 1992. Durch die Rezession bedingt, erhöhte sich die Arbeitslosenquote nach 1992 stark. Wegen der hohen Arbeitslosigkeit in Ostdeutschland sieht die Bilanz für Gesamtdeutschland noch trüber aus. Seit 1990 stieg die Arbeitslosenquote bis zum Jahr 1995 permanent an.

Die **Aussagefähigkeit der Arbeitslosenquote** ist aus einer Reihe von Gründen eingeschränkt. Weil die Arbeitslosenquote nur registrierte Arbeitslosigkeit berücksichtigt, erfaßt sie das gesamte Ausmaß der Arbeitslosigkeit nur unvollkommen. Unberücksichtigt bleiben alle Personen, die beim Arbeitsamt nicht als arbeitssuchend gemeldet sind, aber arbeitsfähig und auch arbeitsbereit sind. Zu dieser sog. stillen Reserve gehören insbesondere diejenigen, die keinen Anspruch auf Arbeitslosenunterstützung haben und sich, z. B. in einer Rezession, keine Vermittlungschancen ausrechnen. Zur nicht erfaßten Arbeitslosigkeit muß man auch eine qualitative Komponente zählen, die sich daraus ergibt, daß die Arbeitskraft von Beschäftigten nicht voll genutzt wird. Dies ist vermehrt zu Beginn eines konjunkturellen Abschwungs der Fall, wenn Absatz und Produktion rückläufig sind, die Unternehmen sich aber noch scheuen, Kurzarbeit zu beantragen oder Entlassungen vorzunehmen.

Es ist aber auch davon auszugehen, daß in der Zahl der registrierten Arbeitslosen Personen enthalten sind, die zwar Arbeitsbereitschaft signalisieren, in Wirklichkeit aber gar nicht arbeiten wollen. Es handelt sich bei diesen Fällen um freiwillige Arbeitslosigkeit, die ökonomisch und sozialpolitisch anders zu beurteilen ist als die unfreiwillige Arbeitslosigkeit.

An der Definition der Arbeitslosenquote wurde früher auch kritisiert, daß es sich gar nicht um eine echte Quote handelt, weil der Nenner nur eine Teilmasse, nämlich die abhängigen Erwerbspersonen, enthält. Da die Bundesanstalt für Arbeit jedoch parallel den Anteil der Arbeitslosen an der Gesamtzahl der Erwerbspersonen nachweist, die auch die Selbständigen einschließlich der mithelfenden Familienangehörigen umfaßt, ist diese Kritik jedoch nicht sehr ernst zu nehmen.

Gravierender im Hinblick auf die Verwendung der Arbeitslosenquote als Indikator für konjunkturelle Situation und Arbeitsmarktlage ist der Umstand, daß die Arbeitslosenquote – gleich in welcher Form – nur auf die Angebotsseite des Arbeitsmarktes abstellt. Ein internationaler Vergleich von Arbeitslosenquoten wird schließlich dadurch erschwert, daß die Erhebungsverfahren und die Abgrenzungen der relevanten Größen sich zwischen den einzelnen Ländern z.T. wesentlich unterscheiden.

Schlüsselbegriffe:

Produktionsfaktor Arbeit
Bevölkerung
Erwerbspersonen
Nichterwerbspersonen
Erwerbstätige
Arbeitslose
Selbständige
Nichtselbständig Beschäftigte
Pendlersaldo
Arbeitsvolumen
Produktionsfaktor Kapital
Kapitalstock
Arbeitsproduktivität
Kapitalkoeffizient
Kapitalproduktivität
Kapitalintensität
Arbeitsintensität
Auslastungsgrad des Produktionspotentials
Konjunkturindikator
Arbeitslosenquote

9. Kapitel: Zur Aussagefähigkeit des Inlandsprodukts

1. Kritik an der Inlandsproduktskonzeption

Mit einem höheren Inlandsprodukt wird insbesondere im politischen Bereich gewöhnlich ein höheres Wohlstandsniveau einer Volkswirtschaft verbunden. Diese Schlußfolgerung ist seit etwa Ende der sechziger Jahre zunehmend kritisiert worden. Die verschiedenen Kritikpunkte legen wesentliche Schwächen der Inlandsproduktsberechnung offen und sind zumeist Ausdruck der sich verändernden Probleme und Fragestellungen in Wirtschaft und Politik. Die Kritik bezieht sich zum ersten auf Faktoren, die für die Beurteilung des Wohlstands als bedeutend angesehen werden, jedoch nicht im Inlandsprodukt enthalten sind, zum zweiten auf Komponenten, die im Inlandsprodukt enthalten sind, jedoch nicht als wohlstandsrelevant angesehen werden, und zum dritten auf Komponenten, bei denen eine für Wohlstandsüberlegungen falsche Erfassung vorliegt.

Einer der Kritikpunkte, die sich auf die Nichteinbeziehung wohlstandsrelevanter Faktoren in die Inlandsproduktsberechnung beziehen, betrifft die mit der Produktion verbundenen **Umweltschäden.** Wird durch die Güterherstellung z.B. die Luft oder das Wasser verschmutzt, wird dies nicht als inlandsproduktsmindernd erfaßt. Auch eine mit der Produktion einhergehende Lärmbelästigung oder Gesundheitsbeeinträchtigung reduziert den Wert des Inlandsprodukts nicht, obwohl von all diesen Einflüssen eine Verminderung des Wohlstands ausgeht. Werden dagegen Umweltschäden beseitigt, Lärmwälle gebaut oder gesundheitsverbessernde Maßnahmen durchgeführt, steigt das Inlandsprodukt, wenngleich hierdurch nur eine Kompensation der ursprünglich entstandenen Wohlstandsverminderung vorgenommen wird. Die hier angesprochene Kritik bezieht sich auf die Nichterfassung sozialer Kosten. Die Asymmetrie durch Vernachlässigung dieser Kosten einerseits und Erfassung von Beseitigungsmaßnahmen andererseits begrenzt die Aussagefähigkeit des Inlandsprodukts hinsichtlich der Messung von Wohlstandsveränderungen.

Ein weiterer Einwand gegen die Inlandsproduktskonzeption betrifft die fehlende Berücksichtigung **sozialer Erträge.** Hierbei handelt es sich um Vorteile, die bestimmten Wirtschaftseinheiten zukommen, ohne daß sie hierfür direkt oder indirekt an den Kosten beteiligt werden. Eine Zunahme dieser Vorteile erhöht somit den Wohlstand der Begünstigten, verändert aber für sich genommen nicht den Wert des Inlandsprodukts. Ein Beispiel für soziale Erträge ist die Verbesserung der Wohnqualität von Anwohnern, die entsteht, wenn ein Nachbar einen besonders schönen Garten anlegt.

In der Inlandsproduktsberechnung werden auch die durch die Güterproduktion entstandenen Beeinträchtigungen des **Wohlstandspotentials zukünftiger Generationen** nicht erfaßt. Eine solche Beeinträchtigung kann nicht nur aus Umweltschäden resultieren, sondern auch aus einem Abbau von nicht regenerierbaren Ressourcen. Der Abbau solcher Rohstoffe erhöht das Inlandsprodukt in der laufenden Periode, das Wohlstandsniveau muß allerdings aufgrund der verminderten zukünftigen Förderungsmöglichkeiten nicht in der vom Inlandsprodukt angezeigten Weise zugenommen haben.

Die Entscheidung einer Gesellschaft über die **Zeitaufteilung in Arbeitszeit und Freizeit** schlägt sich ebenfalls nicht im Inlandsprodukt nieder. Entschließt sich z.B. eine Gesellschaft zur Verringerung der Arbeitszeit unter Hinnahme einer geringeren Produktionsmenge, wäre bei einem Schluß vom Inlandsprodukt auf die Wohlfahrt der Bevölkerung eine Verschlechterung festzustellen, die in Wirklichkeit nicht eingetreten ist. Im Gegenteil, im betrachteten Beispiel wäre die Entscheidung für mehr Freizeit ja gerade das Ergebnis der hiermit verbundenen Wohlstandserhöhung. In der Realität sind Fragen der Zeitallokation besonders von Bedeutung, wenn es um die Aufteilung von Produktivitätsfortschritten auf mehr Freizeit und mehr Produktion geht.

Vielfach kritisiert wird auch die fehlende Berücksichtigung von **Verteilungsaspekten.** Diese kommen im Inlandsprodukt nur indirekt über die enthaltenen Güter und die Preisstrukturen zum Ausdruck, die in einer Volkswirtschaft mit sehr ausgeprägter Ungleichverteilung anders ausfallen als bei verhältnismäßig gleicher Verteilung. Aus der fehlenden expliziten Berücksichtigung von Verteilungsaspekten ergibt sich zumindest eine Einschränkung der Aussagefähigkeit des Inlandsprodukts als Wohlstandsindikator, da bei einer Veränderung des Inlandsprodukts nicht ersichtlich ist, ob damit eine Konstanz oder Veränderung der Einkommensverteilung einhergegangen ist. Dies kann jedoch für die Beurteilung des Wohlstands von Bedeutung sein.

Die Inlandsproduktskonzeption stellt im wesentlichen auf die über den Markt erbrachten Leistungen ab. **Nichtmarktleistungen** bleiben daher im Inlandsprodukt **unberücksichtigt.** Hierzu zählen z.B. die Eigenleistungen der privaten Haushalte, wie die Kindererziehung, die Reparatur und Herstellung von Gütern durch Do-it-yourself-Tätigkeiten, die Reinigung der Wäsche und die Zubereitung von Mahlzeiten. Zu den nicht über den Markt erbrachten Leistungen gehören aber auch der Bereich der Schwarzarbeit, bei der eine Umgehung von Steuerzahlungen und Sozialversicherungsabgaben verfolgt wird, sowie der Bereich der Subsistenzwirtschaft in Entwicklungsländern, bei der Nachbarschaftshilfe und Tauschwirtschaft an die Stelle der in Geld gemessenen Marktleistungen treten. Da die Anteile dieser Aktivitäten an der Gesamtproduktion einer Volkswirtschaft Schwankungen unterliegen und zwischen verschiedenen Ländern unterschiedlich groß sind, ergeben sich hieraus auch Probleme der intertemporalen und internationalen Vergleichbarkeit von Inlandsproduktszahlen (vgl. 7. Kapitel).

Ebenfalls unberücksichtigt bleiben **nicht-ökonomische Größen,** die für den Wohlstand relevant sind. Hierzu könnte man etwa politische Freiheiten und soziale Sicherheit rechnen.

Zu den Kritikpunkten, die sich auf eine unzutreffende Erfasssung bestimmter Transaktionen beziehen, gehört die **Bewertung staatlicher Leistungen** zu Herstellungskosten. In der Tat kann aus den Aufwendungen für Bildungseinrichtungen, den Gesundheitsdienst und die Justiz nicht auf die Qualität bzw. den Wert dieser Einrichtungen geschlossen werden.

Eine falsche Erfassung wird auch in der **Behandlung sämtlicher zum Staatsverbrauch zählender Güter als Endprodukte** gesehen. Eine solche Behandlung kann zu Doppelzählungen führen, wenn diese Güter eigentlich zu den Vorleistungen zu rechnen sind. Es stellt sich in diesem Zusammenhang die Frage, welche Güter des Staatsverbrauchs Vorleistungscharakter haben. Wäre eine entsprechende Abgrenzung möglich, dürften nur die tatsächlichen Endprodukte in die Inlandsproduktsberechnung einbezogen werden. Ein in den Wirtschaftswissenschaften diskutierter Vorschlag befürwortet den Ausschluß von staatlichen Ausgaben aus der Inlandsproduktsberechnung, die für die Aufrechterhaltung eines funktionierenden Gesellschaftslebens getätigt werden müssen. Diese Ausgaben werden in der Literatur als **„regrettable necessities“** bezeichnet, um damit zum Ausdruck zu bringen, daß sie eine Art unvermeidliches Übel darstellen. Vielfach wird vorgeschlagen, hierzu etwa die Straßenerhaltung sowie äußere und innere Sicherheit zu rechnen. Jede Trennungslinie innerhalb des Staatsverbrauchs zwischen Endprodukten und „regrettable necessities“ muß allerdings willkürlich bleiben, da die Beurteilung der Güter des Staatsverbrauchs letztlich subjektiv ist. So könnte die mit einer Erhöhung der Verteidigungsausgaben verbundene Zunahme der Sicherheit nach außen von Teilen der Bevölkerung durchaus als wohlstandssteigernd empfunden werden.

Ein ähnlicher Kritikpunkt betrifft die Behandlung aller Ausgaben der privaten Haushalte als Endprodukte. Fahrten zum Arbeitsplatz, zur Ausbildungsstätte oder zur Gesundheitsvorsorge werden im Inlandsprodukt erfaßt, obwohl eine Zunahme dieser Fahrten sicherlich eine Wohlstandsverminderung darstellt. Hier besteht ebenfalls das Problem, diejenigen Ausgaben der privaten Haushalte zu bestimmen, die den Charakter von „regrettable necessities“ haben.

Weitere Kritikpunkte betreffen die Nichtberücksichtigung der Produktqualität, der Auslastungsgrade der Produktionsfaktoren und der Wettbewerbssituation. Auch bei diesen Aspekten besteht eine Verbindung zum Wohlstand der Bevölkerung, ohne daß sie sich im Inlandsprodukt niederschlägt.

Die umfangreiche Kritik an der Eignung des Inlandsprodukts als Wohlstandsindikator hat einerseits zu einer Reihe von Vorschlägen zur Verbesserung der Inlandsproduktskonzeption und andererseits auch zu völlig neuen Konzeptionen für Wohlstandsindikatoren geführt. Das Ziel aller Vorschläge ist es, geeignetere Größen zur Beurteilung des Wohlstands bzw. der Lebensqualität eines Landes zu entwickeln.

2. Alternative Konzeptionen

A. Der Vorschlag von Juster

Ein Vorschlag, wie die Volkswirtschaftliche Gesamtrechnung erweitert werden sollte, um eine umfassendere Beurteilung des Wohlstands einer Gesellschaft zu liefern, stammt von *Thomas Juster* (1973). Danach ist die Inlandsproduktsberechnung innerhalb der Volkswirtschaftlichen Gesamtrechnung zunächst um eine Vermögensrechnung zu ergänzen. In ihr sollten die Vermögensbestände einer Gesellschaft nach den Eigentumsverhältnissen (Unternehmensvermögen, Haushaltsvermögen, Staatsvermögen) sowie nach Vermögenstypen gegliedert werden.

Die Gliederung nach Vermögenstypen sollte hierbei fünf Bereiche umfassen:

- Das reproduzierbare materielle Vermögen, zu dem vor allem Bauten, Ausrüstungen, dauerhafte Konsumgüter und die Bestände an Infrastruktureinrichtungen gehören.
- Das reproduzierbare immaterielle Vermögen, zu dem das nicht an Personen gebundene Wissen einer Gesellschaft gehört. Dieses wird insbesondere durch die Ausgaben der Unternehmen und des Staates für Forschung und Entwicklung geschaffen. Dieses Wissen ist als Vermögensgröße anzusehen, da ihre Zunahme in der Regel einen Anstieg zukünftiger Erträge zur Folge hat.
- Das Humankapital, das die Fähigkeiten und Erfahrungen einzelner Personen umfaßt. In der Inlandsproduktsberechnung werden nur die hiermit erzielten Einkommen, nicht aber die durch Fort- und Weiterbildung geschaffenen Einkommenspotentiale berücksichtigt.
- Das natürliche Vermögen, das aus den natürlichen Ressourcen einer Gesellschaft in Form von Flüssen, Wäldern und Bodenschätzen besteht.
- Das sozialpolitische Vermögen, das nach Justers Vorstellung eine Bestandsgröße für persönliche und nationale Sicherheit sowie politische Freiheiten darstellen sollte.

Hiervon ausgehend schlägt *Juster* vor, das berechnete Inlandsprodukt um die Veränderung der Vermögensgrößen zu korrigieren, um so zu einem **wohlstandsorientierten Inlandsprodukt** zu gelangen. Aus dem wohlstandsorientierten Inlandsprodukt könnten dann wichtige politische

Schlußfolgerungen gezogen werden. Bei einer Veränderung der Produktionsmöglichkeiten sind nämlich gleichzeitig die nicht-materiellen Wirkungen zu berücksichtigen. Eine Zunahme des materiellen Wohlstands wäre nur dann positiv zu beurteilen, wenn sie einen möglicherweise damit verbundenen Rückgang des immateriellen Wohlstands übersteigt.

Die **Probleme** des Vorschlags von *Juster* sind offensichtlich. Zwar ist es sinnvoll, die Gesamtheit der Nebenwirkungen der Produktionstätigkeit einer Gesellschaft, wie sie im Inlandsprodukt zum Ausdruck kommt, zu berücksichtigen, doch stößt der Versuch einer Berücksichtigung der immateriellen Aspekte auf unüberwindbare Erfassungs- und Bewertungsprobleme. Für bestimmte Effekte gibt es keine Erfassungsgrundlage, weil die Fernwirkungen bestimmter Tätigkeiten nicht bekannt sind oder ihrer Art und ihrem Umfang nach unterschiedlich eingestuft werden. Sind die Nebenwirkungen dagegen eindeutig, so müssen sie bewertet und den positiven Produktionseffekten gegenübergestellt werden. Dabei besteht das Problem des intertemporalen Nutzenvergleichs. Während die positiven Effekte in der Gegenwart in Form eines größeren Gütervolumens entstehen, liegen die negativen Effekte vielfach in der Zukunft. Je weiter die Effekte in der Zukunft liegen, desto größer sind die mit ihrer Einschätzung verbundenen Unsicherheiten.

Dem Vorschlag haftet neben den beschriebenen Ermittlungsproblemen bei den Vermögensgrößen der gleiche Nachteil an wie dem Inlandsprodukt als Wohlstandsindikator. Es stellt sich nämlich auch hier die Frage, was eigentlich unter Wohlstand zu verstehen ist. Da es sich dabei letztlich um eine subjektive Einschätzung handelt und eine gesamtgesellschaftliche Messung unmöglich erscheint, kann das *Juster*-Konzept ebensowenig einen allgemein akzeptierten Wohlstandsindikator liefern wie das Inlandsproduktskonzept.

B. Der Vorschlag von Nordhaus und Tobin

Die amerikanischen Nationalökonomen *William Nordhaus* und *James Tobin* (1973) haben einen alternativen Vorschlag gemacht, wie man das System der Volkswirtschaftlichen Gesamtrechnung erweitern könnte, um mit Hilfe einer eindimensionalen Größe ein Maß für die Wohlfahrt einer Gesellschaft zu ermitteln. Sie sehen im Inlandsprodukt ausschließlich ein Maß für die Produktionstätigkeit eines Landes. Um zu einem Wohlstandsmaß zu gelangen, schlagen sie vor, einen Index zu ermitteln, der ausgehend von der Inlandsproduktsgröße bestimmte Korrekturen vornimmt, durch die die wesentlichen Schwächen des Inlandsproduktskonzepts beseitigt werden. Den ermittelten Index bezeichnen sie als **„measure of economic welfare“** (MEW).

Zur Berechnung dieses Wohlfahrtsmaßes ziehen sie vom Bruttoinlandsprodukt zunächst die Abschreibungen sowie den Teil der privaten Ausgaben und des Staatsverbrauchs ab, der Vorleistungscharakter hat und von ihnen als „instrumentelle Ausgaben" bezeichnet wird. Sie setzen sich vor allem aus den weiter oben beschriebenen „regrettable necessities" sowie den öffentlichen und privaten Ausgaben für Ausbildung und Gesundheit zusammen. Weiterhin bringen sie einen Posten zum Abzug, der die Nachteile der Verstädterung in Form von Umweltverschmutzung und Lärmbelästigung wertmäßig erfaßt. Ebenfalls abgezogen wird ein Teil der Investitionsausgaben, den die Autoren als Wachstumserfordernis bezeichnen. Er soll den Umfang der Investitionen wiedergeben, der zur Aufrechterhaltung eines langfristig gleichgewichtigen Wachstums erforderlich ist und wird deshalb vom Inlandsprodukt abgezogen, weil in diesem Umfang keine Konsummöglichkeiten aus der Güterproduktion entstehen. Hinzugefügt werden dagegen Werte für Nichtmarktaktivitäten (insbesondere die Eigenproduktion der privaten Haushalte), für den Umfang der Freizeit und die Leistungen dauerhafter Konsumgüter. Die so berechnete Größe wird als **Maß für den langfristig möglichen Wohlstand** angesehen. Neben diesem langfristigen Maß beinhaltet ihr Vorschlag die Berechnung eines laufenden oder aktuellen Wohlstandsmaßes. Zu dieser Größe gelangt man, wenn man in der beschriebenen Berechnung des Wohlstandsmaßes zusätzlich den Betrag der Investitionen abzieht, um den die tatsächlichen Nettoinvestitionen die Wachstumserfordernisse übersteigen. Ist dieser Betrag positiv, bedeutet dies, daß die Nettoinvestitionen höher sind, als zur Aufrechterhaltung eines gleichgewichtigen Wachstums erforderlich ist. Das laufende Wohlstandsmaß ist damit geringer als das langfristig erforderliche. Die Gesellschaft verzichtet damit auf Gegenwartskonsum zugunsten zukünftiger Konsummöglichkeiten. Unterschreiten die tatsächlichen Nettoinvestitionen die Wachstumserfordernisse, so deutet dies an, daß der Gegenwartskonsum zu Lasten des zukünftigen Konsums geht.

Nordhaus und *Tobin* kommen in ihren Berechnungen für die USA zu dem Ergebnis, daß sich ihr Wohlstandsmaß zum Teil erheblich vom Inlandsprodukt unterscheidet. Auch in den Wachstumsraten ergeben sich nicht unbedeutende Abweichungen. So zeigen ihre Berechnungen weitaus geringere Wachtumsraten des Wohlstands als sie vom Inlandsprodukt angezeigt werden. Dies hängt vor allem damit zusammen, daß in die Konzeption von *Nordhaus* und *Tobin* Größen eingehen, die die Kosten des Wachstums bzw. die Nebenwirkungen des Produktionsanstiegs widerspiegeln.

Kritisch ist gegenüber dem Alternativkonzept von *Nordhaus* und *Tobin* anzumerken, daß auch dieser Ansatz – ähnlich wie der von *Juster* – mit enormen **Erfassungs- und Bewertungsproblemen** verbunden ist. Die Bewertung der Freizeit, die Berechnung der Nachteile der Verstädterung sowie die Bestimmung des Anteils der Vorleistungen am Staatsverbrauch und den Ausgaben der Privaten implizieren subjektive Wertmaßstäbe und können daher nie vollständig wissenschaftlich ableitbar sein. Gerade dies aber macht die Konzeption bei allen theoretischen Vorteilen gegenüber dem Inlandsproduktskonzept anfällig gegenüber politischen Einflüssen auf die Berechnungsmethoden.

C. Soziale Indikatoren

Die deutlichste Abkehr vom System der Volkswirtschaftlichen Gesamtrechnung stellen die Vorschläge dar, die eine Wohlfahrtsmessung mittels einer am Inlandsprodukt orientierten Wertgröße ablehnen und stattdessen ein **System von sozialen Indikatoren** befürworten. Diese Ansätze sind insbesondere als Konsequenz der Bewertungsprobleme bei den eindimensionalen Wohlstandsindikatoren zu sehen. Die hierbei auftretende Schwierigkeit, verschiedene Wohlstandsaspekte durch eine Bewertung in Geldeinheiten in einer Größe zusammenzufassen, wird bei Systemen sozialer Indikatoren dadurch umgangen, daß bewußt auf ein Nebeneinander von verschiedenen Indikatoren abgestellt wird, bei denen eine Messung in deren eigentlichen Maßeinheiten erfolgt. Mit Systemen sozialer Indikatoren verbindet man vielfach sowohl eine Informationsfunktion (Beschreibung der aktuellen Situation) als auch eine Prognosefunktion (Frühwarnsystem für sich abzeichnende Entwicklungen).

Insbesondere von der OECD (Organization for Economic Cooperation and Development), der internationalen Organisation der westlichen Industrieländer, wurde ein solches System sozialer Indikatoren ausgearbeitet (vgl. OECD 1982, 1986). Um eine internationale Vergleichbarkeit zu erreichen, wurde unter Beteiligung von Vertretern aller Mitgliedsländer versucht, ein für alle Mitgliedsländer verbindliches Indikatorsystem zu erarbeiten. Zur Beurteilung der Lebensqualität einer Gesellschaft werden in diesem Ansatz zunächst acht Hauptzielbereiche (primary goal areas) gebildet:

1. Gesundheit
2. Entwicklung der Persönlichkeit durch Bildung
3. Arbeit und Qualität des Arbeitslebens
4. Zeiteinteilung und Freizeit
5. Verfügung über Güter und Dienstleistungen
6. Physische Umwelt
7. Persönliche Sicherheit und Rechtspflege
8. Gesellschaftliche Chancen und Beteiligung

Diese Hauptzielbereiche werden durch die Angabe von „wesentlichen gesellschaftlichen Anliegen“ präzisiert, die ihrerseits in Teilziele („sub-concerns“) aufgegliedert werden. Für einige Teilziele wird der Zielerreichungsgrad direkt durch Indikatoren beschrieben, andere werden zunächst noch weiter untergliedert. Der Hauptzielbereich „Physische Umwelt“ wird z.B. in die wesentlichen gesellschaftlichen Anliegen „Wohnbedingungen“, „Beeinträchtigung der Bevölkerung durch Umweltverschmutzung“ und „Nutzen, den die Bevölkerung aus dem Konsum und der Verwaltung der Umwelt zieht“ untergliedert. Teilziele der Gruppe „Beeinträchtigung der Bevölkerung durch Umweltverschmutzung“ sind u.a. „Verschmutzung durch nicht auflösbare Stoffe“, „Luft“, „Lärm“ und „Wasser“. Im Ergebnis entsteht dadurch ein relativ engmaschiges Netz von Indikatoren zur Beschreibung der sozialen Situation einer Gesellschaft.

Die Konstruktion und Verwendung des von der OECD erarbeiteten Indikatorsystems ist wie alle Systeme sozialer Indikatoren trotz des Vorteils, auf die Bildung einer eindimensionalen Größe verzichten zu können, mit einer **Vielzahl von Schwierigkeiten** verbunden. Zunächst ist der Begriff Wohlstand bzw. Lebensqualität zu definieren. Einen im Zeitablauf und für verschiedene Länder objektiven Vergleichsmaßstab zu finden, erscheint praktisch unmöglich. Mit der Festlegung der acht Hauptzielbereiche im OECD-Ansatz erfolgt bereits auf dieser Stufe eine umstrittene Einengung. Ebenso schwierig sind die Probleme bei der Definition von Teilzielen und der Konstruktion von geeigneten Indikatoren zur Beschreibung der Zielerreichung. Immer wieder taucht das Problem auf, daß bei der Messung bestimmter Aspekte der Lebensqualität auf Inputgrößen zurückgegriffen werden muß, obwohl diese keinen Gradmesser der Ergebnisse darstellen. Die Anzahl der Studenten pro 1000 Einwohner ist ebenso wenig ein zuverlässiges Maß für die Qualität des Bildungssystems wie die Autoverbreitung für die Freizeitmöglichkeiten.

Zusätzliche Probleme ergeben sich bei den Sozialindikatorsystemen, wenn neben objektiven auch subjektive Indikatoren verwendet werden. So werden im Bereich Arbeit und Qualität des Arbeitslebens neben objektiven Indikatoren, wie z.B. die Anzahl der Urlaubstage im Jahr oder die Arbeitszeit, auch subjektive Indikatoren einbezogen, bei denen z.B. die Arbeitnehmer die Aufstiegsmöglichkeiten oder die Beziehungen der Arbeitnehmer untereinander beurteilen. Hierdurch ergeben sich zwar Einblicke in die Empfindungen der unmittelbar Betroffenen, doch können deren Beurteilungsmaßstäbe sich im Zeitablauf verändern, so daß die gleiche Situation zu verschiedenen Zeitpunkten ganz unterschiedlich beurteilt wird. Weitere Probleme ergeben sich bei subjektiven Indikatoren aus der Auswahl der Befragten und der Aggregation solcher Indikatoren. Diese Probleme schränken die internationale Vergleichbarkeit erheblich ein. Will man aber die Gefühle der Betroffenen in die Indikatoren einfließen lassen, kann man auf subjektive Indikatoren nicht verzichten.

Umstritten in der Forschung zu den sozialen Indikatoren ist die Frage, ob die Zahl der ausgewiesenen Indikatoren nicht durch Aggregation vermindert werden sollte. Einerseits werden die Ergebnisse der sozia-

Gruppe	Einzelindikator
Individueller Lebensbereich	
Ernährung	(1) Kalorien pro Kopf und Tag (cal) (2) Eiweiß pro Kopf und Tag (g) (3) Fett pro Kopf und Tag (g) (4) Anteil tierischen Eiweißes am Gesamteiweiß (%)
Gesundheit	(5) Säuglingssterblichkeit* (6) Lebenserwartung der Männer (Jahre)
Ausbildung	(7) Ausbildungsrate nach der Schulpflicht (% des Altersjahrgangs) (8) Hochschulausbildungsrate (% d. Bev.)
Freizeit	(9) Tägliche Nichtarbeitszeit (10) Autoverbreitung (je 1000 d. Bev.) (11) Fernsehverbreitung (je 1000 d. Bev.) (12) Auslandsreisende (je 1000 d. Bev.)
Wohnung	(13) Zimmer je Wohnung (14) Zimmer je Kopf
Sicherheit	(15) Unfalltote (je 100000 d. Bev.)* (16) Ermordete (je 100000 d. Bev.)*
Sozialversicherung	(17) Anteil am Volkseinkommen (%)
Sozialer Lebensbereich	
Umwelthygiene	(18) Öffentl. Wasserversorgung (je 100 Hh.) (19) Öffentl. Abwasserversorgung (je 100 Hh.)
Ausbildung	(20) Grundschullehrer (je 1000 Schüler) (21) Hochschullehrer (je 1000 Studenten)
Freizeit	(22) Buchanzahl in öffentl. Büchereien (je 10000 d. Bev.) (23) Park- und Grünanlagen (qm/je Einwohner)
Kommunikation	(24) Postbeschäftigte (je 100000 d. Bev.) (25) Telefonverbreitung (je 100 d. Bev.)
Verkehr	(26) Eisenbahn- u. Personenwagen (je 100000 d. Bev.) (27) Geteerte Straßen je Auto (m) (28) Anteil der geteerten Straßen am Straßennetz (in %)
Gesundheit	(29) Ärzte (je 100000 d. Bev.) (30) Krankenpflegepersonen (je 100000 d. Bev.) (31) Krankenbetten (je 100000 d. Bev.)

Quelle: *Hauser, S.,* und *Lörcher, S.,* „Lebensstandard“ und „Sozialprodukt“, Ein Vergleich BRD-Japan, in: Konjunkturpolitik, Bd. 19, 1973, S. 85 f.

Tab. 9-1: Struktur des Indikatorsystems von Hauser und Lörcher

len Indikatoren dadurch übersichtlicher und die intertemporale und internationale Vergleichbarkeit erscheint einfacher. Andererseits ergeben sich erhebliche technische Probleme bei der Aggregation, die denen bei der Berechnung eindimensionaler Wohlstandsindikatoren entsprechen.

Die aufgeführten Kritikpunkte deuten bereits an, daß das System sozialer Indikatoren mit einer Reihe von Detailproblemen verbunden ist. Wie letztlich Lebensqualität zu messen ist, läßt sich nicht durch ein komplexeres System von Indikatoren lösen. Je genauer nämlich die einzelnen Zielbereiche beschrieben werden, desto schwieriger sind dann die Bewertung der Ergebnisse, der intertemporale und der internationale Vergleich.

Die Probleme der Sozialindikatorsysteme werden auch in einer bekannten Vergleichsstudie von *Hauser* und *Lörcher* (1973) über den Lebensstandard in der Bundesrepublik Deutschland und Japan deutlich. Wie das in Tabelle 9-1 wiedergegebene Indikatorsystem zeigt, wurde der Versuch unternommen, mit relativ wenigen objektiven Indikatoren eine Wohlstandsbeschreibung der beiden Länder vorzunehmen. Besonders offensichtlich ist hierbei die Schwierigkeit, werturteilsfreie Größen als Indikatoren zu wählen ohne gleichzeitig auf Inputgrößen zurückzugreifen.

Auf dieser Basis ermittelten *Hauser* und *Lörcher* anschließend einen aggregierten Lebensstandardindex. Nach ihren Berechnungen für den Zeitraum 1955–1970 kommen die Autoren zu dem Ergebnis, daß der Lebensstandard in Japan sich fast verdoppelte, während er in der BRD nur um knapp 50 Prozent zunahm (vgl. Tabelle 9-2).

Jahr	Lebensstandard-index BRD	Lebensstandard-index Japan
1955	100,0	100,0
1960	121,2	124,0
1965	134,7	162,9
1970	147,1	196,5

Quelle: *Hauser, S.*, und *Lörcher, S.*, a. a. O., Tab. 2 und Tab. 6.

Tab. 9-2: Lebensstandardindizes für Japan und Deutschland 1955–1970

Die vielschichtige Problematik der Sozialindikatorsysteme hat inzwischen zu einem weitgehenden Stillstand dieser Forschungsrichtung geführt. Im Prinzip ist es im Rahmen dieser Ansätze genauso wie beim Inlandsprodukt nicht möglich, einen objektiven Vergleichsmaßstab für die Lebensqualität zu liefern. Daher ist es nicht verwunderlich, daß das Inlandsprodukt nach wie vor allgemein als Maß für die materielle Versorgungslage einer Gesellschaft verwendet wird. Offenbar ist es befriedigender, mit einem Indikator zu arbeiten, dessen Mängel allseits bekannt sind, als mit einem komplexen und umstrittenen Indikatorsystem.

D. Der „Human Development Index"

Mit der Entwicklung eines „Human Development Index" (HDI) verfolgt die UNDP (United Nations Development Program) seit 1990 das Ziel, die Lebensqualität verschiedener Länder anhand sozio-ökonomischer Indikatoren miteinander zu vergleichen. Der Index faßt drei Indikatoren für die Entwicklung eines Landes zusammen. Sie umfassen folgende Bereiche:

- die Lebenserwartung bei Geburt,
- den Umfang der Ausbildung und
- das Pro-Kopf-Einkommen.

Die drei Indikatoren werden wie folgt gemessen. Die Lebenserwartung bei Geburt wird in Jahren angegeben. Der Ausbildungsindikator setzt sich zu zwei Dritteln aus der Alphabetisierungsrate und zu einem Drittel aus der durchschnittlichen Ausbildungszeit (gemessen in Jahren) zusammen. Der Einkommensindikator wird aus dem Pro-Kopf-Bruttosozialprodukt unter Berücksichtigung von Kaufkraftaspekten berechnet.

Bei allen drei Indikatoren wird für jedes Land festgestellt, welche relative Position dieses Land zwischen dem Land mit der höchsten und der niedrigsten Entwicklung einnimmt. Diese relativen Positionen werden dann zu einem Index zusammengefaßt. Im einzelnen erfolgt die Berechnung in vier Schritten:

1. Man bestimmt zunächst für einen Indikator, um wieviel das jeweilige Land den Indikator des Landes mit dem geringsten Wert übersteigt.
2. Anschließend bestimmt man die Differenz zwischen dem Land mit dem höchsten und dem Land mit dem niedrigsten Indikatorwert.
3. Danach berechnet man das Verhältnis aus dem unter 1. zu dem unter 2. ermittelten Wert. Diese Relation gibt an, welchen prozentualen „Weg" ein Land in seiner Entwicklung bei dem jeweiligen Indikator im Vergleich zur gesamten Bandbreite bereits „zurückgelegt" hat. Entsprechend erhält das Land mit der höchsten Ausprägung bei einem Indikator einen Wert von 100 Prozent und das Land mit dem Minimumwert null Prozent.
4. Zum Schluß wird der Durchschnitt der drei relativen Positionen gebildet. Würde ein Land bei allen drei Indikatoren die höchste Ausprägung aufweisen, wäre der Gesamtindikator, also der HDI, genau eins. Entsprechend hätte ein Land, das bei allen drei Indikatoren die geringste Entwicklung zeigt, den Wert null. Die HDI-Werte liegen mithin zwischen null und eins.

Die Berechnung verdeutlicht, daß der HDI kein absolutes, sondern ein relatives Maß für die Lebensqualität darstellt. Ein gleicher Wert des HDI im Zeitverlauf kann daher mit zunehmender Lebensqualität verbunden sein. Dies ist dann der Fall, wenn sich die Lebensqualität in den am weitesten und am wenigsten weit entwickelten Ländern erhöht hat.

Tab. 9-3 zeigt einen Auszug aus der 1994 veröffentlichten Rangfolge der 173 berücksichtigten Länder. Hierbei sind jeweils die Daten von 1992 (für die Sozialproduktsdaten 1991) für die einzelnen Indikatoren zugrunde gelegt. An der Spitze steht Kanada. Die Bundesrepublik liegt auf Platz 11, während sie im Pro-Kopf-Einkommen auf Platz 12 liegt. Burkina Faso nimmt die vorletzte und Guinea die letzte Position ein. Insgesamt ergibt sich, daß die Industriestaaten die vorderen Plätze belegen, während die Entwicklungsländer am Ende der Rangskala liegen. Die Ursache hierfür kann darin gesehen werden, daß Länder mit hohem Einkommensniveau auch hohe Investitionen in das Bildungs- und das Gesundheitssystem vornehmen können.

Rang	Land	Human Development Index	Rang beim Bruttosozialprodukt
1	Kanada	0,932	11
2	Schweiz	0,931	1
3	Japan	0,929	3
4	Schweden	0,928	4
5	Norwegen	0,928	5
6	Frankreich	0,927	13
7	Australien	0,926	18
8	USA	0,925	9
9	Holland	0,923	16
10	England	0,919	19
11	Deutschland	0,918	12
12	Österreich	0,917	14
13	Belgien	0,916	15
14	Island	0,914	8
15	Dänemark	0,912	7
•			
•			
•			
169	Niger	0,209	148
170	Sierra Leone	0,209	163
171	Afghanistan	0,208	169
172	Burkina Faso	0,203	153
173	Guinea	0,191	129

Quelle: UNDP (1994)

Tab. 9-3: Human Development Index

Der HDI ist seit seiner Einführung lebhaft diskutiert worden. Gegen ihn wurde beispielsweise vorgetragen, daß er sich auf zu wenige sozioökonomische Größen beschränkt, politische Aspekte unberücksichtigt läßt, durch Aggregation zu einem einzigen Index die Einzelaspekte verschleiert und die unbefriedigende Datenbasis in vielen Ländern die

HDI-Berechnungen verfälscht. Diese Kritikpunkte können im Prinzip gegen alle aggregierten Wohlfahrts- oder Entwicklungsmaße vorgetragen werden. Es muß jedoch hervorgehoben werden, daß die UNDP ihre Berechnungen durch modifizierte HDI-Werte ergänzt. So veröffentlicht sie für einige Länder auch Indizes, welche die unterschiedlichen Indikatorausprägungen bei Frauen und Männern, die Einkommensverteilung und die abweichende Entwicklung verschiedener Regionen eines Landes berücksichtigen.

3. Ansätze zur Erweiterung der Inlandsproduktsberechnung

A. Umweltökonomische Gesamtrechnung

a. Überblick zur Konzeption des Statistischen Bundesamtes

Umweltpolitische Aspekte haben in den letzten Jahren als Folge wachsender ökologischer Probleme zunehmend an Bedeutung gewonnen. So wurden auch immer häufiger Stimmen laut, die eine Ergänzung der Volkswirtschaftlichen Gesamtrechnung um Aussagen über eine Veränderung der Umweltqualität forderten. Daraufhin hat das Statistische Bundesamt Mitte der 80er Jahre beim Aufbau von sogenannten „Satellitensystemen zu den Volkswirtschaftlichen Gesamtrechnungen" auch die Umwelt als Teilgebiet mit einbezogen. Mit Satellitensystemen wird das Ziel verfolgt, Angaben zu bestimmten, gesellschaftlich wichtigen Informationsfeldern zusammenzustellen. Bei diesen Bereichen handelt es sich vor allem um Aktivitäten, die zwar in erster Linie, aber nicht allein einer ökonomischen Sichtweise unterliegen. Hierzu zählen neben der Umwelt auch z.B. das Gesundheitswesen, das Ausbildungssystem und die Forschungsaktivitäten. Im Bereich der Umwelt lag dabei der Schwerpunkt auf der Darstellung der Produktion von Umweltschutzleistungen.

Ende der 80er Jahre beschloß das Statistische Bundesamt, das Satellitensystem „Umwelt" zu einer **Umweltökonomischen Gesamtrechnung** auszubauen. Ziel eines solchen Systems ist es, die in der Inlandsproduktsberechnung nicht berücksichtigten externen Effekte der Produktion und des Konsums auf die Umwelt quantitativ zu erfassen. Die Informationen sollen ein integriertes Gesamtsystem bilden und eine Datengrundlage sowohl für die Beurteilung von Umweltproblemen als auch für die Beschreibung der Wechselbeziehungen zwischen Wirtschaftsprozeß und Umwelt liefern.[1] In einem ersten Schritt wurde 1990 ein

[1] Erste Einzelheiten über den Aufbau einer Umweltökonomischen Gesamtrechnung wurden anläßlich der Vorstellung der Konzeption des geplanten Systems veröffentlicht; vgl. Statistisches Bundesamt (1990f).

Grundprogramm vorgestellt, das als Konzept für ein umfassendes System von Informationen über den Zustand der Umwelt und die Inanspruchnahme von Ressourcen gedacht ist. Angestrebt ist die Ausrichtung der Informationen an einem zweckmäßigen Rahmen von Definitionen und Konzepten, ähnlich wie dies bei der Inlandsproduktsberechnung der Fall ist. Die umweltökonomische Gesamtrechnung soll sowohl eine laufende Umweltberichterstattung als auch wissenschaftliche Analysen im Bereich der Umweltökonomie ermöglichen. Indem z.B. eine statistische Einordnung der Entstehung und des Verbleibs von Schadstoffen in verschiedenen Wirtschaftsbereichen erfolgen soll, bildet die Umweltökonomische Berichterstattung eine Analogie zur Kreislaufdarstellung des Wirtschaftsprozesses. Das Grundprogramm gliedert sich in zwei Teile:

- Der Berichtsteil: Er besteht aus einem Statistischen Umweltökonomischen Berichtssystem (STUBS); in ihm werden Daten zur Umweltsituation (vor allem in physischen Größen) gesammelt, nach einheitlichen Konzepten aufeinander abgestimmt und teilweise in D-Mark bewertet.
- Der Analyseteil: In ihm sollen verschiedene Untersuchungen auf Basis der Umweltdaten vorgenommen werden.

Einzelheiten enthält das vorgelegte Grundprogramm bisher ausschließlich für den Berichtsteil. Sie beschränken sich jedoch auf eine Zusammenstellung besonders wichtiger Sachverhalte zur Beschreibung der Umweltsituation (vgl. Abbildung 9-1). Dabei handelt es sich um zehn „Bausteine", die insbesondere den Abbau und den Verbrauch von regenerierbaren und nichtregenerierbaren Ressourcen, die Belastung von Boden, Wasser und Luft sowie die Veränderung dieser Immissionslage im Zeitablauf beschreiben. Später sollen zu diesen Bausteinen Berechnungen der Schadstoffemissionen und Abfälle im Zusammenhang mit der Produktion und bestimmten Verbrauchsprozessen, Daten über den Verbleib der Emissionen und eine Zusammenstellung der Angaben über die Mittel, die vom Staat und von Unternehmen für den Schutz der Umwelt und deren Wiederherstellung aufgewendet werden, hinzukommen.

Nach den Vorstellungen des Grundprogramms soll das Umweltökonomische Berichtssystem die Grundlage umweltökonomischer Analysen bilden. Dies zeigt der untere Teil von Abbildung 9-1. Bisher enthält das Grundprogramm lediglich einige Beispiele für sogenannte „Analysemodule", in denen umweltökonomisch relevante Aspekte auf Basis der erhobenen Umweltdaten und unter Verwendung der Konzepte und Klassifikationen des Berichtssystems untersucht werden sollen. Hier sind vom Statistischen Bundesamt zunächst nur einige Beispiele wie etwa Ressourcenbilanzen und Regionalanalysen genannt.

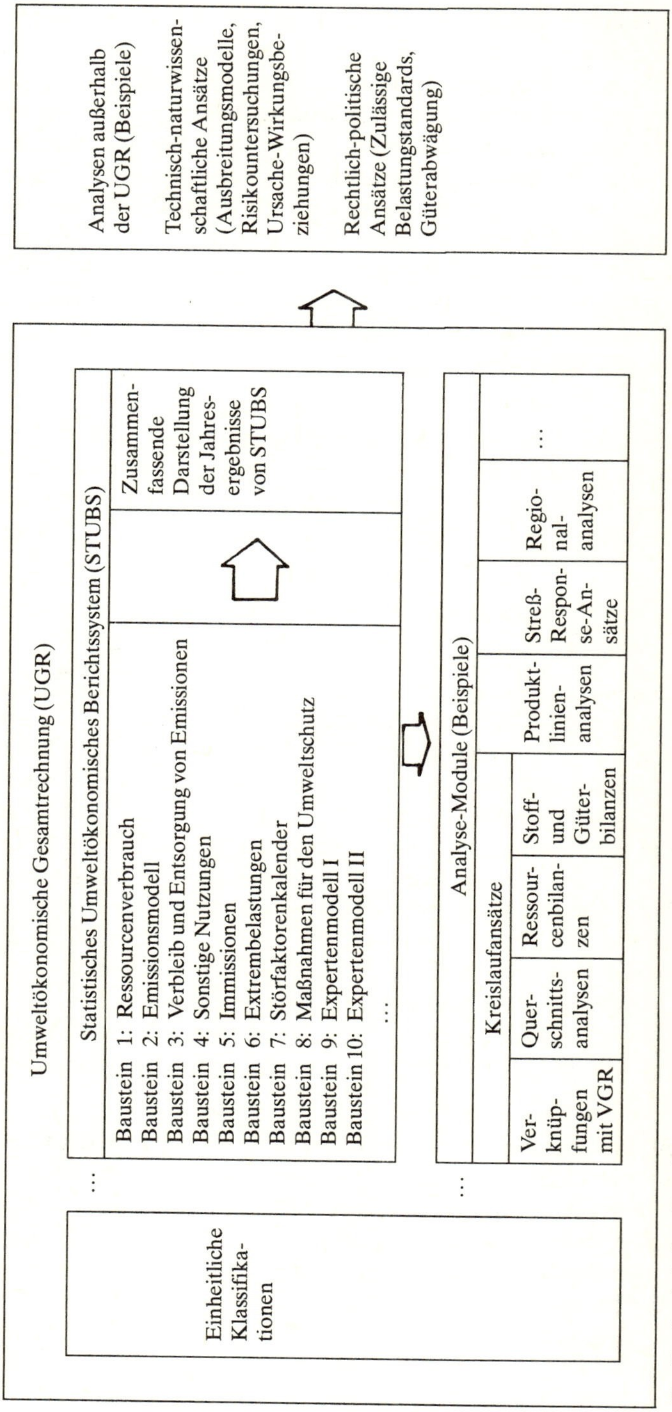

Quelle: Statistisches Bundesamt, Mitteilung für die Presse, 18. 7. 1990

Abb. 9-1: Aufbau der Umweltökonomischen Gesamtrechnung

b. Der Umweltbegriff

Um umweltökonomische Vorgänge zu erfassen, bedarf es zunächst der inhaltlichen Festlegung des Umweltbegriffs. Aufgrund der Komplexität ökologischer Vorgänge ist dies jedoch sehr schwierig. In der im Aufbau befindlichen Umweltökonomischen Gesamtrechnung verwendet das Statistische Bundesamt zur Abgrenzung und Gliederung der zu erfassenden Umweltzustände und -vorgänge zwei Ansatzpunkte:

- die Umweltfunktionen,
- die Leistung und Nutzung der Umwelt (Naturkreisläufe).

Eine der Umweltfunktionen ist die Produktionsfunktion. Die Umwelt produziert beispielsweise die Leistung „sauberes Grundwasser". Der Verbrauch von Grundwasser stellt dann die Nutzung dieser Umweltleistung durch den Menschen dar. Auf diese Weise kann bei einer Umweltfunktion zwischen Leistung und Nutzung unterschieden werden. Hieraus läßt sich eine Matrix wie in Abbildung 9-2 ableiten. Dabei werden vier Umweltfunktionen unterschieden: die Produktionsfunktion, die Trägerfunktion, die Regelungsfunktion und die Informationsfunktion. Die Produktionsfunktion umfaßt die Bereitstellung bzw. Produktion von nichtregenerierbaren Ressourcen (z. B. Erdöl, Erze und Mineralien) und regenerierbaren Ressourcen (z. B. Sauerstoff, Wasser, Holz und Nahrungsmittel) sowie die Nutzung dieser Ressourcen durch Abbau und Verbrauch. Aus der Gegenüberstellung von Leistung und Nutzung der Umwelt läßt sich ableiten, ob eine Beeinträchtigung der Umwelt stattgefunden hat. Ist dies der Fall, wäre eine „Übernutzung" der Umwelt bzw. eine Verschlechterung der Umweltqualität zu diagnostizieren. Diesen Sachverhalt bezeichnet man allgemein als Umweltbelastung.

Eine weitere Umweltfunktion stellt die Trägerfunktion dar. Gegenstand dieser Funktion ist die Umwelt als Standort (z. B. für Produktion, Wohnen und Freizeit) und als Aufnahmemedium (z. B. für Abfälle). Eine Umweltbelastung erfolgt dann, wenn eine bestimmte Nutzung (z. B. die Errichtung eines Freizeitparks) nicht mehr befriedigt werden kann, weil bereits eine andere Nutzung (z. B. als Müllhalde) den Raum nicht mehr verfügbar macht oder die Raumnutzung aufgrund von Kontaminationen nicht mehr möglich ist (z. B. Altlasten). Die Regelungsfunktion der Umwelt besteht in der Fähigkeit der Umwelt zur Reinigung und Stabilisierung. Die Informationsfunktion der Umwelt beschreibt den Fluß von Informationen zwischen der Umwelt und den Menschen.

Funktionen[1] / Leistungen/Nutzungen	Produktionsfunktion[2] für		Trägerfunktion[3] für		Regelungsfunktion[4] für		Informationsfunktion[5]
	nicht regenerierbare Ressourcen	regenerierbare Ressourcen	Standortfunktion	Aufnahmefunktion	Reinigungsfunktion	Stabilisierungsfunktion	
	1	2	3	4	5	6	7
Leistungen	Bereitstellung		Bereitstellung des Raumes als		Fähigkeit der Umwelt zu		Bereitstellung bzw. Lieferung von Signalen und Informationen
	nicht regenerierbarer Ressourcen (fossile Energieträger, Kernbrennstoffe, Erze, Salze, Baustoffe etc.)	regenerierbarer Ressourcen – abiotisch – energetisch und nicht-energetisch) – biotisch – Nahrungsmittel und nachwachsende Rohstoffe)	Standort (Wohnen, gewerblich-industr. Erzeugung, Ver-, Entsorgung, Verkehr u. a.)	Aufnahmemedium (für die aus der Standortnutzung resultierenden Belastungen, Emissionen/Immissionen)	Reinigung, Säuberung, Filterung, Aufbereitung, Schadstoffabbau, auch Akkumulationseffekte	Stabilisierung, Ausgleich, Abpufferung, Dämpfung, Abschirmung (Regelung im engeren Sinne)	
Nutzungen	Abbau bzw. Verbrauch		Nutzung des Raumes als		Nutzung durch		Nutzung der Signale und Informationen zur Bedürfnisbefriedigung
	nicht regenerierbarer Ressourcen (s. o.)	regenerierbarer Ressourcen – abiotisch (s. o.) – biotisch (s. o.)	Standort (s. o.)	Aufnahmemedium (s. o.)	Emissionen/Immissionen, Abfall, Versiegelung, Zerschneidung etc. (Eingriffe in Regelkreisläufe)		

[1] Nach: Rat von Sachverständigen für Umweltfragen, Umweltgutachten 1987, Stuttgart – Mainz, S. 40 ff.

[2] Die Produktionsfunktionen haben die Versorgung der menschlichen Gesellschaft mit Gütern, Produkten und der natürlichen Umwelt zum Gegenstand, um Elementarbedürfnisse zu erfüllen bzw. natürliche Ressourcen verfügbar zu machen.

[3] Trägerfunktionen bestehen darin, daß die Umwelt die Aktivitäten, Erzeugnisse und Abfälle menschlichen Handelns aufnehmen und tragen muß (Raumanspruch).

[4] Regelungsfunktionen werden benötigt, um grundsätzlich wichtige Vorgänge des Naturhaushaltes, die durch Mensch oder Gesellschaft beansprucht oder erwartet werden, im Gleichgewicht zu halten, und um die Folgen von Eingriffen aufzufangen oder auszugleichen (Regelkreisläufe).

[5] Informationsfunktionen beschreiben den Fluß oder Austausch von Informationen zwischen Umwelt und Menschen.

Quelle: Statistisches Bundesamt, Mitteilung für die Presse, 18. 7. 1990

Abb. 9-2: Funktionen, Leistungen und Nutzungen der Umwelt

c. Probleme einer Umweltökonomischen Gesamtrechnung

Die Hauptprobleme der Umweltökonomischen Gesamtrechnung lassen sich in drei Gruppen einordnen:

- das Problem der monetären Bewertung von Umweltvorgängen,
- das Datenproblem,
- die wissenschaftlichen Erkenntnislücken.

Ziel der Umweltökonomischen Gesamtrechnung ist nicht nur die Darstellung des Zustandes und der Veränderung der Umwelt im Zeitablauf in physikalischen, sondern auch in monetären Größen. Letztere haben den Vorteil, daß sie eine Zusammenfassung von Einzelgrößen erlauben und direkt im Vergleich mit anderen Größen der Volkswirtschaftlichen Gesamtrechnung beurteilt werden können. Gleichzeitig wirft jedoch der Versuch einer **monetären Bewertung von Umweltvorgängen** eine Reihe von Problemen auf. Die grundsätzlichen Schwierigkeiten hängen mit den Preisen der Umweltgüter zusammen:

- Einige Umweltgüter werden als freie Güter genutzt und besitzen daher keine Marktpreise;
- für einen Teil der Umweltgüter liegen Marktpreise vor (z. B. für eine Reihe von Rohstoffen). Allerdings bedeutet dies nicht, daß alle gesellschaftlichen Kosten, die mit dem Abbau bzw. Verbrauch dieser Güter verbunden sind, in die Preisbildung eingehen. Es ist vielmehr möglich, daß die Konsumenten der Umweltgüter bzw. die Verursacher der Umweltbelastungen nicht die gesamten Kosten tragen und daß daher externe Effekte vorliegen. In diesem Fall stellen die Marktpreise keinen Indikator für den „Wert" der Umwelt dar.

Das Statistische Bundesamt schlägt im Grundprogramm vor, nur vorhandene Preise zur Grundlage der monetären Bewertung der Umweltvorgänge zu machen. Eine Bewertung von Umweltvorgängen ist für folgende Bereiche vorgesehen:

- Abbau und Verbrauch von Ressourcen: Hier werden Marktpreise für die regenerierbaren und nichtregenerierbaren Stoffe verwendet, soweit diese existieren.
- Abfälle und Emissionen: Hier ist vorgesehen, von Schadensvermeidungskosten auszugehen, die sich bei tatsächlich vorgenommenen Emissionssenkungsmaßnahmen ergeben haben. Die Emissionssenkungskosten bei einem Unternehmen werden somit als Bewertung der Emissionen eines anderen Unternehmens angesetzt.
- Veränderung der Immissionslage: Hier wird gefragt, wie hoch die Wiederherstellungskosten des Umweltzustandes sind, der am Anfang einer Berichtsperiode bestand (sofern eine Wiederherstellung überhaupt möglich ist). Bewertungsmaßstab sind tatsächliche Reproduk-

tions- oder Reparaturkosten, die bei tatsächlich durchgeführten Sanierungsmaßnahmen angefallen sind.

Der Ansatz des Statistischen Bundesamtes zur monetären Bewertung hat zwar den Vorteil, daß die verwendeten monetären Größen beobachtbar und damit leicht nachvollziehbar sind. Diese monetären Größen klammern aber wesentliche Aspekte aus. Hierzu gehören bei den Marktpreisen für Rohstoffe z.B. die von den Marktteilnehmern nicht getragenen Kosten (externe Effekte), soweit sie sich nicht in anderen monetär bewerteten Umweltvorgängen widerspiegeln, und die zum Zeitpunkt der Preisbildung nicht richtig eingeschätzten zukünftigen Knappheiten. Darüber hinaus können die Preise, die sich am Markt ergeben, auch dann die gesellschaftlichen Kosten nicht widerspiegeln, wenn die Marktteilnehmer den gegenwärtigen Nutzen im Vergleich zur zukünftigen Belastung höher bewerten als die Gesellschaft.

Auch die Ermittlung von Schadensvermeidungskosten und Reproduktions- bzw. Reparaturkosten wirft zahlreiche Probleme auf. So scheitert eine durchgängige Bewertung in vielen Fällen an der fehlenden Kenntnis der Kosten. Außerdem bleiben bei der monetären Bewertung, wie sie im Grundprogramm des Statistischen Bundesamtes vorgeschlagen wird, Umweltschäden ausgeklammert, die sich im Bereich der Nutzungen ergeben. Hierzu zählen z.B. die abnehmende Fruchtbarkeit von Böden und das Aussterben von Pflanzen- und Tierarten.

Die **Datenprobleme** bestehen vor allem darin, daß Zahlen über Umweltvorgänge nicht ohne weiteres zugänglich sind, Datenlücken bestehen und viele Daten noch statistisch aufbereitet und verdichtet werden müssen. Darüber hinaus sind Umweltbelastungen nicht isoliert durch die wirtschaftliche Tätigkeit innerhalb eines Landes zu erklären bzw. zu messen, da Umweltmedien und Klima in einem Land auch von den ökonomischen und ökologischen Vorgängen in anderen Ländern beeinflußt werden.

Eine vollständige Erfassung von Umweltvorgängen sowie ihre monetäre Bewertung ist auch durch das Bestehen von **wissenschaftlichen Erkenntnislücken** eingeschränkt. Da ökologische Prozesse sehr komplex sind, kann eine Erfassung umweltrelevanter Vorgänge nur so gut sein wie die wissenschaftlichen Erkenntnisse über diese Abläufe. Eine Umweltökonomische Gesamtrechnung kann daher keine starre Struktur haben, sondern muß voraussichtlich häufiger Revisionen unterzogen werden als die traditionelle Inlandsproduktsberechnung.

B. Berücksichtigung der Haushaltsproduktion

a. Haushaltsproduktion und Inlandsproduktsberechnung

Die Haushalte stellen hinsichtlich der Einkommenserzielung und Einkommensverwendung den quantitativ bedeutendsten Sektor in der Volkswirtschaftlichen Gesamtrechnung dar. Gleichzeitig ist die in der Inlandsproduktsberechnung registrierte Produktionstätigkeit der privaten Haushalte sehr gering. Sie umfaßt praktisch ausschließlich die sogenannten häuslichen Dienste, also den Verkauf der Arbeitsleistung von Hausangestellten an andere private Haushalte. Die häuslichen Dienste machen nur ungefähr zwei Prozent des Bruttoinlandsprodukts aus. Andere produktive Tätigkeiten, wie z.B.

- die Vermietung von Wohnraum,
- die Eigenleistung im Häuserbau,
- die Erzeugung landwirtschaftlicher Produkte und
- die Tätigkeit der Freiberufler

gehen zwar in die Inlandsproduktsberechnung ein, werden aber im Unternehmenssektor erfaßt. Unentgeltliche produktive Tätigkeiten der privaten Haushalte für die eigene Familie sowie ihre produktiven Tätigkeiten in Ehrenämtern fließen dagegen nicht in die Inlandsproduktsberechnung ein. Diese Konvention ist allerdings seit langem umstritten.[2] Die Haushaltsproduktion ist vor allem mit Hinweis auf statistische Schwierigkeiten unberücksichtigt geblieben. Es wurde insbesondere argumentiert, daß der Wert der Haushaltsproduktion weitestgehend von Schätzungen abhinge und das Inlandsprodukt deshalb mit so großen Fehlerbereichen behaftet sei, daß die Verwendung der Inlandsproduktsdaten für eine Reihe von Verwendungen stark eingeschränkt sei.

Auch die für Mitte der 90er Jahre geplante Revision des Systems der Volkswirtschaftlichen Gesamtrechnung der Vereinten Nationen (System of National Accounts) sieht wiederum keine Berücksichtigung der Haushaltsproduktion bei der Inlandsproduktsberechnung vor. Dennoch wurde dieses Thema bei den Arbeiten zu den Revisionsvorschlägen intensiv diskutiert (vgl. United Nations 1987; vgl. auch *Lützel* 1990). Dabei wurden insbesondere die folgenden Argumente berücksichtigt:

- Die Haushaltsproduktion stellt eindeutig eine produktive Tätigkeit im weiteren ökonomischen Sinn dar.
- Wenn es das Ziel ist, die ökonomische Wohlfahrt zu messen, ist zwar der Wert der Haushaltsproduktion quantitativ zu erfassen, doch ist es

---

[2] Eine gute Übersicht zum Problem der Haushaltsproduktion in der VGR liefert *Lützel* (1990).

nicht Aufgabe der Inlandsproduktsberechnung, Werte für das Niveau oder die Veränderung der ökonomischen Wohlfahrt zu ermitteln.

- Wenn die Inlandsproduktsberechnung den Wert der Haushaltsproduktion einschließen soll, ist eine Vielzahl von zusätzlichen Annahmen erforderlich. So wären mit der Haushaltsproduktion Einkommen zu unterstellen, die sich von den Markteinkommen wesentlich unterscheiden, da bereits bei der Entstehung dieser Einkommen über ihre Verwendung entschieden ist. Es müßte unterstellt werden, daß die entstehenden Einkommen zum Kauf der selbsterstellten Güter (z.B. Reinigung der Wohnung oder Betreuung von Kindern) verwendet werden.
- Die Güter der Haushaltsproduktion bestehen zum größten Teil aus Dienstleistungen, die von den jeweiligen Haushalten selbst verbraucht werden. Für die Haushaltsproduktion in Entwicklungsländern ist dagegen typisch, daß die Güter in Eigenproduktion auch Waren umfassen, die möglicherweise zu einem späteren Zeitpunkt veräußert werden und so in den Wirtschaftskreislauf gelangen. Bei diesen „neuen" Waren wäre eine Berücksichtigung in der Inlandsproduktsberechnung damit sinnvoll.
- Für viele Verwendungen der Volkswirtschaftlichen Gesamtrechnung wäre die Einbeziehung der Haushaltsproduktion nicht sinnvoll und würde die Aussagefähigkeit der Ergebnisse beeinträchtigen. Dies trifft insbesondere für die Analyse und Prognose von Wirtschafts- und Erwerbstätigenentwicklungen zu.

Die Argumente legen den Schluß nahe, daß die Haushaltsproduktion zwar eindeutig produktive Tätigkeiten umfaßt, ihre Erfassung im Inlandsprodukt jedoch gerade für die bisherigen Verwendungen nicht sinnvoll erscheint. Das Statistische Bundesamt hat daher für die Erfassung von Daten zur Haushaltsproduktion ein Satellitensystem der Volkswirtschaftlichen Gesamtrechnung vorgeschlagen, das zusätzliche Informationen zu der traditionellen Inlandsproduktsberechnung liefern soll.[3] Im Satellitensystem könnte eine erweiterte Inlandsproduktsgröße ermittelt und ausgewiesen werden, die die ökonomische Leistung der Volkswirtschaft einschließlich der Haushaltsproduktion wiedergibt.

b. Abgrenzung, Erfassung und Bewertung der Haushaltsproduktion

In der weitesten Abgrenzung kann man in die Haushaltsproduktion alle Tätigkeiten der privaten Haushalte einschließen, die nicht mit Erwerbseinkommen verbunden sind. Damit würden z.B. Kinderbetreuung,

---

[3] Ein einzelnes EU-Mitgliedsland kann ohnehin keine Veränderung seiner Inlandsproduktskonzeption vornehmen, da die Aufteilung der Finanzierung des EU-Haushalts auf die Mitgliedsländer zum Teil an ein nach einem einheitlichen System berechnetes Inlandsprodukt geknüpft ist.

Gartenarbeit, Essen und Jogging zur Hausarbeit zu rechnen sein. Diese Abgrenzung erscheint allerdings weit über das gegenwärtige Verständnis der Aufgaben der Volkswirtschaftlichen Gesamtrechnung hinauszugehen. Es impliziert, den Menschen als Vermögensobjekt und bestimmte Tätigkeiten (z.B. Regeneration und Ausbildung) als Investitionen anzusehen, wodurch unlösbar erscheinende Bewertungsschwierigkeiten entstehen.

Eine alternative Abgrenzung der in Geldeinheiten bewerteten Haushaltsproduktion stellt deshalb ausschließlich auf die produktiven und in Geldeinheiten sinnvoll bewertbaren Aktivitäten außerhalb der Erwerbstätigkeit ab. Andere Tätigkeiten ließen sich in einem Satellitensystem zur Volkswirtschaftlichen Gesamtrechnung in Zeiteinheiten ergänzend erheben. Allerdings bedarf auch die Beschränkung auf produktive und in Geldeinheiten sinnvoll bewertbare Aktivitäten einer Präzisierung. In wissenschaftlichen Untersuchungen zur Haushaltsproduktion ist in diesem Zusammenhang die Anwendung des sogenannten **Dritt-Personen-Kriteriums** gebräuchlich. Danach werden zur Haushaltsproduktion alle unbezahlten Tätigkeiten gezählt, die auch von Dritten gegen Entlohnung ausgeführt werden können.

Die Haushaltsproduktion läßt sich grundsätzlich inputorientiert oder outputorientiert erfassen. Bei der **outputorientierten Erfassung** wird der Wert der Haushaltsproduktion nach den erzeugten Gütern bewertet. Sie setzt umfangreiche Informationen über die Art, Qualität und Menge der hergestellten Waren und Dienstleistungen voraus. Die Erhebung dieser Daten dürfte allenfalls stichprobenhaft möglich sein. Zusätzliche Probleme entstehen dadurch, daß die privaten Haushalte keine Aufzeichnungen über die erzeugten Güter führen, und durch die Schwierigkeit der Beschreibung von Qualität und Menge der erbrachten Dienstleistungen. Auch die **outputorientierte Bewertung** der Produkte stellt die Statistik vor kaum lösbare Probleme. Welcher Preis soll beispielsweise für eine in Haushaltsproduktion erstellte Mahlzeit angesetzt werden? Soll der Preis in einer Imbißstube, in einer Cafeteria, in einem einfachen oder in einem gehobenen Restaurant in die Berechnung einfließen? Selbst wenn nach Gerichten differenzierte Erhebungen durchgeführt werden, kann dieses Problem nicht wertneutral gelöst werden.

Grundlage einer **inputorientierten Erfassung** bilden die Aufwendungen für die produzierten Güter. Dieses Verfahren wird bereits in der Volkswirtschaftlichen Gesamtrechnung bei der Ermittlung des Staatsverbrauchs angewendet. Für die Haushaltsproduktion ist nach diesem Verfahren der Zeitaufwand der einfließenden Tätigkeiten (z.B. nach dem Dritt-Personen-Kriterium) zu ermitteln und mit einem bestimmten Lohnsatz zu bewerten.

Bei der **inputorientierten Bewertung** lassen sich verschiedene Ansätze unterscheiden: Der Marktansatz bewertet den Arbeitseinsatz mit dem

Marktpreis für Tätigkeiten, die mit denen der Haushaltsproduktion vergleichbar sind. Dabei kann entweder von einer Globalgröße wie dem Haushälterinnengehalt oder von den tätigkeitsspezifischen Lohnsätzen ausgegangen werden. Im Gegensatz zur Marktbewertung wird beim Opportunitätskostenansatz jener Lohn verwendet, der dem Haushalt bei einer Erwerbstätigkeit anstelle der Haushaltsproduktion zufließen würde. Auch hier läßt sich nicht werturteilsfrei ableiten, welches der geeignete Ansatz ist. Er hängt davon ab, was man mit dem Wert der Haushaltsproduktion ausdrücken will. Empirische Studien zeigen jedoch, daß der Opportunitätskostenansatz zu deutlich höheren Werten für die Haushaltsproduktion kommt als die Marktbewertung (siehe Tabelle 9-4).

Bewertungsmethode	Haushaltsproduktion in % des Bruttoinlandsprodukts		
	USA (1976)	Frankreich (1975)	Finnland (1980)
1. Outputorientiert			
Marktäquivalente		37	30
2. Inputorientiert			
a) Marktansatz			
Haushälterinnengehalt	32	31	32
tätigkeitsspezifisch	44		
b) Opportunitätskostenansatz			
nach Steuerabzug	51	44	
vor Steuerabzug	59		

Quelle: Murphy, M., The Value of Household Work in the United States for 1976, in: Review of Income and Wealth, No. 1/1982, S. 29 ff.; Chadeau, A., Measuring Household Activities: Some International Comparisons, in: Review of Income and Wealth, No. 3/1985, S. 237 ff.; Suviranta, A., Housework Study, Part XIV: Determining the Value of Unpaid Housework, Method Comparison, Helsinki 1986.

Tab. 9-4: Haushaltsproduktion nach unterschiedlichen Bewertungsgrundsätzen

Hinsichtlich der statistischen Probleme ist der inputorientierte Ansatz leichter durchführbar, da Zeitaufwand und Lohnsätze leichter meßbar sind als beispielsweise die für die outputorientierte Berechnung erforderlichen Angaben zu Art, Menge und Qualität der erstellten Güter. Das Statistische Bundesamt sieht daher vor, eine Zeitbudgeterhebung vorzunehmen, die Grundlage der inputorientierten Beschreibung der Haushaltsproduktion ist. Sie hat gegenüber dem outputorientierten Ansatz den zusätzlichen Vorteil, daß auch diejenigen Tätigkeiten zeitmäßig erfaßt werden können, die bei einer Beschränkung der in Geldeinheiten bewerteten Teile der Haushaltsproduktion unberücksichtigt bleiben (z. B. Jogging und Kinobesuche).

Das vom Statistischen Bundesamt vorgesehene Satellitensystem zur Haushaltsproduktion befindet sich zur Zeit noch im Aufbau. Zeitbudget- und Lohnsatzerhebungen sind noch nicht vorgenommen worden. Es liegen bisher nur einige regionale Untersuchungen zur Haushaltsproduktion vor, aus denen Erfahrungen für die repräsentative Erhebung der Zeitbudgets abgeleitet werden. Hinsichtlich der Erhebungsmethode der Zeitbudgets ist eine Mischung aus Interviews und Zeitaufzeichnungen in einem Tagebuch vorgesehen.

Auch bei Begrenzung der bewerteten Tätigkeiten der Haushaltsproduktion nach dem Dritt-Personen-Kriterium ist die Ermittlung des Wertes dieser Tätigkeit mit einer Vielzahl von Problemen behaftet. Es seien hier nur einige genannt:

- Zeitbudgeterhebungen beruhen auf Befragungen einer repräsentativen Stichprobe von Haushalten. Dabei fließen subjektive Antworten in die Erhebung ein, zumal die entsprechenden Angaben von den Haushalten normalerweise nicht schriftlich registriert werden.
- Statistische Probleme bei aktivitätsorientierten Zeitbudgeterhebungen ergeben sich auch durch die Mehrdimensionalität bzw. Parallelität von Tätigkeiten. Wenn beispielsweise eine Hausfrau kocht und gleichzeitig die Kinder beaufsichtigt, ist der zeitliche Aufwand auf die einzelnen Tätigkeiten aufzuteilen. Auch hier hängt die Zuordnung von subjektiven Einschätzungen der Befragten ab.
- Die auf Zeitbudgets beruhende Haushaltsproduktion berücksichtigt nicht die Produktivität der Haushalte. Benötigt z.B. eine Person A für eine bestimmte Tätigkeit mehr Zeit als Person B, würde die Statistik bei Person A eine höhere Haushaltsproduktion als bei Person B ausweisen.
- Zahlreiche Tätigkeiten der Haushaltsproduktion (z.B. Kindererziehung, Einrichten einer Wohnung, Gestaltung einer Blumenbank) sind mit so vielen persönlichen Elementen verbunden, daß ihre monetäre Bewertung nach dem mit ihnen verbunden Zeiteinsatz (inputorientierte Bewertung) aussagelos ist. Eine Bewertung des Ergebnisses der einzelnen Haushaltstätigkeiten (outputorientierte Bewertung) ist aufgrund nicht meßbarer Preise ebenfalls nicht durchführbar.
- Auch das Dritt-Personen-Kriterium bei den Zeitbudgets ist nicht unproblematisch. So kann z.B. die körperliche Reinigung grundsätzlich von einer dritten Person übernommen werden, doch ist fraglich, ob ihre Erfassung in einem Konzept, das auf ökonomische Größen abstellt, sinnvoll ist.

Als Ergebnis dieser Erörterungen kann festgestellt werden, daß zur Ermittlung des Wertes der Haushaltsproduktion zunächst eine Reihe von konzeptionellen Problemen gelöst werden muß. Alle bisher vorgeschlagenen Ansätze sind Gegenstand kontroverser Diskussionen. Der Umfang der benötigten Daten für die Berechnung des Wertes der Haushaltsproduktion bedingt darüber hinaus, daß bei keiner Ermittlungsmethode eine Totalerhebung vorgenommen werden kann. Aber auch bei einer Stichprobenfundierung muß mit einer Vielzahl grober Schätzungen gearbeitet werden. Diese Probleme lassen vermuten, daß die Genauigkeit der Daten zur Haushaltsproduktion deutlich geringer ausfällt als die in der traditionellen Inlandsproduktsberechnung. Es ist daher nicht überraschend, daß die Frage, wie aussagefähig Statistiken zur Haushaltsproduktion sind, sehr kontrovers diskutiert wird. Die Antwort hierzu hängt auch davon ab, für welche Zwecke die Daten verwendet werden sollen.

Schlüsselbegriffe:

Umweltproblematik in der Inlandsproduktsinterpretation
Nichtmarktleistungen
Bewertung staatlicher Leistungen
Behandlung aller Güter als Endprodukte
regrettable necessities
„measurement of economic welfare“ als Wohlstandsmaß
Sozialindikatorensystem
Umweltökonomische Gesamtrechnung
Problematik der monetären Bewertung von Umweltschäden
Problematik der Haushaltsproduktion für die Inlandsproduktsberechnung
Zeitbudgeterhebungen
Outputorientierte Bewertung

Vierter Teil: Nebenrechnungen der Volkswirtschaftlichen Gesamtrechnung

10. Kapitel: Die Input-Output-Rechnung

1. Zielsetzung der Input-Output-Rechnung

Bei der Aggregation der einzelwirtschaftlichen Produktionskonten zum nationalen Produktionskonto fallen die Vorleistungen der inländischen Sektoren weg. Damit lassen sich auf höchstem Aggregationsniveau die internen Verflechtungen des Produktionsbereichs nicht mehr erkennen. Für viele ökonomische Fragestellungen ist jedoch die Kenntnis dieser Verflechtungen von großem Interesse. Hier ist insbesondere an Untersuchungen über den strukturellen Wandel in der Bundesrepublik zu denken, wie sie etwa im Rahmen der Strukturberichterstattung der Bundesregierung vorgenommen werden. Darüber hinaus sind Informationen über die Verflechtungen des Produktionsbereichs auch im internationalen Zusammenhang von Bedeutung, um Vergleiche zwischen den Produktionsstrukturen verschiedener Volkswirtschaften anstellen zu können. So sind etwa Kenntnisse über die Produktionsstrukturen sowie ihrer zeitlichen Veränderung eine wesentliche Informationskomponente für die internationale Energie- und Rohstoffpolitik. Diese Informationsbedürfnisse versucht die **Input-Output-Rechnung** zu befriedigen. Ihr wichtigstes Ziel ist die detaillierte quantitative Darstellung und Analyse der güter- und produktionsmäßigen Verflechtungen zwischen den Sektoren einer Volkswirtschaft sowie der Beziehungen zur übrigen Welt. Die Input-Output-Rechnung läßt sich in zwei Hauptgebiete gliedern, nämlich in die Erstellung und deskriptive Auswertung von **Input-Output-Tabellen** einerseits sowie die analytische Weiterverarbeitung dieser Tabellen im Rahmen der **Input-Output-Analyse** andererseits.

2. Die Grundstruktur einer Input-Output-Tabelle

Üblicherweise wird eine Input-Output-Tabelle in Matrix-Form dargestellt. Zwar wären prinzipiell auch die anderen, weiter oben im Zusammenhang mit der Kreislaufanalyse besprochenen Darstellungsformen denkbar, jedoch hat die Matrix-Darstellung den Vorzug größerer Übersichtlichkeit. Darüber hinaus erlaubt sie eine direkte Weiterverarbeitung der aufgestellten Tabellen in der Input-Output-Analyse.

Am anschaulichsten läßt sich der prinzipielle Aufbau einer Input-Output-Tabelle durch Rückgriff auf das Produktionskonto eines Sektors erläutern. Ein solches sektorales Produktionskonto ergibt sich aus den Produktionskonten der einzelnen Unternehmen durch Aggregation innerhalb des betreffenden Sektors und wird hier als Konto 10-1 gezeigt. Das Aggregationsniveau liegt somit zwischen dem eines einzelwirtschaftlichen und dem des gesamtwirtschaftlichen Produktionskontos. Im Unterschied zu letzterem hat insbesondere keine Konsolidierung stattgefunden, so daß die Lieferung und der Empfang von Vorleistungen erkennbar bleiben. Darüberhinaus wurde die Nettowertschöpfung auf die beiden Einkommensarten „Einkommen aus unselbständiger Arbeit“ und „Einkommen aus Unternehmertätigkeit und Vermögen“ aufgeteilt. Schließlich wurden die indirekten Steuern in ihre drei Komponenten „Nichtabzugsfähige Umsatzsteuer“, „Produktionssteuern“ und „Einfuhrabgaben“ zerlegt. Die Einfuhrabgaben treten in Konto 10-1 nicht gesondert auf, weil sie bereits in der zu Ab-Zoll-Preisen bewerteten Einfuhr enthalten sind.

Konto 10-1: Sektorales Produktionskonto	
Empfangene Vorleistungen von Sektor l Sektor i Sektor n Nichtabzugsfähige Umsatzsteuer Abschreibungen Produktionssteuern abzgl. Subventionen Einkommen aus unselbständiger Arbeit Einkommen aus Unternehmertätigkeit und Vermögen Einfuhr gleichartiger Güter zu Ab-Zoll-Preisen	Gelieferte Vorleistungen an Sektor l Sektor i Sektor n Privater Verbrauch im Inland Staatsverbrauch Anlageinvestitionen Vorratsveränderungen Ausfuhr von Waren und Dienstleistungen
Gesamtes Aufkommen an Gütern des Sektors i	Gesamte Verwendung an Gütern des Sektors i

Stellt man sich die Gesamtwirtschaft in insgesamt n-Sektoren zerlegt vor, so erhält man auch genau n sektorale Produktionskonten. Für diese sektoralen Produktionskonten sollen nun die linken und die rechten Seiten gedanklich voneinander getrennt und so umgeordnet werden, daß zunächst die linken Seiten der Konten und dann die rechten – in der umgekehrten Reihenfolge – nebeneinander gestellt werden. Dreht man nun den Block der rechten Seiten dergestalt um 90° gegen den Uhrzeigersinn, daß sich die Vorleistungskäufe und -verkäufe vollständig überlagern, dann erhält man die Grundstruktur einer Input-

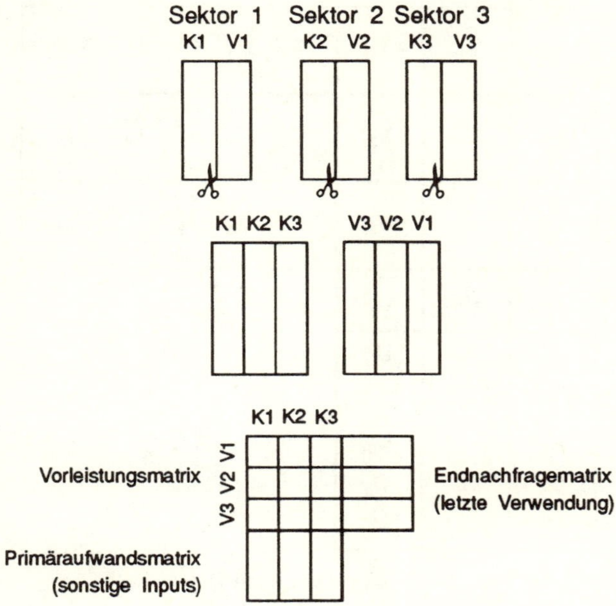

Abb. 10-1: Von den sektoralen Produktionskonten zur Input-Output-Tabelle

Output-Tabelle. In Abbildung 10-1 wird dieser Gedankengang für ein vereinfachtes System veranschaulicht, das nur drei Sektoren enthält. K und V bezeichnen hierbei die Käufe (Inputs) und Verkäufe (Outputs) der einzelnen Sektoren.

Abbildung 10-2 zeigt das so entstandene Matrix-Schema noch einmal im Detail. Die *Zeilen* (1)–(3) im oberen Teil der Input-Output-Tabelle zeigen die Verwendung der produzierten Güter der betrachteten Produktionssektoren. Dabei handelt es sich einerseits um intermediäre Verwendung, nämlich Vorleistungen (V), und andererseits um die letzte Verwendung von Gütern, nämlich Privater Verbrauch (C^{pr}), Staatsverbrauch (C^{St}), Anlageinvestitionen (I^A), Vorratsinvestitionen (I^V) sowie Exporte (X). Die Verwendung von Gütern als Vorleistung für die Produktion anderer Güter wird in den Spalten (1)–(3), die Verwendung zur Befriedigung der gesamtwirtschaftlichen Endnachfrage wird in den Spalten (4)–(8) gezeigt. Dargestellt wird also die **Output-Struktur.**

Die **Input-Struktur** der betrachteten Volkswirtschaft wird dagegen durch die *Spalten* (1)–(3) des linken Teils der Input-Output-Tabelle beschrieben. Hier kann zwischen intermediären (Vorleistungen, die in der laufenden Periode untergehen) und primären Inputs (von den primären Produktionsfaktoren erbrachte Leistungen, Produktionssteuern abzüglich Subventionen und Abschreibungen) unterschieden werden. Der Einsatz der Vorleistungen für die Güterproduktion wird in den Zei-

V_{11}	V_{12}	V_{13}	C_1^{pr}	C_1^{St}	I_1^A	I_1^V	X_1
V_{21}	V_{22}	V_{23}	C_2^{pr}	C_2^{St}	I_2^A	I_2^V	X_2
V_{31}	V_{32}	V_{33}	C_3^{pr}	C_3^{St}	I_3^A	I_3^V	X_3
T_1^{nU}	T_2^{nU}	T_3^{nU}					
D_1	D_2	D_3					
$T_1^p - Z_1$	$T_2^p - Z_2$	$T_3^p - Z_3$					
L_1	L_2	L_3					
G_1	G_2	G_3					
M_1	M_2	M_3					

Abb. 10-2: Matrixschema der Input-Output-Rechnung

len (1)–(3), die einzelnen Beiträge zur Bruttowertschöpfung, nämlich Abschreibungen (D), Produktionssteuern abzüglich Subventionen ($T^p - Z$), Einkommen aus unselbständiger Arbeit (L) und Einkommen aus Unternehmertätigkeit und Vermögen (G) werden in den Zeilen (5)–(8) gezeigt. Da die Darstellung in den Input-Output-Tabellen grundsätzlich ohne Umsatzsteuer erfolgt, wird die auf den Gütern lastende nichtabzugsfähige Umsatzsteuer (T^{nU}) in Zeile (4) gesondert ausgewiesen. Zeile (9) zeigt die Einfuhren (M).

Vor diesem Hintergrund läßt sich eine Input-Output-Tabelle in Quadranten einteilen. Im ersten Quadranten (oben links) wird die **Vorleistungs-** oder **Zentralmatrix** abgebildet. Sie zeigt die intersektorale Verflechtung, also die Lieferung und den Empfang von Vorleistungen zwischen den Sektoren. Auf der Hauptdiagonalen der Vorleistungsmatrix werden die Vorleistungen ausgewiesen, die die Sektoren für sich selbst erbringen (sog. In-sich-Ströme). Der zweite Quadrant der Input-Output-Tabelle (oben rechts) wird als **Endnachfragematrix** bezeichnet. Sie zeigt die Lieferungen der Produktionssektoren für den letzten Verbrauch. Den dritten Quadranten der Input-Output-Tabelle (unten links) nennt man die **Primäraufwandsmatrix.** Sie weist die sonstigen Produktionsaufwendungen nach, die keine inländischen Vorleistungen sind (Importe, Abschreibungen, indirekte Steuern abzgl. Subventionen und die Faktoreinkommen).

Bei der hier eingeschlagenen Darstellung ist die Vorleistungsmatrix notwendigerweise quadratisch. Für die Endnachfrage- und die Primäraufwandsmatrix trifft dies im allgemeinen jedoch nicht zu. Da die Spalten der Input-Output-Tabelle nichts anderes darstellen als die linken Seiten der (unkonsolidierten) sektoralen Produktionskonten und die Zeilen aus den rechten Seiten der sektoralen Produktionskonten hervorgingen, folgt, daß die Spaltensummen mit den entsprechenden Zeilensummen übereinstimmen müssen.

Der Aussagegehalt einer Input-Output-Tabelle läßt sich am einfachsten anhand eines konkreten Beispiels verdeutlichen. Dazu wird auf die als Tabelle 10-1 gezeigte aggregierte Fassung (12 Produktionsbereiche) der großen, 58 Produktionsbereiche umfassenden Input-Output-Tabelle des Statistischen Bundesamtes zurückgegriffen. Es handelt sich hierbei um die zum Zeitpunkt der Drucklegung dieses Buches neueste Tabelle, obwohl sie sich auf das Jahr 1991 bezieht. Auf die Gründe, warum Input-Output-Tabellen erst mit großer zeitlicher Verzögerung veröffentlicht werden können, wird im letzten Abschnitt dieses Kapitels eingegangen. Die vorliegende Tabelle ist die erste die sich auf Gesamtdeutschland bezieht. Ein Vergleich zwischen dieser Tabelle und Abb. 10-2 zeigt die strukturelle Ähnlichkeit, läßt aber auch einige Unterschiede erkennen, auf die im nächsten Abschnitt noch einzugehen sein wird. Im folgenden sollen jedoch zunächst exemplarisch einige Felder der Tabelle 10-1 interpretiert werden.

Zeile 3 zeigt die Lieferungen von chemischen und Mineralölerzeugnissen sowie Steinen, Erden usw. In den Spalten der Zentralmatrix wird gezeigt, in welchem Umfang diese Lieferungen als Inputs für die Produktion verwendet wurden. So wurden z.B. Waren im Wert von 8,5 Mrd. DM für die Erzeugung von land- und forstwirtschaftlichen sowie von Fischereiprodukten geliefert (Feld [3,1]). Hinter dieser Zahl verbergen sich in erster Linie Düngemittel, aber auch Treib- und Schmierstoffe. Auffällig bei den Lieferungen der chemischen Industrie ist, daß der größte Abnehmer chemischer Produkte die chemische Industrie selbst ist: Im Jahr 1991 waren das Waren im Wert von ca. 134 Mrd. DM (Feld [3,3]). Dies zeigt, daß die chemische Industrie in großem Umfang die Weiterverarbeitung ihrer eigenen Produkte betreibt. (Eine ganz andere Struktur zeigt sich etwa bei den Produkten der Land- und Forstwirtschaft: Hier wurde der größte Teil der Erzeugnisse als Input an die nahrungsmittelerzeugende Industrie geliefert (Feld [1,8]).) Insgesamt wurden Waren der chemischen Industrie im Wert von ca. 356 Mrd. DM als Vorleistungen bei der Produktion anderer Güter eingesetzt (Feld [3,13]). Der Wert des gesamten Endverbrauchs an Gütern der chemischen Industrie betrug ca. 214 Mrd. DM (Feld [3,19]). Bei der Zusammensetzung des Endverbrauchs fällt die große Bedeutung des Exports für die chemische Industrie auf: Waren im Wert von fast 120 Mrd. DM wurden exportiert (Feld [3,18]), während nur Waren im Wert von ca. 93 Mrd. DM in den inländischen Konsum flossen (Feld [3,14]). Betrachtet man die Input-Struktur der chemi-

Lfd. Nr.	Verwendung / Aufkommen	Inpu							
		Erzg. v. Produkten d. Land- u. Forstwirtschaft, Fischerei	Erzg. v. Energie, Gew. v. Wasser u. Bergbauerzeugn.	H. v. chemischen u. Mineralölerzeugn., Gew. v. Steinen, Erden	Erzg. u. Bearb. v. Eisen, Stahl u. NE-Metallen	H. v. Stahl- u. Masch.-bauerzeugn., ADV-Einr., Fahrzeugen	H. v. elektrotechn., feinmech. Erzeugn., EBM-Waren usw.	H. v. Holz-, Papier-, Lederwaren, Textilien, Bekleidung	H. v Na run mit Ge ker Tab wa
		1	2	3	4	5	6	7	
	Output[2] nach Gütergruppen[3] (Z. 1 bis Z. 12):								
1	Produkte der Land- und Forstwirtschaft, Fischerei	10283	48	620	15	31	69	4748	64
2	Energie, Wasser, Bergbauerzeugnisse	2671	52929	44574	16714	6652	3998	6713	4
3	Chemische und Mineralölerzeugnisse, Steine und Erden usw.	8458	4187	133757	6494	31230	21574	20305	9
4	Eisen, Stahl, NE-Metalle, Gießereierzeugnisse u. ä.	1305	1962	4743	90482	57084	28612	1509	
5	Stahl- und Maschinenbauerzeugnisse, ADV-Einrichtungen, Fahrzeuge	2091	7195	7909	2861	126852	11440	2369	2
6	Elektrotechnische und feinmechanische Erzeugnisse, EBM-Waren usw.	704	5299	5892	2285	48475	41713	6115	4
7	Holz-, Papier- und Lederwaren, Textilien, Bekleidung	981	572	9026	695	7299	6277	69991	7
8	Nahrungsmittel, Getränke, Tabakwaren	8326	75	3258	42	334	168	439	51
9	Bauleistungen	888	4876	1990	854	2419	949	1319	
10	Dienstleistungen des Handels, Verkehrs, Postdienstes usw.	6246	6304	27057	15177	39998	20569	19940	22
11	Übrige marktbestimmte Dienstleistungen	4320	16240	42544	13472	66717	32330	26885	25
12	Nichtmarktbestimmte Dienstleistungen	556	1466	2655	850	3174	928	630	1
13	Vorleistungen der Produktionsbereiche (Sp. 1 bis Sp. 13) bzw. letzte Verwendung von Gütern (Sp. 14 bis Sp. 19) ohne Umsatzsteuer	46829	101153	284025	149941	390265	168627	160963	194
14	Nichtabziehbare Umsatzsteuer	–	–	–	–	–	–	–	
15	Vorleistungen der Produktionsbereiche (Sp. 1 bis Sp. 13) bzw. letzte Verwendung von Gütern (Sp. 14 bis Sp. 19) einschl. nichtabziehbarer Umsatzsteuer	46829	101153	284025	149941	390265	168627	160963	194
16	Abschreibungen	14004	25547	21102	8204	25343	12887	10654	9
17	Produktionssteuern abzüglich Subventionen[4]	–	–	–	–	–	–	–	
18	Einkommen aus unselbständiger Arbeit	15591	45481	98792	43751	197835	117658	69718	39
19	Einkommen aus Unternehmertätigkeit und Vermögen[4]	10153	12101	44712	4399	14804	20508	12221	3
20	Bruttowertschöpfung zu Marktpreisen	39748	83129	164606	56354	237982	151053	92593	83
21	Produktionswert	86577	184282	448631	206295	628247	319680	253556	27
22	Einfuhr gleichartiger Güter zu Ab-Zoll-Preisen	36692	40976	121737	41159	148547	98441	96456	43
23	Gesamtes Aufkommen an Gütern	123269	225258	570368	247454	776794	418121	350012	321

[1] Zusammengefaßte Produktionsbereiche der Übersicht 2 im Anhang.

[2] Einschl. Einfuhr gleichartiger Güter.

[3] Abgrenzung entspricht derjenigen für Produktionsbereiche.

[4] Die Produktionssteuern abzügl. Subventionen nach Produktionsbereichen sind zusammen mit Einkommen aus Unternehmertätigkeit und Vermögen in Zeile 19 nachgewiesen.

uktionsbereiche[1]					Letzte Verwendung von Gütern						Gesamte Verwendung von Gütern	Lfd. Nr.
	Leistg. d. Handels, Verkehrs, Postdienstes u. ä.	Übrige marktbestimmte Dienstleistungen	Nichtmarktbestimmte Dienstleistungen	zusammen	Privater Verbrauch im Inland	Staatsverbrauch	Anlageinvestitionen	Vorratsveränderung	Ausfuhr von Waren und Dienstleistungen	zusammen		
	10	11	12	13	14	15	16	17	18	19	20	
59	508	8195	2196	90831	29101	–	514	–3372	6195	32438	123269	1
08	12403	14414	10435	177439	46402	–	–	–2267	3684	47819	225258	2
68	20016	19579	22180	356329	93380	–	1214	16	119429	214039	570368	3
18	1756	1174	375	198108	139	–	9471	912	38824	49346	247454	4
62	13663	5893	16156	210028	111767	–	206648	18248	230103	566766	776794	5
76	4935	18277	16920	172109	60128	–	78759	–918	108043	246012	418121	6
64	12894	36860	8449	173221	109313	–	12146	3604	51728	176791	350012	7
63	2059	27597	7197	101176	191118	–	–	1297	27822	220237	321413	8
14	3747	31135	13846	69332	4818	–	264362	–	1665	270845	340177	9
94	59931	32340	31042	302250	319052	–	25736	–	61087	405875	708125	10
68	109471	362813	128012	863680	454445	–	19742	–	22030	496217	1359897	11
48	2857	18138	80004	114457	72627	554210	1338	–	930	629105	743562	12
42	244240	576415	336812	2828960	1492290	554210	619930	17520	671540	3355490	6184450	13
–	706	12297	21067	34070	114320	–	35370	–	–	149690	183760	14
42	244946	588712	357879	2863030	1606610	554210	655300	17520	671540	3505180	6368210	15
97	58531	146955	24112	362990								16
–	–	–	–	75960								17
57	277480	229469	359978	1606180								18
75	104705	365986	51	594610								19
29	440716	742410	384141	2639740								20
71	685662	1331122	742020	5502770								21
06	22463	28775	1542	681680								22
77	708125	1359897	743562	6184450								23

lle: Statistisches Bundesamt (1995b)

Tabelle 10-1: Input-Output-Tabelle 1991 zu Ab-Werk-Preisen – Inländische Produktion und Einfuhr – Mill. DM

schen Industrie, so fällt im Bereich der Zentralmatrix auf, daß neben den eigenen Lieferungen insbesondere die Lieferungen der Grundstoffindustrie (Wasser, Energie und Bergbau) eine herausragende Rolle spielen (Feld [2,3]). Dies ist vor allem Reflex der Tatsache, daß die Chemieindustrie sehr energieintensiv produziert. Insgesamt setzt die chemische Industrie Vorleistungen im Werte von ca. 284 Mrd. DM ein (Feld [13,3]). In der Primäraufwandsmatrix ist der quantitativ bedeutendste Posten mit ca. 99 Mrd. DM das Einkommen aus unselbständiger Arbeit, mit dem die Leistungen des Faktors Arbeit entgolten werden (Feld [18,3]). Die Abscheibungen betrugen ca. 21 Mrd. DM (Feld [16,3]). Die Produktionssteuern abzüglich der empfangenen Subventionen werden zusammen mit dem Einkommen aus Unternehmertätigkeit und Vermögen ausgewiesen. Das Entgelt für den Faktor Kapital (zuzüglich der Differenz aus Produktionssteuern und empfangenen Subventionen) betrug ungefähr 45 Mrd. DM (Feld [19,3]). Der Wert des gesamten Güteraufkommens der chemischen Industrie betrug ca. 570 Mrd. DM (Feld [23,3]) und entspricht notwendigerweise dem Wert der gesamten Güterverwendung (Feld [3,20]).

Bei der Betrachtung von Tabelle 10-1 fallen einige konzeptionelle Unterschiede zu der elementaren, in Abbildung 10-2 gezeigten Input-Output-Tabelle auf. Letztere wurde aus den Produktionskonten der nach Wirtschaftsbereichen gegliederten Sektoren der Entstehungsrechnung des Inlandsprodukts abgeleitet. Die Abgrenzung in Tabelle 10-1 erfolgt dagegen nach Produktionsbereichen. Die Güterströme sind in Tabelle 10-1 zu Ab-Werk-Preisen bewertet und nicht, wie etwa in der Verwendungsrechnung üblich, zu Marktpreisen. Unterschiede zur Inlandsproduktsberechnung ergeben sich ferner durch die Art, in der Ausland und Staat berücksichtigt werden. Auf diese konzeptionellen Aspekte der Erstellung von Input-Output-Tabellen soll nun etwas näher eingegangen werden.

3. Konzeptionelle Aspekte der Tabellenerstellung

A. Sektorenbildung

Wie in der Inlandsproduktsberechnung ist es auch im Rahmen der Input-Output-Rechnung notwendig, die auf der einzelwirtschaftlichen Ebene anfallenden Daten zusammenzufassen, um sie überschaubar und einer weiteren Analyse zugänglich zu machen. Es stellt sich dann die Frage, nach welchen Kriterien und in welchem Umfang eine Aggregation erfolgen soll. Neben der geplanten Verwendung der Input-Output-Tabelle spielt bei der Antwort auf diese Frage auch die Verfügbarkeit des statistischen Materials eine wichtige Rolle. Grundsätzlich bieten sich die beiden folgenden Wege einer Sektorenbildung an:

- Man faßt produktionstechnische Einheiten (Betriebe, Betriebsteile) unabhängig von der Unternehmenszugehörigkeit nach dem Gesichtspunkt möglichst großer Homogenität der produzierten Güter zusammen. Diese Form der Gliederung bezeichnet man als **funktionelle Sektorengliederung.** Die Registrierung der Lieferung und Verwendung von Vorleistungen ergibt dann ein Bild der gesamtwirtschaftlichen Produktionsverflechtung. Man bezeichnet die durch funktionelle Sektorengliederung entstandene Input-Output-Tabelle daher auch als **Produktionsverflechtungstabelle.** Im Idealfall wird in jedem Sektor nur eine Produktionstechnologie verwendet und nur ein einziger Produkttyp hergestellt. Gleichzeitig wird jeder Produkttyp auch nur in einem einzigen Sektor erzeugt.
- Man faßt Unternehmen, Betriebe oder fachliche Unternehmens- und Betriebsteile (also institutionelle Einheiten) zusammen und untersucht die Käufe und Verkäufe von Vorleistungen zwischen Wirtschaftszweigen, was dann ein Bild der gesamtwirtschaftlichen Marktverflechtung ergibt. Diese Form der Input-Output-Tabelle wird daher auch als **Marktverflechtungstabelle** bezeichnet. Bei der Entscheidung, welche institutionellen Einheiten zusammengefaßt werden sollen, kann man sich daran orientieren, ob ähnliche Güter produziert oder ähnliche Produktionsverfahren eingesetzt werden. Soll die Input-Output-Tabelle noch überschaubar gehalten werden, muß die Anzahl von Sektoren begrenzt werden. Daher wird es sich nicht vermeiden lassen, daß in den gewählten institutionellen Einheiten mehr als ein Produkt hergestellt oder mehr als ein Produktionsverfahren angewendet wird. Die Zuordnung einer institutionellen Einheit zu einem Sektor erfolgt daher im allgemeinen nach dem Schwerpunktprinzip, d.h. die betreffende Organisationseinheit wird dem Sektor zugerechnet, in dem der größte Teil der Produktion erbracht wird. Dies impliziert, daß bei der **institutionellen Sektorengliederung** in einem Sektor sehr verschiedenartige Produkte erfaßt sein können.

Als Beispiel kann man sich ein Unternehmen vorstellen, das Nahrungsmittel erzeugt und den Transport zu den Händlern selbst vornimmt. Bei funktioneller Sektorengliederung würde die Nahrungsmittelproduktion dem Sektor „Nahrungsmittel“, die Transportleistungen jedoch dem Sektor „Transport“ zugerechnet werden. Bei institutioneller Gliederung würde man nach dem Schwerpunktprinzip sowohl die Nahrungsmittelerzeugung als auch die Transportleistungen dem Sektor „Nahrungsmittel“ zuordnen, da hier der Schwerpunkt der Aktivitäten des Unternehmens liegt.

Es hängt in erster Linie von der verfolgten Fragestellung ab, ob eine Gliederung der Sektoren nach funktionellen oder institutionellen Gesichtspunkten vorgenommen wird. Dennoch läßt sich festhalten, daß in der Praxis ganz überwiegend nach der funktionellen Gliederung aufgebaute Tabellen anzutreffen sind. In der Bundesrepublik wurden nach institutionellen Gesichtspunkten aufgebaute Input-Output-Tabellen vom Deutschen Institut für Wirtschaftsforschung (DIW) entwickelt. Die weiter oben vorgestellte Tabelle des Statistischen Bundesamtes sowie Tabellen des Instituts für Wirtschaftsforschung (Ifo) und des Rheinisch-Westfälischen Instituts für Wirtschaftsforschung (RWI) sind nach dem funktionellen Kriterium aufgebaut.

Über die Frage hinaus, ob man sich in erster Linie für die technisch bedingten Produktions- oder aber für die Marktverflechtungen interessiert, lassen sich für beide Gliederungsprinzipien eine Reihe von Vor- und Nachteilen nennen:

- Eine generelle Schwierigkeit bei der Erstellung einer Input-Output-Tabelle ist es, das entsprechende Datenmaterial zu erhalten. Dieses Problem läßt sich bei institutioneller Sektorengliederung leichter lösen. Das für die Inlandsproduktsberechnung benötigte Zahlenmaterial wird nämlich auf Betriebs- bzw. Unternehmensebene erhoben und kann damit prinzipiell auch für die Erstellung einer Marktverflechtungstabelle genutzt werden. Für die Erstellung einer am funktionellen Prinzip orientierten Input-Output-Tabelle muß dagegen das vorhandene Datenmaterial in (möglichst homogene) Produktgruppen aufgeschlüsselt werden. Dieses Verfahren ist jedoch z.T. mit erheblichen Ungenauigkeiten verbunden, da für die Aufschlüsselung keine präzisen Kriterien existieren.
- Wird die Aufschlüsselung jedoch erfolgreich vorgenommen, so daß tatsächlich homogene Produktgruppen vorliegen, dann führt die Sektorengliederung nach dem funktionellen Prinzip zu einer besseren Abbildung der technisch bedingten Beziehungen zwischen den Sektoren. Bei institutionell gegliederten Tabellen basiert die Sektoreneinteilung – wie oben erwähnt – in der Regel auf dem Schwerpunktprinzip. Dies impliziert einerseits, daß die erfaßten Transaktionen zwischen den Sektoren recht heterogene Güter umfassen können; andererseits kann es sein, daß die gleichen oder ähnliche Produkte in verschiedenen Sektoren erfaßt werden.
- In der größeren Heterogenität der nach dem institutionellen Prinzip gebildeten Sektoren wird insofern manchmal ein Vorteil gesehen als Marktverflechtungstabellen deswegen weniger empfindlich auf strukturelle Änderungen reagieren. Dagegen läßt sich jedoch einwenden, daß es bei Veränderungen der Produktionsschwerpunkte von Unternehmen auch bei Marktverflechtungstabellen zu erheblichen Veränderungen der Input-Struktur kommen kann. Es kann nämlich der Fall auftreten, daß bei einer nur geringen Veränderung des Produktionsprogramms ein Unternehmen aufgrund des Schwerpunktprinzips in einem anderen Sektor erfaßt wird. Handelt es sich dabei um ein großes Unternehmen, so führt eine relativ kleine Veränderung des

Produktionsprogramms zu einer relativ großen Veränderung der Tabellenstruktur. Der Vorteil einer größeren Strukturkonstanz erweist sich aber auch dann als ein scheinbarer, wenn mit Hilfe der Input-Output-Tabelle gerade der Strukturwandel erfaßt werden soll.

- Am Rande sei noch darauf hingewiesen, daß die Unterschiede zwischen funktioneller und institutioneller Sektorengliederung um so unbedeutender werden, je kleiner die institutionellen Organisationseinheiten einer Marktverflechtungstabelle werden, weil die Heterogenität der Transaktionsströme notwendigerweise abnimmt.

Die in Tabelle 10-1 dargestellte Input-Output-Tabelle des Statistischen Bundesamtes folgt der funktionellen Sektorengliederung. Sie zeigt in den Spalten der Zentralmatrix die im Inland von den einzelnen Produktionsbereichen verbrauchten Vorleistungen nach Gütergruppen; in den Zeilen der Zentralmatrix ist die Verwendung des Outputs als Vorleistung für die einzelnen produzierenden Bereiche aufgeschlüsselt. Die Abgrenzung der Gütergruppen entspricht der der Produktionsbereiche. Die funktionelle Sektorengliederung bedingt gegenüber der Abgrenzung nach Wirtschaftsbereichen einige wichtige konzeptionelle Unterschiede, auf die nun eingegangen werden soll.

B. Bewertung erfaßter Transaktionen

Die Bewertung der in der Input-Output-Tabelle dargestellten Güterströme kann mit verschiedenen Preiskonzepten vorgenommen werden. Das bei der Inlandsproduktsberechnung hauptsächlich verwandte Marktpreis-Konzept ist jedoch ungeeignet, weil z.B. unterschiedliche Absatzwege zu unterschiedlichen Preisen für ein und dieselbe Gütergruppe führen würden. Prinzipiell sind drei Preiskonzepte zur Bewertung der Transaktionen denkbar: Anschaffungspreise, Ab-Werk-Preise und Herstellungspreise. Bei den importierten Gütern entspricht dem Ab-Werk-Preis der Ab-Zoll-Preis und dem Herstellungspreis der cif-Preis.[1] Der Zusammenhang zwischen den verschiedenen Preiskonzepten ergibt sich aus der folgenden Übersicht:

  Anschaffungspreis (einschl. nichtabzugsfähiger Umsatzsteuer)
– Wert der Handels- und Transportleistungen
– Nichtabzugsfähige Umsatzsteuer

= Ab-Werk-Preis (ohne Umsatzsteuer)

– Produktionssteuern (ohne Umsatzsteuer) abzgl. Subventionen

= Herstellungspreis

---

[1] cif = cost, insurance, freight. Vgl. auch Kapitel 12.

Für importierte Güter gilt:

Anschaffungspreis (einschl. nichtabzugsfähiger Umsatzsteuer)
– Wert der Handels- und Transportleistung im Inland
– Nichtabzugsfähige Umsatzsteuer auf Importe

= Ab-Zoll-Preis (ohne Umsatzsteuer)
– Einfuhrabgaben (ohne Einfuhrumsatzsteuer)

= cif-Preis

Der **Anschaffungspreis** ist prinzipiell der Preis, der vom Käufer entrichtet werden muß. Umsatzsteuer, Handels- und Transportleistungen sind eingeschlossen. Werden Güter ab Werk bezogen und die Transportkosten vom Kunden übernommen, so muß der Wert der Transportleistungen dem Wert des Gutes ab Werk zugerechnet werden. Andernfalls würden in der Input-Output-Tabelle gleiche Güter verschieden bewertet werden.

Der **Ab-Werk-Preis** spiegelt für inländische Güter den Wert ohne Handels- und Transportleistungen sowie ohne die Umsatzsteuer wider. Bei Importen gibt das entsprechende Ab-Zoll-Preis-Konzept den Wert der Waren beim Grenzübergang (einschließlich der Einfuhrabgaben) wieder. Insbesondere Handels- und Transportleistungen sind also in den Ab-Werk-Preisen nicht enthalten. Sie werden als eigene Gütergruppen behandelt, und zwar unabhängig davon, ob diese Leistungen bereits in den Preisen der Güter enthalten sind oder gesondert in Rechnung gestellt werden.

Der **Herstellungspreis** unterscheidet sich für inländische Produkte vom Ab-Werk-Preis dadurch, daß die Produktionssteuern (abzgl. evtl. Subventionen) des entsprechenden Produktionsbereichs nicht mehr enthalten sind. Analog ergibt sich für Importe der **cif-Preis** durch Verminderung des **Ab-Zoll-Preises** um die Zölle, Verbrauchsteuern auf eingeführte Güter und Abschöpfungsbeträge.

Schließlich soll noch darauf hingewiesen werden, daß sich die in der Inlandsproduktsberechnung verwendeten Marktpreise von den oben diskutierten Anschaffungspreisen in Hinblick auf die Berücksichtigung von Transportkosten und nichtabzugsfähiger Umsatzsteuer unterscheiden. Die nichtabzugsfähige Umsatzsteuer ist im Anschaffungspreis enthalten, in den bei der Ermittlung der Produktionswerte zugrundegelegten Marktpreisen der Inlandsproduktsberechnung dagegen nicht, weil dort das Nettokonzept benutzt wird. Bei den Transportkosten treten dann Unterschiede auf, wenn dem Käufer die Transportkosten eines (vom Hersteller unabhängigen) Transportunternehmens direkt in Rechnung gestellt werden. Die Transportkosten sind in diesem Fall Bestandteil des Anschaffungspreises, nicht jedoch des Marktpreises.

Das Statistische Bundesamt bewertet die Güterströme in seinen Input-Output-Tabellen einheitlich zu Ab-Werk-Preisen (vgl. Tabelle 10-1). Handelsleistungen, Transportleistungen und nichtabziehbare Umsatzsteuer werden dementsprechend getrennt nachgewiesen.

C. Die Erfassung des Staates

Im Zusammenhang mit der Inlandsproduktsberechnung wurde bereits weiter oben darauf hingewiesen, daß eine Bewertung der staatlichen Produktion sehr schwierig ist. Weil die meisten der durch den Staat produzierten Güter nicht auf Märkten gehandelt werden, können für sie auch in der Regel keine Marktpreise bestimmt werden. Um die staatlichen Leistungen in der Inlandsproduktsberechnung erfassen zu können, werden sie daher mit den bei der Leistungserstellung entstehenden Kosten bewertet. Die Leistungsinanspruchnahme wird dabei dem Staat selbst zugeordnet. Das Statistische Bundesamt schließt sich in seiner Input-Output-Rechnung diesem Vorgehen an. In der zusammengefaßten Input-Output-Tabelle bildet der staatliche Sektor einen Bestandteil des Sektors „Nichtmarktbestimmte Dienstleistungen". Die zur Erstellung der staatlichen Leistungen notwendigen Vorleistungen werden in der entsprechenden Spalte ausgewiesen. Der Output des Staates wird dagegen im wesentlichen als Eigenverbrauch angesehen. Lediglich die Verkäufe von staatlichen Leistungen gegen Gebühren werden in der Vorleistungsmatrix und beim privaten Konsum in der Endnachfragematrix sichtbar. Die als Eigenverbrauch des Staates fingierten Leistungen werden dagegen weder nach tatsächlichen Empfängern (private Haushalte, Unternehmen) noch nach ihrem tatsächlichen Charakter (Vorleistungen, letzter Verbrauch) unterschieden.

Diese Vorgehensweise bei der Erstellung von Input-Output-Tabellen ist umstritten. Ein wesentlicher Teil der vom Staat produzierten Leistungen stellt für den Unternehmenssektor Vorleistungen dar – man denke hier etwa an den Infrastrukturbereich – und müßte demnach nicht in der Endnachfragematrix, sondern in der Vorleistungsmatrix erscheinen. Durch die unberechtigte Zuweisung dieser Vorleistungen zum staatlichen Eigenverbrauch werden die für die Produktion des privaten Sektors notwendigen Vorleistungen zu gering ausgewiesen.

Für die Praxis der Tabellenerstellung hat diese Kritik jedoch keine Wirkung gezeigt, weil der Versuch, die staatlichen Vorleistungen korrekt auszuweisen, mit unüberwindlichen Schwierigkeiten verbunden ist. Die bisher als Staatsverbrauch fingierten Leistungen müßten nach Leistungsarten und nach Leistungsempfängern aufgeschlüsselt werden. In weiten Bereichen der staatlichen Leistungserstellung existieren für eine solche Zuordnung jedoch keine akzeptablen Kriterien.

Lfd. Nr.	Verwendung / Aufkommen	Input							
		Erzg. v. Produkten d. Land- u. Forstwirtschaft, Fischerei	Erzg. v. Energie, Gew. v. Wasser u. Bergbauerzeugn.	H. v. chemischen u. Mineralölerzeugn., Gew. v. Steinen, Erden	Erzg. u. Bearb. v. Eisen, Stahl u. NE-Metallen	H. v. Stahl- u. Masch.-bauerzeugn., ADV-Einr., Fahrzeugen	H. v. elektrotechn., feinmech. Erzeugn., EBM-Waren usw.	H. v. Holz-, Papier-, Lederwaren, Textilien, Bekleidung	H. v. Nah rung mitt Get ken, Tab war
		1	2	3	4	5	6	7	8
	Output nach Gütergruppen[2] (Z. 1 bis Z. 12):								
1	Produkte der Land- und Forstwirtschaft, Fischerei	8732	43	213	15	25	42	2840	48
2	Energie, Wasser, Bergbauerzeugnisse	2592	40808	21197	12544	6508	3914	6565	4
3	Chemische und Mineralölerzeugnisse, Steine und Erden usw.	5670	2178	96848	5072	24878	17099	14343	7
4	Eisen, Stahl, NE-Metalle, Gießereierzeugnisse u. ä.	1226	1395	3035	77059	45176	20043	1313	[illegible]
5	Stahl- und Maschinenbauerzeugnisse, ADV-Einrichtungen, Fahrzeuge	1713	6255	6196	2265	98851	9009	1924	1
6	Elektrotechnische und feinmechanische Erzeugnisse, EBM-Waren usw.	531	4293	4586	1759	36493	30088	4673	3
7	Holz-, Papier- und Lederwaren, Textilien, Bekleidung	805	467	6992	602	5842	5144	47575	6
8	Nahrungsmittel, Getränke, Tabakwaren	7372	69	2712	38	308	157	412	42
9	Bauleistungen	886	4870	1990	854	2415	949	1319	[illegible]
10	Dienstleistungen des Handels, Verkehrs, Postdienstes usw.	5896	5870	25763	14734	38904	19950	18969	20
11	Übrige marktbestimmte Dienstleistungen	4194	15795	41908	13184	65536	31766	26226	25
12	Nichtmarktbestimmte Dienstleistungen	556	1466	2655	850	3174	928	630	1
13	Vorleistungen der Produktionsbereiche (Sp. 1 bis Sp. 13) bzw. letzte Verwendung von Gütern (Sp. 14 bis Sp. 19) aus inländischer Produktion ohne Umsatzsteuer	40173	83509	214095	128976	328110	139089	126789	163
14	Vorleistungen der Produktionsbereiche (Sp. 1 bis Sp. 13) bzw. letzte Verwendung von Gütern (Sp. 14 bis Sp. 19) aus der Einfuhr ohne Umsatzsteuer	6656	17644	69930	20965	62155	29538	34174	31
15	Nichtabziehbare Umsatzsteuer	–	–	–	–	–	–	–	
16	Vorleistungen der Produktionsbereiche (Sp. 1 bis Sp. 13) bzw. letzte Verwendung von Gütern (Sp. 14 bis Sp. 19) einschl. nichtabziehbare Umsatzsteuer	46829	101153	284025	149941	390265	168627	160963	1944
17	Abschreibungen	14004	25547	21102	8204	25343	12887	10654	90
18	Produktionssteuern abzüglich Subventionen[3]	–	–	–	–	–	–	–	
19	Einkommen aus unselbständiger Arbeit	15591	45481	98792	43751	197835	117658	69718	393
20	Einkommen aus Unternehmertätigkeit und Vermögen[3]	10153	12101	44712	4399	14804	20508	12221	350
21	Bruttowertschöpfung zu Marktpreisen	39748	83129	164606	56354	237982	151053	92593	834
22	Produktionswert	86577	184282	448631	206295	628247	319680	253556	2779

[1] Zusammengefaßte Produktionsbereiche der Übersicht 2 im Anhang.
[2] Abgrenzung entspricht derjenigen für Produktionsbereiche.
[3] Die Produktionssteuern abzügl. Subventionen nach Produktionsbereichen sind zusammen mit d Einkommen aus Unternehmertätigkeit und Vermögen in Zeile 20 nachgewiesen.

duktionsbereiche[1]					Letzte Verwendung von Gütern						Gesamte Verwendung von Gütern	Lfd. Nr.
1	Leistg. d. Handels, Verkehrs, Postdienstes u. ä.	Übrige marktbestimmte Dienstleistungen	Nichtmarktbestimmte Dienstleistungen	zusammen	Privater Verbrauch im Inland	Staatsverbrauch	Anlageinvestitionen	Vorratsveränderung	Ausfuhr von Waren und Dienstleistungen	zusammen		
9	10	11	12	13	14	15	16	17	18	19	20	
54	257	6 300	1 353	68 383	13 861	–	514	–1 307	5 126	18 194	86 577	1
987	12 236	14 342	10 338	136 844	45 948	–	–	–2 165	3 655	47 438	184 282	2
911	14 426	14 426	17 393	270 362	68 825	–	1 136	–1 179	109 487	178 269	448 631	3
616	1 414	1 128	260	158 836	114	–	9 327	639	37 379	47 459	206 295	4
008	10 861	4 410	11 377	164 782	78 914	–	152 360	14 717	217 474	463 465	628 247	5
216	3 711	12 197	13 069	129 015	36 629	–	62 969	–2 998	94 065	190 665	319 680	6
796	11 072	33 249	6 526	135 449	63 293	–	10 675	2 426	41 713	118 107	253 556	7
57	1 609	24 354	6 301	85 727	165 265	–	–	819	26 116	192 200	277 927	8
430	3 741	31 048	13 816	69 113	4 818	–	263 177	–	1 663	269 658	338 771	9
856	51 084	30 185	29 896	282 727	316 263	–	25 607	–	61 065	402 935	685 662	10
447	107 161	350 461	122 795	838 934	450 574	–	19 742	–	21 872	492 188	1 331 122	11
448	2 857	18 138	78 462	112 915	72 627	554 210	1 338	–	930	629 105	742 020	12
826	220 429	540 238	311 586	2 453 087	1 317 131	554 210	546 845	10 952	620 545	3 049 683	5 502 770	13
416	23 811	36 177	25 226	375 873	175 159	–	73 085	6 568	50 995	305 807	681 680	14
–	706	12 297	21 067	34 070	114 320	–	35 370	–	–	149 690	183 760	15
242	244 946	588 712	357 879	2 863 030	1 606 610	554 210	655 300	17 520	671 540	3 505 180	6 368 210	16
597	58 531	146 955	24 112	362 990								17
–	–	–	–	75 960								18
1 057	277 480	229 469	359 978	1 606 180								19
875	104 705	365 986	51	594 610								20
529	440 716	742 410	384 141	2 639 740								21
771	685 662	1 331 122	742 020	5 502 770								22

uelle: Statistisches Bundesamt (1995b), S. 16f.

Tabelle 10-2: Input-Output-Tabelle 1991 zu Ab-Werk-Preisen – Inländische Produktion – Mill. DM

D. Die Erfassung der Einfuhr

In einer offenen Volkswirtschaft wie der deutschen spielen Im- und Exporte eine wichtige Rolle. Die Exporte stellen einen Teil der Endnachfrage dar und werden als solcher in der Endnachfragematrix berücksichtigt. Die Verbuchung der Exporte bereitet daher keine besonderen Schwierigkeiten. Die Berücksichtigung der Importe wirft dagegen konzeptionelle Probleme auf. Importe dienen zum Teil der Befriedigung der Endnachfrage und stellen insoweit letzte Verwendung von Gütern dar, zum Teil werden sie aber auch als Vorleistungen im Produktionsprozeß eingesetzt, dienen dann also der intermediären Verwendung.

Die umfangreichsten Informationen erhält man, wenn die Einfuhren sowohl nach Verwendung als auch nach Herkunft aufgeschlüsselt werden. Dies läßt sich durch die Verwendung von getrennten Matrizen für heimische und importierte Güter erreichen. In diesem Fall würden sich die Zentral- und die Endnachfragematrix aus zwei jeweils gleichdimensionierten Teilmatrizen zusammensetzen. Die inländische Zentralmatrix zeigt in diesem Fall Aufkommen und Verwendung von inländischen Gütern im Vorleistungsbereich; die Importzentralmatrix weist dagegen Aufkommen und Verwendung importierter Güter nach. Analoges gilt für die Endnachfragematrizen, die die letzte Verwendung von inländischen und importierten Gütern wiedergeben.

Das Statistische Bundesamt verzichtet auf eine gesonderte Darstellung von Importmatrizen. Stattdessen wird die Einfuhr in verdichteter Form in den Input-Output-Tabellen präsentiert. Dabei werden zwei unterschiedliche Wege eingeschlagen: Im ersten Fall erfolgt eine Berücksichtigung der Importe nach Ursprungsbereichen, im zweiten nach Verwendungsbereichen.

Auf einer Verbuchung der Einfuhr nach Ursprungsbereichen basiert die weiter oben als Tabelle 10-1 gezeigte Input-Output-Tabelle. Dies wird vom Statistischen Bundesamt durch die Bezeichnung „Inländische Produktion und Einfuhr“ im Tabellentitel kenntlich gemacht. Bei dieser Variante werden die Importe denjenigen Produktionsbereichen zugerechnet, die gleiche bzw. gleichartige Güter herstellen. Inländische und eingeführte Güter werden dann gemeinsam, d.h. nicht mehr unterscheidbar, auf die Verwender verteilt. Der Output nach Gütergruppen enthält in diesem Fall also auch die eingeführten gleichartigen Güter. Dies hat zur Folge, daß die Zeilensumme eines Sektors um den Betrag der eingeführten Güter größer ist als die Spaltensumme, weil in den Zeilen neben der Verteilung der Güter aus inländischer Produktion ja auch die Verteilung der importierten Güter dargestellt wird. Um die Gleichheit von Zeilen- und Spaltensummen wieder herzustellen, kann man entweder jeweils die Einfuhr gleichartiger Güter von den Zeilensummen abziehen oder aber sie zu den Spaltensummen hinzuzählen. Das Statistische Bundesamt folgt dem letzteren Weg. Aus diesem Grund taucht in Tabelle 10-1 die Zeile 22 auf, in der die Einfuhr gleichartiger Güter zu Ab-Zoll-Preisen nachgewiesen wird. Die Gesamtsummen in Spalten und Zeilen stellen das gesamte Aufkommen an Gütern der jeweiligen Sektoren dar.

Bei einer Verbuchung der Einfuhr nach Verwendungsbereichen enthält die Zentralmatrix ausschließlich Aufkommen und Verwendung der inländischen Güter. Die importierten Güter werden pauschal in einer zusätzlichen Zeile erfaßt, die die Verwendung der Importe als Vorleistungen bzw. zur Befriedigung der Endnachfrage zeigt. Das Statistische Bundesamt spricht in diesem Fall von einer Darstellung der „inländischen Produktion“. Die entsprechende aggregierte Input-Output-Tabelle ist als Tabelle 10-2 dargestellt.

Zeile 14 zeigt die Verwendung der eingeführten Güter als Vorleistungen der einzelnen Produktionsbereiche bzw. als Bestandteil der letzten Verwendung. Rechnet man zur Summe der Vorleistungen aus inländischer Produktion die Einfuhr und die nichtabzugsfähige Umsatzsteuer hinzu, erhält man den Gesamtwert der Vorleistungen der jeweiligen Produktionsbereiche. Tabelle 10-2 zeigt in Zeile 22 das Aufkommen an Gütern aus inländischer Produktion. Die gesamte Verwendung von Gütern aus inländischer Produktion wird in Spalte 20 wiedergegeben.

Vergleicht man Tabelle 10-2 mit Tabelle 10-1, so erkennt man, daß sich die in den Vorleistungs- und Endnachfragematrizen dargestellten Werte der Güterverwendung unterscheiden. Dies ist darauf zurückzuführen, daß die eingeführten Güter zwar in den entsprechenden Feldern von Tabelle 10-1 enthalten sind, nicht aber in denen von Tabelle 10-2. Die in den Primäraufwandsmatrizen dargestellten Bestandteile der Bruttowertschöpfung sind dagegen notwendigerweise identisch.

Box 10-1: Kurzbiographie Wassily Leontief

Wassiliy Leontief wurde am 5. August 1906 in St. Petersburg geboren. Er studierte zunächst in seiner Geburtsstadt, die zwischenzeitlich Leningrad hieß, dann in Berlin, wo er 1928 promovierte. Im Jahr 1931 ging *Leontief* in die Vereinigten Staaten und wurde Mitarbeiter des National Bureau of Economic Research. Wenige Monate später nahm er einen Ruf der Harvard University an, wo er für 44 Jahre forschte und lehrte. Im Jahr 1975 wurde er an die New York University berufen; er leitet seit dieser Zeit das dortige Institute of Economic Analysis. *Leontief* hat sich mit einer Vielzahl von Fragestellungen beschäftigt, am bekanntesten sind aber seine Arbeiten zur Input-Output-Analyse, als deren Vater er angesehen wird. Für seine Arbeiten zur Input-Output-Analyse wurde *Leontief* 1973 mit dem Nobel-Preis ausgezeichnet.

4. Die Input-Output-Tabellen des Statistischen Bundesamtes

Bei den als Tabellen 10-1 und 10-2 dargestellten Input-Output-Tabellen handelt es sich um auf 12 Produktionsbereiche aggregierte Versionen der großen Input-Output-Tabellen des Statistischen Bundesamtes. Die Darstellung in den großen Input-Output-Tabellen ist nach jeweils 58 Produktionsbereichen (Spalten) und 58 Gütergruppen (Zeilen) gegliedert, wobei jeweils zueinandergehörige Produktionsbereiche und Gütergruppen gleich abgegrenzt sind. Das Statistische Bundesamt veröffentlicht

Veröffentlichungsgegenstand	Gliederungstiefe	Periodizität
Input-Output-Tabelle zu Ab-Werk-Preisen	58 Gütergruppen und Wirtschaftsbereiche	zweijährlich
Produktionswerte nach Gütergruppen und Wirtschaftsbereichen (Konzept der Sozialproduktsberechnung)	58 Gütergruppen und Wirtschaftsbereiche	jährlich
Aufkommen und Verwendung von Gütern nach Gütergruppen (in jeweiligen Preisen)	58 Gütergruppen	jährlich
Aufkommen und Verwendung von Gütern nach Gütergruppen (in konstanten Preisen)	58 Gütergruppen	jährlich
Verwendung von Energie nach Energieträgern und Produktionsbereichen bzw. Kategorien der letzten Verwendung	21 Energieträger und 58 Produktionsbereiche	zweijährlich
Käufe der privaten Haushalte im Inland nach Gütergruppen und Verwendungszwecken	58 Gütergruppen und 13 Verwendungszwecke	zweijährlich
Kapitalstock nach Produktionsbereichen zu Wiederbeschaffungspreisen	58 Produktionsbereiche	jährlich
Kapitalstock nach Produktionsbereichen zu konstanten Preisen	58 Produktionsbereiche	jährlich
Erwerbstätige nach Produktionsbereichen	58 Produktionsbereiche	jährlich
Beschäftigte Arbeitnehmer nach Produktionsbereichen	58 Produktionsbereiche	jährlich
Kapitalintensität	58 Produktionsbereiche	jährlich

Quelle: *Braakmann* (1990)

Tab. 10-3: Veröffentlichungsprogramm der Input-Output-Rechnung des Statistischen Bundesamtes

seit 1978 zweijährlich eine komplette Input-Output-Tabelle für inländische Produktion und Einfuhr. Diese wird jeweils vervollständigt durch Tabellen, in denen die Herkunft der Güter aus inländischer Produktion bzw. aus Einfuhr dargestellt wird. Ergänzt werden die Input-Output-Tabellen um eine Reihe von Angaben, die aus Tabelle 10-3 ersichtlich sind.

Zur Unterstützung der (analytischen) Auswertung der Input-Output-Tabellen veröffentlicht das Statistische Bundesamt auch Tabellen mit sog. Input-Koeffizienten und Tabellen mit sog. inversen Koeffizienten. Hierauf soll im folgenden Abschnitt eingegangen werden.

5. Zur Auswertung von Input-Output-Tabellen

A. Deskriptive Auswertung

Die weiter oben gegebenen Erläuterungen zu den einzelnen Feldern der Input-Output-Tabelle stellen gleichzeitig eine erste Möglichkeit zur deskriptiven Auswertung der Tabelle dar. Als deskriptiv bezeichnet man die Auswertung einer Input-Output-Tabelle, wenn hierfür keine zusätzlichen modelltheoretischen Annahmen getroffen werden müssen. Durch die Betrachtung der Felder erhält man einen Eindruck von der produktionsmäßigen Verflechtung zwischen den einzelnen Bereichen einer Volkswirtschaft. Die Struktur der Verflechtung läßt sich leichter erkennen, wenn man die absoluten Feldwerte einer Input-Output-Tabelle normiert. Die Normierung kann in Hinblick auf die Spaltensumme oder in Hinblick auf die Zeilensumme vorgenommen werden. Im ersten Fall bezeichnet man die so ermittelten strukturellen Koeffizienten als Input-Koeffizienten, im zweiten Fall als Output-Koeffizienten.

Ein **Input-Koeffizient** (auch technischer Koeffizient oder Produktionskoeffizient genannt) ist definiert als Quotient aus einem bestimmten Feldwert und der zugehörigen Spaltensumme. Er gibt somit die relative Bedeutung der primären bzw. intermediären Inputs für die Produktion eines bestimmten Bereichs wieder. Die Gesamtheit der Input-Koeffizienten einer Spalte spiegelt daher die Input-Struktur des betrachteten Produktionsbereichs wider. Tabelle 10-4 enthält die Input-Koeffizienten für die aggregierte Fassung der Input-Output-Tabelle der inländischen Produktion, dargestellt als Prozentzahlen. Beispielsweise hat der Koeffizient in Feld [2,3] den Wert 4,7 %. Er ergibt sich als Quotient aus 21 197 und 448 631 (Feld [2,3] und Feld [22,3] in Tabelle 10-2) und besagt, daß der Bezug von Vorleistungen der Gütergruppe Energie, Wasser und Bergbauerzeugnisse 4,7 % des Produktionswerts der chemischen Industrie ausmacht.

Ein **Output-Koeffizient** (auch Verteilungskoeffizient genannt) ist definiert als Quotient aus einem gegebenem Feldwert und der zugehörigen

Zeilensumme. Er gibt somit an, welcher Anteil des Outputs eines Sektors in einem anderen Sektor als Vorleistung verwendet wird bzw. welcher Anteil in eine bestimmte Komponente der Endnachfrage fließt. Im Bereich der Primäraufwandsmatrix zeigen die Output-Koeffizienten die relative Bedeutung der einzelnen Sektoren z.B. für die Entstehung der Einkommen aus unselbständiger Arbeit.

Lfd. Nr.	Gegenstand der Nachweisung	Input der			
		Erzg. v. Produkten d. Land- u. Forstwirtschaft, Fischerei	Erzg. v. Energie, Gew. v. Wasser u. Bergbauerzeugn.	H. v. chemischen u. Mineralölerzeugn., Gew. v. Steinen, Erden	Erzg. u. Bearb. v. Eisen, Stahl u. NE-Metallen
		1	2	3	4
	Output nach Gütergruppen[2] (Z. 1 bis Z. 12):				
1	Produkte der Land- und Forstwirtschaft, Fischerei	10.1	0.0	0.0	0.0
2	Energie, Wasser, Bergbauerzeugnisse	3.0	22.1	4.7	6.1
3	Chemische und Mineralölerzeugnisse, Steine und Erden usw.	6.5	1.2	21.6	2.5
4	Eisen, Stahl, NE-Metalle, Gießereierzeugnisse u. ä.	1.4	0.8	0.7	37.4
5	Stahl- und Maschinenbauerzeugnisse, ADV-Einrichtungen, Fahrzeuge	2.0	3.4	1.4	1.1
6	Elektrotechnische und feinmechanische Erzeugnisse, EBM-Waren usw.	0.6	2.3	1.0	0.9
7	Holz-, Papier- und Lederwaren, Textilien, Bekleidung	0.9	0.3	1.6	0.3
8	Nahrungsmittel, Getränke, Tabakwaren	8.5	0.0	0.6	0.0
9	Bauleistungen	1.0	2.6	0.4	0.4
10	Dienstleistungen des Handels, Verkehrs, Postdienstes usw.	6.8	3.2	5.7	7.1
11	Übrige marktbestimmte Dienstleistungen	4.8	8.6	9.3	6.4
12	Nichtmarktbestimmte Dienstleistungen	0.6	0.8	0.6	0.4
13	Vorleistungen der Produktionsbereiche aus inländischer Produktion ohne Umsatzsteuer	46.4	45.3	47.7	62.5
14	Vorleistungen der Produktionsbereiche aus der Einfuhr ohne Umsatzsteuer	7.7	9.6	15.6	10.2
15	Nichtabziehbare Umsatzsteuer	–	–	–	–
16	Vorleistungen der Produktionsbereiche einschl. nichtabziehbarer Umsatzsteuer	54.1	54.9	63.3	72.7
17	Abschreibungen	16.2	13.9	4.7	4.0
18	Produktionssteuern abzüglich Subventionen[3]	–	–	–	–
19	Einkommen aus unselbständiger Arbeit	18.0	24.7	22.0	21.2
20	Einkommen aus Unternehmertätigkeit und Vermögen[3]	11.7	6.6	10.0	2.1
21	Bruttowertschöpfung zu Marktpreisen	45.9	45.1	36.7	27.3
22	Produktionswert	100	100	100	100

[1] Zusammengefaßte Produktionsbereiche der Übersicht 2 im Anhang.
[2] Abgrenzung entspricht derjenigen für Produktionsbereiche.
[3] Die Produktionssteuern abzügl. Subventionen nach Produktionsbereichen sind zusammen mit den Einkommen aus Unternehmertätigkeit und Vermögen in Zeile 20 nachgewiesen.

B. Analytische Auswertung

Über die deskriptive Auswertung der Input-Output-Tabellen hinaus kommt der analytischen Auswertung im Rahmen der Input-Output-Analyse eine große Bedeutung zu. Da die Fragestellungen der Input-

Produktionsbereiche[1]								Lfd. Nr.
H. v. Stahl- u. Maschinenbauerzeugn., ADV-Einr., Fahrzeugen	H. v. elektrotechn., feinmech. Erzeugn., EBM-Waren usw.	H. v. Holz-, Papier-, Lederwaren, Textilien, Bekleidung	H. v. Nahrungsmitteln, Getränken, Tabakwaren	Bau	Leistg. d. Handels, Verkehrs, Postdienstes u. ä.	Übrige marktbestimmte Dienstleistungen	Nichtmarktbestimmte Dienstleistungen	
5	6	7	8	9	10	11	12	
0.0	0.0	1.1	17.5	0.0	0.0	0.5	0.2	1
1.0	1.2	2.6	1.7	0.3	1.8	1.1	1.4	2
4.0	5.3	5.7	2.6	15.0	2.1	1.1	2.3	3
7.2	6.3	0.5	0.1	2.0	0.2	0.1	0.0	4
15.7	2.8	0.8	0.7	3.0	1.6	0.3	1.5	5
5.8	9.4	1.8	1.2	4.2	0.5	0.9	1.8	6
0.9	1.6	18.8	2.3	3.2	1.6	2.5	0.9	7
0.0	0.0	0.2	15.2	0.0	0.2	1.8	0.8	8
0.4	0.3	0.5	0.3	1.9	0.5	2.3	1.9	9
6.2	6.2	7.5	7.4	6.2	7.5	2.3	4.0	10
10.4	9.9	10.3	9.2	10.2	15.6	26.3	16.6	11
0.5	0.3	0.2	0.6	0.4	0.4	1.4	10.6	12
52.2	43.5	50.0	58.7	46.3	32.1	40.6	42.0	13
9.9	9.2	13.5	11.2	5.4	3.5	2.7	3.4	14
–	–	–	–	–	0.1	0.9	2.8	15
62.1	52.7	63.5	70.0	51.7	35.7	44.2	48.2	16
4.0	4.0	4.2	3.3	1.9	8.5	11.0	3.2	17
–	–	–	–	–	–	–	–	18
31.5	36.8	27.5	14.2	32.8	40.5	17.2	48.5	19
2.4	6.4	4.8	12.6	13.5	15.3	27.5	0.0	20
37.9	47.3	36.5	30.0	48.3	64.3	55.8	51.8	21
100	100	100	100	100	100	100	100	22

Quelle: Statistisches Bundesamt (1995b)

Tabelle 10-4: Input-Koeffizienten der Input-Output-Tabelle 1991 zu Ab-Werk-Preisen – Inländische Produktion – % des Produktionswertes

Output-Analyse jedoch über den Rahmen dieses Buches hinausgehen, können hier nur einige Grundlagen angesprochen werden.

Nach den bisherigen Überlegungen sollte deutlich geworden sein, daß die deskriptive Auswertung von Input-Output-Tabellen notwendigerweise vergangenheitsbezogen sein muß. Für Prognosezwecke oder zur Beantwortung von „Was wäre, wenn ...“-Fragen lassen sich Input-Output-Tabellen nicht direkt verwenden. Es müssen vielmehr wirtschaftstheoretische Annahmen getroffen werden. Im einfachsten Fall wird angenommen, daß die Produktionsverhältnisse einer Volkswirtschaft durch eine lineare Produktionstechnologie gekennzeichnet sind. Diese Annahme impliziert eine Konstanz des Verhältnisses von Inputs und produzierten Gütermengen. Ferner wird davon ausgegangen, daß die Input-Struktur des Zeitraums, auf den sich die Analyse bezieht, die gleiche ist wie die des Jahres, aus dem die zugrundegelegte Tabelle stammt. Unter diesen Annahmen lassen sich mit Hilfe von Input-Output-Matrizen z.B. die Auswirkungen von Lohnsatzveränderungen einzelner oder aller Produktionsbereiche auf die Güterpreise analysieren.

Lfd. Nr.	Gegenstand der Nachweisung	Erzg. v. Produkten d. Land- u. Forstwirtschaft, Fischerei	Erzg. v. Energie, Gew. v. Wasser u. Bergbauerzeugn.	H. v. chemischen u. Mineralölerzeugn., Gew. v. Steinen, Erden	Erzg. u. Bearb. v. Eisen, Stahl u. NE-Metallen
		1	2	3	4
	Output nach Gütergruppen[1]				
1	Produkte der Land- und Forstwirtschaft, Fischerei	1.13660	0.00283	0.00529	0.00289
2	Energie, Wasser, Bergbauerzeugnisse	0.06302	1.29612	0.08831	0.13795
3	Chemische und Mineralölerzeugnisse, Steine und Erden usw.	0.11553	0.04081	1.29291	0.06830
4	Eisen, Stahl, NE-Metalle, Gießereierzeugnisse u.ä.	0.03543	0.02911	0.02236	1.60664
5	Stahl- und Maschinenbauerzeugnisse, ADV-Einrichtungen, Fahrzeuge	0.03719	0.05871	0.02990	0.03321
6	Elektrotechnische und feinmechanische Erzeugnisse, EBM-Waren usw.	0.01897	0.04288	0.02370	0.02614
7	Holz-, Papier- und Lederwaren, Textilien, Bekleidung	0.02778	0.01588	0.03585	0.01888
8	Nahrungsmittel, Getränke, Tabakwaren	0.11897	0.00589	0.01500	0.00638
9	Bauleistungen	0.01957	0.04112	0.01478	0.01728
10	Dienstleistungen des Handels, Verkehrs, Postdienstes usw.	0.11701	0.06649	0.09998	0.14615
11	Übrige marktbestimmte Dienstleistungen	0.15694	0.19913	0.21715	0.21233
12	Nichtmarktbestimmte Dienstleistungen	0.01387	0.01605	0.01378	0.01347
13	Produktionswert	1.86089	1.81503	1.85900	2.28963

* Der Koeffizient im Tabellenfeld Zeile i, Spalte j zeigt, wieviel Güter aus inländischer Produktion des Produktionsbereichs i im Input-Output-Modell direkt und indirekt benötigt werden, um eine Werteinheit der Güter aus inländischer Produktion des Produktionsbereichs j für die letzte Verwendung bereitstellen zu können

[1] Zusammengefaßte Gütergruppen entsprechend der Übersicht 2 im Anhang.

Ebenso lassen sich z. B. die Konsequenzen von Veränderungen der Konsum- oder der Investitionsnachfrage (nach allen oder auch einzelnen Gütergruppen) für die Wertschöpfung oder die Höhe der Beschäftigung der einzelnen Produktionsbereiche untersuchen.

Es ist hervorzuheben, daß die Input-Koeffizienten die Auswirkungen etwa von Nachfrageänderungen nicht vollständig beschreiben. Erhöht sich beispielsweise die Nachfrage nach inländischen Bauleistungen um 1000 DM, dann zeigen die Input-Koeffizienten nur den direkten Effekt dieser Nachfrageerhöhung. So ist zur Befriedigung des gestiegenen Bedarfs an inländischen Bauleistungen eine Zunahme der Güterproduktion im Produktionsbereich „Chemische und Mineralölerzeugnisse, Steine, Erden usw." um 150 DM erforderlich (vgl. Tabelle 10-4, Feld [3,9]), weil diese als Vorleistungen im Baubereich gebraucht werden. Die zusätzlich benötigten Erzeugnisse des Produktionsbereichs „Chemische und Mineralölerzeugnisse, Steine, Erden usw." müssen ihrerseits jedoch selbst produziert werden, was wiederum den Einsatz von Vorleistungen erforderlich macht usw.

H. v. Stahl- u. Maschinenbauerzeugn., ADV-Einr., Fahrzeugen	H. v. elektrotechn., feinmech. Erzeugn., EBM-Waren usw.	H. v. Holz-, Papier-, Lederwaren, Textilien, Bekleidung	H. v. Nahrungsmitteln, Getränken, Tabakwaren	Bau	Leistg. d. Handels, Verkehrs, Postdienstes u. ä.	Übrige marktbestimmte Dienstleistungen	Nichtmarktbestimmte Dienstleistungen	Lfd. Nr.
5	6	7	8	9	10	11	12	
0.00330	0.00319	0.01899	0.23683	0.00374	0.00414	0.01440	0.00799	1
0.04153	0.04020	0.05754	0.05100	0.03011	0.03435	0.02734	0.03248	2
0.08373	0.09397	0.10652	0.07742	0.21625	0.04211	0.03664	0.05304	3
0.14899	0.11966	0.01962	0.01517	0.04725	0.00997	0.00802	0.00991	4
1.19879	0.04582	0.02118	0.02461	0.04710	0.02549	0.01166	0.02797	5
0.08504	1.11440	0.03388	0.02702	0.05870	0.01393	0.02005	0.03090	6
0.02840	0.03445	1.24518	0.05001	0.05585	0.03231	0.04823	0.02668	7
0.00749	0.00681	0.01068	1.20975	0.00758	0.00955	0.03249	0.01919	8
0.01397	0.01169	0.01565	0.01481	1.02822	0.01400	0.03562	0.03047	9
0.11468	0.10469	0.12398	0.13701	0.10503	1.09911	0.05127	0.07170	10
0.24389	0.21554	0.23743	0.23191	0.22540	0.25896	1.40304	0.29821	11
0.01313	0.00940	0.00948	0.01587	0.01145	0.01014	0.02291	1.12448	12
1.98294	1.79982	1.90013	2.09141	1.83667	1.55407	1.71167	1.73300	13

Quelle: Statistisches Bundesamt (1995 b)

Tabelle 10-5: Inverse Koeffizienten der Input-Output-Tabelle 1991 zu Ab-Werk-Preisen
– Inländische Produktion –

Man sieht an diesem Beispiel zweierlei: Erstens hat die Erhöhung der Nachfrage nach den Gütern eines Produktionsbereichs aufgrund der Produktionsverflechtungen im allgemeinen eine Erhöhung des Produktionswertes aller Produktionsbereiche zur Folge. Zweitens weist die ursprüngliche Nachfrageerhöhung neben den unmittelbaren direkten Effekten offensichtlich auch noch indirekte Wirkungen auf.

Es läßt sich nun zeigen, daß der Gesamteffekt durch die sog. **inversen Koeffizienten** wiedergegeben wird. Tabelle 10-5 enthält die inversen Koeffizienten der Input-Output-Tabelle 1991 zu Ab-Werk-Preisen für die inländische Produktion. Der Koeffizient des Feldes [i,j] gibt an, in welchem Umfang Güter aus inländischer Produktion der i-ten Gütergruppe insgesamt benötigt werden, um eine Werteinheit der Güter aus inländischer Produktion des j-ten Produktionsbereichs für die letzte Verwendung zur Verfügung stellen zu können. Die Erhöhung der Nachfrage nach inländischen Bauleistungen um 1000 DM führt daher zu einer direkten und indirekten Erhöhung des Bedarfs an Gütern der Gütergruppe „Chemische und Mineralölerzeugnisse, Steine, Erden usw." um 216 DM (Feld [3,9]). Da die direkte Bedarfserhöhung 150 DM betrug, ergibt sich offenbar ein indirekter Effekt über die Vorleistungsverflechtungen von 216 – 150 = 66 DM.

6. Ausblick

Es erregt immer wieder Verwunderung, daß zwischen Berichtsjahr und Veröffentlichungszeitpunkt der Input-Output-Tabellen ein größerer Zeitraum liegt. (Die weiter oben gezeigten Tabellen von 1991 sind die zum Zeitpunkt der Veröffentlichung dieses Buches aktuellen!) Diese zeitliche Verzögerung beruht vor allem darauf, daß für die Input-Output-Rechnung keine eigenen Daten erhoben werden. Vielmehr muß auf eine große Zahl unterschiedlicher und aus anderen Gründen erhobener Statistiken zurückgegriffen werden. Das zur Verfügung stehende Material entspricht daher in aller Regel nicht den Erfordernissen der Input-Output-Rechnung. Es werden andere Darstellungseinheiten und andere Bewertungskonzepte benutzt, es liegen andere Abgrenzungen vor, die Primärstatistiken sind unvollkommen usw. Trotz des Versuchs die existierenden Datenquellen möglichst vollkommen „abzuschöpfen" bleiben Lücken, die nur mit Hilfe von Schätzungen sowie Konsistenz- und Plausibilitätsüberlegungen geschlossen werden können. All dies erfordert Zeit.

Der wachsenden Bedeutung von Input-Output-Tabellen entsprechend sieht es das Statistische Bundesamt jedoch als eine seiner wichtigsten Aufgaben an, den Abstand zwischen Berichtsjahr und Veröffentlichungszeitpunkt in Zukunft weiter zu verkürzen. Darüber hinaus überlegt das Statistische Bundesamt, ob Input-Output-Tabellen in konstanten Preisen in das Veröffentlichungsprogramm aufgenommen werden sollen. Geprüft wird auch, auf welche Weise Input-Output-Tabellen stärker für umweltrelevante Fragestellungen nutzbar gemacht werden können.

Schlüsselbegriffe:

Input-Output-Tabelle
Input-Struktur
Output-Struktur
Vorleistungsmatrix
Zentralmatrix
Endnachfragematrix
Primäraufwandsmatrix
Funktionelle Sektorengliederung
Institutionelle Sektorengliederung
Produktionsverflechtungstabelle
Marktverflechtungstabelle
Ab-Werk-Preis
Herstellungspreis
Ab-Zoll-Preis
cif-Preis
Input-Koeffizient
Output-Koeffizient
Inverser Koeffizient

11. Kapitel: Die Vermögensrechnung

1. Zielsetzung der Vermögensrechnung

Im Zusammenhang mit der Kreislaufanalyse wurde die Bildung von Vermögen als eine Möglichkeit der Einkommensverwendung betrachtet. Bei den dort angestellten Überlegungen ging es um eine Rechnung in Stromgrößen. Bei den verschiedenen Vermögensarten handelt es sich jedoch um Bestandsgrößen. Im Rahmen der Inlandsproduktsberechnung lassen sich daher nur Aussagen über die Veränderung der Vermögensbestände treffen. Um auch Kenntnisse über das Niveau des Vermögens einer Volkswirtschaft und ihrer Sektoren zu erhalten, ist die Inlandsproduktsberechnung daher durch eine Vermögensrechnung zu ergänzen.

Informationen über die Höhe der Vermögensbestände genießen aus einer Reihe von Gründen eine große Bedeutung:

- Neben der Einkommensverteilung spielt auch die Verteilung des Vermögens auf die Mitglieder einer Gesellschaft eine wichtige Rolle für die Frage, wie gerecht die materiellen Möglichkeiten in der betreffenden Gesellschaft verteilt sind. Ohne die statistische Erfassung der Vermögensverteilung läßt sich weder ein objektives Bild der Verteilungssituation gewinnen noch eine rationale Umverteilungspolitik betreiben.
- Der Besitz von Vermögen ermöglicht nicht nur ein höheres materielles Wohlergehen, sondern er verleiht auch Macht. Zu den Aufgaben der Wirtschaftspolitik zählt es auch, dafür zu sorgen, daß wirtschaftlich begründete Macht nicht ungezügelt Einfluß auf die verschiedensten Bereiche der Gesellschaft nimmt. Eine solche Kontrolle im Spannungsfeld zwischen Macht und Freiheit läßt sich jedoch nur dann rational gestalten, wenn entsprechende Kenntnisse über die Vermögenssituation vorliegen.
- Für die Schätzung der Produktionsbeziehungen der Gesamtwirtschaft oder einzelner Sektoren ist es erforderlich, den tatsächlichen oder den potentiellen Umfang des Kapitaleinsatzes zu kennen. Da der Kapitaleinsatz selbst nicht direkt zu erfassen ist, behilft man sich mit dem Kapitalstock als Näherungsgröße. Der Kapitalstock seinerseits stellt einen Teil des Vermögens der betrachteten Wirtschaft dar.
- Unter Verwendung der Angaben über den Kapitalstock lassen sich Kapitalkoeffizient und Kapitalintensität eines Sektors oder einer Volkswirtschaft berechnen; der Kapitalkoeffizient ist das Verhältnis von Einsatz des Produktionsfaktors Kapital zum Produktionsergeb-

nis (Bruttowertschöpfung), die Kapitalintensität das Verhältnis von Kapital- zu Arbeitseinsatz.

- Ferner läßt sich – wie in Kapitel 8 gezeigt wurde – mit Hilfe des Kapitalstocks das Produktionspotential einer Volkswirtschaft schätzen.

Die genannten Punkte machen deutlich, warum Kenntnisse über den Umfang sowie die Verteilung des Vermögens eine wichtige Rolle spielen. Sie machen aber auch deutlich, daß für unterschiedliche Fragestellungen unterschiedliche Vermögenskomponenten relevant sind. Interessiert man sich für die Situation der personellen Verteilung, dann ist ein möglichst breiter Vermögensbegriff adäquat. Geht es um die Frage der wirtschaftlichen Macht, dann steht die Verteilung des sog. Produktivvermögens, aber auch seine Finanzierung im Vordergrund. Für die Schätzung der Produktionsmöglichkeiten einer Volkswirtschaft schließlich ist der Umfang des Bruttoanlagevermögens in konstanten Preisen von Bedeutung.

Unterschiedliche Fragestellungen verlangen offenbar nach unterschiedlichen Abgrenzungen des Vermögensbegriffes. Auf die geläufigen Abgrenzungen zwischen einzelnen Vermögensformen wird im folgenden Abschnitt näher eingegangen.

2. Abgrenzung unterschiedlicher Vermögensformen

Bevor eine Klassifizierung der unterschiedlichen Vermögensformen erfolgt, ist es zweckmäßig, sich mit den Grundprinzipien der Vermögensrechnung vertraut zu machen. Wie einleitend erwähnt wurde, handelt es sich bei der Vermögensrechnung um eine Rechnung mit Bestandsgrößen. Diese Rechnung mit Bestandsgrößen läßt sich unter Verwendung von Konten durchführen, die als Bestandskonten bezeichnet werden. In seiner einfachsten Form hat ein Bestandskonto der Vermögensrechnung folgendes Aussehen:

Aktiva	Passiva
1. Vermögensobjekte 1.1 Geldvermögen (= Forderungen) 1.2 Sachvermögen 1.3 Immaterielles Vermögen	2. Verbindlichkeiten 3. Reinvermögen (= Nettovermögen)

Konto 11-1: Vermögensbilanz einer Wirtschaftseinheit

Auf der linken Seite des Vermögenskontos stehen die Vermögensobjekte der betreffenden Wirtschaftseinheit. In einer ersten groben Gliederung lassen sich diese in das Geldvermögen (z.B. Sparguthaben und festverzinsliche Wertpapiere), das Sachvermögen (z.B. Gebäude und

Maschinen) sowie das immaterielle Vermögen (z. B. Wissen) einteilen. Auf die einzelnen Vermögensarten wird später noch genauer eingegangen. Die Summe aller Vermögensobjekte bildet das Gesamtvermögen, das auch als Bruttovermögen bezeichnet wird. Auf der rechten Seite des Vermögenskontos stehen zunächst die Verbindlichkeiten. Saldiert man das aus den Forderungen bestehende Geldvermögen mit den Verbindlichkeiten, dann erhält man die Nettoposition der betreffenden Wirtschaftseinheit. Ist die Nettoposition positiv, dann spricht man von einer Nettogläubigerposition, ist sie negativ, dann spricht man von einer Nettoschuldnerposition. Die Summe aus Nettoposition, Sachvermögen und immateriellem Vermögen ergibt das Reinvermögen, das die zweite Position auf der rechten Seite des Vermögenskontos bildet. Das Reinvermögen läßt sich also aus dem Bruttovermögen (= Gesamtvermögen) durch Abzug der Verbindlichkeiten ermitteln; es wird daher auch als Nettovermögen bezeichnet.

Aus den im vorigen Abschnitt diskutierten Gründen ist es sinnvoll, eine weitergehende Aufteilung der Vermögensobjekte vorzunehmen als es in Konto 11-1 geschehen ist. Einen Überblick über die gebräuchliche Klassifizierung der verschiedenen Vermögensformen gibt Abbildung 11-1. Diese Aufteilung kann sich auf verschiedene Aggregationsniveaus beziehen, also z. B. für einzelne Haushalte, Sektoren oder eine ganze Volkswirtschaft gelten. Wie aus Abbildung 11-1 hervorgeht, ist der breiteste Vermögensbegriff der des Gesamtvermögens. Das Gesamtvermögen setzt sich aus dem Sachvermögen, dem immateriellen Vermögen und dem Geldvermögen zusammen.[1]

Das **Sachvermögen** (auch: materielles Vermögen) läßt sich in reproduzierbares und nicht reproduzierbares Sachvermögen unterteilen. Zum **nicht reproduzierbaren Sachvermögen** gehören die natürlichen Ressourcen, wie Grund und Boden, Gewässer, Wälder und Bodenschätze. Hierzu zählen aber auch Kunstwerke, Antiquitäten usw. Vor allem wegen der enormen Bewertungsprobleme wird das nicht reproduzierbare Sachvermögen in der amtlichen Statistik nicht erfaßt. Das Statistische Bundesamt beabsichtigt jedoch in den nächsten Jahren eine Ermittlung des Werts von Grund und Boden.

Das **reproduzierbare Sachvermögen** setzt sich aus dem Gebrauchsvermögen und dem Produktivvermögen zusammen. Das Gebrauchsvermögen seinerseits läßt sich weiter in privates und öffentliches Gebrauchsvermögen untergliedern. Das **private Gebrauchsvermögen** besteht im wesentlichen aus den langlebigen Konsumgütern der Haushalte, wie z. B. Kühl-

---

[1] Gelegentlich findet man auch nur die Unterscheidung zwischen Geld- und Sachvermögen bzw. zwischen immateriellem und Sachvermögen. Im ersten Fall wird das immaterielle Vermögen als Bestandteil des Sachvermögens angesehen, im zweiten Fall das Geldvermögen als Bestandteil des immateriellen Vermögens. Beide Gliederungsansätze erscheinen uns weniger zweckmäßig.

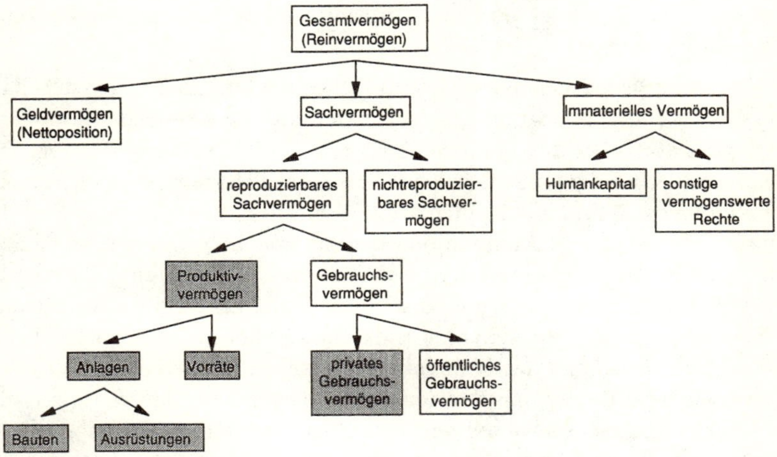

Abb. 11-1: Struktur der Vermögensbegriffe

schränken, Waschmaschinen, Staubsaugern und Radiogeräten. Analog besteht das **öffentliche Gebrauchsvermögen** aus längerlebigen Gütern, sofern sie nicht zum Produktivvermögen gerechnet werden. In erster Linie handelt es sich dabei um militärische Güter, die in der Statistik nicht als Investitionsgüter, sondern als Vorleistungen erfaßt werden. In der amtlichen Vermögensrechnung erfolgt eine fortlaufende Darstellung weder für das private noch für das öffentliche Gebrauchsvermögen.[2]

Das **Produktivvermögen** setzt sich aus den Anlagen und Vorräten der Unternehmen, der privaten Organisationen ohne Erwerbszweck und des Staates zusammen. Dementsprechend unterscheidet man auch zwischen Anlagevermögen und Vorratsvermögen. Das **Anlagevermögen** umfaßt die erworbenen dauerhaften Produktionsmittel bzw. Investitionsgüter sowie die selbsterstellten Anlagen. Nicht zum Anlagevermögen zählen militärische Güter sowie geringwertige dauerhafte Sachgüter, wie z. B. kleinere Werkzeuge und Büromaterial. Das Anlagevermögen läßt sich seinerseits nochmals in Bauvermögen und Ausrüstungsvermögen unterteilen. Zum **Bauvermögen** zählen Gebäude, Fabrikhallen, Straßen und Wasserwege, aber auch die eigengenutzten Wohnungen der privaten Haushalte. Das **Ausrüstungsvermögen** besteht aus Maschinen, Fahrzeugen und der Betriebs- und Geschäftsausstattung. Das **Vorratsvermögen** setzt sich im wesentlichen aus den am Jahresbeginn bei den Unternehmen vorhandenen Beständen an Vorprodukten und Handelsware (sog. Input-Vorräte) sowie Halb- und Fertigerzeugnissen aus eigener Produktion (sog. Output-Vorräte) zusammen. Die Input-Vorrä-

---

[2] *Schäfer* (1985) gibt jedoch einen Überblick über den Wert des Gebrauchsvermögens der privaten Haushalte für die Jahre 1970 bis 1984. Vgl. Abschnitt 4 dieses Kapitels.

te sind zum Verbrauch im Produktionsprozeß, die Output-Vorräte zum Verkauf bestimmt.

Die zweite große Gruppe an Vermögensobjekten, aus denen sich das Gesamtvermögen zusammensetzt, bildet das **immaterielle Vermögen.** Hierzu zählt man das Humankapital sowie die sonstigen vermögenswerten Rechte. Unter **Humankapital** versteht man den in einer Person gebundenen, ökonomisch nutzbaren Wert an Fähigkeiten und Kenntnissen. Er ist das Akkumulationsergebnis von Investitionen in Erziehung, Aus- und Weiterbildung. In der modernen Konsumtheorie spielt das Humankapital insofern eine wichtige Rolle als es die Basis für die Ableitung des sog. permanenten Einkommens liefert. Der großen theoretischen Bedeutung des Humankapitals stehen aber so erhebliche Erfassungs- und Bewertungsschwierigkeiten gegenüber, daß es bislang in keiner Statistik ausgewiesen wird. Analoge Schwierigkeiten gibt es bei den **sonstigen vermögenswerten Rechten.** Hierzu zählen u.a. Patentrechte, Lizenzen und kapitalisierte Rentenansprüche. Auch sie werden – vor allem wegen der Bewertungsproblematik – in der Vermögensrechnung der Bundesrepublik bislang nicht erfaßt.

Als **Geldvermögen** bezeichnet man alle Forderungen, die einen auf DM lautenden Nominalwert aufweisen.[3] Zum Geldvermögen gehören demnach nicht nur Bargeld und Sichteinlagen, zum Geldvermögen zählen auch Termin- und Spareinlagen, finanzielles Gold (im Unterschied zu Goldschmuck), Geldmarktpapiere, kurz- und langfristige Kredite, festverzinsliche Wertpapiere, Aktien, andere Beteiligungen, wie z.B. GmbH-Anteile, und sonstige Forderungen.

Bei der Frage, wie „reich" ein Individuum, ein Sektor oder eine ganze Volkswirtschaft ist, kann man es jedoch nicht bei der Betrachtung der als Geldvermögen bezeichneten Forderungen belassen, denn jeder Forderung steht ja zwangsläufig eine Verbindlichkeit gegenüber. Bei Aggregation und Konsolidierung fallen durch Aufrechnung und Saldierung Forderungen und ihnen gegenüberstehende Verbindlichkeiten weg. Dies wirkt sich um so mehr aus, je höher das Aggregationsniveau ist. Wird bis zur nationalen Ebene aggregiert, bleiben nur die Nettoforderungen an das Ausland übrig, die als **Nettoauslandsposition** bezeichnet werden. Auf gesamtwirtschaftlicher Ebene stellt beim Geldvermögen ausschließlich die Nettoauslandsposition „volkswirtschaftlichen Reichtum" dar. Wird nur sie in der Ermittlung des gesamten Vermögens einer Volkswirtschaft berücksichtigt, so spricht man statt von Gesamtvermögen von **Reinvermögen** oder **Volksvermögen** einer Wirtschaft. Das Volksvermögen stellt also die Summe aus der Nettoauslandsposition, dem Sachvermögen und dem immateriellen Vermögen der betreffenden Volkswirtschaft dar.

---

[3] Z.T. wird der Begriff „Geldvermögen" auch für den Saldo aus Forderungen und Verbindlichkeiten verwendet. Vgl. hierzu die nachfolgende Diskussion.

Es wichtig, an dieser Stelle nochmals darauf hinzuweisen, daß die Terminologie in der Literatur nicht immer einheitlich ist. Gelegentlich wird unter Geldvermögen die Nettoposition – also die Differenz aus Forderungen und Verbindlichkeiten – verstanden. Statt des Begriffspaares Gesamtvermögen und Reinvermögen, werden auch die Begriffe „Brutto-“ und „Nettovermögen“ verwendet. Anstelle von Verbindlichkeiten spricht die Bundesbank, die in der Bundesrepublik die Geldvermögensrechnung durchführt, von „Verpflichtungen“.

In der amtlichen Sachvermögensstatistik der Bundesrepublik werden nur das Produktivvermögen und seine Bestandteile sowie das Gebrauchsvermögen privater Haushalte fortlaufend erfaßt und dargestellt. In Abb. 11-1 sind diese Vermögensbestandteile durch Unterlegung hervorgehoben. Die Geldvermögensbestände werden von der Deutschen Bundesbank im Zusammenhang mit der gesamtwirtschaftlichen Finanzierungsrechnung ermittelt. Für alle anderen Vermögenskomponenten existiert keine fortlaufende Erfassung.

Generell stellt die Bewertung von Vermögensobjekten ein erhebliches Problem dar – dies gilt auch für die in der amtlichen Statistik ausgewiesenen Komponenten des Produktivvermögens. Eine Bewertung der einzelnen Vermögensobjekte ist jedoch unerläßlich, weil erst die Überführung in einen einheitlichen Geldmaßstab den Vergleich zwischen den einzelnen Vermögensgegenständen erlaubt und eine Aggregation ermöglicht. Im folgenden Abschnitt sollen daher einige Aspekte der Bewertung von Vermögensgegenständen angesprochen werden.

3. Bewertungsansätze

Folgende Ansätze zur Bewertung von Vermögensobjekten sind gebräuchlich:

- Die Vermögensgegenstände werden mit dem Preis bewertet, der zum Zeitpunkt ihrer Anschaffung zu entrichten war. Man spricht von einer Bewertung zu **Anschaffungspreisen.** Bei diesem Ansatz ist zwischen Brutto- und Nettokonzept zu unterscheiden. Wird dem Bruttokonzept gefolgt, dann wird der Vermögensgegenstand solange mit dem Anschaffungspreis bewertet, bis er aus dem Bestand ausscheidet. Nach dem Nettokonzept vermindert sich der Vermögenswert in jeder Periode um die zu Anschaffungspreisen bewerteten Abschreibungen. Die Bewertung zu Anschaffungspreisen hat den großen Vorteil, daß sie vergleichsweise einfach durchzuführen ist. Sie verliert jedoch an Aussagefähigkeit, wenn die Preise der betreffenden Vermögensobjekte im Zeitverlauf nicht konstant bleiben. Es stellt sich in diesem Fall nämlich das Problem, daß das gleiche Vermögensobjekt

– zu unterschiedlichen Zeitpunkten angeschafft – unterschiedlich bewertet wird.

- Das geschilderte Problem bei einer Bewertung zu Anschaffungspreisen läßt sich durch eine Bewertung zu **Wiederbeschaffungspreisen** vermeiden. Bei diesem Ansatz werden die Vermögensgegenstände mit den Preisen bewertet, die im Berichtszeitpunkt zu entrichten wären. Wie bei der Bewertung zu Anschaffungspreisen unterscheidet man auch hier zwischen Brutto- und Nettokonzept. Bei Zugrundelegung des Nettokonzepts ist der Wiederbeschaffungswert um die kumulierten, zu Wiederbeschaffungspreisen bewerteten Abschreibungen zu vermindern. Das Bruttokonzept liefert den Betrag, der zu bezahlen wäre, wollte man im Berichtszeitpunkt alle Vermögensobjekte neu beschaffen. Das Nettokonzept zeigt dagegen den bestmöglichen Schätzwert für den Zeitwert der Vermögensobjekte. Zwar führt die Bewertung zu Wiederbeschaffungspreisen dazu, daß gleiche Vermögensobjekte unabhängig von Preisveränderungen gleich bewertet werden, es ergeben sich aber dann Probleme, wenn der betreffende Vermögensgegenstand nicht mehr am Markt gehandelt wird und demzufolge auch kein Marktpreis existiert, der als Basis der Bewertung dienen könnte.
- Weder bei einer Bewertung zu Anschaffungs- noch bei einer Bewertung zu Wiederbeschaffungspreisen läßt sich die reale Entwicklung der Vermögensbestände im Zeitverlauf erkennen, weil in beiden Konzepten die Vermögenswerte durch Preisveränderungen beeinflußt werden. Für eine zeitliche Darstellung der rein mengenmäßigen Veränderung der Vermögensbestände muß der Preiseffekt ausgeschaltet werden. Dies läßt sich durch eine Bewertung zu **konstanten Preisen** erreichen. In diesem Fall werden alle Vermögensobjekte mit den Preisen einer bestimmten Periode bewertet, und zwar unabhängig vom Anschaffungszeitpunkt und ihrem Alter.

Den genannten drei Konzepten ist gemeinsam, daß sie bei der Bewertung der Vermögensgegenstände auf **Marktpreise** zurückgreifen. In einer marktwirtschaftlichen Ordnung ist dies auch das naheliegendste Verfahren. Eine Bewertung mit Marktpreisen ist jedoch nur dann möglich, wenn das betreffende Vermögensobjekt auch am Markt gehandelt wird. Wird es nicht oder nicht mehr gehandelt, muß auf andere Bewertungsverfahren zurückgegriffen werden.

- Eine denkbare Alternative ist die Bewertung mit **Ertragswerten.** In diesem Fall ergibt sich der Wert des Vermögensgegenstandes aus dem Gegenwartswert des Stroms seiner künftigen Nettoerträge. Dieses Verfahren setzt voraus, daß die aus dem Vermögensobjekt resultierenden Leistungen einer marktlichen Bewertung unterzogen werden. Ist dies nicht der Fall, und das gilt z.B. für weite Bereiche des öffentlichen Tiefbaus (z.B. Straßen und Brücken), versagt auch dieser Ansatz. Die Bewertung mit Ertragswerten ist aber auch deswegen oft fragwürdig, weil in vielen Fällen die Höhe der in Zukunft anfallenden Nettoerträge zum gegenwärtigen Zeitpunkt mit Unsicherheit behaftet ist und sich – wie bei allen Abdiskontierungsproblemen – die Frage nach der „richtigen" Diskontrate stellt.

Im Bereich des Geldvermögens finden sich schließlich noch die Bewertung zu **Nominalwerten** und zu **Kurswerten.** Der Nominalwert ist der DM-Betrag, auf den eine Forderung lautet; der Kurswert entspricht dem Wert zu dem eine Forderung gehandelt wird.

Im Bereich des Sachvermögens wird in der amtlichen Statistik der Bundesrepublik fortlaufend nur das Produktivvermögen, nicht aber das Gebrauchsvermögen erfaßt und dargestellt. Die Bewertung des Anlagevermögens wird zu Anschaffungspreisen, zu Wiederbeschaffungspreisen und zu konstanten Preisen vorgenommen. Für jeden der genannten Bewertungsansätze wird das Vermögen in einer Gliederung nach elf Wirtschaftsbereichen ausgewiesen. Die Bewertung der Vorräte der Unternehmen erfolgt zu den Buchwerten der Handels- und Steuerbilanzen. Eine Ausnahme davon stellen die landwirtschaftlichen Vorräte dar, deren Wert durch Bewertung der am Jahresanfang vorhandenen Bestände an Vieh und pflanzlichen Produkten mit Jahresanfangspreisen festgestellt wird. Die Vorräte des Staates, die sich nur aus den beiden Posten „Mineralöl" und „Kernbrennstoffe" zusammensetzen – die Vorräte der Bundesanstalt für landwirtschaftliche Marktordnung sind im Unternehmenssektor erfaßt –, werden mit den Jahresdurchschnittspreisen des Zugangsjahres bewertet.

Der nächste Abschnitt gibt einen Überblick über die Vermögensrechnung des Statistischen Bundesamtes. Auf die Geldvermögensrechnung der Deutschen Bundesbank geht dann der darauffolgende Abschnitt ein.

4. Die Vermögensrechnung des Statistischen Bundesamtes

Das Statistische Bundesamt weist das reproduzierbare Sachvermögen[4] zu Wiederbeschaffungspreisen, zu Anschaffungspreisen und zu konstanten Preisen (von 1991) jeweils sowohl nach dem Brutto- als auch dem Nettokonzept aus (vgl. Tabelle 11-1). Dabei werden auch die Kom-

---

[4] Damit bei den weiteren Erörterungen keine Mißverständnisse auftreten, ist darauf hinzuweisen, daß die Terminologie des Statistischen Bundesamtes und die hier gewählte Begriffsverwendung an dieser Stelle voneinander abweichen. Das Statistische Bundesamt unterscheidet nicht zwischen „reproduzierbarem Sachvermögen" und „reproduzierbarem Produktivvermögen", weil das öffentliche und private Gebrauchsvermögen nicht ausgewiesen werden. In diesem Abschnitt haben die Begriffe „reproduzierbares Sachvermögen" und „reproduzierbares Produktivvermögen" also die gleiche Bedeutung.

Jahr	zu Wiederbeschaffungspreisen				zu Anschaffungspreisen				in Preisen von 1991			
	1970	1980	1990	1994	1970	1980	1990	1994	1970	1980	1990	1994
	brutto				brutto				brutto			
Reproduzierbares Sachvermögen	2551	6845	11637	15282	1817	3916	6924	8656	6585	9892	12753	14126
dar.: ohne öffentl. Tiefbau	2306	6125	10508	13782	1640	3518	6280	7886	6013	8932	11476	12743
Anlagevermögen	2388	6488	11164	14791	1654	3558	6451	8166	6291	8439	12248	13619
Ausrüstungen	554	1315	2213	2751	483	1007	1832	2369	1231	1854	2325	2679
Bauten	1834	5172	8951	12040	1171	2552	4618	5797	5060	7586	9923	10940
Wohnungen	877	2510	4430	6015	527	1141	2093	2658	2622	3806	4917	5419
Bauten ohne Wohnungen	956	2662	4521	6025	644	1411	2526	3138	2434	3779	5006	5521
dar.: öffentl. Tiefbau	245	720	1129	1499	178	398	644	770	572	961	1259	1383
Vorratsbestände	163	358	473	490	163	358	473	490	293	453	487	507
	netto				netto				netto			
Reproduzierbares Sachvermögen	1636	4252	6935	8953	1231	2668	4598	5693	4271	6193	7578	8277
Anlagevermögen	1473	3894	6462	8463	1068	2311	4126	5202	3977	5740	7090	7770
Ausrüstungen	316	714	1177	1478	286	594	1055	1352	702	1004	1236	1439
Bauten	1157	3180	5285	6985	782	1716	3071	3850	3275	4736	5854	6332
Wohnungen	653	1840	3074	4091	423	936	1671	2107	1950	2789	3411	3686
Bauten ohne Wohnungen	505	1341	2211	2894	359	780	1400	1743	1325	1947	2442	2646
Vorratsbestände	163	358	473	490	136	358	473	490	293	453	487	507

Quelle: Statistisches Bundesamt (1994)

Tabelle 11-1: Reproduzierbares Sachvermögen nach Vermögensarten (Milliarden DM), früheres Bundesgebiet

ponenten des reproduzierbaren Sachvermögens dargestellt, d. h. es wird jeweils nach Ausrüstungen, Bauten und Vorräten unterschieden. Die Bauten werden nochmals untergliedert in Wohnbauten und andere Bauten. Die folgenden quantitativen Aussagen beziehen sich auf die Bundesrepublik Deutschland nach dem Gebietsstand vor dem 3. 10. 1990. Eine Darstellung des Anlagevermögens der neuen Bundesländer ist dem Statistischen Bundesamt bislang nicht möglich.

Die Ermittlung des Anlagevermögens (Ausrüstungen und Bauten) erfolgt nicht, wie man vermuten könnte, durch Erfassung der Bestände an einem Stichtag. Dies wäre wegen der Vielzahl und der Verschiedenartigkeit der einzubeziehenden Vermögensobjekte nicht möglich. Stattdessen berechnet man den Anlagebestand mit Hilfe eines Kumulationsverfahrens, der sog. **Perpetual-Inventory-Methode.** Diese Methode geht von der einfachen Feststellung aus, daß der Bestand an Anlagen zu jedem Zeitpunkt gleich der Summe aller vergangenen Nettoinvestitionen sein muß. Kennt man den Strom der vergangenen Nettoinvestitionen, kann man auch den Bestand an Anlagen errechnen. Offensichtlich setzt dieses Verfahren vorraus, daß hinreichend lange Investitionsreihen zur Verfügung stehen. Mit „hinreichend lang" ist gemeint, daß eine Investitionsreihe mindestens so lang sein muß wie die Nutzungsdauer des betrachteten Vermögensobjektes. Die von der Idee her einfache Perpetual-Inventory-Methode bereitet in der praktischen Umsetzung einige Schwierigkeiten. In Box 11-1 wird auf diese Probleme näher eingegangen.

Tabelle 11-1 enthält Daten zu dem nach Vermögensarten gegliederten reproduzierbaren Sachvermögen. Dabei fällt auf, daß der öffentliche Tiefbau eine Sonderrolle spielt. In der Darstellung nach dem Bruttokonzept wird das reproduzierbare Sachvermögen ohne den öffentlichen Tiefbau gesondert dargestellt; bei der Darstellung nach dem Nettokonzept taucht der öffentliche Tiefbau überhaupt nicht auf. Der Grund hierfür ist darin zu sehen, daß öffentliche Tiefbauten, also Straßen, Brücken, Kanäle usw., nicht abgeschrieben werden. Dies ist darauf zurückzuführen, daß ihre Nutzungsdauer – anders als bei den meisten Anlagen – durch Reparaturen auf nahezu beliebige Zeit ausgedehnt werden kann. Daher wird vereinfachend davon ausgegangen, daß der Nutzwert öffentlicher Tiefbauten im Zeitverlauf unverändert bleibt.

Abbildung 11-2 zeigt die Komponenten des reproduzierbaren Sachvermögens zu Wiederbeschaffungspreisen (brutto) für das Jahr 1994. Es fällt auf, daß das Bauvermögen mit einem Anteil von fast 80 % die bei weitem größte Komponente des reproduzierbaren Sachvermögens darstellt. Die Vorratsbestände machen mit einem Anteil am reproduzierbaren Sachvermögen von 3,2 % immerhin knapp ein Fünftel des Ausrüstungsvermögens aus.

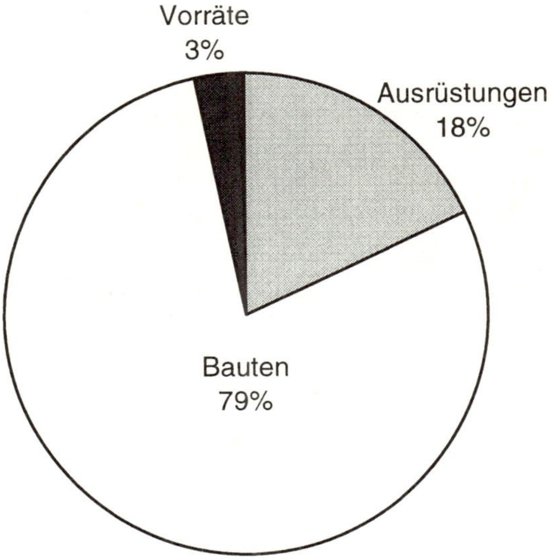

Abb. 11-2: Komponenten des reproduzierbaren Sachvermögens 1994 (zu Wiederbeschaffungspreisen, Bruttodarstellung, früheres Bundesgebiet)

Das Statistische Bundesamt veröffentlicht das Anlage-, Ausrüstungs- und Bauvermögen zu Wiederbeschaffungspreisen und in Preisen von 1991 auch in der vollen Bereichsgliederung der Volkswirtschaftlichen Gesamtrechnung nach 58 Wirtschaftsbereichen. Zu Anschaffungspreisen erfolgt eine Darstellung nach 12 Wirtschaftsbereichen. Alle Angaben werden sowohl nach dem Brutto- als auch nach dem Nettokonzept ausgewiesen.

Tabelle 11-2 zeigt für ausgewählte Wirtschaftsbereiche das Bruttoanlagevermögen des Jahres 1994 in konstanten Preisen. Ein Vergleich der Anteile von Ausrüstungen und Bauten zwischen den einzelnen Wirtschaftsbereichen gibt einen ersten Eindruck von der unterschiedlichen Anlagenstruktur der Wirtschaftsbereiche. Auffällig ist der hohe Anteil der Bauten am Anlagevermögen der Kreditinstitute und der Versicherungen. Hier handelt es sich um typische Dienstleistungsunternehmen, die für ihre Gütererstellung nur im geringen Umfang Ausrüstungen benötigen, aber einen hohen Bedarf an Bürofläche haben. Im verarbeitenden Gewerbe, namentlich in der Mineralöl- und der Tabakverarbeitung, spielt dagegen das Bauvermögen gegenüber dem Ausrüstungsvermögen eine relativ geringe Rolle.

Die Veränderung des Anlagevermögens durch Zugänge, Abgänge und Abschreibungen wird für das Jahr 1989 in den Tabellen 11-4 und 11-5 dargestellt (neuere Angaben hat das Statistische Bundesamt bislang nicht veröffentlicht). Tabelle 11-4 weist das Anlagevermögen in Preisen von 1985 aus, Tabelle 11-5 zu Wiederbeschaffungspreisen. Auf die Dar-

Wirtschaftsgliederung	Anlagen	Ausrüstungen		Bauten	
	Bestand	Bestand	Anteil	Bestand	Anteil
	Mrd. DM	Mrd. DM	v. H.	Mrd. DM	v. H.
Land- und Forstwirtschaft, Fischerei	365,0	148,5	40,7	216,5	59,3
Produzierendes Gewerbe	2306,2	1274,5	55,3	1031,7	44,7
Energie- und Wasserversorgung, Bergbau	623,6	222,5	35,7	401,1	64,3
Verarbeitendes Gewerbe	1583,2	997,2	63,0	586,0	37,0
darunter u. a.					
Chemische Industrie[1]	198,9	134,6	67,7	64,4	32,3
Mineralölverarbeitung	31,2	23,5	75,5	7,6	24,5
Eisenschaffende Industrie	62,8	39,5	62,9	23,3	37,1
Maschinenbau	146,6	84,3	57,5	62,3	42,5
Straßenfahrzeugbau, Rep. v. Kfz. usw.	212,5	140,5	66,1	72,0	33,9
Elektrotechnik, Rep. v. Haushaltsgeräten	166,1	114,6	69,0	51,5	31,0
Textilgewerbe	48,2	24,9	51,7	23,3	48,3
Ernährungsgewerbe (ohne Getränkeherstellung)	113,8	65,4	57,5	48,4	42,5
Getränkeherstellung	59,5	37,0	62,2	22,5	37,8
Tabakverarbeitung	6,7	5,0	74,8	1,7	25,2
Baugewerbe	99,5	54,8	55,1	44,7	44,9
Handel und Verkehr	1303,8	471,9	36,2	831,9	63,8
Handel	521,1	160,7	30,8	360,4	69,2
Verkehr, Nachrichtenübermittlung	782,7	311,2	39,8	471,5	60,2
Dienstleistungsunternehmen	7082,4	642,2	9,1	6440,2	90,9
Kreditinstitute, Versicherungsunternehmen	261,5	53,5	20,5	208,0	79,5
Wohnungsvermietung	5418,8			5418,8	100,0
Sonstige Dienstleistungsunternehmen	1402,2	588,7	42,0	813,5	58,0
Unternehmen zusammen	11057,4	2537,0	22,9	8520,4	77,1
Staat[2]	928,4	115,3	12,4	813,1	87,6
Private Organisationen o. Erwerbszweck	250,3	26,7	10,7	223,6	89,3
Alle Wirtschaftsbereiche	12236,1	2679,0	21,9	9557,1	78,1
dar.: Untern. o. Wohnungsvermietung	5638,7			3101,6	55,0

[1] Einschließlich Herstellung und Verarbeitung von Spalt- und Brutstoffen.
[2] Ohne öffentlichen Tiefbau.

Quelle: Statistisches Bundesamt (1995 a)

Tabelle 11-2: Bruttoanlagevermögen ausgewählter Wirtschaftsbereiche im Jahr 1994 (in Preisen von 1991, Bestand am Jahresanfang, Millarden DM)

Box 11-1: Die Berechnung des reproduzierbaren Anlagevermögens mit Hilfe der Perpetual-Inventory-Methode

Das Statistische Bundesamt erfaßt das reproduzierbare Anlagevermögen nicht im Wege einer direkten Bestandserhebung. Vielmehr erfolgt eine Berechnung mit Hilfe der in den zurückliegenden Jahren erfolgten Investitionen. Dem liegt die Überlegung zugrunde, daß der heutige Anlagenbestand – bei Vernachlässigung des Kapitalverzehrs – nichts anderes darstellt als die Summe der in der Vergangenheit getätigten Bruttoinvestitionen. Die Berücksichtigung der Tatsache, daß die Anlagen einem bestimmten Verschleiß unterworfen sind, hat zwei Effekte. Einerseits wird die Berechnung des Anlagevermögens erschwert, weil neben den Bruttoinvestitionen auch die Abgänge bzw. Abschreibungen bekannt sein müssen. Andererseits wird die Berechnung des Anlagevermögens aber auch erleichtert. Tritt nämlich kein Verschleiß des Anlagevermögens auf, dann ist das gleichbedeutend mit einer unendlich langen Lebensdauer der Anlagen. Dies impliziert aber wiederum, daß im heutigen Kapitalstock auch Investitionen enthalten sind, die vor einem sehr langen – im Grenzfall einem unendlich langen – Zeitraum getätigt wurden. Um den gegenwärtigen Anlagenbestand vollständig zu erfassen, müßten der Berechnung folglich auch unendlich lange Investitionsreihen als Basis dienen. Ist der Verschleiß dagegen sehr hoch, die Nutzungsdauer der Anlagen also sehr kurz, dann spielen weiter zurückliegende Investitionen für die Höhe des Anlagevermögens keine Rolle, weil sie längst wieder aus dem Bestand ausgeschieden sind. Die Perpetual-Inventory-Methode setzt also voraus, daß die Investitionen in hinreichend lang in die Vergangenheit zurückreichenden Reihen erfaßt wurden und die durchschnittliche Nutzungsdauer der einzelnen Objekte genau genug abgeschätzt werden kann. Was als ein hinreichend langer Erfassungszeitraum bezeichnet werden kann, hängt in erster Linie von dem betrachteten Anlageobjekt ab. Bei Anlagegütern aus dem EDV-Bereich liegt die Nutzungsdauer aufgrund des schnellen Fortschreitens der technischen Entwicklung oft unter zehn Jahren; im Bereich der Bauten kann die Nutzungsdauer dagegen leicht einen Zeitraum von hundert Jahren übersteigen.

Bei der Anwendung der Perpetual-Inventory-Methode stellt sich das Problem, daß die in weiter zurückliegenden Jahren erhobenen Daten – wenn überhaupt – nur unvollständig oder in ungeeigneter Abgrenzung erfaßt wurden. Diese Mängel lassen sich zum heutigen Zeitpunkt nur indirekt durch Heranziehen von Hilfsstatistiken und Schätzungen korrigieren bzw. abschwächen. Für die vom Statistischen Bundesamt verwendeten Investitionsreihen sind drei Zeitabschnitte zu unterscheiden.

Für die Jahre vor 1950 liegen nur vereinzelt systematische Angaben vor, die für die heute geltende tiefe Gliederung nach Wirtschaftsbereichen direkt nutzbar sind. Für den Zeitraum von 1950 bis 1959 existieren lediglich Investitionsreihen in einer sehr groben Unterteilung nach Unternehmen, Staat und Wohnungsvermietung. Die fehlenden Daten müssen daher durch Umrechnungen und Schätzungen ergänzt werden. Die Bedeutung der dabei zwangsläufig auftretenden Fehler wird mit fortschreitender Zeit jedoch immer geringer, weil die Anlagegüter dieser Jahrgänge nach und nach aus dem Bestand ausscheiden. Mit Ausnahme des Bereichs Energie- und Wasserversorgung wurde ab 1960 der Erwerb von neuen Anlagen in der vollen Gliederung nach Wirtschaftsbereichen zu jeweiligen und in konstanten Preisen erfaßt, so daß die entsprechenden Investitionsreihen als recht verläßlich angesehen werden können.

Generelle Probleme bereitet die Erfassung der Käufe und Verkäufe von gebrauchten Anlagen. Zahlenmaterial hierfür liegt nur für die Jahre nach 1950 vor. Eine direkte Zuordnung zu den Wirtschaftsbereichen ist jedoch nicht möglich. Es bleibt daher nur der indirekte Weg über Schätzungen, die sich auf andere Informationen stützen. Die damit verbundene Unsicherheit wird jedoch als zu groß angesehen, so daß das Statistische Bundesamt auf eine Erfassung der Transaktionen mit gebrauchten Anlagegütern zwischen den Wirtschaftsbereichen verzichtet.

Die zweite oben genannte Voraussetzung für die Anwendung der Perpetual-Inventory-Methode sind Kenntnisse über die Nutzungsdauer der Anlagegüter der einzelnen Wirtschaftsbereiche. Dies wiederum erfordert Informationen über die Nutzungsdauer einzelner Anlagearten und darüber, wie sich die einzelnen Güterarten auf die Wirtschaftsbereiche verteilen. Für die Zeit ab 1960 kann das Statistische Bundesamt dabei auf sog. Investorenkreuztabellen zurückgreifen. Diese schlüsseln näherungsweise auf, wie sich die in ungefähr 200 Güterarten gegliederten Ausrüstungsinvestitionen auf die 57 Wirtschaftsbereiche verteilen. Die Schätzung der Nutzungsdauer der einzelnen Anlagegüterarten basiert im wesentlichen auf den von der Finanzverwaltung herausgegebenen Tabellen über die betriebsgewöhnliche Nutzungsdauer des Anlagevermögens zur Bemessung der Absetzung für Abnutzung (AfA-Tabellen). Dabei ist jedoch zu berücksichtigen, daß die im Rahmen der steuerlichen Abschreibung angesetzte Nutzungsdauer generell geringer ist als die effektive. Die Informationen aus den AfA-Tabellen werden daher auf vielfältige Weise ergänzt. Hierbei wird in erster Linie auf genauere Angaben der Nutzungsdauer einzelner Anlagegüterarten zurückgegriffen. Recht präzise Angaben liegen z. B. im Bereich der Kraftfahrzeuge vor, der einer genauen Erfassung durch das Kraftfahrzeugbundesamt unterworfen ist. Unter Berücksichtigung dieser und anderer Faktoren wird für jede Güterart die durchschnittliche Nutzungsdauer geschätzt. Ein Investitionsjahrgang einer bestimmten Güterart scheidet jedoch nicht komplett nach dem Ende der durchschnittlichen Nutzungsdauer aus dem Anlagebestand aus. Vielmehr werden einige Güter bereits im ersten Jahr der Nutzung unbrauchbar, andere hingegen werden weiter über die durchschnittliche Nutzungsdauer hinaus eingesetzt. Das Statistische Bundesamt geht davon aus, daß die Nutzungsdauer annähernd glockenförmig um ihren Mittelwert streut. Tabelle 11-3 zeigt die durchschnittliche Nutzungsdauer der Anlagezugänge des Jahres 1990 für ausgewählte Wirtschaftsbereiche.

Wirtschaftsgliederung	Ausrüstungen	Bauten
Land- und Forstwirtschaft, Fischerei	15	67
Warenproduzierendes Gewerbe	14	45
Energie- u. Wasserversorgung, Bergbau	18	57
Verarbeitendes Gewerbe	14	37
darunter u. a.:		
Chemische Industrie[1]	16	33
Mineralölverarbeitung	17	30
Eisenschaffende Industrie	16	41
Maschinenbau	13	36
Straßenfahrzeugbau usw.	13	36
Elektrotechnik[2]	14	35
Textilgewerbe	15	41
Ernährungsgewerbe[3]	14	41
Getränkeherstellung	14	41
Herstellung v. Büromaschinen	9	41
Baugewerbe	10	44
Handel und Verkehr	12	44
Handel	11	59
Verkehr, Nachrichtenübermittlung	14	35
Dienstleistungsunternehmen	12	73
Kreditinstitute, Versicherungsuntern.	11	70
Wohnungsvermietung	–	75
Sonstige Dienstleistungsunternehmen	12	65
Unternehmen zusammen	13	65
Staat[4]	15	70
Private Organisationen o. Erwerbszweck[4]	16	70
Alle Wirtschaftsbereiche[4]	13	65
darunter: Untern. o. Wohnungsvermietung	13	53

[1] Einschl. Herstellung und Verarbeitung von Spalt- und Brutstoffen
[2] Einschließlich Reparatur von Haushaltsgeräten
[3] Ohne Getränkeherstellung
[4] Ohne Tiefbau

Quelle: Statistisches Bundesamt

Tab. 11-3: Durchschnittliche Nutzungsdauer der Ausrüstungs- und Bauzugänge nach Wirtschaftsbereichen 1990

Wirtschaftsbereich	Bruttoanlagevermögen am Jahresanfang	Zugänge	Abgänge	Bruttoanlagevermögen am Jahresende
Land- und Forstwirtschaft, Fischerei	303020	10720	10610	303130
Energie- u. Wasserversorgung, Bergbau	493500	21050	11150	503400
Verarbeitendes Gewerbe	1201720	82170	54270	1229620
Baugewerbe	73240	5240	5270	73210
Handel	346880	22260	9450	359690
Verkehr, Nachrichtenübermittlung	600510	35760	20410	615860
Kreditinstitute, Versicherungsunternehmen	174960	9590	2710	181840
Wohnungsvermietung[1]	3869190	98380	10620	3956950
Sonstige Dienstleistungsunternehmen	900200	83090	23780	959510
Unternehmen zusammen	7963220	368260	148270	8183210
Staat	682370	22590	7160	697800
Private Organisationen o. Erwerbszweck	183280	5810	1770	187320
Alle Wirtschaftsbereiche[2]	8828870	396660	157200	9068330
Wirtschaftsbereich	**Nettoanlagevermögen am Jahresanfang**	**Zugänge**	**Abschreibungen**	**Nettoanlagevermögen am Jahresende**
Land- und Forstwirtschaft, Fischerei	154230	10720	10600	154350
Energie- u. Wasserversorgung, Bergbau	310310	21050	17370	313990
Verarbeitendes Gewerbe	622970	82170	65920	639220
Baugewerbe	38370	5240	4780	38830
Handel	218150	22260	13410	227000
Verkehr, Nachrichtenübermittlung	341400	35760	28560	348600
Kreditinstitute, Versicherungsunternehmen	123860	9590	5440	128010
Wohnungsvermietung[1]	2701220	98380	54120	2745480
Sonstige Dienstleistungsunternehmen	608220	83090	43490	647820
Unternehmen zusammen	5118730	368260	243690	5243300
Staat[2]	458550	22590	14370	466770
Private Organisationen o. Erwerbszweck	126400	5810	3720	128490
Alle Wirtschaftsbereiche[2]	5703680	396660	·261780	5838560

[1] Einschl. Nutzung durch den Eigentümer.
[2] Ohne öffentlichen Tiefbau.

Quelle: Statistisches Bundesamt (1992e)

Tab. 11-4: Anlagevermögen, Zugänge, Abgänge und Abschreibungen 1989 in Preisen von 1985 (Millionen DM)

stellung des Anlagevermögens zu Anschaffungspreisen wird aus Platzgründen verzichtet. Die **Zugänge** zu Anschaffungs- und zu Wiederbeschaffungspreisen sind identisch, weil die jeweiligen physischen Mengen mit denselben Preisen bewertet werden. Sie entsprechen genau den Bruttoanlageinvestitionen in jeweiligen Preisen. Die **Abgänge** umfassen diejenigen Anlagen, die im Berichtszeitraum tatsächlich aus dem Bestand ausscheiden. Die **Abschreibungen** ergeben sich dagegen aus der Wertminderung der Anlagen in einer Periode. Wegen der vorherrschenden inflationären Tendenz sind die Abschreibungen zu Wie-

Wirtschaftsbereich	Bruttoanlagevermögen am Jahresanfang	Zugänge	Abgänge	Bruttoanlagevermögen am Jahresende
Land- und Forstwirtschaft, Fischerei	319410	11320	11180	332220
Energie- u. Wasserversorgung, Bergbau	521070	22580	11820	547620
Verarbeitendes Gewerbe	1270630	88250	57960	1337570
Baugewerbe	78640	5740	5750	81050
Handel	370150	24110	10120	397650
Verkehr, Nachrichtenübermittlung	630900	37650	21440	664390
Kreditinstitute, Versicherungsunternehmen	184760	10060	2700	199300
Wohnungsvermietung[1]	4151500	107800	11630	4432310
Sonstige Dienstleistungsunternehmen	934540	86440	23910	1024430
Unternehmen zusammen	8461600	393950	156510	9016540
Staat	732180	24570	7670	778950
Private Organisationen o. Erwerbszweck	194730	6280	1880	207000
Alle Wirtschaftsbereiche[2]	9388510	424800	166060	10002490
Wirtschaftsbereich	**Nettoanlagevermögen am Jahresanfang**	**Zugänge**	**Abschreibungen**	**Nettoanlagevermögen am Jahresende**
Land- und Forstwirtschaft, Fischerei	162640	11320	11210	169290
Energie- u. Wasserversorgung, Bergbau	328330	22580	18530	342660
Verarbeitendes Gewerbe	659030	88250	70740	695470
Baugewerbe	41210	5740	5240	43060
Handel	233030	24110	14510	251460
Verkehr, Nachrichtenübermittlung	358950	37650	30100	376510
Kreditinstitute, Versicherungsunternehmen	131280	10060	5620	140990
Wohnungsvermietung[1]	2898310	107800	59300	3075300
Sonstige Dienstleistungsunternehmen	634850	86440	44580	696570
Unternehmen zusammen	5447630	393950	259830	5791310
Staat[2]	492490	24570	15570	521850
Private Organisationen o. Erwerbszweck	134390	6280	4010	142210
Alle Wirtschaftsbereiche[2]	6074510	424800	279410	6455370

[1] Einschl. Nutzung durch den Eigentümer.
[2] Ohne öffentlichen Tiefbau.

Quelle: Statistisches Bundesamt (1992e)

Tab. 11-5: Anlagevermögen, Zugänge, Abgänge und Abschreibungen 1986 zu Wiederbeschaffungspreisen (Millionen DM)

derbeschaffungspreisen im allgemeinen deutlich höher als die Abschreibungen zu Anschaffungspreisen. Nur die Abschreibungen zu Wiederbeschaffungspreisen stellen den Substanzerhalt des Anlagevermögens sicher. Daher erfolgt auch die Bewertung der Abschreibungen im Rahmen der Inlandsproduktsberechnung nach diesem Konzept. Die Unterscheidung zwischen Abgängen und Abschreibungen ist z.B. bei der Ermittlung des Kapitaleinsatzes im Rahmen einer Schätzung der gesamtwirtschaftlichen Produktionsfunktion von Bedeutung (vgl. zum Weg der Schätzung einer solchen Funktion Box 11-2). Für die Ver-

Box 11-2: Bruttoanlagevermögen und Schätzung einer Produktionsfunktion vom Cobb-Douglas-Typ

Informationen über die Höhe des Bruttoanlagevermögens werden für die Schätzung gesamtwirtschaftlicher oder sektoraler Produktionsfunktionen benötigt. Eine Produktionsfunktion beschreibt die Beziehung zwischen der Einsatzmenge der Produktionsfaktoren und dem Produktionsergebnis. Vereinfachend wird oft angenommen, daß das Produktionsergebnis (Y) nur von den eingesetzten Mengen an Arbeit (L) und Kapital (K) abhängig ist und der folgende funktionale Zusammenhang besteht:

$$Y = \gamma K^{\alpha} L^{1-\alpha}, \gamma > 0, 0 < \alpha < 1.$$

Diese Beziehung heißt *Cobb-Douglas*-Produktionsfunktion und stellt die wichtigste elementare Produktionsbeziehung dar, die in der quantitativen Volkswirtschaftslehre verwendet wird. Voraussetzung einer ökonometrischen Schätzung der Parameter γ und α ist das Vorliegen geeigneten Datenmaterials. Das volkswirtschaftliche Produktionsergebnis wird durch das reale Bruttoinlandsprodukt approximiert. Die Messung des Bruttoinlandsproduktes erfolgt im Rahmen der Volkswirtschaftlichen Gesamtrechnung des Statistischen Bundesamtes und kann daher als vergleichsweise genau angesehen werden. Die Erfassung des Arbeitseinsatzes ist schwieriger. Er wird durch das effektive Arbeitsvolumen beschrieben. Unterschiede in der Intensität und Qualität des Arbeitseinsatzes können jedoch nicht erfaßt werden. Selbst die Erfassung der geleisteten Arbeitsstunden ist mit erheblichen Schwierigkeiten verbunden, weil es z.B. durch Streiks, Aussperrungen, Kurzarbeit und Überstunden zu Abweichungen von der tariflichen Arbeitszeit kommt.

Noch größere Schwierigkeiten ergeben sich bei der Erfassung des Kapitaleinsatzes. Für die Schätzung der Produktionsfunktion werden eigentlich Angaben über den Strom der Kapitalleistungen benötigt. Weil dieser nicht meßbar ist, benutzt man hilfsweise den Bestand an Kapitalgütern, den Kapitalstock. Der vom Statistischen Bundesamt ausgewiesene Kapitalstock entspricht dem jahresdurchschnittlichen Bruttoanlagevermögen zu konstanten Preisen, d.h. dem Mittelwert aus dem Jahresanfangs- und dem Jahresendbestand (vgl. Tabelle 11-4). Der so ermittelte Kapitalstock stellt aber schon deswegen noch keine befriedigende Näherung der tatsächlichen Kapitalleistungen dar, weil unberücksichtigt bleibt, ob die vorhandenen Kapitalgüter tatsächlich in der Produktion eingesetzt werden. Es muß daher eine Bereinigung um Schwankungen im Auslastungsgrad vorgenommen werden. Hierzu kann man etwa auf Erhebungen des Ifo-Institutes zurückgreifen.

Berücksichtigt man die skizzierten Schwierigkeiten bei der Schätzung einer gesamtwirtschaftlichen Produktionsfunktion und hält sich die Unsicherheiten vor Augen, die bei der Ermittlung des Bruttoanlagevermögens auftreten (vgl. Box 11-1), so wird deutlich, daß numerisch spezifizierte Produktionszusammenhänge immer nur einen vorläufigen Charakter haben können und man bei ihrer Verwendung und der Interpretation der dabei erzielten Ergebnisse entsprechende Vorsicht walten lassen muß.

änderung des Bruttoanlagevermögens zu Anschaffungspreisen bzw. zu konstanten Preisen innerhalb eines Jahres gilt:

  Bruttoanlagevermögen am Anfang des Jahres
\+ Zugänge während des Jahres
− Abgänge während des Jahres
= Bruttoanlagevermögen am Ende des Jahres.

Entsprechend gilt für das Nettoanlagevermögen zu Anschaffungspreisen bzw. zu konstanten Preisen:

  Nettoanlagevermögen am Anfang des Jahres
\+ Zugänge während des Jahres
– Abschreibungen während des Jahres
= Nettoanlagevermögen am Ende des Jahres.

Betrachtet man Tabelle 11-5, in der eine Bewertung zu Wiederbeschaffungspreisen erfolgt, so zeigt sich etwa am Beispiel des Wirtschaftsbereichs Land- und Forstwirtschaft und Fischerei, daß diese Beziehungen hier nicht gelten. Die Abgänge bzw. die Abschreibungen sind größer als die Zugänge, so daß nach den obigen Rechnungen das Anlagevermögen eigentlich sinken müßte. Sowohl das Brutto- als auch das Nettoanlagevermögen sind in Tabelle 11-5 am Jahresende jedoch höher als am Jahresanfang. Dies ist natürlich darauf zurückzuführen, daß bei Bewertung zu Wiederbeschaffungspreisen der gesamte Vermögensbestand aufgrund von Preisveränderungen eine Wertänderung erfährt. Im Bereich Land- und Forstwirtschaft haben Preissteigerungen daher offenbar dazu geführt, daß der Effekt der negativen Nettozugänge durch die Wertveränderung des Anlagevermögens überkompensiert wird. Berücksichtigt man diese Wertänderung, so ergibt sich rechnerisch für das Bruttoanlagevermögen:

  Bruttoanlagevermögen am Anfang des Jahres
\+ Zugänge während des Jahres
– Abgänge während des Jahres
\+ Wertveränderung des Bruttoanlagevermögens aufgrund von Preisänderungen
= Bruttoanlagevermögen am Ende des Jahres.

Angaben zum **Altersaufbau des Anlagevermögens** werden vom Statistischen Bundesamt seit 1988 regelmäßig veröffentlicht.[5] Zuvor wurden diese Angaben nur in größeren Abständen ermittelt und veröffentlicht. Bei ihrer Berechnung kann direkt auf die Ermittlung des Anlagevermögens mit Hilfe der Perpetual-Inventory-Methode zurückgegriffen werden, weil diese ohnehin die Kenntnis der durchschnittlichen Nutzungsdauer der einzelnen Anlagegüter voraussetzt. Die Ermittlung des Altersaufbaus erfolgt für das Bruttoanlagevermögen zu konstanten Preisen. Dies impliziert, daß ein Anlagegut über seine gesamte Nutzungsdauer mit dem gleichen Betrag bewertet wird.

Der Altersaufbau des Anlagevermögens ist u. a. deswegen von Interesse, weil er Rückschlüsse darüber erlaubt, wie schnell sich technologischer Fortschritt im Produktionsapparat einer Volkswirtschaft niederschlagen kann. Folgerungen dieser Art lassen sich nicht so sehr aus

---

[5] Vgl. zum folgenden *Schmidt* (1988).

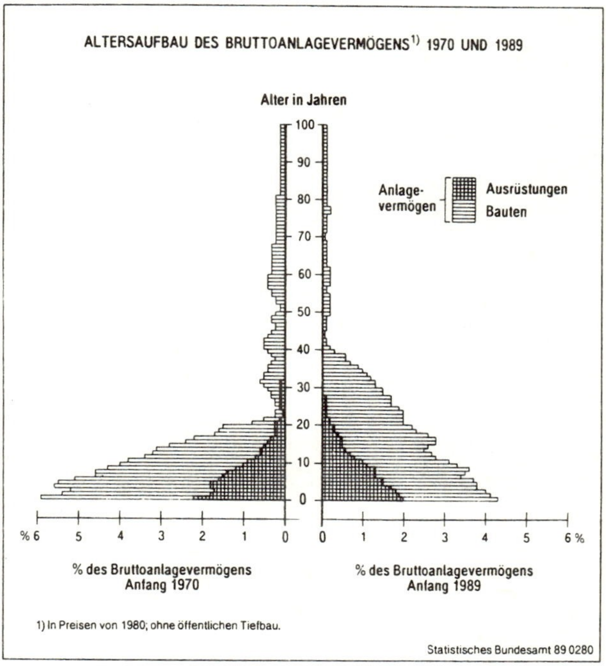

Quelle: Schmidt (1989)

Abb. 11-3: Altersaufbau des Bruttoanlagevermögens 1970 und 1989

dem Altersaufbau zu einem bestimmten Zeitpunkt ziehen, sondern vielmehr aus einem intertemporalen bzw. internationalen Vergleich.

Abbildung 11-3 zeigt den Altersaufbau des Bruttoanlagevermögens für die Jahre 1970 und 1989. Es wird deutlich, das sich der Altersaufbau des Ausrüstungsvermögens für die beiden Vergleichsjahre nicht wesentlich unterscheidet. In beiden Jahren ist der prozentuale Anteil der einzelnen Altersjahrgänge sehr ähnlich. Wegen der vergleichsweise geringen Nutzungsdauer der Ausrüstungen verringert sich deren Anteil an den einzelnen Jahrgängen des Bruttoanlagevermögens mit zunehmendem Alter rasch. Deutliche Unterschiede zwischen den beiden Vergleichsjahren ergeben sich für die Bauten. Der im Jahr 1970 zu beobachtende Altersaufbau spiegelt die enorme Ausweitung des Baubestandes in der Nachkriegszeit bis etwa zur Mitte der 60er Jahre wider. Die Verlangsamung des Wachstums in den 70er und 80er Jahren hat zur Folge, daß der Anteil neuer Bauten vergleichsweise geringer geworden ist, dafür aber der Anteil der 20 bis 40 Jahre alten Bauten deutlich zugenommen hat.

Die Erfassung des Gebrauchsvermögens privater Haushalte erweitert die vorstehende Ermittlung des reproduzierbaren Sachvermögens. Er-

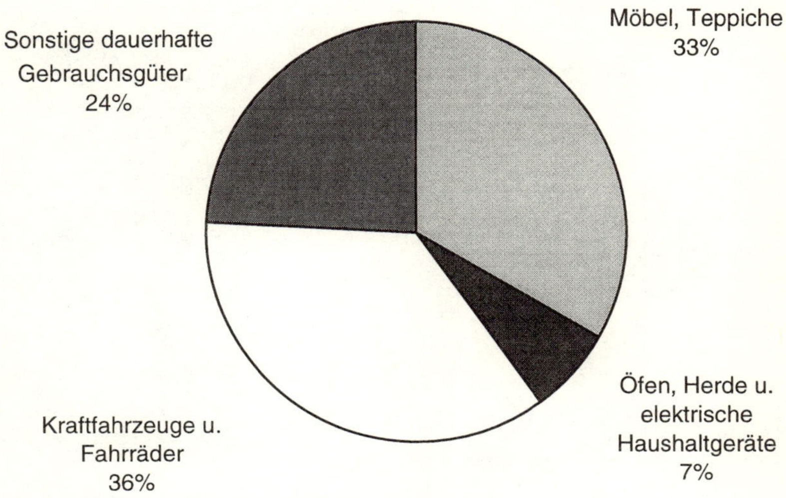

Quelle: Statistisches Bundesamt 1995

Abb. 11-4: Reales Gebrauchsvermögen privater Haushalte nach Gütergruppen 1995 (früheres Bundesgebiet)

faßt werden nur die sogenannten dauerhaften Gebrauchsgüter, also solche, die langlebig und hochwertig sind. Beim Ausweis des Gebrauchsvermögens privater Haushalte unterscheidet das Statistische Bundesamt vier Gütergruppen:

- Möbel und Teppiche,
- Öfen, Herde und elektrische Haushaltsgeräte,
- Kraftfahrzeuge und Fahrräder sowie
- sonstige dauerhafte Gebrauchsgüter (Güter für Bildung, Unterhaltung und Freizeit, Uhren und Schmuck).

Die einzelnen Komponenten sowie das gesamte Gebrauchsvermögen werden (jeweils in Brutto- und Nettodarstellung) zu Wiederbeschaffungspreisen, zu Anschaffungspreisen und in Preisen von 1991 ausgewiesen.

Abbildung 11-4 zeigt die Aufteilung des Nettorealvermögens auf die einzelnen Güterarten für den Jahresanfang 1995.

5. Die Geldvermögensrechnung der Deutschen Bundesbank

Die Darstellung der **Bestände an Geldvermögen und Krediten** der verschiedenen Sektoren ist Teil der sektoralen Geldvermögens- und Verpflichtungsrechnung und wird in der Bundesrepublik im Rahmen der

Sektor / Position	Private Haushalte	Unternehmen[1]	Öffentliche Haushalte[2]	Inländische nichtfinanzielle Sektoren insgesamt	Banken[3]	Bausparkassen	Versicherungen	Investmentfonds	Finanzielle Sektoren insgesamt	Übrige Welt	Sektoren insgesamt
Geldvermögen											
Geldanlage bei Banken	1778,9	727,9	303,7	2810,5	–	14,3	432,5	29,7	476,5	612,3	3899,3
Bargeld und Sichteinlagen	384,9	498,5	34,2	917,6	–	2,2	10,2	10,9	23,3	145,7	1086,6
Termingelder	463,5	225,1	264,4	953,0	–	12,1	421,7	18,8	452,6	447,7	1853,3
Spareinlagen	930,6	4,3	5,0	939,9	–	–	0,6	–	0,6	18,9	959,4
Geldanlage bei Bausparkassen	151,6	2,6	1,0	155,3	1,2	–	–	–	1,2	0,9	157,4
Geldanlage bei Versicherungen	907,2	48,7	2,6	958,5	–	–	–	–	–	3,7	962,2
Geldanlage in Geldmarktpapieren	7,8	33,3	0,4	41,5	7,8	–	–	8,0	15,8	10,5	67,9
Geldanlage in festverzinslichen Wertpapieren	597,7	97,1	26,2	721	983,9	26,2	188	273,2	1471,3	650,9	2843,2
Geldanlage in Investmentzertifikaten	324,4	79,3	9,6	413,3	54,5	4,2	138,2	–	196,8	16	626,1
Geldanlage in Aktien	237,7	600,5	46,8	885	138	0,2	197,1	112,9	448,2	162,6	1495,8
Auslandsposition der Deutschen Bundesbank	–	–	–	–	116,0	–	–	–	116,0	21,9	137,9
Bankkredite	–	–	–	–	4467,4	–	–	–	4467,4	–	4467,4
Kurzfristige Bankkredite	–	–	–	–	1028,1	–	–	–	1028,1	–	1028,1
Längerfristige Bankkredite	–	–	–	–	3439,3	–	–	–	3439,3	–	3439,3
Darlehen der Bausparkassen	–	–	–	–	–	171,6	–	–	171,6	–	171,6
Darlehen der Versicherungen	–	–	–	–	–	–	251,4	–	251,4	–	251,4
Sonstige Forderungen[4,5]	314,7	637,4	–10,1	942,0	–	–	–	30,9	30,9	456	1428,9
Summe	4320,0	2226,8	380,3	6927,1	5768,9	216,5	1207,1	454,7	7647,3	1934,7	16509,0

Verpflichtungen und Aktienumlauf											
Geldanlage bei Banken	–	–	–	–	3899,3	–	–	–	3899,3	–	3899,3
Bargeld und Sichteinlagen	–	–	–	–	1086,6	–	–	–	1086,6	–	1086,6
Termingelder	–	–	–	–	1853,3	–	–	–	1853,3	–	1853,3
Spareinlagen	–	–	–	–	959,4	–	–	–	959,4	–	959,4
Geldanlage bei Bausparkassen	–	–	–	–	–	157,4	–	–	157,4	–	157,4
Geldanlage bei Versicherungen	–	–	–	–	–	–	962,2	–	962,2	–	962,2
Verpflichtungen aus Geldmarktpapieren	–	5,9	21,6	27,5	28,5	–	–	–	28,5	11,8	67,9
Verpflichtungen aus festverzinslichen Wertpapieren	–	256,4	926,3	1182,6	1366,6	2,9	–	–	1369,6	291,0	2843,2
Umlauf von Investmentzertifikaten	–	–	–	–	–	–	–	486,0	486,0	140,1	626,1
Umlauf von Aktien	–	844,2	–	844,2	169,9	3,5	215,1	–	388,5	263,1	1495,8
Auslandsposition der Deutschen Bundesbank	–	–	–	–	21,9	–	–	–	21,9	116,0	137,9
Bankkredite	339,4	2731,9	671,3	3742,7	–	34,2	3,2	3,9	41,4	683,4	4467,4
Kurzfristige Bankkredite	77,7	538,6	49,7	665,9	–	8,1	1,9	2,7	12,7	349,4	1028,1
Längerfristige Bankkredite	261,8	2193,3	621,7	3076,8	–	26,1	1,3	1,2	28,6	333,9	3439,3
Darlehen der Bausparkassen	–	165,7	3,2	168,9	0,8	–	0,0	–	0,8	1,8	171,6
Darlehen der Versicherungen	19,3	183,6	34,5	237,4	–	1,2	–	–	1,2	12,8	251,4
Sonstige Verpflichtungen	7,1	578,8	53,7	639,6	22,9	–	13,5	–	36,4	753,1	1428,9
Summe	365,8	4766,5	1710,6	6842,9	5509,9	199,3	1194,0	490,0	7393,2	2273,0	16509,0
Nettovermögen[6]	3954,2	–2539,6	–1330,3	84,2	259,0	17,2	13,1	–35,3	254,1	–338,3	–

[1] Einschl. Treuhandanstalt
[2] Einschl. Sozialversicherungen und Sonderfonds
[3] Kreditinstitute einschl. Bundesbank
[4] In den Untersektoren einschl. innersektoraler Forderungen und Verpflichten
[5] Der negative Ausweis der sonstigen Forderungen im Sektor Öffentliche Haushalte beruht in erster Linie auf der Überschuldung der Treuhandanstalt, deren Unterbilanz faktisch eine Beteiligung des Bundes an Unternehmen darstellt.
[6] Geldvermögen abzüglich Verpflichtungen und Aktienumlauf

Quelle: Deutsche Bundesbank, Monatsbericht Mai 1995

Tabelle 10-6: Geldvermögen und Verpflichtungen im Jahre 1994 (in Mrd. DM) – Gesamtdeutschland

gesamtwirtschaftlichen Finanzierungsrechnung von der Bundesbank vorgenommen. Die gesamtwirtschaftliche Finanzierungsrechnung zeigt die Veränderungen der sektoralen Forderungen und Verbindlichkeiten und gibt damit Aufschluß über die Veränderung der Kreditbeziehungen zwischen den Sektoren. Die Ströme legen offen, wie sich die Bestände an Forderungen und Verbindlichkeiten verändert haben. Es liegt daher nahe, neben den in der Finanzierungsrechnung dargestellten Strömen eine Betrachtung der Bestandsgrößen, d.h. der Gläubiger- und Schuldnerpositionen der einzelnen Sektoren, im Rahmen der Vermögensrechnung vorzunehmen.

Forderungen und Verbindlichkeiten der einzelnen Sektoren können in unterschiedlicher Weise dargestellt werden. Sie lassen sich beispielsweise in Kontenform aufzeigen, indem für jeden Sektor eine Art Bilanz ermittelt wird. Eine andere Form der Darstellung enthält Tabelle 11-6. Sie zeigt für die in der Kopfzeile aufgeführten Sektoren die nach Arten gegliederten Bestände an Forderungen (Geldvermögen) und Verbindlichkeiten (Verpflichtungen und Aktienumlauf) zum Jahresende 1994. Außer bei den Geldmarktpapieren, festverzinslichen Wertpapieren und Aktien sind in Tabelle 11-6 die Forderungen und Verbindlichkeiten innerhalb der Sektoren gegeneinander aufgerechnet.

Die privaten Haushalte in Gesamtdeutschland verfügten Ende 1994 über einen Geldvermögensbestand in Höhe von 4.320 Mrd. DM. Dies entspricht einem Geldvermögen von ca. 124.000 DM pro Haushalt oder 53.000 DM pro Kopf der Bevölkerung. Die größten Anteile hiervon entfielen mit 22 % auf Spareinlagen, 21 % auf Anlagen bei Versicherungen, 14 % auf festverzinsliche Wertpapiere und 11 % auf Termineinlagen. Diese Vermögensstruktur der privaten Haushalte ist für die Bundesrepublik seit einer Reihe von Jahren kennzeichnend, wenngleich in Zeiten vergleichsweise hoher Zinssätze Verschiebungen hin zu Termineinlagen und festverzinslichen Wertpapieren zu beobachten waren. Zu beachten ist, daß die Daten für Aktien und festverzinsliche Wertpapiere die Nominalwerte wiedergeben. Die Daten zum Geldvermögen enthalten nicht die Ansprüche der privaten Haushalte an die Sozialversicherungen. Die Ansprüche von Arbeitnehmern auf betriebliche Altersversorgung sind jedoch, soweit sie von den Unternehmen als Pensionsrückstellungen erfaßt wurden, in der Position „Sonstige Forderungen an Inländer" ausgewiesen. Bei der Interpretation des Umfangs des Geldvermögens ist auch zu bedenken, daß hierbei nicht die gesamte Vermögenssituation der privaten Haushalte erfaßt wird. So wird die Summe der Forderungen und Verbindlichkeiten im Zusammenhang mit Grundstücken, Häusern und Eigentumswohnungen unter der „Wohnungswirtschaft" ausgewiesen, die zu den nicht-finanziellen Unternehmen zählt. Auch die Forderungen der privaten Haushalte gegenüber Ausländern, etwa aufgrund von Anlagen auf Konten im Ausland, fehlen in der Tabelle. Dies liegt vor allem an der Schwierigkeit, hierzu verläßliche Daten ermitteln zu können.

Dem Geldvermögen der privaten Haushalte stand Ende 1994 eine Verschuldung in Höhe von 366 Mrd. DM gegenüber. Pro Haushalt sind dies ca. 10.500 DM und pro Kopf der Bevölkerung etwas weniger als 4.500 DM. Die Verbindlichkeiten der privaten Haushalte bestehen zum überwiegenden Teil aus Bankkrediten, wobei diejenigen mit längeren Laufzeiten klar dominieren. Auch dies ist für die Situation in der Bundesrepublik in den vergangenen Jahren typisch gewesen.

Bei den nicht-finanziellen Unternehmen standen im Jahresdurchschnitt einem Geldvermögen von 2.227 Mrd. DM Verbindlichkeiten in Höhe von 4.767 Mrd. DM gegenüber, so daß sich ein negatives Nettogeldvermögen von 2.540 Mrd. DM ergab. Kennzeichnend ist, daß die nicht-finanziellen Unternehmen einen Großteil ihres Geldvermögens (etwa 22 %) in Form von liquiden Mitteln (Bargeld und Sichteinlagen) halten. In ihren Geldanlagen in Aktien kommt die Verflechtung innerhalb des Unternehmenssektors (durch Beteiligungen) zum Ausdruck. Die hohen Auslandsforderungen machen die starken außenwirtschaftlichen Verflechtungen deutscher Unternehmen deutlich. Bei den Verbindlichkeiten dominieren die Kredite aus dem Finanzsektor, deren Anteil 57 % betrug. Der ansonsten hohe Anteil der Verbindlichkeiten gegenüber Ausländern spiegelt auch hier die internationalen Kreditverflechtungen der Produktionsunternehmen wider.

Bei den öffentlichen Haushalten sind in Tabelle 11-6 die Gebietskörperschaften und die Sozialversicherungen zusammengefaßt. Insgesamt ergab sich eine Nettoposition von –1330 Mrd. DM. Den bedeutendsten Einzelposten unter den Forderungen stellen die Termineinlagen dar. Bei den Verbindlichkeiten entfällt der größte Teil auf festverzinsliche Wertpapiere und die Verschuldung bei Banken.

Die Vermögenssituation der finanziellen Unternehmen spiegelt in erheblichem Maße die Struktur der Geldvermögen der privaten Haushalte und die Verbindlichkeitenstruktur der nicht-finanziellen Unternehmen sowie der öffentlichen Haushalte wider. Im Finanzsektor standen den Forderungen in Höhe von 7.647 Mrd. DM Verbindlichkeiten von 7.393 Mrd. DM gegenüber, so daß sich ein nur geringer Saldo in Form einer Nettoforderungsposition ergab. Dies ist für den Finanzsektor genauso kennzeichnend wie die Struktur des Geldvermögens und der Verpflichtungen dieses Sektors im betrachteten Zeitraum. Die Verbindlichkeiten der finanziellen Unternehmen bestanden zum überwiegenden Teil aus Sicht-, Termin- und Spareinlagen, die insgesamt nicht als langfristige Anlagen angesehen werden können. Ihnen standen Forderungen vor allem in Form gewährter Kredite gegenüber, bei denen die langfristigen Ausleihungen mit einem Anteil von ca. 45 Prozent an den Gesamtforderungen dominierten. Die damit vom Finanzsektor vorge-

Box 11-3: Geldarten und Geldmengenkonzeptionen

In modernen Volkswirtschaften lassen sich zwei grundsätzliche Erscheinungsformen des Geldes (Geldarten) unterscheiden: **Zentralbankgeld** und Geschäftsbankengeld. Das Zentralbankgeld umfaßt die Sichtguthaben bei der Zentralbank sowie das im Umlauf befindliche Bargeld (Noten und Münzen). Es wird entweder von Geschäftsbanken oder von anderen Wirtschaftseinheiten, die keine Banken sind (Nichtbanken), gehalten. Die Geschäftsbanken halten Zentralbankgeld vor allem wegen ihrer Verpflichtung, in Höhe eines bestimmten Teils ihrer Sicht-, Termin- und Spareinlagen Zentralbankgeld zu halten (Mindestreserven). Den über die Mindestreserven hinausgehenden Teil ihres Zentralbankguthabens bezeichnet man als Überschußreserve. Der weitaus überwiegende Teil des Zentralbankgeldes bei den Nichtbanken bildet das Bargeld. Das Zentralbankgeld bildet die Basis für das Geldvolumen in einer Volkswirtschaft. Die Summe aus Einlagen bei der Zentralbank und Bargeld bezeichnet man daher auch als **monetäre Basis** („monetary base" oder „high powered money"). Das **Geschäftsbankengeld** besteht aus den von Geschäftsbanken geschaffenen Guthaben in Form von Sicht-, Termin- und Spareinlagen. Die Einlagen bei der Zentralbank und bei den Geschäftsbanken werden auch als **Buch- oder Giralgeld** bezeichnet. Während damit das Zentralbankgeld in Form von Bargeld und Buchgeld gehalten werden kann, besteht das Geschäftsbankengeld ausschließlich aus Buchgeld.

Das volkswirtschaftliche Geldvolumen (kurz: Geldmenge) kann nach verschiedenen Konzeptionen, die unterschiedlichen Betrachtungszielen dienen, abgegrenzt werden. In der Bundesrepublik werden vor allem die Geldmengenbegriffe M_1, M_2 und M_3 unterschieden. Sie sind wie folgt definiert:

M1 = Bargeldumlauf + Sichteinlagen der Nichtbanken im Inland ohne die Zentralbankeinlagen der öffentlichen Haushalte;

M2 = M1 + Termineinlagen von Nichtbanken im Inland mit Befristung bis unter 4 Jahren;

M3 = M2 + Spareinlagen von Nichtbanken im Inland mit gesetzlicher Kündigungsfrist;

M3 erweitert = M3 + Einlagen von inländischen Nichtbanken bei Auslandsfilialen und Auslandstöchtern inländischer Kreditinstitute sowie Inhaberschuldverschreibungen im Umlauf bei inländischen Nichtbanken.

Während M_1 vor allem die Geldhaltung für Transaktionszwecke (Güterkäufe) widerspiegelt, beinhalten die anderen Geldmengenabgrenzungen auch Geldbestände, die aus anderen Motiven (z. B. zur Wertaufbewahrung) gehalten werden und deren Liquiditätsnähe daher geringer ist. Geht es bei geldpolitischen Untersuchungen um den kurzfristigen Zusammenhang zwischen Geldmenge und Preisniveau, wird man eher die Abgrenzung M_1 verwenden, bei längerfristiger Betrachtung eher die weiter gefaßte Geldmengenabgrenzung M_3.

nommene Umwandlung von kürzerfristigen Verbindlichkeiten in längerfristige Forderungen wird als **Fristentransformation** bezeichnet.

Die Gegenüberstellung der Forderungen und Verbindlichkeiten des Auslandssektors zeigen Nettoverbindlichkeiten in Höhe von 338 Mrd. DM. Dies bedeutet, daß die Inländer insgesamt eine Nettoforderungsposition gegenüber den Ausländern besitzen. Daraus erklärt sich, warum die Inländer jährlich einen beträchtlichen Überschuß der erhaltenen über die geleisteten Kapitalerträge erzielen.

Schlüsselbegriffe:

Gesamtvermögen
Reinvermögen
Nettovermögen
Geldvermögen
Sachvermögen
Reproduzierbares Sachvermögen
Nichtreproduzierbares Sachvermögen
Produktivvermögen
Anlagevermögen
Fristentransformation
Bauvermögen
Ausrüstungsvermögen
Vorratsvermögen
Privates Gebrauchsvermögen
Öffentliches Gebrauchsvermögen
Immaterielles Vermögen
Humankapital
Bewertung von Vermögensobjekten
Perpetual-Inventory-Methode

12. Kapitel: Die Finanzierungsrechnung

1. Gegenstand der gesamtwirtschaftlichen Finanzierungsrechnung

In den Kreditänderungs- bzw. Finanzierungskonten des Kontenschemas der Inlandsproduktsberechnung wird für die einzelnen Sektoren gezeigt, mit welchen Veränderungen der gesamten Forderungen und Verbindlichkeiten die Finanzierungssalden der einzelnen Sektoren verbunden sind. Auch Finanztransaktionen, die z.B. zu einer Reduktion von Verbindlichkeiten durch Auflösung von Forderungen führen, schlagen sich in den Kreditänderungskonten nieder. Die Konten enthalten jedoch keine weiteren detaillierten Informationen über die Zusammensetzung der Veränderung der Forderungen und Verbindlichkeiten oder über die Kreditbeziehungen zwischen den einzelnen Sektoren. Diese Zusammenhänge werden in der gesamtwirtschaftlichen Finanzierungsrechnung untersucht.

Die gesamtwirtschaftliche Finanzierungsrechnung schließt zunächst an die sektoralen Finanzierungssalden für eine abgelaufene Periode an, wie sie sich aus den Vermögensänderungskonten ergeben. Durch Gegenüberstellung der Finanzierungssalden der einzelnen Sektoren wird der Beitrag der Sektoren zur Ersparnis und der gesamtwirtschaftlichen Vermögensbildung aufgezeigt. Darauf aufbauend besteht die Hauptaufgabe der gesamtwirtschaftlichen Finanzierungsrechnung darin, die nach Arten spezifizierten Veränderungen der Forderungen und Verbindlichkeiten zwischen den einzelnen Sektoren, die mit den sektoralen Finanzierungssalden verbunden sind, darzustellen. Daraus ergeben sich z.B. Informationen darüber, in welche Sektoren die Ersparnisse der privaten Haushalte während eines bestimmten Zeitraums geflossen sind und in welcher Form die Finanzierungsmittel den anderen Sektoren bereitgestellt wurden. Die gesamtwirtschaftliche Finanzierungsrechnung ist damit eine Stromrechnung, die die Informationen der Inlandsproduktsberechnung ergänzt.

Eng verknüpft mit der gesamtwirtschaftlichen Finanzierungsrechnung ist die Erfassung der ebenfalls nach Arten gegliederten Bestände der Sektoren an finanziellen Aktiva und Passiva zu bestimmten Zeitpunkten. Es bietet sich an, diese Bestände für den Anfang und das Ende der Rechnungsperiode zu ermitteln, auf die sich die Finanzierungsrechnung bezieht, da die Finanzierungsströme zwischen zwei Zeitpunkten notwendigerweise mit den Bestandsveränderungen von Forderungen und Verbindlichkeiten übereinstimmen. Diese Ergänzung liefert Angaben über den Umfang und die Struktur von Forderungen und Verbindlichkeiten der einzelnen Sektoren. Sowohl die Bestände als auch die Ströme liefern Informationen über die Finanzierung der Sektoren durch Eigenmittel und über die finanzielle Verflechtung der verschiedenen Sektoren. Darüber hinaus geben sie Aufschluß über die Reaktion im Finanzierungsverhalten einzelner Sektoren auf wirtschaftspolitische, insbesondere geldpolitische Maßnahmen.

2. Sektorale Vermögensbildung, Ersparnis und Finanzierungssalden

In der Bundesrepublik wird die Finanzierungsrechnung von der Bundesbank erstellt. Den Ausgangspunkt der Finanzierungsrechnung bildet die sektorale Struktur der Ersparnis, der Investitionen und der sich hieraus ergebenden Finanzierungssalden. Zur genaueren Betrachtung der nicht nur zwischen, sondern auch innerhalb der Sektoren bestehenden finanziellen Verflechtungen ist es im Rahmen der gesamtwirtschaftlichen Finanzierungsrechnung sinnvoll, eine detailliertere Untergliederung der Sektoren vorzunehmen als dies im Grundschema der Inlandsproduktsberechnung erfolgt. So bietet es sich insbesondere bei den Unternehmen an, zwischen den finanziellen Bereichen und den nichtfinanziellen Bereichen zu unterscheiden. Zu den **finanziellen Bereichen** zählen Banken (= Bundesbank und Kreditinstitute), Bausparkassen und Versicherungen, zu den **nichtfinanziellen Bereichen** die Produktionsunternehmen und die Wohnungswirtschaft. Diese stärkere Differenzierung ist in der gesamtwirtschaftlichen Finanzierungsrechnung sinnvoll, da die finanziellen Bereiche durch ihre Leistungen bzw. Produkte entscheidend bei der Veränderung von Vermögens- und Verbindlichkeitenpositionen mitwirken. Ihre Produkte stellen die vielfältigen Formen dar, in denen sich die inländischen Forderungen und Verbindlichkeiten der einzelnen Sektoren niederschlagen. Erst die Existenz der finanziellen Unternehmen und ihre Funktion als finanzielle Vermittler bzw. Finanzintermediäre macht es möglich, daß die Formen und Fristigkeiten von Geldvermögensanlagen und Kreditaufnahme der übrigen Sektoren voneinander abweichen können. So erwerben Kreditinstitute beispielsweise festverzinsliche Wertpapiere für ihren eigenen Bestand, die sie durch Hereinnahme von Termin- und Spareinlagen finanzieren.

Die finanziellen Institutionen können nach dem Gesichtspunkt untergliedert werden, ob sie Geld schaffen können oder nicht. Zur Gruppe der Zahlungsmittel schaffenden Institutionen zählen die Zentralbank und die Geschäftsbanken einer Volkswirtschaft. Indem diese Gelder, die sie bei einer Kreditgewährung wieder als Einlagen anderer Kunden zurückerhalten haben, erneut ausleihen, können sie in ihrer Gesamtheit einen multiplen Geldschöpfungsprozeß durchführen. Bausparkassen und Versicherungen können als Gruppe nur in dem Umfang Ausleihungen vornehmen, wie ihnen von außen Zahlungsmittel zufließen.

Tabelle 12-1 gibt einen Überblick über die Entwicklung von gesamtwirtschaftlicher Vermögensbildung und Ersparnis in Westdeutschland seit Beginn der achtziger Jahre. Die Vermögensbildung umfaßt die Nettoinvestitionen (= Sachvermögensbildung) und die Veränderung der

Position	1980	1982	1986	1988	1990	1992	1994
	Mrd. DM						
Gesamtwirtschaftliche Vermögensbildung							
Sachvermögensbildung[1]	168,9	103,7	132,7	157,1	216,3	224,6	183,7
Alle Unternehmen	125,3	69,8	99	122,9	177,4	179,8	143,7
Produktionsunternehmen	60,8	12,3	47,2	69,8	104,5	79,9	19,4
Wohnungswirtschaft	61,2	53,2	47,7	49,4	67,3	89,1	112,1
Finanzielle Institutionen	3,3	4,3	4,1	3,8	5,6	10,8	12,3
Öffentliche Haushalte	43,5	33,9	33,7	34,2	38,9	44,8	40
Nettokreditgewährung an die übrige Welt[2, 3]	–28,5	10,5	79,6	86,3	78,9	21	47,4
Insgesamt	140,4	114,2	212,3	243,5	295,1	245,6	231,1
Gesamtwirtschaftliche Ersparnis*							
Private Haushalte	108,1	117,2	127,2	141,8	181,8	200,6	186,7
Alle Unternehmen[5]	31,5	15,8	76,8	112,7	124,3	67,5	58,4
Produktionsunternehmen	7,7	–15,4	39,8	53,3	67,4	22,6	26,1
Wohnungswirtschaft	2,6	10	20	28,9	28,4	16,6	4,2
Finanzielle Institutionen	21,1	21,2	17,1	30,5	28,5	28,4	28
Öffentliche Haushalte[5]	0,9	–18,8	8,3	–11	–10,9	–22,5	–14
Insgesamt	140,4	114,2	212,3	243,5	295,1	245,6	231,1
Finanzierungssalden							
Private Haushalte	108,1	117,2	127,2	141,8	181,8	200,6	186,7
Alle Unternehmen[5]	–93,8	–54	–22,2	–10,2	–53,1	–112,3	–85,4
Produktionsunternehmen	–53	–27,7	–7,5	–16,5	–37,1	–57,4	6,8
Wohnungswirtschaft	–58,6	–43,3	–27,8	–20,5	–38,9	–72,5	–107,9
Finanzielle Institutionen	17,8	16,9	13	26,7	22,9	17,6	15,8
Öffentliche Haushalte[5]	–42,7	–52,7	–25,4	–45,2	–49,7	–67,3	–54
Insgesamt[4]	–28,5	10,5	79,6	86,3	78,9	21	47,3

[1] Nettoinvestitionen in Sachanlagen und Vorräte

[2] Entspricht der Differenz zwischen Ersparnis und Sachvermögensbildung im Inland; einschl. der bislang in den Volkswirtschaftlichen Gesamtrechnungen noch nicht berücksichtigten jüngsten Zahlungsbilanzkorrekturen

[3] Einschl. Ost- bzw. Westdeutschland

[4] In % der gesamten verfügbaren Einkommen in Deutschland

[5] Im Jahre 1991 einschl. einer Teilentschuldung der Deutschen Bundesbahn durch den Bund in Höhe von 12,6 Mrd. DM

* Ersparnis einschl. Vermögensübertragung

Quelle: Monatsbericht der Deutschen Bundesbank Mai 1995

Tab. 12-1: Gesamtwirtschaftliche Vermögensbildung und Ersparnis in Westdeutschland

Nettoforderungen gegenüber dem Ausland. Zunächst kann aus der Tabelle die aus der Kreislaufanalyse bekannte Beziehung zwischen Investitionen und Ersparnis abgelesen werden. Die Summe aus Investitionen und Leistungsbilanzsaldo entspricht der gesamtwirtschaftlichen Ersparnis, d.h. die Ersparnis finanziert die inländischen Investitionen sowie das ausländische Leistungsbilanzdefizit gegenüber den Inländern.

Die Daten zeigen, daß es nach 1980 zunächst zu einem starken Rückgang der Investitionstätigkeit in der Bundesrepublik kam und in der zweiten Hälfte der achtziger Jahre ein kontinuierlicher Anstieg der Nettoinvestitionen erfolgte. Die Investitionszunahme ist vor allem auf die Erweiterung der Kapazitäten bei den Produktionsunternehmen zurückzuführen. In diesem Zusammenhang sei daran erinnert, daß die privaten Haushalte bei dieser Darstellung der Sachvermögensbildung unberücksichtigt bleiben, weil sie definitionsgemäß nicht investieren. Deutlich erkennbar ist auch die starke Zunahme bei der Veränderung der Nettoforderungen gegenüber dem Ausland. Hierin schlägt sich die beträchtliche Steigerung der deutschen Exporte nieder, die zu einer kräftigen Verbesserung der Leistungsbilanz und seit 1985 zu sehr hohen Überschüssen führte. Insgesamt war die gesamtwirtschaftliche Vermögensbildung am Ende der achtziger Jahre etwa doppelt so hoch wie 1980.

Die Entwicklung zu Beginn der neunziger Jahre wurde wesentlich durch die deutsche Einigung geprägt. Die hohe Nachfrage der neuen Bundesländer bedeutete für Westdeutschland einen starken expansiven Impuls. Die Schwäche der Weltkonjunktur schlug daher zunächst nicht auf die inländische Entwicklung durch. Dies wirkte sich auch auf die Investitionstätigkeit aus. Anders als in den meisten anderen Industrieländern stieg die Sachvermögensbildung 1991 gegenüber dem Vorjahr nochmals kräftig an. Den quantitativ bedeutendsten Beitrag lieferten wieder die Produktionsunternehmen, die ihre Investitionen um fast 20 Prozent ausdehnten. Vermehrt investiert wurde auch in der Wohnungswirtschaft, wo im Jahr 1991 eine Zunahme der Nettoinvestitionen von 13 Prozent gegenüber dem Vorjahr zu verzeichnen war. Während sich die Investitionen im Bereich der Wohnungswirtschaft weiterhin auf hohem Niveau bewegten bzw. noch zunahmen, kam es bei den Investitionen der Produktionsunternehmen 1993 zu einem dramatischen Einbruch.

Der größte Teil der gesamtwirtschaftlichen Ersparnis stammt aus den privaten Haushalten. Nach 1982 nahm die Ersparnis des Unternehmenssektors jedoch deutlich zu. Dies lag vor allem an der Verbesserung der Gewinnsituation der Unternehmen (siehe auch Box 12–1). Der Rückgang der Ersparnis, der im Jahr 1991 und den folgenden Jahren bei den Produktionsunternehmen zu verzeichnen war, beruhte unter anderem auf den vorangegangenen hohen Lohnabschlüssen. Der dadurch bedingte Kostenanstieg verschlechterte die Gewinnsituation mit der Folge einer Verringerung der Ersparnisbildung in diesem Sektor.

Box 12-1: Bruttoinvestitionen der Unternehmen und ihre Finanzierung

Die Finanzierung der Investitionen der Unternehmen hat sich in den letzten Jahren deutlich verändert. Während zwischen 1960 und 1985 etwa 40–60% der Nettoinvestitionen durch Aufnahme fremder Mittel finanziert wurden, ging dieser Anteil in der zweiten Hälfte der 80er Jahre stark zurück. Dies lag zum einen an der Erhöhung der Unternehmensgewinne nach 1985, die in Form eines erheblichen Anstiegs der nicht entnommenen Gewinne zur Finanzierung der Nettoinvestitionen beitrug. Ihr Anteil an der Finanzierung der Nettoinvestitionen wies 1988 eine Höhe von über 50 Prozent auf. Zum anderen lag der Rückgang des Anteils der fremden Mittel an der Finanzierung der Unternehmensinvestitionen an dem Anstieg der Vermögensübertragungen. Ihr Anteil an der Finanzierung der Nettoinvestitionen betrug 1988 rund 40 Prozent.

Zu Beginn der 90er Jahre änderte sich das Bild abermals. Ab 1991 gingen die nicht entnommenen Gewinne deutlich zurück; gleichzeitig stieg der Anteil der fremden Mittel auf nahezu 50 Prozent an. Ursache war die Gewinnkompression, bedingt vor allem durch die Lohnentwicklung, sowie die Rezession von 1992/93.

Jahr[1]	Brutto-investitionen	Abschreibungen	Netto-investitionen	Nicht-entnommene Gewinne	Saldo der Vermögensübertragungen	Fremde Mittel
	in Mrd. DM					
1960	73,1	22,5	50,6	26,7	2,5	21,4
1970	155,0	64,8	90,2	23,5	13,9	52,9
1980	290,6	165,3	125,3	–5,4	37,1	93,6
1985	314,2	222,2	91,9	–2,4	43,5	50,8
1990	463,7	286,4	177,4	74,4	49,7	53,2
1991	595,4	344,3	251,1	22,9	76,9	151,3
1992	619,3	375,9	243,4	–2,1	67,5	178,0
1993	591,1	400,2	190,9	–26,1	75,2	141,8
1994	663,9	415,0	248,9	10,3	68,4	170,2

[1] Ab 1991 für Gesamtdeutschland

Quelle: Statistisches Bundesamt (1995)

Tab. 12-2: Bruttoinvestitionen der Unternehmen und ihre Finanzierung

Die Gewinnsituation wurde durch die Rezession von 1992/93 dann noch weiter beeinträchtigt.

Zieht man von der Ersparnis der einzelnen Sektoren die jeweilige Sachvermögensbildung ab, erhält man die **sektoralen Finanzierungssalden.** Bei den privaten Haushalten stimmt der Finanzierungssaldo mit der Ersparnis überein, da von ihnen definitionsgemäß keine Investitionen getätigt werden. Den Daten ist zu entnehmen, daß die privaten Haushalte von den inländischen Sektoren jeweils die höchsten Finanzierungsüberschüsse aufwiesen und diese zwischen 1980 und 1992 kontinuierlich anstiegen. Die Unternehmen wiesen zwar in jedem Jahr ein Finanzierungsdefizit auf, doch hat sich dieses für den Unternehmenssektor als Ganzes von

1980 bis 1988 erheblich vermindert. Hier schlägt sich die verbesserte Gewinnsituation der Unternehmen insbesondere in der zweiten Hälfte der achtziger Jahre nieder. Die Zunahme des Finanzierungsdefizits nach 1989 ist in erster Linie auf die starke Ausdehnung der Investitionstätigkeit zurückzuführen, ab 1992 ging die Ersparnis der Unternehmen jedoch drastisch zurück. Charakteristisch für den westdeutschen Unternehmensbereich ist auch, daß die Gruppe der nicht-finanziellen Unternehmen jeweils ein Finanzierungsdefizit aufweist, während die finanziellen Institutionen Finanzierungsüberschüsse verzeichnen. Dies ist vor allem auf die relativ stärkere Investitionstätigkeit bei den nicht-finanziellen Unternehmen zurückzuführen. Für den Finanzierungssaldo der öffentlichen Haushalte lassen sich ausgeprägte Schwankungen erkennen. Die starke Zunahme des Finanzierungsdefizits in den Jahren ab 1990 ist vor allem durch den Rückgang der Ersparnis der öffentlichen Haushalte bedingt. Dieser Rückgang beruhte seinerseits auf dem starken Ausgabenzuwachs, der durch die deutsche Einigung hervorgerufen wurde. Die Summe der Finanzierungssalden der privaten Haushalte, der Unternehmen und der öffentlichen Haushalte entspricht der Veränderung der Nettoforderungen gegenüber dem Ausland. Diese spiegelt den Leistungsbilanzüberschuß der Bundesrepublik wider, der seit 1985 aufgrund des kräftigen Exportwachstums besonders stark anstieg, ab 1991 jedoch deutlich zurückging.

3. Die Veränderungen der sektoralen Forderungen und Verbindlichkeiten

Die Veränderungen von finanziellen Aktiva und Passiva der einzelnen Sektoren lassen sich in Form eines detaillierten Kreditänderungs- oder Finanzierungskontos darstellen. Man erhält dann für jeden Sektor ein Finanzierungskonto, aus dem die Veränderungen der einzelnen Arten von Forderungen und Verbindlichkeiten abgelesen werden können. Eine andere Art der Darstellung der Finanzierungsströme ist die in tabellarischer Form, wie sie Tabelle 12-3 für Gesamtdeutschland zeigt. Diese Form folgt der Darstellung der Bundesbank und soll im folgenden näher betrachtet werden. In Tabelle 12-3 sind die Veränderungen der Forderungen und Verbindlichkeiten der einzelnen Sektoren für das Jahr 1994 enthalten. Für die in den Spalten dargestellten Sektoren sind zunächst die jeweilige Sachvermögensbildung und Ersparnis sowie der sich hieraus ergebende Finanzierungssaldo aufgeführt. Darunter sind die nach Arten gegliederten Änderungen von Forderungen und Verbindlichkeiten für die verschiedenen Sektoren ausgewiesen. Die Bundesbank bezeichnet die Forderungsveränderung in ihrer Darstellung als **„Geldvermögensbildung"** und die Veränderung der Verbindlichkeiten als **„Kreditaufnahme und Aktienemission"**. Da die Veränderungen von Forderungen und Verbindlichkeiten zeigen, in welcher Weise sich der Finanzierungssaldo bei den je-

Sektor / Position	Private Haushalte	Unternehmen	Öffentliche Haushalte	Inländische nichtfinanzielle Sektoren insgesamt	Banken	Bausparkassen	Versicherungen	Finanzielle Sektoren insgesamt	Übrige Welt	Sektoren insgesamt
Sachvermögensbildung										
Bruttoinvestitionen	–	642,34	88,67	731,01	12	0,12	5,4	24,8	–	755,8
Abschreibungen	–	408,82	24,03	432,85	6,95	0,2	2,91	10,06	–	312,89
Nettoinvestitionen	–	233,52	64,64	298,16	5,05	–0,08	2,49	14,74	–	442,91
Ersparnis und Vermögensübertragungen	220,33	43,98	–17,73	246,58	19,49	0,2	9,5	29,19	37,12	312,89
Ersparnis	274,14	–46,28	21,33	249,19	19,49	0,2	9,5	29,19	34,51	312,89
Vermögensübertragungen (netto)	–53,81	90,26	–39,06	–2,61	–	–	–	–	2,61	0
Finanzierungsüberschuß bzw. -defizit[1]	220,33	–189,54	–82,37	–51,58	14,44	0,28	7,01	14,46	37,12	0
Statistische Differenz[2]	–	–12,96	–	–12,96	–	–	–	–	12,96	0
Geldvermögensbildung										
Geldanlage bei Banken	31,94	8,6	4,04	44,58	–	2,18	55,33	64,45	102,88	211,92
Bargeld und Sichteinlagen	15,74	23,01	–7,03	31,72	–	0,06	1,21	3,27	34,88	69,87
Termingelder	–64,33	–14,35	10,53	–68,15	–	2,13	53,96	61,02	66,77	59,64
Spareinlagen	80,53	–0,06	0,53	81,01	–	–	0,17	0,17	1,23	82,4
Geldanlage bei Bausparkassen	6,16	0,22	0,07	6,45	0,24	–	–	0,24	0,32	7
Geldanlage bei Versicherungen	79,01	8,54	0,13	87,67	–	–	–	–	0,34	88,01
Erwerb von Geldmarktpapieren	–4,97	–	–0,36	–13,56	–9,53	–0,01	–	–2,44	–12,98	–28,98
Erwerb von festverzinslichen Wertpapieren	38,41	–	0,4	89,44	121,47	2,91	16,3	193,95	18,6	301,98
Erwerb von Investmentzertifikaten	70,25	–	–0,26	106,12	8,68	1,17	16,68	26,53	4,3	136,95
Erwerb von Aktien	2	–	2,71	13	8,85	0,01	5,79	38,25	0,23	51,48
Auslandsposition der Deutschen Bundesbank	–	–	–	–	–3,11	–	–	–3,11	–3,5	–6,61
Bankkredite	–	–	–	–	206,51	–	–	206,51	–	206,51
Kurzfristige Bankkredite	–	–	–	–	–24,33	–	–	–24,33	–	–24,33
Längerfristige Bankkredite	–	–	–	–	230,84	–	–	230,84	–	230,84
Darlehen der Bausparkassen	–	–	–	–	–	6,42	–	6,42	–	6,42
Darlehen der Versicherungen	–	–	–	–	–	–	4,6	4,6	–	4,6
Sonstige Forderungen	13,45	–	–11,6	36,01	–	–	–	10,95	29,5	76,46
Summe	236,25	–	–4,86	369,72	333,12	12,68	98,7	546,34	139,68	1055,74

Kreditaufnahme und Aktienemission										
Geldanlage bei Banken	–	–	–	–	211,92	–	–	211,92	–	211,92
Bargeld und Sichteinlagen	–	–	–	–	69,87	–	–	69,87	–	69,87
Termingelder	–	–	–	–	59,64	–	–	59,64	–	59,64
Spareinlagen	–	–	–	–	82,4	–	–	82,4	–	82,4
Geldanlage bei Bausparkassen	–	–	–	–	–	7	–	7	–	7
Geldanlage bei Versicherungen	–	–	–	–	–	–	88,01	88,01	–	88,01
Absatz von Geldmarktpapieren	–	5,8	–11,64	–17,44	–16,35	–	–	–16,35	4,8	–29,98
Absatz von festverzinslichen Wertpapieren	–	96,3	61,03	157,33	116,49	1,05	–	117,54	27,11	301,98
Absatz von Investmentzertifikaten	–	–	–	–	–	–	–	108,91	28,04	136,95
Emission von Aktien	–	18,74	–	18,74	8,87	0,17	1,38	10,42	22,32	51,48
Auslandsposition der Deutschen Bundesbank	–	–	–	–	–3,5	–	–	–3,5	–3,11	–6,61
Bankkredite	16,49	180,8	27,07	224,36	–	4,16	1,3	5,67	–23,52	206,51
Kurzfristige Bankkredite	1,04	18,07	6,11	25,22	–	–0,36	0,9	0,97	–50,52	–24,33
Längerfristige Bankkredite	15,44	162,74	20,96	199,14	–	4,51	0,4	4,7	27	230,84
Darlehen der Bausparkassen	–	7,81	0,41	8,22	–0,09	–	0,01	–0,08	–1,72	6,42
Derlehen der Versicherungen	–0,54	7,81	–2,63	4,64	–	0,02	–	0,02	–0,06	4,6
Sonstige Verpflichtungen	–0,03	35,16	3,26	38,39	1,33	–	0,99	2,32	35,74	76,46
Summe	15,92	340,82	77,51	434,25	318,68	12,4	91,69	531,89	89,61	1055,74

1 Ersparnis und Vermögensübertragungen (netto) abzüglich Nettoinvestitionen; entspricht der Nettogeldvermögensbildung bzw. -kreditaufnahme.

2 Entspricht dem Restposten im Finanzierungskonto der übrigen Welt aufgrund der statistisch nicht aufgliederbaren Vorgänge im Zahlungsverkehr mit dem Ausland sowie mit den neuen Bundesländern.

Quelle: Monatsbericht der Deutschen Bundesbank, Mai 1995, S. 36–37.

Tab. 12-3: Vermögensbildung und ihre Finanzierung im Jahre 1994 (in Mrd. DM) – Gesamtdeutschland

weiligen Sektoren niederschlug, entspricht die Differenz aus Geldvermögensbildung einerseits und Kreditaufnahme und Aktienemission andererseits den Finanzierungssalden der Sektoren. Ebenso bedingt das geschlossene Kontensystem, daß die Summe der Forderungsveränderungen mit der Summe der Veränderungen der Verbindlichkeiten identisch ist.

Wie bei den Finanzierungskonten der Inlandsproduktsberechnung gilt auch in der gesamtwirtschaftlichen Finanzierungsrechnung, daß sich die Finanzierungssalden aller Sektoren zu null addieren. Die Summe der Finanzierungssalden der inländischen Sektoren entspricht daher mit umgekehrtem Vorzeichen dem Finanzierungssaldo des Auslands. Ist dieser negativ, so bedeutet dies, daß ein Überschuß der inländischen Leistungsbilanz vorliegt, ist er positiv, so liegt ein Leistungsbilanzdefizit vor. Das Leistungsbilanzdefizit der Bundesrepublik betrug 1994 ca. 37 Mrd. DM.

Die Daten zur Struktur der Geldvermögensbildung und der Kreditaufnahme zeigen für das Jahr 1994 typische Merkmale der Finanzierungsrechnung für die Bundesrepublik. Der größte Teil der jährlichen Geldvermögensbildung der privaten Haushalte fließt in festverzinsliche Wertpapiere, Investmentzertifikate, Geldanlagen bei Banken und Geldanlagen bei Versicherungen. Die Kreditaufnahme der privaten Haushalte beträgt nur etwa 7 % der Geldvermögensbildung. Sie besteht vor allem aus längerfristigen Bankkrediten. Zu beachten ist allerdings bei der Interpretation der Daten, daß die Aktivitäten der privaten Haushalte im Zusammenhang mit dem Erwerb von Grundstücken, Häusern und Eigentumswohnungen sowie die damit verbundene Kreditaufnahme im Sektor „Wohnungswirtschaft" ausgewiesen werden, der in der Darstellung der Bundesbank zu den nichtfinanziellen Unternehmen gerechnet wird. In einer umfassenderen Darstellung werden die Daten für die Wohnungswirtschaft von der Bundesbank zwar innerhalb des Unternehmenssektors getrennt ausgewiesen, doch ist ihnen nicht zu entnehmen, welcher Teil hiervon auf die privaten Haushalte und welcher Teil auf andere Sektoren entfällt.

Bei der Kreditaufnahme der nichtfinanziellen Unternehmen kam zwar den Bankkrediten quantitativ die größte Bedeutung zu, doch erfolgte ein nicht unwesentlicher Teil der Kreditaufnahme auch durch Emission von Aktien und durch Absatz festverzinslicher Wertpapiere. Bei den öffentlichen Haushalten erfolgte die Geldvermögensbildung zum großen Teil durch Termingeldanlagen und die Kreditaufnahme durch den Absatz von festverzinslichen Wertpapieren und durch Bankkredite. Die Daten in Tabelle 12-3 verdeutlichen, daß die zusätzlichen Verbindlichkeiten der Banken vor allem aus einem Anstieg der Einlagen bestehen und zu einer Forderungszunahme in Form der zusätzlich gewährten Kredite führen. Versicherungsunternehmen verwandten die bei ihnen angelegten Gelder zum überwiegenden Teil für Termineinlagen und den Erwerb von festverzinslichen Wertpapieren. Der Aufbau der Tabelle zur Vermögensbildung und ihrer Finanzierung bedingt, daß die Summe der neuen Forderungen innerhalb einer Vermögensart der Summe der zusätzlichen Verbindlichkeiten in derselben Vermögensart entsprechen muß.

4. Vermögensbildung und Ersparnis in Ostdeutschland

Vermögensbildung und ihre Finanzierung in Ostdeutschland unterscheiden sich naturgemäß stark von den Verhältnissen in Westdeutschland. Allerdings sind erste Anzeichen für einen Prozeß der Angleichung erkennbar.

Position	1990	1991	1992	1993	1994
Gesamtwirtschaftliche Vermögensbildung					
Sachvermögensbildung[1]	21,5	59,3	88,8	106,5	129,2
Unternehmen	13,7	46,2	68,6	84,9	104,5
Öffentliche Haushalte	7,7	13,1	20,2	21,6	24,6
Nettokreditgewährung an die übrige Welt[2, 3]	–6,6	–31,7	–53,0	–61,1	–84,5
Insgesamt	14,9	27,6	35,8	45,4	44,7
nachrichtlich: Sachvermögensbildung in %[4]	0,9	2,4	3,3	3,9	4,6
Ersparnis*					
Private Haushalte	5,8	18,1	33,2	35,3	33,7
Unternehmen[5]	12,1	3,0	7,6	12,1	14,7
Öffentliche Haushalte[5]	–3,0	6,5	–4,9	–2,0	–3,8
Insgesamt	14,9	27,6	35,8	45,4	44,7
Finanzierungsalden					
Private Haushalte	5,8	18,1	33,2	35,3	33,7
Unternehmen[5]	–1,7	–43,3	–61,1	–72,8	–89,9
Öffentliche Haushalte[5]	–10,8	–6,6	–25,1	–23,7	–28,4
Insgesamt	–6,6	–31,7	–53,0	–61,1	–84,5

[1] Nettoinvestitionen in Sachanlagen und Vorräte
[2] Entspricht der Differenz zwischen Ersparnis und Sachvermögensbildung im Inland; einschl. der bislang in den Volkswirtschaftlichen Gesamtrechnungen noch nicht berücksichtigten Zahlungsbilanzkorrekturen
[3] Einschl. Ost- bzw. Westdeutschland
[4] In % der gesamten verfügbaren Einkommen in Deutschland
[5] Im Jahre 1991 einschl. einer Teilentschuldung der Deutschen Bundesbahn durch den Bund in Höhe von 12,6 Mrd. DM
* Ersparnis einschl. Vermögensübertragung

Quelle: Deutsche Bundesbank, Monatsbericht Mai 1995

Tab. 12-4: Gesamtwirtschaftliche Vermögensbildung und Ersparnis in Ostdeutschland

Tabelle 12-4 zeigt die gesamtwirtschaftliche Vermögensbildung und Ersparnis in Ostdeutschland für den Zeitraum von 1990 bis 1992. Bei der Interpretation ist zu berücksichtigen, daß die Zahlen für das erste Halbjahr 1990 noch aus der Zeit der Zentralverwaltungswirtschaft stammen und von Mark der DDR in DM umgerechnet wurden. Es zeigt sich, daß die Investitionen des zusammengefaßten Unternehmenssektors nach dem Einbruch von 1990 deutlich angestiegen sind. Sowohl im Unternehmenssektor als auch im öffentlichen Sektor ist seit 1990 ein kontinuierlicher Anstieg der Investitionen zu verzeichnen. Dieser positive Eindruck ist allerdings in zweierlei Hinsicht zu relativieren. Erstens ist die Höhe der Investitionen noch unbefriedigend, wenn als Maßstab die Angleichung der Lebensverhältnisse in Ost und West verwendet wird. Zweitens erfolgte die Finanzierung der Investitionen weitestgehend durch Übertragungen aus Westdeutschland und nicht durch eigene Ersparnis. Zwar war die Ersparnis der ostdeutschen privaten Haushalte 1992 mit 33 Mrd. DM deutlich gegenüber den Vorjahren angestiegen, sie stagniert aber seitdem auf diesem Niveau. Das Finanzierungsdefizit des Unternehmenssektors betrug 1994 ca. 90 Mrd. DM, das der öffentlichen Haushalte mehr als 28 Mrd. DM. Dem gesamtwirtschaftlichen Finanzierungsdefizit von 84,5 Mrd. DM stand eine notwendigerweise gleich große Nettokreditaufnahme in der übrigen Welt (einschließlich Westdeutschland) gegenüber.

Schlüsselbegriffe:

Finanzielle Sektoren
Nichtfinanzielle Sektoren
Sektoraler Finanzierungssaldo
Geldvermögensbildung
Sachvermögensbildung
Finanzierungsinstitute

13. Kapitel: Die Außenwirtschaftsrechnung

1. Umfang der Außenwirtschaftsrechnung

Für die meisten Länder hat die Bedeutung des Außenhandels seit Ende des zweiten Weltkrieges erheblich zugenommen. So gibt es heute kaum noch eine Volkswirtschaft, die nicht als offen angesehen werden kann. Es ist daher üblich geworden, die Transaktionen zwischen Inländern und Ausländern in einer gesonderten Nebenrechnung der Volkswirtschaftlichen Gesamtrechnung, der Außenwirtschaftsrechnung, zu erfassen. Die Außenwirtschaftsrechnung wird in der Bundesrepublik Deutschland durch die Deutsche Bundesbank vorgenommen.

Den größten Teil dieses Rechnungssystems nimmt die **Zahlungsbilanz** ein, in der im wesentlichen die Güter- und Kapitalströme aufgezeichnet werden. Die Zahlungsbilanz ist damit eine Stromgrößenrechnung. Sie wird ergänzt durch eine außenwirtschaftliche Bestandsgrößenrechnung, in der die Nettovermögensposition (Auslandsposition) der Inländer gegenüber den Ausländern zusammengestellt wird. Innerhalb der Auslandsposition der Inländer kommt den Währungsreserven der Zentralbank aus währungspolitischen Überlegungen besondere Bedeutung zu.

Einen weiteren Bestandteil der Außenwirtschaftsrechnung bildet die Erfassung von **Wechselkursen** der heimischen Währung gegenüber Fremdwährungen sowie die Berechnung des **Außenwerts** der heimischen Währung gegenüber bestimmten Gruppen von Währungen, z.B. derer des Europäischen Währungssystems (EWS). Durch Berücksichtigung der Veränderungen des Preisniveaus im In- und Ausland werden darüber hinaus reale Außenwerte der Inlandswährung gegenüber einzelnen Währungen oder Währungsgruppen berechnet, die ein Maß für die Kaufkraft der heimischen Währung darstellen.

Wichtig für eine Volkswirtschaft mit umfangreichen Handelsverflechtungen mit dem Ausland ist auch die Entwicklung der **Export-** und der **Importpreise.** Für beide Größen werden daher Preisindizes berechnet. Aus der Entwicklung des Verhältnisses der Ausfuhrpreise zu den Einfuhrpreisen kann dabei abgelesen werden, wie sich die Gütermenge, die das Inland im Austausch für eine bestimmte Menge ausländischer Güter exportieren muß, im Zeitablauf entwickelt hat. Diese Austauschrelation nennt man das reale Tauschverhältnis des Inlands gegenüber dem Ausland oder auch **„terms of trade“.**

2. Die Zahlungsbilanz und ihre Teilbilanzen

A. Gegenstand der Zahlungsbilanzstatistik

In der Zahlungsbilanz werden die ökonomischen Transaktionen zwischen Inländern und Ausländern aufgezeichnet. Wie in der Inlands- und Sozialproduktsberechnung gelten alle Wirtschaftssubjekte als Inländer, die ihren festen Wohnsitz im Inland haben. Im Inland wohnende ausländische Arbeitnehmer gehören ebenso zu den Inländern wie die im Inland angesiedelten Tochtergesellschaften ausländischer Unternehmen.

Die ökonomischen Transaktionen zwischen Inländern und Ausländern bedingen nicht notwendigerweise, daß tatsächlich grenzüberschreitende Transaktionen erfolgen. Der Konsum von Speisen und Getränken eines Inländers im Ausland stellt zahlungsbilanztechnisch z.B. eine Einfuhr dar, obwohl keine grenzüberschreitende Transaktion stattgefunden hat. Ausschlaggebend ist allein, ob eine Transaktion zwischen einem Inländer und einem Ausländer zustandegekommen ist.

Die Quellen für die Zahlungsbilanz bilden vor allem die Außenhandelsstatistik des Statistischen Bundesamts und die Statistik des Auslandszahlungsverkehrs der Bundesbank. Diese Daten werden durch weitere Erhebungen der Bundesbank (z.B. zum Auslandsstatus der Kreditinstitute und der Nichtbanken) sowie durch Informationen aus anderen Quellen ergänzt. Teilweise müssen den Angaben auch Schätzungen zugrunde gelegt werden.

B. Die Teilbilanzen der Zahlungsbilanz

Grundlage der Darstellung der Zahlungsbilanz bilden internationale Vereinbarungen der Mitglieder des Internationalen Währungsfonds. Nach mehrjährigen Diskussionen wurden 1993 grundlegende Neuerungen beschlossen, die inzwischen mehr und mehr Länder in ihrem Zahlungsbilanzausweis berücksichtigen.[1]

Nach der Art der Transaktion lassen sich verschiedene Teilbilanzen der Zahlungsbilanz unterscheiden. In einer ersten Grobgliederung lassen sich zunächst drei Hauptgruppen von Transaktionen bilden:

- Leistungsbilanztransaktionen: Warenhandel, Dienstleistungen, Erwerbs- und Vermögenseinkünfte sowie laufende Übertragungen;

---

[1] Zu den 1993 beschlossenen Neuerungen, die die 1977 vereinbarten Regelungen ersetzen, vgl. Bundesbank Monatsberichte, März 1995.

- Kapitalbilanz und Bilanz der Vermögensübertragungen: Direktinvestitionen, Wertpapiere, Kredit- und Einlagenverkehr, Derivative u. a. sowie Vermögensübertragungen (Charakter der Einmaligkeit);
- Devisenbilanz: Veränderungen der Währungsreserven.

Die Bestandteile der **Leistungsbilanz** lassen sich in vier Kategorien unterteilen. Sie umfassen erstens den internationalen Warenverkehr, der als Teilbilanz die **Handelsbilanz** bildet. Auf der Creditseite der Zahlungsbilanz (s. Tab. 13-1) werden hierbei die Warenexporte erfaßt, da auf dieser Seite der Zahlungsbilanz vom Prinzip her Transaktionen aufgeführt werden, die zu Zahlungseingängen führen. Entsprechend wird auf der Debetseite der Warenimport gezeigt. Zweitens umfaßt die Leistungsbilanz den Handel mit Dientleistungen, weshalb man hierbei häufig von der **Dienstleistungsbilanz** spricht. Die hier berücksichtigten Transaktionen spiegeln u. a. die Erträge des Transithandels (Differenz zwischen An- und Verkauf) sowie Teile der Versicherungsprämien wi-

Zahlungsbilanz

Credit (Zahlungseingänge durch)	Debet (Zahlungsausgänge durch)
Leistungsbilanz	
Handelsbilanz	
Warenexporte	Warenimporte
Dienstleistungsbilanz	
Export von Dienstleistungen	Import von Dienstleistungen
Bilanz der Erwerbs- und Vermögenseinkommen	
Empfangene Erwerbs- und Vermögenseinkommen	Geleistete Erwerbs- und Vermögenseinkommen
Bilanz der laufenden Übertragungen	
Empfangene laufende Übertragungen	Geleistete laufende Übertragungen
Bilanz der Vermögensübertragungen	
Empfangene Vermögensübertragungen	Geleistete Vermögensübertragungen
Kapitalbilanz	
Abnahme der Forderungen bzw. Zunahme der Verbindlichkeiten	Zunahme der Forderungen bzw. Abnahme der Verbindlichkeiten
Saldo der statistisch nicht aufgliederbaren Transaktionen	
Devisenbilanz (Reservebilanz)	
Zunahme der Verbindlichkeiten und Abnahme der Goldbestände der Zentralbank	Zunahme der Forderungen und der Goldbestände der Zentralbank

Tab. 13-1: Die Posten der Zahlungsbilanz

der.[2] Zur Leistungsbilanz zählen drittens die Erwerbs- und Vermögenseinkommen, die den Ertrag von Faktorleistungen umfassen und z.B. Zins- und Dividendenzahlungen, Pachteinnahmen und Vortragshonorare enthalten. Die Bedeutung des Saldos dieser Transaktionen wurde bereits bei der Erörterung des Unterschiedes zwischen Inlands- und Sozialprodukt im 4. Kapitel hervorgehoben. Zu den Leistungsbilanztransaktionen zählen außerdem die unentgeltlichen Übertragungen, bei denen eine gewisse Regelmäßigkeit unterstellt werden kann und die deshalb als laufende Übertragungen bezeichnet werden. Viertens enthält die Leistungsbilanz die laufenden Übertragungen. Hierbei handelt es sich um unentgeltliche Leistungen zwischen In- und Ausländern, bei denen eine gewisse Regelmäßigkeit angenommen werden kann. Übertragungen, bei denen dies nicht gilt, werden als Vermögensübertragungen bezeichnet und nicht in der Leistungsbilanz ausgewiesen. Beispiele für laufende Übertragungen stellen die Beiträge der Bundesrepublik Deutschland an die EU sowie die Überweisungen der im Inland lebenden ausländischen Arbeitnehmer in ihre Heimatländer dar.

Der internationale Kapitalverkehr wird in der Kapitalbilanz erfaßt. Er umfaßt die Veränderungen der Forderungen an Ausländer (Creditseite) und die Veränderungen der Verbindlichkeiten (Debetseite). Diese ergeben sich z.B. aus dem Erwerb und der Veräußerung von Wertpapieren, aus Direktinvestitionen (z.B. Kauf eines ausländischen Unternehmens durch einen Inländer) und durch Aufnahme und Rückzahlung von Krediten. Gesondert ausgewiesen werden die **Vermögensübertragungen,** bei denen im Gegensatz zu den laufenden Übertragungen eine eher einmalige Transaktion angenommen wird. Beispiele hierfür sind Schuldenerlasse, Schenkungen, Erbschaften und tendenziell einmalige Unterstützungsleistungen.

Übersteigen innerhalb einer Teilbilanz die Transaktionen, die prinzipiell mit Zahlungseingängen verbunden sind und auf der linken Seite der Zahlungsbilanz in Tab. 13-1 aufgeführt sind, die auf der rechten Seite der gleichen Teilbilanz aufgeführten Transaktionen, spricht man von einem Überschuß in der jeweiligen Bilanz. So spiegelt ein Handelsbilanzüberschuß höhere Warenexporte eines Landes im Vergleich zu den Warenimporten wider. Hat dieser Saldo ein negatives Vorzeichen, spricht man von einem Defizit in der Teilbilanz.

Der Saldo der statistisch nicht aufgliederbaren Transaktionen ist in der Zahlungsbilanz nicht aus ökonomischen Überlegungen enthalten, sondern spiegelt die Tatsache wider, daß die gesamte Zahlungsbilanz ei-

---

[2] Genau genommen werden hier nur die Teile der Versicherungsprämien einbezogen, die die Wertschöpfung der Versicherungen widerspiegeln. Der verbleibende Teil, der den größten Anteil darstellt und Ausdruck der eigentlichen Risikoprämie ist, wird zu den laufenden Übertragungen gezählt.

gentlich stets ausgeglichen sein muß, dies aber aufgrund von Erfassungs- und Bewertungsproblemen am Ende des Jahres in aller Regel nicht ist. Insofern wird ein zum Ausgleich führender Korrekturposten eingeführt. Hierauf wird im nächsten Gliederungsabschnitt genauer eingegangen.

In der **Devisenbilanz,** die auch **Reservebilanz** oder Bilanz der Währungsreserven genannt wird, werden die Veränderungen der Gold- und Devisenbestände der Zentralbank aufgezeichnet. Zugänge an Reserven erscheinen in der Zahlungsbilanz als Debetposten, Abgänge als Creditposten. Allgemein gilt, daß eine Buchung in der Devisenbilanz immer nur dann auftritt, wenn die jeweilige Transaktion die Auslandsposition der Zentralbank berührt.

C. Verbuchungssystematik und Ex-post-Ausgleich der Zahlungsbilanz

Die Eintragungen in der Zahlungsbilanz erfolgen nach dem Prinzip der doppelten Buchführung. Jede internationale Transaktion hat daher eine Buchung und eine Gegenbuchung zur Folge. Dies sei an einem Beispiel erläutert. Die Ausfuhr von Waren im Wert von 500 US-Dollar bei einem Wechselkurs von 2 DM pro US-Dollar führt zunächst zur Buchung eines Warenexports in Höhe von 1.000 DM auf der Credit-Seite in der Handelsbilanz. Die Gegenbuchung hängt davon ab, in welcher Form der Gegenwert geleistet wird. Erhält der Exporteur vom Empfänger der Ware einen Wechsel, erscheint die Gegenbuchung auf der Debet-Seite beim Kapitalverkehr, da die Forderungen an Ausländer zugenommen haben. Die gleiche Eintragung findet statt, wenn dem Exporteur durch einen Scheck ein Guthaben von 500 US-Dollar zur Verfügung gestellt wird. Verkauft der Exporteur den Scheck an die Zentralbank, erfolgt anschließend eine Eintragung auf der Credit-Seite der Kapitalbilanz und eine Gegenbuchung auf der Debet-Seite in der Devisenbilanz, da die Devisenreserven der Zentralbank zunehmen. Vereinbart der Exporteur dagegen im Gegenzug zur Ausfuhr die Lieferung von bestimmten Waren in gleichem Wert aus dem Ausland, erscheint die Gegenbuchung zur Ausfuhr als Einfuhr auf der Debet-Seite der Handelsbilanz. Werden die Waren dem Ausland geschenkt, erfolgt die Gegenbuchung auf der Debet-Seite bei den Übertragungen.

Die Anwendung des Prinzips der doppelten Buchführung bei der Erfassung der internationalen Transaktionen in der Zahlungsbilanz hat zur Folge, daß sie am Ende einer Abrechnungsperiode immer ausgeglichen sein muß. Der Saldo der Devisenbilanz spiegelt daher (mit umgekehrtem Vorzeichen) den Saldo aus Leistungsbilanz, Kapitalbilanz und dem Saldo der Vermögensübertragung wider. Dieses theoretische Erfordernis setzt die vollständige Registrierung aller Güter- und Kapitalströme sowie der Übertragungen voraus. Bei der Erstellung der Zahlungsbilanz kommt es allerdings meistens zu statistischen Diskrepanzen. Dies liegt vor allem daran, daß zahlreiche Transaktionen zwischen Inländern und Ausländern sowohl den Güter- als auch den Kapitalverkehr berühren und nicht selten zu einer unvollständigen Erfassung führen, weil die entsprechenden Eintragungen der beiden Teilbuchungen für die Transaktionen auf voneinander unabhängigen Berichtssystemen beruhen und diese nicht alle Bewegungen registrieren können. Zur Korrektur des hierdurch entstehenden Zahlungsbilanzsaldos wird daher in der amtlichen Statistik ein **Restposten** berücksichtigt, der als **„Saldo der statistisch nicht aufgliederbaren Transaktionen"** bezeichnet wird.

D. Bewertung und Transaktionszeitpunkt

Da im internationalen Warenverkehr neben den Kosten für die gehandelten Güter ab Werk auch andere Kosten, wie z.B. für Transport- und Versicherungsleistungen, entstehen, stellt sich die Frage, mit welchem Wertansatz die Transaktionen in den Teilbilanzen der Zahlungsbilanz erfaßt werden sollen. Betrachten wir beispielsweise den in Abbildung 13-1 dargestellten Fall, bei dem Waren von Deutschland in die USA exportiert werden, für die der Preis in Deutschland 100 DM beträgt. Transport- und Versicherungskosten bis zur deutschen Zollgrenze fallen in Höhe von 5 DM an (einschließlich 1 DM Kosten für die Verladung auf das entsprechende Beförderungsmittel in die USA). Weitere 10 DM entstehen für den Transport und die Versicherung bis zur amerikanischen Zollgrenze. Wir nehmen an, daß alle Verlade-, Transport- und Versicherungsleistungen von deutschen Unternehmen erbracht werden. Es ist nun festzulegen, mit welchem Wert die Transaktion in den Zahlungsbilanzen der beiden Länder erfaßt wird.

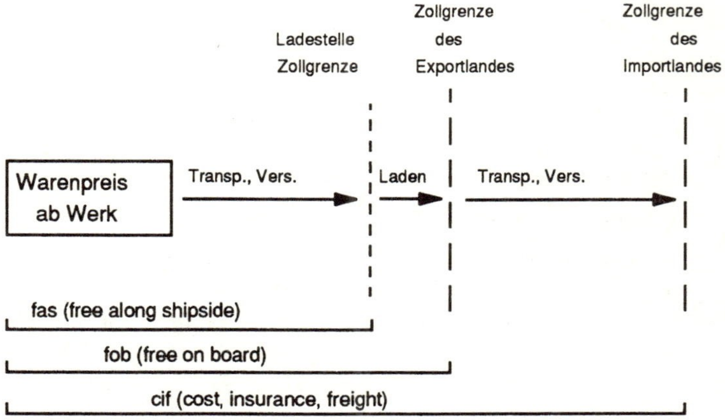

Abb. 13-1: Alternative Bewertungsansätze im internationalen Warenverkehr

Werden Waren mit dem Wert erfaßt, den sie an der Grenze des Exportlandes besitzen, spricht man vom **„f.o.b."-Wert** der Waren (free on board). Sie umfassen den Preis für die Waren im Herstellungsland sowie die Versicherungs- und Transportkosten bis zur Zollgrenze des Exportlandes. Im obigen Beispiel würde der Export danach in der deutschen Handelsbilanz mit 105 DM erfaßt. Gleichzeitig würde für die von deutschen Unternehmen erbrachten Transport- und Versicherungsleistungen von der deutschen bis zur amerikanischen Zollgrenze ein Dienstleistungsexport im Wert von 10 DM in die deutsche Dienstleistungsbilanz eingehen, so daß die deutsche Leistungsbilanz insgesamt Buchungen auf der Credit-Seite in Höhe von 115 DM zeigen würde. Für die Bewertung der Exporte hat sich dieses Bewertungsverfahren international weitgehend durchgesetzt. In wenigen Fällen findet die Erfassung der Exporte zum **„f.a.s."-Wert** (free along shipside) statt, der gegenüber dem fob-Wert keine Ladekosten enthält. Nach diesem Ansatz würden die Exporte im obigen Beispiel mit 104 DM in die deutsche Handelsbilanz eingehen und in der Dienstleistungsbilanz ein Export von 11 DM für Verladung, Transport und Versicherung verbucht werden. Die Leistungsbilanz würde auch in diesem Fall Zahlungseingänge von 115 DM zeigen. Werden Transport- und Versicherungsleistungen, die im fob- oder fas-Wert enthalten sind, von Ausländern erbracht, ist zu beachten, daß die Dienstleistungen, die im Handelsbilanzansatz einbezogen werden, als Importe in der Dienstleistungsbilanz aufgeführt werden.

Bei den Importen finden sich – auch in der internationalen Handhabung – unterschiedliche Bewertungsansätze. So ist es möglich, die Importe ebenfalls „f.o.b." zu bewerten, also mit dem Grenzübergangswert an der Zollgrenze des Exportlandes. In unserem Beispiel hätte dies zur Folge, daß sich die Importe in der US-Handelsbilanz mit 105 DM und damit mit dem gleichen Wert wie die Exporte in der deutschen Zahlungsbilanz niederschlagen. Die amerikanische Dienstleistungsbilanz würde dann gleichzeitig einen Dienstleistungsimport in Höhe von 10 DM für die Transport- und Versicherungsleistungen zwischen der deutschen und der amerikanischen Zollgrenze zeigen. Dagegen schließt die **„c.i.f."-Bewertung** (cost, insurance, freight) zusätzlich zum fob-Wert die Transport- und Versicherungskosten bis zur Zollgrenze des importierenden Landes ein. In der US-Handelsbilanz käme den Importen nach diesem Verfahren ein Wert von 115 DM zu. Bei beiden Bewertungsverfahren ergibt sich in der US-Leistungsbilanz insgesamt ein Zahlungsausgang von 115 DM.

Die Wahl des Bewertungsansatzes für Ein- und Ausfuhr hat keine Auswirkungen auf den Saldo der Leistungsbilanz. Er beeinflußt nur, welche Teile des Wertes der international gehandelten Waren in der Handels- und welche Teile in der Dienstleistungsbilanz erfaßt werden. Insofern hat der Bewertungsansatz nur Auswirkungen auf die Struktur der Leistungsbilanz.

In der Zahlungsbilanzstatistik der Bundesrepublik werden von der Bundesbank und dem Statistischen Bundesamt unterschiedliche Bewertungsverfahren angewandt. Die Bundesbank bewertet die Exporte in der Handelsbilanz zum fob-Wert und die Importe zum cif-Wert. Ein solcher Ansatz erfaßt sowohl Einfuhr als auch Ausfuhr jeweils zum Wert an der deutschen Zollgrenze. Das Statistische Bundesamt weist dagegen sowohl die Einfuhr als auch die Ausfuhr in der Handelsbilanz zu fob-Werten aus. Die Einfuhr wird dazu aus den cif-Werten der Außenhandelsstatistik in fob-Werte umgerechnet. Die entsprechenden Dienstleistungstransaktionen werden dabei in der Dienstleistungsbilanz registriert.

Für die zeitliche Zuordnung von internationalen Transaktionen ist jeweils der **Zeitpunkt der Eigentumsübertragung** maßgebend. Hierbei wird in der Regel davon ausgegangen, daß sie bei der Grenzüberschreitung erfolgt. Alternativ könnte der Zeitpunkt des Vertragsabschlusses oder der Zahlungsleistung gewählt werden. Beide Alternativen wären jedoch weitaus schwieriger zu erfassen. Die zeitliche Zuordnung hat aber ohnehin nur dann Einfluß auf die Zahlungsbilanzstatistik, wenn sich erhebliche Verschiebungen in der zeitlichen Abfolge von Vertragsabschluß, Warenlieferung und Zahlungsleistung einstellen würden.

3. Die Zahlungsbilanz der Bundesrepublik Deutschland

A. Zahlungsbilanzstruktur und Entwicklungen in den Teilbilanzen

Tabelle 13-2 zeigt einige Daten zur Entwicklung der deutschen Zahlungsbilanz seit 1960. Mit Ausnahme weniger Jahre war die Leistungsbilanz der Bundesrepublik vor der Wiedervereinigung (1990) immer positiv und spiegelte vor allem die Überschüsse im Warenverkehr mit dem Ausland wider. Mit der Wiedervereinigung Deutschlands ging eine deutliche Verschlechterung der Leistungsbilanz einher. Sie wies 1994 ein Defizit von 34 Mrd. DM auf.

Der Handelsbilanzsaldo der Bundesrepublik war im betrachteten Zeitraum stets positiv. In der Dienstleistungsbilanz bilden die kontinuierlich angestiegenen Ausgaben der Deutschen für Auslandsreisen die bedeutendste Position bei den Zahlungsausgängen. So betrugen die Nettozahlungsausgänge im Reiseverkehr 1960 eine Milliarde DM, 1970 rd. 5 Mrd. DM, 1980 rd. 20 Mrd. DM und 1994 über 50 Mrd. DM. Die Übertragungsbilanz weist seit 1953 Defizite auf. Wichtigste Einzelposten in den vergangenen Jahren waren der Nettobeitrag zum EU-Haus-

	1960	1965	1970	1975	1980	1985	1990[1]	1994[1]
Leistungsbilanz	4,5	6,7	2,5	10,6	–24,0	50,1	79,0	–34,2
Handelsbilanz	5,2	1,2	15,7	36,3	6,3	71,8	101,8	69,7
Dienstleistungsbilanz[2]	2,8	–1,5	–3,9	–8,3	–6,9	9,4	16,0	–42,8
Übertragungsbilanz	–3,5	–6,4	–9,3	–17,3	–23,4	–31,1	–38,8	–61,1
Kapitalbilanz[3]	1,8	2,4	9,9	–12,6	–1,6	–56,4	–92,6	58,3
Saldo d. stat. nicht aufgliederb. Transaktionen	1,7	3,1	9,5	–0,3	2,3	8,1	24,6	–11,8
Veränderung d. Nettoausl. aktiva der Bundesbank (Zunahme: +)	8,0	–1,3	21,9	3,3	–27,9	1,8	11,0	12,3

[1] Berücksichtigte Daten ab Juli 1990 beziehen sich auf die Bundesrepublik einschließlich der neuen Bundesländer

[2] Einschließlich Erwerbs- und Vermögenseinkommen

[3] Ab 1980 einschließlich Vermögensübertragungen

Quelle: Monatsberichte der Deutschen Bundesbank

Tab. 13-2: Zahlungsbilanz der Bundesrepublik Deutschland

halt, der kontinuierlich anstieg und 1994 rd. 28 Mrd. DM erreichte, sowie die Überweisungen der ausländischen Arbeitnehmer in ihre Heimatländer, die sich in jüngerer Vergangenheit auf etwa 7 Mrd. DM jährlich beliefen.

Die Salden der Kapitalbilanz schwankten im Zeitraum von 1960 bis 1994 sehr stark. Dies trifft sowohl für die langfristigen als auch die kurzfristigen Kapitalbewegungen zu. Höhere Zinsen im Ausland, vergleichsweise geringe Aufwertungserwartungen für die DM sowie die 1987 eingeführte, jedoch 1989 wieder aufgehobene Quellensteuer auf inländische Zinserträge führten in der zweiten Hälfte der 80er Jahre zu verhältnismäßig hohen Defiziten in der Kapitalbilanz.

Aus den Salden von Leistungsbilanz, Kapitalbilanz und der statistisch nicht aufgliederbaren Transaktionen ergibt sich der Saldo der Devisenbilanz. Er bestimmt die in der Zahlungsbilanzdarstellung der Bundesbank ausgewiesene Position der Veränderung der **Nettoauslandsaktiva der Bundesbank.** Im Zahlungsbilanzausweis der Bundesbank wird die Veränderung der Nettoauslandsaktiva der Bundesbank – anders als bei den anderen Teilbilanzen – als Differenz zwischen Debet- und Creditbuchungen ausgewiesen. Dadurch ergänzen sich die ausgewiesenen Salden der Teilbilanzen nicht zu Null, sondern die Summe der Salden der Leistungsbilanz, der Kapitalbilanz und des Restpostens ergibt die Veränderung der Nettoauslandsaktiva der Bundesbank. Ein positives Vorzeichen zeigt in diesem Fall eine Zunahme der Nettoauslandsaktiva an.

Die Veränderung der Auslandsaktiva der Bundesbank unterlag im hier betrachteten Zeitraum starken Schwankungen. Sie spiegeln vor allem die Veränderungen im Umfang und der Richtung der Devisenmarktinterventionen der Bundesbank wider.

Box 13-1: Direktinvestitionen im internationalen Vergleich

Neben den Handelsverflechtungen spielen für die internationalen Verflechtungen die Direktinvestitionen eine bedeutende Rolle. Sie sind Teil der langfristigen Kapitalbewegungen und bestehen aus dem Erwerb oder der Gründung von Unternehmen, Produktionsstätten und Zweigniederlassungen im Ausland. Sie schließen auch Beteiligungen an bereits bestehenden Unternehmen ein. Wie Tabelle 13-3 zeigt, haben die Direktinvestitionen in den achtziger Jahren gegenüber den siebziger Jahren deutlich zugenommen. Die Hauptursache für diese Zunahme ist im Anstieg des Welthandels zu sehen, da die Direktinvestitionen häufig in engem Zusammenhang mit den internationalen Handelsströmen stehen. Die Sicherung des Exports bedarf beispielsweise der Pflege der Auslandsmärkte durch Errichtung von Marketing-, Service-, Vertriebs- und Reparaturnetzen. Nach einer Umfrage bei deutschen Unternehmen dient mehr als die Hälfte der deutschen Direktinvestitionen diesen Zwecken (Institut der Deutschen Wirtschaft 1990).

Spitzenreiter bei den Direktinvestitionen sind die USA (vgl. Tabelle 13-3). Eine bedeutende Rolle bei den Direktinvestitionen spielt auch Großbritannien, insbesondere aufgrund des Finanzmarkts London, der zu hohen Investitionen in Großbritannien durch Ausländer aber auch zu hohen Kapitalexporten der in London angesiedelten Finanzierungsinstitute führt. Eine starke Stellung bei den Abflüssen nimmt auch Japan ein. Hierin schlägt sich Japans Verlagerung von Produktionsstätten in Niedriglohnländer Südostasiens sowie das Engagement in Märkten nieder, auf denen mit Importrestriktionen zu rechnen ist. Japans Zuflüsse sind dagegen unbedeutend, was die Zurückhaltung ausländischer Investoren hinsichtlich eines Engagements in Japan widerspiegelt. Die Bundesrepublik nimmt zwar bei den Abflüssen Position vier unter den Industrieländern ein, bei den Zuflüssen spielt sie allerdings eine sehr viel geringere Rolle. In den achtziger Jahren ist bei den Zuflüssen sogar ein nominaler Rückgang zu verzeichnen.

Land	Abflüsse		Zuflüsse	
	1971–1980	1981–1988	1971–1980	1981–1988
USA	134,4	116,6	56,3	234,8
Großbritannien	55,1	120,8	40,5	55,2
Japan	18,1	93,7	1,4	2,6
Bundesrep. Deutschl.	23,1	47,7	14,0	8,7
Frankreich	13,9	40,6	16,9	24,6
Kanada	11,3	29,3	5,5	3,5
Niederlande	27,8	28,8	10,8	12,9
Italien	3,6	18,8	5,7	16,1
Schweden	4,6	16,7	0,9	2,9
Belgien/Luxembourg	3,2	8,7	9,2	13,3

Quelle: IWD, Informationsdienst des Instituts der Deutschen Wirtschaft, Jahrgang 16 (1990), Nr. 43

Tab. 13-3: Direktinvestitionen im internationalen Vergleich (in Mrd. US-$)

B. Regionale Gliederung des deutschen Warenverkehrs mit dem Ausland

Tabelle 13-4 gibt einen Überblick über die Struktur der deutschen Warenexporte und -importe nach Ländergruppen. Sie verdeutlicht die herausragende Bedeutung der europäischen Länder als Handelspartner für die Bundesrepublik Deutschland. Innerhalb Europas stellen die EU-Länder die wichtigsten Partner der Bundesrepublik im Warenverkehr dar. Ihr Anteil am Außenhandel der Bundesrepublik beträgt rd. 57 Prozent.

Jahr	Insgesamt[1]	Industrialisierte Länder			Reformländer	Entwicklungsländer und OPEC
		EU-Länder[2]	Andere europäische Länder	Außereuropäische Länder		
WARENEXPORTE						
1990	663 783	413 760	52 108	72 542	52 748	71 565
1991	667 622	421 444	51 443	65 923	50 216	77 734
1992	671 615	424 645	49 150	64 836	49 760	82 270
1993	632 570	370 255	48 895	69 810	59 136	82 898
1994	695 571	403 618	50 761	80 574	66 286	92 933
WARENIMPORTE						
1990	551 713	328 896	37 085	76 981	40 258	68 200
1991	637 720	381 316	40 221	88 544	50 514	76 886
1992	630 197	378 496	41 379	86 445	51 153	72 460
1993	566 896	320 101	40 740	80 818	54 101	71 454
1994	613 979	346 414	43 740	84 208	64 244	75 201

[1] Einschließlich Schiffs- und Luftfahrzeugbedarf; Waren in die Polargebiete und in die „Nicht ermittelten Länder“

[2] Gebietsstand Anfang 1995

Quelle: Monatsberichte der Deutschen Bundesbank

Tab. 13-4: Regionale Gliederung der deutschen Warenexporte und -importe (in Mio. DM)

Unter den außereuropäischen Industrieländern stellen die USA den bedeutendsten Handelspartner dar. Sowohl bei den Warenexporten als auch bei den Warenimporten ist der Anstieg in der ersten Hälfte der 90er Jahre bei den sogenannten Reformländern besonders hoch gewesen. Deutlich zugenommen haben in jüngerer Vergangenheit auch die Warenexporte in die Gruppe der OPEC- und der Entwicklungsländer.

4. Der Vermögensstatus gegenüber dem Ausland

A. Der gesamtwirtschaftliche Vermögensstatus gegenüber dem Ausland

Während die Zahlungsbilanz eine Stromgrößenrechnung für die ökonomischen Transaktionen zwischen Inländern und Ausländern darstellt, bildet die Aufstellung der Vermögensposition der Inländer gegenüber Ausländern die ergänzende Bestandsgrößenrechnung innerhalb der Außenwirtschaftsrechnung. Sie ist gleichzeitig eine detailliertere Betrachtung jenes Teils der Vermögens- bzw. Finanzierungsrechnung, der die Auslandsforderungen und -verbindlichkeiten umfaßt. Die Verbindung zwischen Zahlungsbilanz und Auslandsvermögensrechnung bilden die Veränderungen der Vermögensbestände, die in der Zahlungsbilanz als Stromgrößen erfaßt werden. Da sich die Vermögensposition der Inländer gegenüber Ausländern innerhalb eines bestimmten Zeitraums immer dann ändert, wenn der Leistungsbilanzsaldo ungleich null ist, gilt, daß der Leistungsbilanzsaldo einer Periode die Veränderung der Auslandsvermögensposition des Inlands bestimmt.

Bei der Darstellung der Vermögensposition der Inländer gegenüber dem Ausland, die auch **Auslandsposition** oder **Auslandsvermögensstatus** genannt wird, erfolgt in der Regel eine Gliederung in verschiedene inländische Sektoren und in verschiedene Vermögensarten. Bei den inländischen Sektoren unterscheidet man zwischen der Zentralbank, anderen öffentlichen Stellen, Kreditinstituten und anderen Privaten (Unternehmen und Haushalte). Der Grund für einen gesonderten Ausweis der Auslandsposition der Zentralbank innerhalb der öffentlichen Stellen liegt in der währungspolitischen Aufgabe der Zentralbank. Aus der Auslandsvermögensposition der Zentralbank, die auch Währungsreserveposition eines Landes genannt wird, lassen sich Schlußfolgerungen auf die Interventionsmöglichkeiten einer Zentralbank am Devisenmarkt ableiten.

B. Der Auslandsvermögensstatus der Bundesrepublik Deutschland

Die Bundesrepublik besaß in den vergangenen Jahren regelmäßig eine Nettogläubigerposition gegenüber dem Ausland. Dies zeigen auch die Daten zum Auslandsvermögensstatus der Bundesrepublik in Tabelle 13-5. Die einzelnen Vermögenspositionen sind zu den jeweiligen Marktpreisen bzw. Kursen am Ende der angegebenen Jahre bewertet. In der stark gestiegenen Nettogläubigerposition der Bundesrepublik spiegeln sich die Leistungsbilanzüberschüsse der vergangenen Jahrzehnte wider. Da diese inbesondere in der zweiten Hälfte der achtziger

Position[1]	1985 Dezember	1990 Dezember	1994 Dezember
Deutsche Bundesbank	67,7	54,2	91,8
Kreditinstitute insgesamt	29,1	199,5	–19,7
Unternehmen (außer Kreditinstitute) und Privatpersonen insgesamt	95,1	418,2	646,0
Öffentliche Stellen insgesamt	–58,0	–126,7	–374,5
Sonstige Auslandspassiva[2]	–8,4	–10,4	–15,3
Insgesamt	125,4	534,8	328,3

[1] Ab 1990 jeweils einschließlich der Aktiva und Passiva der ehemaligen DDR
[2] Passiva: DM-Noten im Ausland – geschätzt – und Gegenposten für zugeteilte Sonderziehungsrechte

Quelle: Deutsche Bundesbank, Statistische Beihefte zu den Monatsberichten der Deutschen Bundesbank, Reihe 3

Tab. 13-5: Vermögensstatus der Bundesrepublik gegenüber dem Ausland (in Mrd. DM)

Jahre sehr hoch waren, ist es gerade in den letzten Jahren zu einem erheblichen Zuwachs der Nettoauslandsforderungen gekommen.

Von den vier in Tabelle 13-5 unterschiedenen inländischen Sektoren weisen nur die öffentlichen Stellen eine Nettoschuldnerposition auf. Sie hängt vor allem mit der seit einigen Jahren vermehrten Haltung von staatlichen Schuldtiteln (z. B. in Form von Bundesanleihen) durch Ausländer zusammen. Von den anderen Sektoren weisen die Unternehmen und Privatpersonen die höchste Nettogläubigerposition auf. Die Auslandsposition der Bundesbank wird im nächsten Abschnitt noch genauer betrachtet. Den stärksten Zuwachs an Nettoauslandsforderungen weist der Sektor der Unternehmen und Privatpersonen auf. Den größten Einzelposten innerhalb der Vermögensarten dieses Sektors stellen die Wertpapieranlagen dar. Auf der Unternehmensseite sind auch die Handelskredite bedeutend, die im Rahmen internationaler Warengeschäfte gewährt werden. Die Nettoforderungsposition ist hierbei auf die hohen Handelsbilanzüberschüsse der Bundesrepublik zurückzuführen.

C. Die Auslandsposition der Deutschen Bundesbank

Bei der Betrachtung des Auslandsvermögensstatus eines Landes kommt der **Auslandsposition der Zentralbank** eine besondere Bedeutung zu. Dies hängt damit zusammen, daß sie die Reserven eines Landes beschreibt und ihre Höhe ein Gradmesser dafür darstellt, in welchem Umfang die Zentralbank eventuell auftretende Leistungsbilanz- oder Kapitalbilanzdefizite vorübergehend finanzieren und damit eine Abwertung der heimischen Währung verhindern kann.

Tabelle 13-6 zeigt die Auslandsposition der Bundesbank für einige ausgewählte Jahre zwischen 1960 und 1995. Den wichtigsten Posten auf der Forderungsseite bilden die **Währungsreserven,** bei denen ausschließlich die Forderungen betrachtet werden. Zu den Währungsreserven zäh-

Position[1]	1960	1970	1980	1990	1995[5]
Währungsreserven und sonstige Auslandsaktiva	33,4	51,8	81,9	106,8	124,6
Währungsreserven	29,6	47,6	77,8	104,0	122,7
Gold	12,5	14,6	13,7	13,7	13,7
Devisen und Sorten insg.	15,8	28,7	42,6	64,5	67,3
darunter: US-Dollar-Anl.	15,0	28,6	42,5	64,4	67,1
Reserveposition im IWF[2] u. Sonderziehungsrechte	1,3	4,3	8,1	7,4	10,9
Forderungen an den EFWZ[3] im Rahmen des EWS[4]	–	–	13,4	18,4	30,8
Kredite und sonstige Forderungen an das Ausland	3,8	4,2	4,0	2,4	2,0
Auslandsverbindlichkeiten	0,6	2,8	14,4	52,3	15,8
Nettoauslandsposition	32,8	49,0	67,4	54,2	108,8

[1] Jeweils Ende des angegebenen Zeitraums
[2] IWF = Internationaler Währungsfonds
[3] EFWZ = Europäischer Fonds für währungspolitische Zusammenarbeit
[4] EWS = Europäisches Währungssystem
[5] Werte für September
Differenzen in den Summen durch Runden der Zahlen

Quelle: Statistische Beihefte zu den Monatsberichten der Deutschen Bundesbank, Reihe 3

Tab. 13-6: Die Auslandsposition der Deutschen Bundesbank

len u.a. die Zentralbankbestände an Gold und Devisen. Tabelle 13-6 zeigt, daß der Devisenbestand der Bundesbank fast ausschließlich aus US-Dollars besteht.[3]

Daß ein Teil der Währungsreserven in Form von Gold gehalten wird, hat bei der Bundesbank wie bei zahlreichen anderen Zentralbanken historische Ursachen. In der Zeit vor dem ersten Weltkrieg basierten die wichtigsten Währungen auf dem Goldstandard. Charakteristikum dieses Währungssystems war, daß die Besitzer der umlaufenden Geldbestände ihre Noten bei der Zentralbank gegen Gold eintauschen konnten. Die Zentralbanken mußten daher für die umlaufende Geldmenge über Goldbestände in Höhe einer festgelegten Deckungsquote (z.B. $33^1/_3$ % nach dem Reichsbankgesetz von 1875) verfügen oder ansonsten die Geldmenge reduzieren. Heute gelten Goldbestände vor allem deshalb als Währungsreserven, weil Zentralbanken ihr Gold am Markt verkaufen und mit den erzielten Devisenerlösen Verbindlichkeiten einlösen können. Die Goldbestände der Bundesbank resultieren im wesentlichen aus Abrechnungssalden der Europäischen Zahlungsuni-

[3] Zu beachten ist, daß die aus Devisenmarktinterventionen im Rahmen des Wechselkursmechanismus des Europäischen Währungssystems resultierenden Forderungen in Fremdwährung nicht unter „Devisen und Sorten", sondern in einer getrennten Position ausgewiesen werden.

on, die in den 50er Jahren zugunsten der Bundesrepublik entstanden und die über die Bank für Internationalen Zahlungsausgleich, Basel, in erheblichem Umfang in Gold abzudecken waren. Spätere Goldzugänge ergaben sich aus Käufen bei Zentralbanken und Währungsbehörden, teilweise auch aus Stützungsaktionen zugunsten krisenbedrohter Währungen im Rahmen von IWF-Vereinbarungen. Seit 1971, als die Regierung der USA die Konvertibilität des US-Dollars in Gold aufhob, ergaben sich Veränderungen des Goldbestandes fast ausschließlich nur noch aus der Abwicklung früherer Vereinbarungen. Der Goldbestand der Bundesbank beträgt seit Anfang 1980 unverändert 95 Millionen Unzen. Sein Wertansatz liegt erheblich unterhalb des Marktwertes und wird seit einigen Jahren mit rund 13,7 Mrd. DM konstant gehalten.

Die **Reserveposition im Internationalen Währungsfonds** und die **IWF-Sonderziehungsrechte** bilden einen weiteren Bestandteil der Währungsreserven der Bundesbank. In Höhe dieser Position kann die Bundesbank im Bedarfsfall Kredite beim IWF ohne weitere Auflagen erhalten. Die Recheneinheit der Transaktionen mit dem Internationalen Währungsfonds ist das Sonderziehungsrecht. Hierbei handelt es sich um einen Währungskorb aus US-Dollar (42 Prozent), DM (19 Prozent), Japanischem Yen (15 Prozent), Britischem Pfund (12 Prozent) und Französischem Franc (12 Prozent). Wegen des relativ großen Gewichts des US-Dollars verändert sich die in DM berechnete Reserveposition im Internationalen Währungsfonds bei Dollarauf- und -abwertungen. Dies war die Hauptursache für den Anstieg dieser Position innerhalb der Währungsreserven in der ersten Hälfte der achtziger Jahre (Phase der Dollaraufwertung) und ihres Rückgangs in der zweiten Hälfte der achtziger Jahre (Phase der Dollarabwertung).

Den letzten Posten unter den Bruttowährungsreserven, wie sie von der Bundesbank ausgewiesen werden, bilden die **Nettoforderungen an den Europäischen Fonds für währungspolitische Zusammenarbeit** (EFWZ). Dieser Fonds wurde 1973 gegründet und dient seit Errichtung des Europäischen Währungssystems im März 1979 der Verwaltung der auf ihn übertragenen Gold- und Dollarreserven sowie der Gewährung kurzfristiger Kredite zur Unterstützung der Interventionen der Zentralbanken am Devisenmarkt. Die Forderungen an den EFWZ spiegeln vor 1992 vorwiegend die Guthaben der Deutschen Bundesbank in ECU (= European Currency Unit) wider, die aus der vorläufigen Übertragung von 20 % der Gold- und Dollarreserven an den EFWZ resultieren. Der deutlich höhere Betrag für 1992 resultiert aus massiven Stützungen anderer Währungen im Herbst 1992, die zur Bereitstellung von DM durch die Bundesbank im Zusammenhang mit kurzfristigen Finanzierungsfazilitäten für andere Notenbanken im Rahmen des Europäischen Währungssystems führten.

Die Auslandsverbindlichkeiten der Bundesbank bestehen zum größten Teil aus den Guthaben ausländischer Zentralbanken. Sie erhöhten sich in der zweiten Hälfte der achtziger Jahre erheblich, worin sich vor allem die stärkere Diversifizierung der Währungsreserven fremder Zentralbanken zugunsten der DM widerspiegelt.

D. Umfang und Struktur der Weltwährungsreserven

Als Weltwährungsreserven bezeichnet man die Summe der Währungsreserven der Zentralbanken der einzelnen Länder. In den achtziger Jahren wuchsen die Währungsreserven weltweit stark an. Während sie Ende 1981 noch 425 Mrd. US-Dollar betrugen, nahmen sie bis Ende 1994 um ca. 800 Mrd. auf 1227 Mrd. US-Dollar zu. Die Zunahme der Währungsreserven ist nach 1985 allerdings durch die Abwertung des

Komponenten/Ländergruppen*	1981[1]	1990	1994[p]	Jahresdurchschnittliche Veränderung seit 1981 in %
I. Gesamtreserven	424,6	947,1	1227,0	8,5
II. Reservekomponenten				
Gold[2]	40,3	39,7	38,4	–0,4
Sonderziehungsrechte	19,1	29,0	23,0	1,4
IWF-Reserveposition	24,8	33,8	46,3	4,9
Guthaben in offizieller ECU	50,2	64,1	69,6	2,5
Devisen[3]	290,3	780,5	1049,7	10,4
darunter:				
US-Dollar	205,5	429,1	639,4	9,1
D-Mark	38,2	153,8	181,3	12,7
Japanischer Yen	12,5	72,9	97,9	17,2
Pfund Sterling	6,2	25,2	37,1	14,8
III. Ländergruppen				
Industrieländer	251,4	622,7	665,7	7,8
Entwicklungsländer	173,2	324,4	561,3	9,5
Asiatische Schwellenländer[4]	23,6	139,0	236,9	19,4
Ölexportierende Länder[5]	80,8	62,2	64,9	–1,7
Sonstige Entwicklungsländer	68,8	123,2	259,5	10,8

* Bruttowährungsreserven aller IWF-Mitgliedsländer zuzüglich Taiwan.
[1] Jahr der letzten Zuteilung von Sonderziehungsrechten.
[2] Bewertet mit 42,22 US-$ je Unze Feingold.
[3] Einschl. Guthaben in privater ECU.
[4] Malaysia, Singapur, Südkorea, Taiwan, Thailand.
[5] Algerien, Indonesien, Irak, Iran, Katar, Kuweit, Libyen, Nigeria, Oman, Saudi-Arabien, Venezuela, Vereinigte Arabische Emirate.
[p] Vorläufige Angaben

Quelle: Geschäftsbericht der Deutschen Bundesbank für das Jahr 1994.

Tab. 13-7: Komponenten der Weltwährungsreserven (in Mrd. US-Dollar; Stand am Jahresende)

US-Dollar verzerrt. Den als Bruttogröße ausgewiesenen Währungsreserven stehen Verbindlichkeiten einiger Währungsbehörden gegenüber, deren Währungen von anderen Zentralbanken als Reserve gehalten werden. Wie Tabelle 13-7 zeigt, entfällt der größte Teil der Weltwährungsreserven auf Devisen.

Unter den Währungen, die von den Zentralbanken als Reserven gehalten werden, spielten neben dem **amerikanischen Dollar** bis Mitte 1985 andere Währungen praktisch keine Rolle. Dies änderte sich in der Folgezeit aufgrund der einsetzenden Abwertung der amerikanischen Währung. Zahlreiche Zentralbanken diversifizierten ihre Devisenreserven, um die Wirkungen von Dollarkursschwankungen auf den Wert ihrer Reserven zu vermindern. Dabei erhöhten sie vor allem die Bestände an DM-Reserven. Auch die Zentralbanken zahlreicher Entwicklungsländer haben ihre DM-Reserven in dieser Phase deutlich erhöht. Insgesamt stieg der Anteil der DM an den Weltdevisenreserven zwischen 1981 und 1994 von 18 auf 28 Prozent. Hierin kommt eine **zunehmende Rolle der DM als Anlage- und Reservewährung** zum Ausdruck. Die Diversifizierung der Währungsreserven hat auch zu einem Anstieg der Devisenreserven in Yen und Pfund Sterling geführt. Die Bedeutung dieser Währungen ist allerdings geringer als die der DM.

Von den Weltwährungsreserven entfielen Ende 1994 etwa 54 % auf die Reservehaltung der Industrieländer. Die Länder mit den höchsten Währungsreservebeständen waren Japan und die Bundesrepublik. Auf sie entfielen fast ein Drittel der Reservebestände. Die Reservehaltung der Entwicklungsländer hat in den achtziger Jahren deutlich abgenommen. In absoluten Werten nahm ihr Bestand an Währungsreserven zwar zu, doch war dies vor allem auf die höhere Reservehaltung der asiatischen Schwellenländer (insbesondere Taiwans) zurückzuführen.

5. Wechselkurs und Außenwert einer Währung

Als **Wechselkurs** bezeichnet man den Preis, zu dem zwei Währungen gegeneinander getauscht werden. Die Begriffe Wechselkurs, **Devisenkurs** und **Währungskurs** werden hier synonym verwendet. Die Märkte, auf denen Währungen gegeneinander getauscht werden, nennt man Devisenmärkte. Die Tauschrelation zwischen zwei Währungen läßt sich als Preis der Inlandswährung ausgedrückt in ausländischen Währungseinheiten oder als Preis der Auslandswährung ausgedrückt in inländischen Währungseinheiten angeben. So betrug beispielsweise der Kurs des US-Dollar gegenüber der DM im Januar 1996 rd. 1,44 DM pro US-Dollar oder 0,694 US-Dollar pro DM. Im ersten Fall spricht man von der Preisnotierung, im zweiten Fall von der Mengennotierung des Wechselkurses. Die Notierung der Devisenkurse erfolgt in der Bundesrepublik jeweils in der Form der Notierung des Preises der ausländischen Währung in DM. Gewöhnlich wird dabei immer der Preis für 100 Fremdwährungseinheiten angegeben, nur für den Dollar und das Pfund erfolgt die Preisangabe für eine Währungseinheit und bei der italienischen Lira für 1000 Währungseinheiten. Steigt der DM-Preis für eine ausländische Währungseinheit, also etwa für den US-Dollar von 1,40 DM auf 1,50 DM, so müssen mehr DM im Austausch gegen die ausländische Währung hergegeben werden. Man spricht in diesem Fall von einer Aufwertung des US-Dollar und von einer Abwertung der DM.

Die Güterpreise im Inland bestimmen den Wert einer Währung im Inland, den man auch den **Binnenwert** einer Währung nennt. Steigen die inländischen Güterpreise, nimmt der Binnenwert der Währung ab, weil mit einer gegebenen Menge an Währungseinheiten weniger Güter gekauft werden können. Als **Außenwert** wird dagegen die Kaufkraft, die eine Währung im Ausland besitzt, bezeichnet. Bezieht man in die Berechnung ausschließlich die Entwicklung der Devisenkurse ein, ergibt sich der nominale Außenwert einer Währung. Erfolgt zusätzlich eine Berücksichtigung der Preisentwicklung im In- und Ausland, um die Kaufkraft der inländischen Währung im Ausland zum Ausdruck zu bringen, erhält man den realen Außenwert einer Währung.

Zunächst sei der **nominale Außenwert** näher betrachtet. Zur Aufzeichnung der zeitlichen Entwicklung des Wechselkurses einer Währung bietet es sich zur besseren Vergleichbarkeit an, eine Indexreihe zu berechnen, für die der Wechselkurs eines Basiszeitpunkts oder der durchschnittliche Wechselkurs einer Basisperiode gleich 100 gesetzt wird. Prinzipiell kann der Außenwert gegenüber einer einzelnen Währung oder gegenüber dem Durchschnitt eines Korbes von Fremdwährungen berechnet werden. So läßt sich beispielsweise der Außenwert der DM gegenüber den am Europäischen Währungssystem (EWS) beteiligten Währungen errechnen. Generell müssen bei der Ermittlung des nominalen Außenwerts gegenüber einem Währungskorb die Gewichte festgelegt werden, mit denen die einzelnen Währungen in den Berechnungen berücksichtigt werden sollen. Eine einfache Methode besteht darin, für die einzelnen Währungen die Anteile der entsprechenden Länder am Außenhandel des Inlands mit der betrachteten Ländergruppe zu verwenden. Bezeichnet man das Gewicht der Währung i mit g^i und den Wechselkurs der Währung i gegenüber der Inlandswährung j zum Berichtszeitpunkt t mit e_t^{ij} sowie zum Basiszeitpunkt mit e_0^{ij}, so berechnet sich der Index des nominalen Außenwerts I_t^j bei Verwendung eines arithmetischen Mittels wie folgt:

$$N_t^j = \sum_i g^i \frac{e_t^{ij}}{e_0^{ij}}.$$

Bei Verwendung eines geometrischen Mittels gehen die Gewichte als Potenzen in die Berechnung ein. Der nominale Außenwert zum Zeitpunkt t berechnet sich dann durch:

$$N_t^j = \prod \left(\frac{e_t^{ij}}{e_0^{ij}} \right)^{g^i}.$$

Die Bundesbank veröffentlicht in ihren Monatsberichten eine Reihe nominaler Wechselkurse. Tabelle 13-8 enthält die Zeitreihe einiger Außenwertindizes ab 1973, dem Jahr, in dem das Bretton-Woods-System fester Wechselkurse auseinanderbrach und die wichtigsten Welthandelswährungen zu einem System flexibler Wechselkurse übergingen.

Jahr	Nominaler Außenwert der D-Mark[1] gegenüber					Realer Außenwert der DM[2]
	US-Dollar	Pfund Sterling	Japanischer Yen	den Währungen der EU	insgesamt (gegenüber 18 Industrieländern)	
1973	121,7	116,4	106,7	109,9	110,7	109,4
1974	124,7	125,0	117,9	117,2	117,0	108,2
1975	131,3	138,8	126,3	118,7	119,2	103,5
1976	128,1	167,4	123,2	131,5	126,4	103,7
1977	138,9	186,6	120,8	143,8	136,2	105,2
1978	160,7	196,4	109,4	153,9	143,3	105,8
1979	175,9	194,7	125,2	158,3	150,6	106,1
1980	177,6	179,2	130,5	158,1	151,5	100,2
1981	143,1	166,2	102,1	159,5	143,1	90,6
1982	132,9	178,3	107,2	173,7	150,4	92,0
1983	126,5	195,5	97,4	188,1	155,9	92,5
1984	113,6	199,6	87,4	192,0	153,8	88,0
1985	110,3	200,0	84,8	194,3	154,0	85,5
1986	149,0	238,5	81,1	207,7	168,2	90,7
1987	179,5	257,2	84,2	216,6	178,9	94,0
1988	183,8	242,2	76,4	216,2	177,4	91,4
1989	171,6	246,0	76,8	215,7	175,7	89,0
1990	199,9	263,1	93,7	219,1	185,5	91,8
1991	194,9	258,5	85,0	219,5	183,1	89,6
1992	206,8	276,0	85,0	225,2	188,7	92,8
1993	195,0	304,7	70,5	243,3	193,4	96,2
1994	199,0	304,7	65,9	245,7	193,4	96,5
1995[3]	227,5	341,4	75,2	254,8	205,3	101,5

[1] Die Indizes für die Ländergruppen wurden als gewogene geometrische Mittel der bilateralen nominalen Außenwerte errechnet.

[2] Gewogener Außenwert gegenüber 18 Industrieländern nach Ausschaltung der unterschiedlichen Steigerungsraten der Verbraucherpreise (geometrische Mittelung).

[3] Daten für November; realer Außenwert vom Oktober.

Quelle: Monatsberichte der Deutschen Bundesbank

Tab. 13-8: Entwicklung des Außenwerts der DM (Ende 1972 = 100)

Bei der Berechnung der Daten ist die Mengennotierung des Wechselkurses zugrundegelegt, so daß ein Indexanstieg eine Aufwertung der DM gegenüber der jeweiligen Währung bzw. Währungsgruppe bedeutet. Die Daten zeigen z.B. die starke Abwertung der DM gegenüber dem US-Dollar zwischen 1980 und 1985, als die amerikanische Währung sich praktisch gegenüber allen wichtigen Währungen stark aufwertete. Der nominale Außenwert der DM gegenüber dem US-Dollar ging in diesem Zeitraum von 177,6 auf 110,3 zurück. Anschließend kam es zu einer Umkehr der Entwicklung und die DM erreichte 1989 mit 171,6 wieder ungefähr den gleichen nominalen Außenwert gegenüber der amerikanischen Währung wie 1980. Anschließend stieg der Außenwert der DM gegenüber dem US-Dollar weiter an. Im Gegensatz hierzu kam es zu einem fast kontinuierlichen Anstieg des nominalen Außenwerts der DM gegenüber dem britischen Pfund. Gegenüber dem Yen war die Entwicklung gemischt, zeigt aber tendenziell einen Rückgang des nominalen Außenwerts der DM in den achtziger Jahren. Als nominalen Außenwertindex gegenüber Währungskörben berechnet die Bundesbank z.B. den Außenwert gegenüber den am Wechselkursmechanismus des EWS beteiligten Ländern und einer Gruppe von 18 Industrieländern, die jene Länder umfassen, die auf den internationalen Gütermärkten mit der Bundesrepublik in intensivem Wettbewerb stehen und die hinsichtlich ihres Warenangebots und ihrer Wirtschaftsstruktur mit der Bundesrepublik weitgehend vergleichbar sind. Beide Indexzeitreihen, bei denen die Berechnung des gewogenen Durchschnitts nach dem geometrischen Mittel erfolgt, weisen auf einen fast kontinuierlichen Anstieg des nominalen Außenwerts der DM seit 1973 hin.[4]

Mit der **Berechnung des realen Außenwertes** wird das Ziel verfolgt, die Kaufkraft der inländischen Währung im Vergleich zu anderen Währungen zu ermitteln. Damit erhält man ein Maß für die preisliche Wettbewerbsfähigkeit der inländischen Wirtschaft. Bezeichnet man das Preisniveau des Landes i zum Zeitpunkt t mit P_t^i, ergibt sich der reale Außenwert (R_t^j) der Währung j gegenüber der Währung i aus:

$$R_t^i = \frac{e_t^{ij} P_t^j / P_t^i}{e_0^{ij} P_0^j / P_0^i}.$$

Im Zähler des Ausdruckes auf der rechten Seite steht der mit dem Verhältnis der Preisindizes der beiden Länder multiplizierte Wechselkurs zwischen den beiden Währungen, wobei sich sowohl Wechselkurs als auch Preise auf die laufende Periode beziehen. Der Nenner enthält den gleichen Ausdruck für die Basisperiode (t = 0). Gegenüber einer

[4] Zu den Außenwertberechnungen vgl. Monatsberichte der Deutschen Bundesbank, April 1989.

Gruppe von Währungen berechnet sich der reale Außenwertindex der Währung j (R_t^j) durch einen Mittelwert, bei dem man gewöhnlich das geometrische Mittel anwendet:

$$R_t^j = \prod_i \left(\frac{e_t^{ij} P_t^j / P_t^i}{e_0^{ij} P_0^j / P_0^i} \right)^{g^i}.$$

Hierbei bezeichnet g^i das Gewicht, mit dem die Währung i in den realen Außenwertindex eingeht. Auf diese Weise wird auch der Außenwert der DM von der Deutschen Bundesbank berechnet. Die letzte Spalte von Tabelle 13-8 zeigt, daß der reale Außenwert der DM gegenüber 18 ausgewählten Industrieländern zwischen 1973 und 1980 deutlich zurückging, so daß sich die DM gegenüber dem gewogenen Durchschnitt dieser Währungen real, d.h. nach Berücksichtigung der unterschiedlichen Preissteigerungsraten, abwertete. Die Entwicklung nach 1980 war uneinheitlich.

6. Außenhandelspreise und Terms of Trade

Für die Analyse der Außenhandelsströme einer Volkswirtschaft sowie deren Einflüsse auf die binnenwirtschaftliche Entwicklung ist es wichtig, die Preisentwicklung für die exportierten und die importierten Waren zu erfassen. Diese Informationen sind Grundlage einer Vielzahl von Betrachtungen im Rahmen der internationalen Wirtschaftsbeziehungen einer Volkswirtschaft. Da beispielsweise Importpreise über verschiedene Wirkungskanäle das inländische Preisniveau beeinflussen (z.B. durch Vorleistungen und importierte Konsumgüter), lassen sich aus Importpreisänderungen Schlußfolgerungen über zu erwartende Änderungen der inländischen Inflationsrate ableiten. Aus dem Vergleich von Exportpreisänderungen mit der Entwicklung der inländischen Preise lassen sich dagegen Rückschlüsse auf Exportanreize für die inländischen Produzenten ziehen.

Das Statistische Bundesamt berechnet **eine Reihe verschiedener Außenhandelspreisindizes.** Sie beziehen sich ausschließlich auf die mit dem Ausland gehandelten Waren, klammern also die Dienstleistungen aus. Hierbei werden regelmäßig zwei Arten von Indizes, die ein Bild der Preisentwicklung zeichnen sollen, veröffentlicht:

- Durchschnittswertindizes des Außenhandels und
- „echte“ Außenhandelspreisindizes.

Bei den **Durchschnittswertindizes** werden die Außenhandelswerte durch die entsprechenden Mengen in der tiefsten Gliederung des Warenverzeichnisses für den Außenhandel ermittelt und als Maß für die Preiskomponente der Außenhandelsströme angesehen. Bei „echten“ Preisindizes handelt es sich um den gewogenen Durchschnitt aus den einzelnen Preisveränderungen, die für eine repräsentative Auswahl von Import- bzw. Exportwaren (die sog. Preisrepräsentanten) gebildet werden. Als Indexgewichte dienen die Ein- und Ausfuhrwerte jeweils derjenigen Erzeugnisse im Basisjahr, für die eine Einzelpreisreihe als repräsentativ angesehen wird. Sie können als „echte“ Preisindizes bezeichnet werden, da sie nur die reinen Preisbewegungen wiedergeben. Durchschnittswerte, die sich aus dem Quotienten von Außenhandelswerten und Mengen ergeben, spiegeln dagegen neben Preisänderungen auch die preisbestimmenden Merkmale sowie die als Reaktion darauf erfolgten Mengenänderungen wider. Insofern können Durchschnittswertindizes auch als „unechte“ Preisindizes bezeichnet werden.

Für alle Analysen, bei denen es entscheidend auf die isolierte Betrachtung der echten Preisentwicklung ankommt, ist daher aus systematischen Gründen auf **Außenhandelspreisindizes** zurückzugreifen. Dies trifft insbesondere für den Hauptverwendungszweck der Aufzeichnungen von Preisbewegungen zu, nämlich die laufende Konjunkturbeobachtung und Wirtschaftsanalyse. Zwar zeigen die vom Statistischen Bundesamt nach beiden Methoden berechneten Preisindizes langfristig in etwa die gleiche Entwicklung, kurzfristig können die Bewegungen beider Reihen jedoch deutlich voneinander abweichen. Aus den oben aufgeführten Gründen, die für eine Verwendung der echten Preisindizes sprechen, werden im folgenden nur diese betrachtet.

Die ermittelten Außenhandelspreise, die in die Preisindizes eingehen, beziehen sich auf die Handelsbedingungen „frei deutsche Grenze“ bzw. „cif“ bei den Einfuhrpreisen und „fob“ bei den Ausfuhrpreisen. Die Indizes werden nach der Laspeyres-Formel berechnet, d.h. die aus dem jeweiligen Basisjahr (z. Z. 1991) stammenden Indexgewichte bleiben bis zur Umstellung auf ein neueres Basisjahr unverändert. Als nächstes Basisjahr ist das Jahr 1995 vorgesehen.

Abbildung 13-2 zeigt die Entwicklung der Exportpreise und der Importpreise seit 1962. Zusätzlich sind die Terms of Trade, die das Verhältnis von Exportpreisen zu Importpreisen darstellen und auf die weiter unten näher eingegangen wird, in der Graphik abgetragen. Aus dem Verlauf der Kurven der Preisindizes sind einige bedeutende Entwicklungen ablesbar. So ist deutlich die Wirkung der beiden Ölpreisschocks 1973/74 und 1980 auf die Entwicklung der Importpreise ablesbar. Während die Importpreise vor der ersten starken Ölpreiserhöhung 1973/74 über Jahre fast konstant blieben, lagen sie 1974 um rd. 45 Prozent höher als 1972. Im Zuge der zweiten Ölpreiserhöhung kam es dann nochmals zu einem starken Anstieg der Importpreise (zwischen 1979 und 1981 um rd. 30 Prozent). Deutlich ist ebenfalls die Wirkung des Rückgangs der Ölpreise und anderer Rohstoffpreise 1985/86 auf die Importpreise zu erkennen. In diesen beiden Jahren sanken die Rohstoffpreise in DM gerechnet um über 45 Prozent und induzierten einen Rückgang der Im-

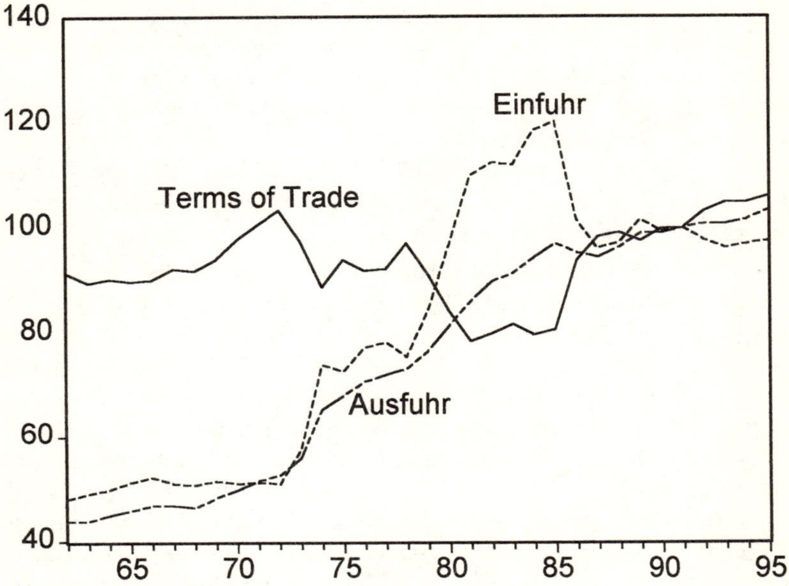

Quelle: Sachverständigenrat (1995)

Abb. 13-2: Entwicklung der Außenhandelspreise und der Terms of Trade

portpreise um rd. 20 Prozent. Insgesamt stiegen die Importpreise in DM gerechnet zwischen 1962 und 1995 auf etwa das Doppelte.

Kontinuierlicher als bei den Importpreisen verlief die Entwicklung der Exportpreise. Diese stiegen fast stetig und lagen 1995 auf mehr als doppelt so hohem Niveau wie 1962.

Eine in der Volkswirtschaftslehre wichtige Meßzahl bilden die **Terms of Trade,** die als das Verhältnis der Indizes der in gleichen Währungseinheiten ermittelten Preise von Exportgütern zu Importgütern definiert sind. Sie geben an, wieviel Importguteinheiten für eine Einheit des Exportgutes gekauft werden können. Sie werden daher auch „reales Austauschverhältnis" oder „Tauschverhältnis" genannt. Prinzipiell kann man von den in Inlandswährung (im folgenden mit dem Superskript „DM" bezeichnet) oder in Auslandswährung (nachstehend mit dem Superskript „$" bezeichnet) notierten Terms of Trade ausgehen:

$$\text{Terms of Trade} = \frac{p_{ex}^{DM}}{p_{im}^{DM}} = \frac{P_{ex}^{\$}}{P_{im}^{\$}}.$$

Die Subskripte „ex" und „im" weisen auf Export- bzw. Importgüter hin. Die Aussage der Terms of Trade läßt sich verdeutlichen, wenn man vereinfachend annimmt, daß nur eine Güterart importiert und nur eine Güterart exportiert wird. In diesem Fall ergeben sich die Terms of

Trade aus dem Quotienten von zwei Preisen. Unterstellt man einen Preis für das Exportgut von 1 DM und einen Importgutpreis von 2 DM, ergibt sich für die Terms of Trade ein Wert von 0,5. Dies bedeutet, daß für eine Mengeneinheit des Exportgutes 0,5 Einheiten des Importgutes eingeführt werden können. Steigen die Exportpreise im Verhältnis zu den Importpreisen, erhöhen sich die Terms of Trade, und es läßt sich folgern, daß mehr Importgütereinheiten für eine Einheit des Exportgutes getauscht werden können.

Die Terms of Trade sind wirtschaftspolitisch von großer Bedeutung. Eine Erhöhung der Terms of Trade ist z.B. für jedes Land günstig, da bei gegebenen Exportgütermengen über höhere Importgütermengen verfügt werden kann. Man spricht deshalb in diesem Zusammenhang auch von einer Verbesserung der Terms of Trade. Die Bedeutung der Terms of Trade wurde besonders während der Erdölkrisen 1973/74 und 1979/80 deutlich. Im Zuge des starken Anstiegs der Erdölpreise verbesserte sich das Tauschverhältnis drastisch zugunsten der OPEC-Länder, während es sich für die Länder der Dritten Welt ohne oder mit nur geringer Rohstoffbasis deutlich verschlechterte. Auch die Industrieländer mußten als Folge der Erdölpreiserhöhungen zunächst erhebliche Verschlechterungen ihrer Terms of Trade in Kauf nehmen. Abbildung 13–2 zeigt für die Bundesrepublik die negativen Terms of Trade-Schocks im Zuge dieser Ölpreiserhöhungen. Ebenso deutlich fiel in entgegengesetzter Richtung die Terms of Trade-Veränderung in den Jahren 1985/86 aus. Die Abbildung zeigt, daß die Terms of Trade der Bundesrepublik 1990 ungefähr auf dem Niveau von Anfang der siebziger Jahre, also vor dem ersten Ölpreisschock, lagen.

Die Berechnung der Außenhandelspreisindizes ist sehr aufwendig. Gegenwärtig werden bei den Importen die Preise von insgesamt 6.520 Warenkategorien und bei den Exporten von 6.570 Warenkategorien in die Berechnung der Preisindizes einbezogen. Somit liegen den Berechnungen zusammen mehr als 13.000 Einzelpreisreihen zugrunde.

Die umfangreiche Datenbasis, die in die Berechnung der Außenhandelspreisindizes einfließt, bedingt, daß die Umstellung des Basisjahres geraume Zeit in Anspruch nimmt. So erfolgte die Veröffentlichung der auf 1985 indexierten Außenhandelspreisindizes erstmals Mitte 1989.

Schlüsselbegriffe:

Zahlungsbilanz
Handelsbilanz
Dienstleistungsbilanz
Übertragungsbilanz
Kapitalbilanz
fob, fas und cif
Auslandsvermögensstatus
Auslandsposition der Bundesbank
Währungsreserven
Reserveposition im IWF
Weltwährungsreserven
Reservewährung
Außenwert einer Währung
Außenhandelspreisindex
Durchschnittspreisindex
Terms of Trade

Literaturverzeichnis

Statistische Quellen

Deutsche Bundesbank, laufende Veröffentlichungen, insbesondere zum Bereich Geld und Kredit sowie Außenwirtschaft, in den Monatsberichten und den jährlichen Geschäftsberichten.

Internationaler Währungsfonds (International Monetary Fund), International Financial Statistics, monatliche Veröffentlichung und Jahresband.

OECD (Organization for Economic Cooperation and Development), Main Economic Indicators, monatliche Veröffentlichung.

Statistisches Bundesamt, laufende Veröffentlichungen in der Fachserie 18 zu den Volkswirtschaftlichen Gesamtrechnungen; die im Text angegebenen Angaben sind insbesondere den folgenden Veröffentlichungen entnommen:

– (1988), Volkswirtschaftliche Gesamtrechnungen, Fachserie 15, Einkommens- und Verbrauchsstichprobe, Heft 2;

– (1995) Volkswirtschaftliche Gesamtrechnungen, Fachserie 18, Reihe 2, Input-Output-Tabellen 1991, Stuttgart.

– (1995a) Volkswirtschaftliche Gesamtrechnungen, Fachserie 18, Reihe 1.3, Konten und Standardtabellen, Hauptbericht, Stuttgart.

– (1995b) Preise, Fachserie 17, Reihe 8, Preise und Preisindizes für die Ein- und Ausfuhr, Stuttgart.

– (1995c) Volkswirtschaftliche Gesamtrechnungen, Fachserie 1, Reihe 3, Haushalte und Familien, Stuttgart.

– (1995d) Preise, Fachserie 17, Reihe 7, Preise und Preisindizes für die Lebenshaltung, Stuttgart.

– (1992) Volkswirtschaftliche Gesamtrechnungen, Fachserie 18, Reihe S.17, Vermögensrechnung 1950 bis 1991, Stuttgart

UNDP (1994), United Nations Development Program, Human Development Report 1994, New York.

Sachverständigenrat (1995) zur Begutachtung der gesamtwirtschaftlichen Entwicklung, Jahresgutachten 1995/96, Stuttgart.

Allgemeine Literatur

Brümmerhoff, D. (1995), Volkswirtschaftliche Gesamtrechnungen, 5. Auflage, München, Wien.

Haslinger, F. (1995), Volkswirtschaftliche Gesamtrechnung, 7. Auflage, München, Wien.

Krelle, W. (1967), Volkswirtschaftliche Gesamtrechnung, 2. Auflage, Berlin.

Richter, R. (1982), Volkswirtschaftliche Gesamtrechnung/Volkswirtschaftliche Finanzierungsrechnung/Zahlungsbilanz, 2. Auflage, Wiesbaden.

Stobbe, A. (1980), Volkswirtschaftliche Gesamtrechnung, in: Handwörterbuch der Wirtschaftswissenschaft, 8. Bd., 368–405.

Stobbe, A. (1994), Volkswirtschaftliches Rechnungswesen, 8. Auflage, Berlin, Heidelberg.

Literatur zum 2. Kapitel

Dornbusch, R., Fischer, S. (1995), Makroökonomik, 6. Auflage, München.

Gordon, R. J. (1989), Makroökonomik, 4. Auflage, München.

Samuelson, P. A., Nordhaus, W. D. (1987), Volkswirtschaftslehre, 8. Auflage, 2 Bde., Köln.

Woll, A. (1993), Allgemeine Volkswirtschaftslehre, 11. Auflage, München.

Literatur zum 3. Kapitel

Neben der allgemeinen Lehrbuchliteratur, die oben angeführt ist, finden sich Darstellungen zur Kreislaufanalyse in den nachfolgenden Quellen:

Felderer, B., Homburg, St. (1994), Makroökonomik und neue Makroökonomik, 6. Auflage, Heidelberg usw.

Hübl, L, Hartig, R., Schepers, W. (1986), Einführung in das gesamtwirtschaftliche Rechnungswesen, Darmstadt.

Rieter, H. (1983), Zur Rezeption der physiokratischen Kreislaufanalogie in der Wirtschaftswissenschaft, in: Scherf (Hrsg.), Studien zur Entwicklung der ökonomischen Theorie III, Berlin.

Literatur zum 4. und 5. Kapitel

Hübl, L. (1985), Wirtschaftskreislauf und gesamtwirtschaftliches Rechnungswesen, in: Bender et al. (Hrsg), Vahlens Kompendium der Wirtschaftstheorie und Wirtschaftspolitik, Bd. 1, München, 49–83.

Stobbe, A. (1975), Wirtschaftskreislauf und Sozialprodukt, in: Ehrlicher et al. (Hrsg.), Kompendium der Volkswirtschaftslehre, 5. Aufl., Göttingen.

Literatur zum 6. Kapitel

Engelmann, M. (1983), Revision der Volkswirtschaftlichen Gesamtrechnung 1960 bis 1981, Wirtschaft und Statistik, 551–572.

Kopsch, G. (1983), Der Staat in den Volkswirtschaftlichen Gesamtrechnungen 1960 bis 1982, Wirtschaft und Statistik, 1983, Heft 10, 749–769.

Statistisches Bundesamt (1989), Überblick zu den Sozialproduktsberechnungen des Statistischen Bundesamtes, Heft 7 der Schriftenreihe Ausgewählte Arbeitsunterlagen zur Bundesstatistik, Wiesbaden.

Literatur zum 7. Kapitel

Angermann, O. (1988), Zur Neuberechnung der Preisindizes auf Basis 1985, Wirtschaft und Statistik, 229–232.

Bartels, H. (1963), Preisindices in der Sozialproduktsberechnung, Wirtschaft und Statistik, 15–18.

Eichmann, W. (1985), Bruttoinlandsprodukt im internationalen Vergleich, Wirtschaft und Statistik, 519–526.

Elbel, G. (1995), Zur Neuberechnung des Preisindex für die Lebenshaltung auf Basis 1991, Wirtschaft und Statistik, 801–809.

Institut für Arbeitsmarkt- und Berufsforschung (1988), Beiträge zur Arbeitsmarkt- und Berufsforschung, Bd. 123, Nürnberg.

Menges, G., Zwer, R. (Hrsg.) (1981), Probleme internationaler und sozialstatistischer Vergleiche, Rolf Wagenführ zum Gedächtnis, Köln.

Rasch, H.-G. (1990), Zur Neuberechnung des Preisindex für die Lebenshaltung auf Basis 1985, Wirtschaft und Statistik.

Reich, U.-P., Stahmer, C., u. a. (1986), Internationale Systeme Volkswirtschaftlicher Gesamtrechnungen, Band 4 der Schriftenreihe Forum der Bundesstatistik, Stuttgart-Mainz.

Zwer, R. (1981), Internationale Wirtschafts- und Sozialstatistik, München.

Literatur zum 8. Kapitel

Deutsche Bundesbank (1981), Neuberechnung des Produktionspotentials für die Bundesrepublik Deutschland, Monatsberichte der Deutschen Bundesbank, 32–38.

Gabisch, G., Lorenz, H.-W. (1989), Business Cycle Theory – A Survey of Methods and Concepts, 2nd ed., Berlin usw.

Sachverständigenrat (1989), Sachverständigenrat zur Begutachtung der gesamtwirtschaftlichen Entwicklung, Weichenstellung für die neunziger Jahre, Jahresgutachten 1989/90, Stuttgart.

Tichy, G. J. (1994), Konjunktur – Theorie, Prognose, 2. Auflage, Berlin usw.

Literatur zum 9. Kapitel

Gerschung, J. (1990), International Comparisons of Time Budget Surveys – Methods and Opportunities, in: von Schweitzer, R., u. a., Zeitbudgeterhebungen, Bd. 13 der Schriftenreihe Forum der Bundesstatistik, Mainz, Stuttgart, 129–141.

Hamer, G. (1974), Volkswirtschaftliche Gesamtrechnungen und Messung der Lebensqualität, Wirtschaft und Statistik, Beilage zu Heft 8.

Hauser, S., Lörcher, S. (1973), „Lebensstandard" und „Sozialprodukt", Ein Vergleich BRD – Japan, in: Konjunkturpolitik, Bd. 19, 81 ff.

Juster, T. J. (1973), A Framework for the Measurement of Economic and Social Performance, in: Moos, M., (Hrsg.), Measurement of Economic and Social Performance, New York, 25 ff.

Lützel, H. (1990), Ergänzung der Volkswirtschaflichen Gesamtrechnungen um die Haushaltsproduktion, in: von Schweitzer, R., u. a., Zeitbudgeterhebungen, Bd. 13 der Schriftenreihe Forum der Bundesstatistik, Mainz, Stuttgart, 129–141.

Nordhaus, W.D., Tobin, J. (1973), Is Growth Obsolete?, in: Moos, M., (Hrsg.), Measurement of Economic and Social Performance, New York, 509ff.

OECD (1982), The OECD List of Social Indicators, Paris.

OECD (1986), Living Conditions in OECD Countries, Paris.

Reich, U.-P., Stahmer, C., u.a. (1988), Satellitensysteme zu den Volkswirtschaftlichen Gesamtrechnungen, Bd.6 der Schriftenreihe Forum der Bundesstatistik, Stuttgart, Mainz.

Ryll, A., Schäfer, D. (1988), Satellitensystem „Umwelt“, in: Satellitensysteme zu den Volkswirtschaftlichen Gesamtrechnungen, Bd.6 der Schriftenreihe Forum der Bundesstatistik, Mainz, Stuttgart, 129–165.

Stahmer, C. (1988), Konzepte für Satellitensysteme, in: Satellitensysteme zu den Volkswirtschaftlichen Gesamtrechnungen, Bd.6 der Schriftenreihe Forum der Bundesstatistik, Mainz, Stuttgart, 10–15.

Statistisches Bundesamt (1990f.), Pressemappe zur Pressekonferenz „Umweltökonomische Gesamtrechnung“, Wiesbaden.

United Nations (1987), Report on the Fourth Expert Group Meeting on the Revision of the SNA, The Household Sector, Florenz.

Literatur zum 10. Kapitel

Braakmann, A. (1990), Input-Output-Rechnung 1970 bis 1986, Wirtschaft und Statistik, 69–79.

Holub, H.-W., Schnabl, H. (1994), Input-Output-Rechnung: Input-Output-Tabellen, 3. Aufl, München, Wien.

Stäglin, R. (1968), Input-Output-Rechnungen: Aufstellung von Input-Output-Tabellen – Konzeptionelle und empirisch-statistische Probleme, DIW-Beiträge zur Strukturforschung, Berlin.

Stäglin, R. (1990), Input-Output-Analyse, Spektrum der Wissenschaft, Mai 1990, 44–64.

Stahmer, C. (1983), Input-Output-Rechnung des Statistischen Bundesamtes, Wirtschaft und Statistik, 601–609.

Literatur zum 11. Kapitel

Lützel, H. (1976), Altersaufbau des Anlagevermögens, Wirtschaft und Statistik, 217–221.

Sablotny, H. (1977), Gesamtwirtschaftliche Vermögensrechnung, Frankfurt.

Schäfer, D. (1985), Wert des Gebrauchsvermögens der privaten Haushalte, Wirtschaft und Statistik, 110–118.

Schmidt, L. (1986), Integration der Vermögensbilanzen in die internationalen Systeme Volkswirtschaftlicher Gesamtrechnungen, in: Statistisches Bundesamt (Hrsg.), Internationale Systeme Volkswirtschaftlicher Gesamtrechnungen, Mainz.

Schmidt, L. (1989), Altersaufbau des Anlagevermögens 1970 bis 1989, Wirtschaft und Statistik, 211–214.

Stahmer, C. (1983), Altersaufbau des Anlagevermögens nach Wirtschaftsbereichen, Wirtschaft und Statistik, 285–290.

Literatur zum 12. Kapitel

Deutsche Bundesbank (1988), Zahlenübersichten und methodische Erläuterungen zur gesamtwirtschaftlichen Finanzierungsrechnung der Deutschen Bundesbank 1960 bis 1987, Sonderdrucke der Deutschen Bundesbank Nr. 4, 5. Auflage, Frankfurt/Main, 1988.

Deutsche Bundesbank (1995), Die Vermögensbildung und ihre Finanzierung in der Bundesrepublik Deutschland im Jahre 1994, Monatsberichte der Deutschen Bundesbank, Mai, 19–23.

Wagenführ, R., Stalf, E. (1968), Finanzierungsrechnung und Volkswirtschaftliche Gesamtrechnung – gezeigt am Beispiel der Bundesrepublik Deutschland, Statistische Beihefte, Bd. 9, 274–295.

Zucker, M. (1966), Die Finanzierungsrechnung im Rahmen der Volkswirtschaftlichen Gesamtrechnung, in: Blind, A., (Hrsg.), Umrisse einer Wirtschaftsstatistik, Hamburg, 314–335.

Literatur zum 13. Kapitel

Bank für Internationalen Zahlungsausgleich, Jahresberichte.

Beyfuß, J., Kitterer, B. (1990), Deutsche Direktinvestitionen im Ausland, Beiträge zur Wirtschafts- und Sozialpolitik des Instituts der Deutschen Wirtschaft Nr. 181, Köln.

Bochud, F. (1970), Zahlungsbilanz und Währungsreserven, Die Konzepte der Theorie und die Praxis, Basel usw.

Deutsche Bundesbank (1990 a), Die längerfristige Entwicklung der Weltwährungsreserven, Monatsberichte der Deutschen Bundesbank, Januar, 34–55;

- (1990 b), Der Dienstleistungsverkehr der Bundesrepublik Deutschland mit dem Ausland, Monatsberichte der Deutschen Bundesbank, April, 13–20;
- (1990 c), Die Zahlungsbilanzstatistik der Bundesrepublik Deutschland, Sonderdruck Nr. 8, 2. Auflage, Mai.

Institut der Deutschen Wirtschaft (1990), Ungleichgewicht zeigt Standortnachteile, Informationsdienst, Jahrgang 16, Nr. 43;

Internationaler Währungsfonds (International Monetary Fund), Balance of Payments Manual, 4. Auflage, Washington 1977.

- Balance of Payments Statistics, jeweils Jahresbände.
- Directions of Trade, monatliche Veröffentlichungen und Jahresband.
- Annual Report of the Executive Board, jeweilige Bände zu den weltwirtschaftlichen Entwicklungen, insbesondere im Bereich von Zahlungsbilanz, Verschuldung und Währung.

Jarchow, H.-J., Rühmann, P. (1988), Monetäre Außenwirtschaft, I. Monetäre Außenwirtschaftstheorie, 2. Auflage, Göttingen.

Rose, K., Sauernheimer, K. (1995), Theorie der Außenwirtschaft, 12. Auflage, München.

Szenzenstein, J. (1989), Zur Neuberechnung der Außenhandelspreisindizes auf Basis 1985, Wirtschaft und Statistik, 384–391.

Sachverzeichnis